Jürgen Oelkers
Pädagogische Ethik

Grundlagentexte Pädagogik

Jürgen Oelkers

Pädagogische Ethik

Eine Einführung in Probleme, Paradoxien und Perspektiven

Juventa Verlag Weinheim und München 1992

Der Autor
Jürgen Oelkers, Jg. 1947, Dr. phil., ist Professor für Allgemeine Pädagogik an der Universität Bern.

Die Deutsche Bibliothek – CIP-Einheitsaufnahme

Oelkers, Jürgen:
Pädagogische Ethik : eine Einführung in Probleme, Paradoxien und Perspektiven / Jürgen Oelkers. – Weinheim ; München : Juventa-Verl., 1992
(Gundlagentexte Pädagogik)
ISBN 3-7799-0348-2

Umschlaggestaltung: Atelier Warminki, 6470 Büdingen 8
Umschlagabbildung: Carlo Carrà, Der Sohn des Ingenieurs, 1919–21
Printed in Germany

ISBN 3-7799-0348-2

*„Der moralische
Aspekt ist stärker
als Waffen“*

(Unbekannter am 21. August 1991 in Moskau)

Inhalt

Vorwort 8

1. Pädagogische Ethik: Probleme, Paradoxien, Perspektiven 11

2. Optionen der klassischen Pädagogik 25

   2.1 Natur und Sittlichkeit 26
   2.2 Vernunft und Nutzen 42
   2.3 Höchstes Gut und praktische Ideen 59

3. Moderne Irritationen 81

   3.1 Pluralismus als pädagogische Paradoxie 83
   3.2 Postmoralische Subjektivität 98
   3.3 Erziehung als Negotiation 114

4. Neubegründungen des Problems 139

   4.1 Moralische Erfahrung und Lernen 141
   4.2 Ethischer Anspruch und Geltung 155
   4.3 Eröffnung und Initiation 172

5. Über den verbleibenden Anspruch der Erziehung 197

Literatur 209

Vorwort

Die nachstehenden Ueberlegungen liefern keine fertige „pädagogische Ethik“, sondern eine Analyse ihrer Schwierigkeiten und Probleme. Dies geschieht aus der Tradition heraus, aber erst die gegenwärtige Theorielage ermöglicht einen analytischen Zugriff, mit dem sich nicht sofort normative Optionen verbinden. Derartige Postulate setzen ein kurzgeschlossenes Verhältnis von Erziehung und Moral voraus, das sich heute nicht mehr formulieren lässt, schon weil die pädagogische Umgangssprache ihre Eindeutigkeiten und festen Bezüge verloren hat. Was in mehrdeutigen, widersprüchlichen Deutungskontexten „pädagogische Ethik“ heissen kann, ist eine der Fragen dieses Buches.

Vermutlich ist schon der Singular irreführend, denn wenn, dann wird es verschiedene und widersprüchliche Entwürfe zum Problem geben, nicht *ein* abschliessendes Paradigma. Das ist im Blick auf den Gegenstand weniger trivial als es klingt. Die europäische Tradition der Ethik hat, bis WITTGENSTEIN, immer behauptet, es gäbe *eine* und *nur* eine gültige Position ethischer Reflexion und damit nur eine Wahrheit praktischer Philosophie. Diese Erwartung ist auch in der Geschichte der Pädagogik vertreten worden, und von ihr sind bis heute Diskussionen über „Erziehung“ und ihren „Zweck“ geprägt.

Die neuere philosophische Diskussion zeigt freilich, wie vielfältig die Zugangswege allein zu den Themen der Ethik sind und wie wenig auf eine gleichsam diskussionsbeschliessende grosse Theorie zu rechnen ist. In gewisser Weise hat die Diskussion auch gerade erst begonnen, nämlich unter Perspektiven, die sich vom Lösungsversprechen der philosophischen Tradition verabschieden, ohne deren Problem*vorgaben* zu vernachlässigen. Aber unbestritten ist die Zurücknahme der Erwartungen und die Akzeptanz der theoretischen *Schwierigkeiten.* Der naive Charme früherer Bestimmungen dürfte nicht wieder erreichbar sein, was zugleich Gewinn und Verlust bedeutet.

Das gilt zumal für die Verhältnisse der *pädagogischen* Reflexion. „Ethik“ und „Erziehung“ ist erneut zu einem Thema von Auseinandersetzungen geworden, und das ist, im Grundsatz, zu begrüssen, weil die Theorie der Erziehung damit, nach all den „Wenden“ der Vergangenheit, an ihren Ursprungsort zurückgekehrt ist. Aber das kann nicht als Sieg der Tradition vorgestellt werden, denn zugleich mit dem Anschluss an die *Fragen* der Tradition zeigt sich die *Differenz:* Wir können nicht mehr einfach mit den Denkmitteln von PESTALOZZI oder FRÖBEL über „Erziehung“ nachdenken, damit nicht über „Moral“ und auch nicht über die Themen einer pädagogischen Ethik. Zugleich soll und muss aber ausdrücklich der ethische Fragehorizont der Tradition neu angeeignet werden, sonst wäre die nachpositivistische Diskussion über „Ethik“ und „Erziehung“ ebenso unverständlich wie unsinnig.

Offenbar hinterlässt die Empirie neben ihrer unbestrittenen Leistung einer differenzierteren Wirklichkeitsbeschreibung zugleich auch eine Lücke oder eine Leerstelle, die eben der ethischen Reflexion einschliesslich der ihr innewohnenden Idealisierungen, welche sich nicht allein mit Hinweis auf Wirklichkeiten bearbeiten lassen. Wie diese Leerstelle nach der Kritik der Tradition neu zu besetzen ist, ohne zu einem schlechten Idealismus der Erziehung zu verkommen, das ist das Thema meiner Ueberlegungen. Sie sind der Versuch einer Problembestimmung, nicht die Explikation einer Moral. Es geht nicht um einen Kanon erzieherischen Handelns, sondern tatsächlich um Probleme, Paradoxien und Perspektiven einer pädagogischen Ethik.

Der Text bezieht sich auf verschiedene Vorlesungen, die ich an der Universität Bern gehalten habe. Meinen Hörern schulde ich Dank, weil sie Geduld mit mir hatten, auch wenn es manchmal zu schnell ging oder ich unklar war. Aus ihren Reaktionen und Nachfragen habe ich gelernt und in die vorliegende Textfassung einzuarbeiten versucht, was im Vortrag verkürzt oder mit didaktischen Umwegen bedacht werden musste. Das gilt zumal für die leitende These dieses Buches, nämlich die Definition der Erziehung als *moralische Kommunikation* und die damit verbundene Leitmetapher des „Transits“. Diese Intuitionen sind schwer zu explizieren, und ohne die gespannte Kritik eines Auditoriums hätte ich den Anlass nicht gefunden, die gesamte Argumentation noch einmal zu bedenken.

Dora Peter hat die Abschrift des Manuskripts besorgt. Ihr danke ich vor allem für die Geduld mit einem notorisch spontanen Schreibstil. Heinz Rhyn, Christine Hofer, Benjamin Künzli und Martina Späni danke ich für Hilfen bei der Recherche. Dem Pädagogischen Seminar der Universität Bern insgesamt danke ich für das fruchtbare und herausfordernde Diskussionsfeld, ohne das es weniger Anreize gegeben hätte, sich auf das dünne Eis der pädagogischen Ethik hinauszuwagen. Jede Reflexion stösst bei ethischen Problemen an ihre Grenze; in Verbindung mit Erziehung gilt dies um so mehr.

Jürgen Oelkers — Grosshöchstetten i.E., im November 1991

1. Pädagogische Ethik: Probleme, Paradoxien, Perspektiven

Die erste Frage einer „pädagogischen Ethik" ist nicht, wie *Moral* vermittelt, sondern wie *Erziehung* gerechtfertigt werden kann. Die Rechtfertigung von Erziehung ist aber nicht einfach eine Ableitung aus der Ethik, sondern verlangt eine Analyse der Modellannahmen, mit denen das Objekt oder der Referenzbereich „Erziehung" gedacht wird. Erst wenn über diese Modellannahmen Klarheit herrscht, können Beziehungen zu ethischen Sätzen oder moralischen Traditionen hergestellt werden. Diese analytische Strategie wird in der heutigen pädagogischen Diskussion in aller Regel *nicht* verfolgt, wenigstens nicht in den mit Erziehung verknüpften Themenbereichen, die eher selbst einer moralischen Kritik unterliegen, ohne die eigenen Objektbehauptungen sehr weit zu explizieren. Was „Erziehung" *ist,* scheint selbstverständlich oder irrelevant zu sein.

Wenn Erziehung heute als moralisches *Problem* aufgefasst wird, so ist das die Folge einer Legitimitätskrise, die zugleich die Chance eröffnet, die starren Bedeutungsfelder aufzubrechen und Platz zu schaffen für neue Reflexionen, welche Anschluss gewinnen an den Problembestand der modernen Gesellschaft. Die klassischen Begründungen von Erziehung mit Hilfe religiöser „Menschenbilder" oder anthropologischer Spekulationen über die einheitliche Menschennatur erscheinen nicht mehr ausreichend, weil sie differenztheoretischen Ansätzen nicht standhalten, vor allem aber weil sie Erziehung unterbestimmen. Ihre sehr einfachen Metaphern erfassen weder den komplexen pädagogischen Problembestand noch die möglichen Wirklichkeitsbereiche, die sich mit Erziehung in Verbindung bringen lassen. Der Term selbst ist zu einfach, so dass jede unitäre Theorie, die sich einzig auf ihn verlässt, in die Krise geraten muss.

Darum aber wird *Erziehung* nicht überflüssig; ein Schluss von der Theoriekrise auf eine gleichgeartete Krise der Praxis ist nicht zulässig. Man kann aber auch lernen, mit der Theoriekrise produktiv umzugehen, wenn hinter den starren Wirkungsvorstellungen das Spiel von Bedeutungen sichtbar wird, zwischen denen sich eine nunmehr emanzipierte Reflexion bewegen muss. Sie kann Zirkelbewegungen akzeptieren, den Umgang mit Paradoxien lernen, die ihre eigenen Aspirationen erzeugen, und sie kann mit dem Tatbestand umgehen, dass bestimmte Probleme der Tradition unlösbar sind und nur *als* Probleme fortgesetzt werden können. Sie kann dann aber den Rechtfertigungszusammenhang von der Frage der richtigen Moral wegbewegen und auf die Ebene der Analyse von Modellannahmen bringen, mit denen jede Erziehungstheorie oder jede pädagogische Ethik notwendig arbeiten muss. Die Analyse gilt dann zunächst und vordringlich dem eigenen Objektbereich, also der Frage, was unter „Erziehung" vorgestellt werden kann oder muss und wie dieses Konstrukt auf Rechtfertigungsprobleme reagiert.

Eine *pädagogische* Ethik liegt bislang nicht vor[1], wenngleich unter Titeln wie „Allgemeine Pädagogik" oder „Theorie der Erziehung" immer wieder das Verhältnis von Ethik und Erziehung bearbeitet worden ist, ohne es selbst, als *Verhältnis,* in den Mittelpunkt der Analyse zu stellen. Fast immer sind philosophische Theorien der Erziehung Ableitungen gewesen aus Grundaxiomen der jeweiligen ethischen Position, die sich selbst gegenüber anderen als absolut behaupten musste. Vermutlich ist dieses Charakteristikum der Theoriekonstruktion ein wesentlicher Grund für die eher geringe Publizistik in diesem Feld. Es fehlt ein aussichtsreicher Ansatz, der die Schwächen der Tradition vermeidet und zugleich an sie thematischen Anschluss hält. Ein solcher Ansatz wird nur dann zu entwikkeln möglich sein, wenn grundlegende Irrtümer über den *Objektbereich* „Erziehung" beseitigt werden, die die Tendenz begünstigt haben, hier im wesentlichen nur die Anwendung allgemeiner ethischer Sätze zu sehen.[2] Mit diesen Irrtümern waren unhaltbare Zuschreibungen über die *Wirksamkeit* pädagogischen Handelns verbunden, die ihrerseits den Blick auf die Schwierigkeiten der *Konzeption* von Erziehung verstellten. Korrigiert man diese Irrtümer, das wäre die Generalthese dieses Buches, dann erhält das Projekt einer pädagogischen Ethik mehr Aussicht auf Erfolg.

Ich werde nicht den universellen Anspruch ethischer Sätze bestreiten, sondern lediglich den Deduktionszusammenhang angreifen. „Erziehung" ist nicht der besondere Fall des ethisch Allgemeinen, zumal sich dieses „ethische Allgemeine" nicht wirklich *allgemein* bestimmen lässt. Alle Theorien kommen unter dem Gesichtspunkt von Rivalität und Konkurrenz zustande, und keine Theorie bearbeitet das Allgemeine *abschliessend.* Weiter aber verstellt die logische Relation des Allgemeinen und des Besonderen den Blick für die Bearbeitung *praktischer* Probleme, wie die Pädagogik sie voraussetzt. Wer auf praktische Probleme hin „allgemeine" Bestimmungen appliziert, leitet nicht ein genau passendes „Besonderes" ab, sondern übersetzt Idealisierungen der Reflexion in andere Kontexte. Das ist unvermeidlich, aber es ist kein Ableitungszusammenhang. Das Allgemeine des Anspruchs berührt sich mit hochgradig differenten Situationen im Medium moralischer Kommunikation, und mein zentraler Theorievorschlag wird sein, *das* als „Erziehung" zu begreifen.

„Ethik" ist nicht „Moral" – Mit dieser Unterscheidung sollte jede Ueberlegung, wie eine pädagogische Ethik zu begründen sei, beginnen. In der soziologischen Beschreibung ist „Moral" wesentlich *Gruppenmoral,* damit partikular und in der Geltung beschränkt; nur die Ethik hat einen allgemeinen Anspruch, der die tribalen Konventionen übersteigt. Sie ist darum nicht Ideologie, also Rechtfertigung einer bestimmten Moral, sondern ein eigener Bereich der Reflexion, die Kant praktische Vernunft genannt hat. „Ethik" wäre hier eine moderne Argumentationsform, die sich unter den universellen Anspruch der Vernunft stellt, welcher vor dem Forum einer unbegrenzten Oeffentlichkeit geäussert und eingeklagt wird (HÖLSCHER 1979). Aber diese Trennung ist empirisch schwer durchzuhalten, weil *moralische* Reflexionen immer über partikulare Geltungsräume hinausgeführt werden und *ethische* Prinzipien sich nur im Hinblick auf bestimmte moralische Fälle konkretisieren lassen. Der Vernunft*anspruch* lässt sich zwar nicht unter Verweis auf die faktische Geltung bestimmter moralischer Sätze und Regeln begründen und verlangt insofern notwendig eine kantische Dimension, aber die Maximen und Prinzipien der praktischen Vernunft können doch nur unter Verwendung moralischer Ereignisse und Probleme überhaupt erörtert werden.

Ich werde also nicht versuchen, „Moral" und „Ethik" in allen Verwendungskontexten trennscharf zu halten, wohl aber werde ich, je nach Zusammenhang, die Grenzen des einen mit den Grenzen des anderen bestimmen. Die Begründung allgemeiner Prinzipien ist nicht das Handeln selbst, aber jede Verknüpfung zwischen Reflexion und Handeln ist immer nur *locker* möglich. Ein zentraler Fehler der pädagogischen Tradition war die Vorstellung *starrer* Verhältnisse,[3] also Verknüpfungen linearer und differenzloser Art; nur so konnte die Idee einer Ableitung des Besonderen aus dem Allgemeinen plausibel und möglich erscheinen. Aber allgemeine Zwecksetzungen sind nie unmittelbar mit spezifischen Handlungssituationen verbunden, und die Medien der Kommunikation verlangen wohl Prinzipien, aber solche, die zum Problem der Erziehung passen. Die Passung ergibt sich aus Uebersetzungen, die zugleich Umformungen sind.

Schwierig erscheint diese Ueberlegung aufgrund der Doppelung; ethische Prinzipien sind Konstitutiva pädagogischer Reflexionen und stellen zugleich das Lernfeld der Erziehung dar. Die Schwierigkeit löst sich auf, wenn man die *Differenz* in Rechnung stellt[4] und von *genetischen* Annahmen, also langgestreckten Prozessen des Lernens, ausgeht. Ein Aufbau durch Lernen ist keine „Ableitung"; das würde voraussetzen, Erziehung sei die Macht der Implementation und nicht eine fallible Praxis, die sich durch Erfolg und Scheitern gleichermassen definieren muss. „Erfolg" und „Scheitern" sind zudem, bedingt durch die lange Dauer der Erziehung oder den unabsehbaren Verbrauch von Zeit, in mehrfacher Weise relativ, im Blick auf die unmittelbaren Effekte einer Situation, die Deutungen der Handelnden und Beobachter und nicht zuletzt die Erziehungserwartung, die immer neu bestimmen muss, was als Erfolg und was als Scheitern betrachtet werden soll. Damit wird Ungewissheit freigesetzt, ohne das *Lernfeld* ändern zu können: Objekt des *Lernens* sind ethische Prinzipien, damit zugleich die Probleme moralischer Reflexion, die Geltungsforderungen der Moral und die damit verbundene Kasuistik; der Beginn des Lernens hat *ungleiche* Voraussetzungen und der Umgang mit den Objekten steht unter Vorbehalt. Das Lernen dient der Vorbereitung und hat ein pädagogisches Moratorium zur Bedingung.

„Gerechtigkeit" ist keine natürliche Eigenschaft und stellt also eine Erziehungsaufgabe dar. Aber die Erziehung verfügt nicht über die Kategorie in dem Sinne, dass sie für die abschliessende Verinnerlichung von Dispositionen der Gerechtigkeit sorgen könnte. Moralisches Lernen lässt sich nicht auf Lebensalter oder Problemfelder beschränken. Wohl aber muss zwischen der *Eröffnung* der moralischen Welt und dem Verhalten *in* ihr unterschieden werden. Kinder werden in den Kosmos der Moral eingeführt, aber nicht abschliessend gesichert. Ständig werden Probleme definiert, die die bisherigen Sichtweisen und Geltungszonen moralischer Sätze verändern, aber sich in diesem Spiel zurechtzufinden, gelingt nur dem, der vorab bestimmte Grundregeln gelernt hat. Beides nenne ich „Erziehung", weil in beiden Fällen, dem des unbedingt *Neuen* und dem des relativ *Problematischen,* asymmetrische Kommunikationen[5] notwendig sind, die Moral zum Thema machen.

Unter „Moral" verstehe ich nicht einfach tribale Konventionen, auch nicht eine säkular abgeflachte, aber an sich heilige Sphäre[6], sondern prekäre Regeln und Reaktionen, die immer nur heikel behandelt werden können. Moralische Sätze drücken reflexiv aus, was sich in Verhaltensstandards nicht zwingend umsetzt. Jede Vorschrift definiert nicht nur die Bedingungen ihrer Geltung, sondern legt zugleich ein Lernen nahe, wie diese Bedingungen zu umgehen sind. Für pädagogische Kommunikationen ist freilich eigentümlich, dass sie die Subversionen nicht mitthematisieren können, während diese doch soziale Tatbestände darstellen. Lügen sind kein Erziehungsziel und zugleich alltägliche Praxis (Bok 1979). Die Moral *muss* positiv zum Thema gemacht werden, aber das ist nur unter Inkaufnahme von Paradoxien möglich. Daher „verinnerlicht" man nicht „richtige" Normen, sondern lernt den Umgang mit ihnen, was aber zugleich moralische Probleme auf Dauer stellt. Es gibt daher keine abschliessende Homöostase der Moral, keine Idealbalance zwischen Regeln und Anwendung, die sich auf erfolgreiche Erziehungsprozesse zurückführen liesse. Vielmehr sind moralische Sätze und Attribute fragile Vorschriften, die *permanent* zur Erziehung Anlass geben.

Moralische Ausdrucksweisen sind emotiv hochgeladen, die Sätze der öffentlichen Reflexion sind mit existentiellen Gefühlen verbunden, die jederzeit gerade *durch* Moralisierungen radikalisiert werden können. Eine pädagogische Aufgabe besteht in der Rationalisierung der Diskurse, aber damit ist keine *Kontrolle* der moralischen Welten verbunden. Es geht um Initiationen und um Standards der Auseinandersetzung, doch die Mittel sind keine der direkten Verinnerlichung, die Fehlverhalten ausschliessen würde. Die Moral behält ihre Ambivalenz, also ihre Kultivierbarkeit, deretwegen Erziehung stattfindet, *und* ihre Gefährlichkeit, die der Erziehung die Grenze setzt. Daran kann kein kategorischer Imperativ der Reflexion etwas ändern.

Es geht in der Erziehung nicht um die Exekution von Prinzipien; sie müssen von Novizen gelernt werden, aber gerade das erfolgreiche Lernen nötigt zu einem *fortlaufenden* Umgang, in dem sich das Problem nicht beruhigen kann. Die Fragilität jeder moralischen Welt beschränkt die Lösung und verhindert zugleich, dass moralische Experten oder Lerngarantien entstehen.[7] Diese paradoxe Struktur der immer erneuten Unsicherheit verweist auf schwierige Kommunikationen, die ich im folgenden „Erziehung" nenne, sofern zwei weitere Bedingungen erfüllt sind, die des Themas (Moral) und die der anfänglichen Ungleichheit (Asymmetrie). Es muss in diesen Prozessen in irgendeiner Form um *moralische* Fragen und Ansprüche gehen, und es muss eine überlegene Position begründet werden, die die Moral definieren und andere zum Lernen auffordern kann. Damit ist eigenes Lernen nicht ausgeschlossen, zumal Novizen sehr oft Fremde der Moral sind und kein Repräsentant von dieser Kollision zweier Welten unberührt bleibt.

Zentral ist aber, dass der Prozess *begrenzt* wird; die Ueberlegenheitsbehauptung ist nur für den Anfang zulässig, wenn Erziehung nicht als Indoktrination enden soll. Kann ein hinlängliches Verstehen ethischer Prinzipien vorausgesetzt werden, dann hebt sich die pädagogische Asymmetrie auf, denn der ethische Geltungsanspruch betrifft alle Handelnden gleich. In diesem Sinne gibt es keine Sonderethik der Erziehung; die Asymmetrie ist lediglich eine Lernbedingung. Auf der anderen Seite ist Erziehung nicht nur Versuch, sondern auch Ergebnis, der je nach Situation oder zeitlichem Abstand sehr verschieden beurteilt wird, aber aufgrund der Eigenmoralität der pädagogischen Reflexion nicht einfach ausgespart werden kann. Keine Erziehung lässt das Feld ihrer Tätigkeit ja wirklich offen. Doch welche Effekte tatsächlich erzielt werden, ist in der Situation selbst nicht bestimmbar. An dieser Paradoxie – die Wirkungen *müssen* und können *doch nicht* kalkuliert werden – kommt keine heutige Erziehungstheorie vorbei.

Gerade weil sie mit den immanenten Paradoxien rechnet, kann sich die pädagogische Reflexion von blossen Ableitungstheorien unterscheiden. „Erziehung" *vermittelt* nicht „Werte" oder „Normen", wie ein ständig wiederkehrender Topos besagt, der doch nur Metaphern für Wirklichkeiten hält; vielmehr werden moralische Themen Gegenstand kommunikativer Prozesse, deren Effekte nicht absehbar sind. Eine pädagogische Ethik muss von *dieser* Objektbeschreibung ihren Ausgang nehmen, wenn sie nicht Zielsetzungen und Erwartungen befördern will, die keine Erziehungswirklichkeit erfüllen könnte und *dürfte.* Diese Art irrealer Idealität war der Pädagogik tatsächlich lange eigen, und ihre ethisch bedenklichen

Seiten erwuchsen gerade aus der unbedachten Moralisierung von hohen und höchsten Zielsetzungen, mit denen sich rechtfertigen liess, was vor keinem tatsächlich moralischen Forum, also einem Forum unparteiischer Beurteilung, Bestand hätte.

Was pädagogische Theorien in der Vergangenheit allzu oft übersehen haben, ist die Ambivalenz ihres eigenen Metiers. „Moral" ist ein menschliches Privileg, aber zugleich ein gefährliches Feld, das den Anschein der eigenen Unschuld erweckt und doch Handlungen veranlassen kann, die in eine gänzlich andere Richtung gehen. Das gilt zumal für politische Instrumentierungen der Moral, die noch stets ihre pädagogischen Claqueure gefunden haben. Wer vor ihnen warnt, hat freilich kein anderes Mittel als die moralische Kommunikation, das heisst er oder sie muss selbst „erziehen". Die Kritik der Pädagogik ist ihrerseits ein pädagogischer Vorgang: Das Thema ist die falsche Moral, und die Entlarvung gelingt nur mit der Präsentation der richtigen. „Falsch" und „richtig" sind aber zugleich auch gefährliche Adjektive, denn sie verleiten zu absoluten Urteilen, die in einer moralischen Kommunikation nur schwer korrigiert werden können.

Moralische Reflexionen wenigstens legen immer nahe, „heilige" Zwecke zu erfinden und Uebel zu rechtfertigen, nur um keine Schuld auf sich zu laden. Die Inszenierung der *Unschuld* ist ein Stilmittel jeder totalitären Herrschaft, und das gilt auch dann, wenn man diese Stilisierung als besonders pädagogisch drapiert. Aber Moral, die nicht *fehlbar* ist, ist lernunfähig; sie kann weder aus den eigenen Erfolgen noch aus den Irrtümern Schlüsse ziehen und also Zukunft verändern. Gesinnungen sind erfahrungsresistent, damit eben „blind". Sie projizieren die eigenen Schwächen und erkaufen sich damit Stärken, über die keine Moral wirklich verfügen kann. Man muss also das *Moralproblem* von der Fixierung auf *Gesinnungen* lösen und Erziehung unabhängig vom „heiligen Zweck", damit auch vom „heiligen Kind", betrachten. Jeder Zweck, der nicht scheitern kann, ist ein unheiliger; er verführt die Reflexion zu Allmachtsphantasien, die im Falle der Vergöttlichung des Kindes hinter der Ohnmachtsgeste der Erwachsenen versteckt sind. Aber nicht die Kinder, sondern *sie,* die Erwachsenen, definieren die Göttlichkeit des Kindes und verfügen damit über eine Macht, die sie nicht abgeben können, auch wenn sie es wollten.

Erziehung, will ich sagen, kann nicht über politische oder weltanschauliche Gesinnungen definiert werden; in diesem Sinne lassen sich auch Religionen nicht zur Sanktionierung pädagogischer Handlungen verwenden. Beschreiben lassen sich *Aufgaben,* eben dafür verwende ich den Ausdruck „moralische Kommunikation"; aber die Handlungswirklichkeit steht unter der Voraussetzung von *Kontingenz,* und zwar in einem doppelten Sinne, der pädagogischen Intentionen wie der Wirkungen gleichermassen. Was „Intentionen" genannt wird, ist tatsächlich ein Feld moralischer Ueberzeugungen, aus dem Argumente destilliert werden oder auch nur handlungssichernde Dispositionen, ohne tatsächlich über *Gewissheiten* zu verfügen (PRANGE 1991). Diese Einsicht ist ein Gewinn; je weniger moralische Ueberzeugungen für religiöse Gewissheiten stehen, desto mehr kann mit Lernfähigkeit gerechnet werden. Damit korreliert die andere Kontingenz, die der Wirkungen; keine denkbare Erziehung hat eine Erfolgsgarantie. Auch bei grössten Anstrengungen ist die letztendliche Wirkung ungewiss, einfach weil das Lernen nicht abschliessbar ist und Erziehung nie nur *einen* Effekt auslöst, der sich linear einem bestimmten Ende entgegenführen liesse. Die Wirkung ist immer eine der *Splitterung,* und wie sich einzelne Wirkungsverläufe verhalten, ist nicht absehbar.

Weiter ist das Problem auch nicht auf die Beziehung zwischen Erwachsenen und Kindern zu beschränken, wenngleich dieses Erfahrungsfeld sehr oft die Anschauungsbasis für pädagogische Theorien abgibt. Aber daraus erwächst in der modernen Pädagogik eher ein Vorbehalt *gegen* Erziehung: „Das Kind trägt nicht die verkleinerten Merkmale des Erwachsenen in sich, sondern in ihm wächst vor allem sein eigenes Leben, das seinen Sinn in sich selber hat“ (MONTESSORI 1985, S. 94f.). Wer so, „vom Kinde aus“, argumentiert, scheint Erziehung negieren zu müssen, weil sie nur noch als unzulässiger Eingriff aufgefasst werden kann. Die Pädagogik vom Kinde aus rechnet mit biologischen Phasen oder auch psychologischen Stufen, mit einer Art *Selbstvollzug* der Entwicklung, die aber das moralische Thema der Erziehung noch gar nicht berühren. Ein Hauptanliegen dieses Buches ist es, diese Differenz deutlich zu machen. Wie immer es eine natürliche Entwicklung geben mag, sie ist *nicht* zugleich ein Aequivalent für Erziehung.

„Moral“ ist keine natürliche Anlage; Kinder werden weder „gut“ noch „böse“ geboren, beide Annahmen, ROUSSEAUS *bon sauvage* und die katholische Erbsünde, sind Mythen, die nichts über die reale Erziehungsarbeit aussagen. Sie verstellen aber den Blick, denn sie definieren Moral entweder als überflüssig (das Kind wächst aus sich heraus dem Guten entgegen) oder dramatisieren ihre Bedeutung (nur Moral – Kirchenmoral – dämmt die Sünde ein). Doch es geht nicht um den abschliessend guten Menschen, es geht nicht um eine Verinnerlichung der einzig richtigen Moral, aus der sich die Idee der einzig richtigen Erziehung ableitet. Das Thema ist einfach, wie Kinder den Umgang mit moralischen Anforderungen und Regeln lernen, die unumgänglich sind und schwer zugleich.

„Moral“ *beschränkt* die Möglichkeiten des Handelns, in diesem Sinne diszipliniert sie, egal wie freizügig die pädagogische Theorie sein will. Das Leben des Kindes mag seinen Sinn *in sich* haben, aber „Sinn“ entwickelt sich immer nur in Auseinandersetzung mit der Umwelt. Und „Sinn“ ist immer *instabil,* was MARIA MONTESSORI zu erwähnen vergass. Erziehung als moralische Kommunikation ist der Versuch, Kinder mit den Schwierigkeiten der Moral bekannt zu machen, ohne deren Einsicht „Sinn“ weder ein Problem noch eine Möglichkeit des Lebens wäre. Der Aufbau der moralischen Welt des Kindes geschieht selbsttätig, aber das beschreibt nur die psychologische Seite des Problems. Die pädagogische Seite thematisiert die Aufgabe, Moral als Anspruch und System so zu präsentieren, dass sie *lernbar* ist. Mehr ist Erziehung nicht, aber weniger auch nicht.

Was als „Moral" präsentiert wird, muss ethischen Anforderungen genügen, aber das ist selber Teil „moralischer Kommunikation" und also von Erziehung. Die Einhaltung moralischer Standards wird nicht mehr durch eine enge und unmittelbar wirksame soziale Kontrolle ausgeübt, was allein zeigt, wie stark die *Chancen* und *Risiken* der Erziehung gleichermassen anwachsen. Man kann sich einer öffentlich legitimierten Moral, wie KANT sie beschrieben hat, ohne weiteres entziehen und läuft kaum Gefahr, dafür sanktioniert zu werden, solange damit keine sichtbar negativen Folgen verbunden sind. Zugleich bedeutet die Akzeptanz einer öffentlichen Moral die Inkaufnahme pluraler Verhältnisse, die sich nur bei gleichzeitiger Steigerung der Toleranz erträglich bearbeiten lassen. Nicht ohne Grund ist daher *Toleranz,* eine ethische Maxime, eine Schlüsselforderung aller politischen Zukunftsvisionen einer multikulturellen oder multinationalen Gesellschaft, die sich nur noch als fragile Einheit sehr unterschiedlicher moralischer Systeme begreifen lässt. Genau das *steigert* aber die Erziehungsansprüche, denn nunmehr müssen komplizierte und emotional oft widersprüchliche Regeln der Toleranz, des ausgleichenden Umgangs über die eigene Bezugsgruppe hinaus, gelernt werden, die sich mit tribalen Gefühlsmustern, zum Beispiel der Aggression oder der unmittelbaren Verteilung von Sympathie, nicht vereinbaren lassen.

Das Gleiche gilt für die Ansprüche an die Eltern oder die Erzieher, die sich nicht auf eine paternale (natürliche) Autorität zurückziehen können, zugleich aber in ihrer persönlichen Moralität immer schärfer wahrgenommen werden. Gesteigert wird die Fehlerempfindsamkeit und gefordert wird eine erhöhte Irrtumstoleranz im Blick auf das Handeln der Kinder. Daraus kann man auf eine ständig zunehmende *Intensivierung* pädagogischer Anforderungen in der moralischen Oeffentlichkeit schliessen, auf die sich die Theorie vermutlich nur durch *Auskühlung* einstellen kann. Wenigstens fehlen der Analyse die heiligen Zentren, die die naive Verwendung von „Moral" noch jederzeit formulieren kann, ohne freilich die eigenen Gewissheitsbedürfnisse auch nur annähernd einlösen zu können. Ausserhalb religiöser Systeme kann kein moralischer Satz unbedingte *Geltung* in Anspruch nehmen, wenngleich er unbedingt oder absolut *formuliert* werden muss. Aber die Logik der Reflexion steht nicht in einem linearen (starren) Verhältnis zur Logik der Handlung. Das gilt auch und gerade für die Pädagogik, die alle ihre Zielsetzungen und Postulate auf sich selbst anwenden kann und dann die Paradoxien lockerer Verknüpfungen austragen muss.

Daher kann man „Erziehung" als pädagogische Aufgabe im Blick auf notwendige und unumgängliche Themen moralischer Kommunikation formulieren und zugleich *fehlende* Gewissheit in Kauf nehmen.[8] Die fehlende Gewissheit ist die Bedingung für Irrtumsfähigkeit und damit für Lernen. Für die emotionalen Bedürfnisse moralischer Sekurität sind damit starke Zumutungen verbunden, aber die Kontingenz moderner Gesellschaften lässt sich anders nicht bearbeiten, wenn nicht Retardierungen in Kauf genommen werden sollen. Doch die unaufhörliche Problemhaftigkeit der Moral verbietet infantile Sicherheiten, wenn die Lernfähigkeit erhalten bleiben soll. Die Erziehung dient der Lernfähigkeit und nicht den eigenen Resultaten, die immer nur paradox betrachtet werden können. Sie sind notwendige Durchgangsstadien, *Transits* durch die immer weiter und dichter werdenden Räume der moralischen Welt, deren grösste Zumutung darin besteht, nicht stehenbleiben zu können.

Die klassische Erziehungstheorie reagierte auf diese Situation mit *Ziel*reflexionen und unterstellte eine Idealrelation von Zielen und Mitteln, mit der die faktische Kontingenz der Erfahrung sich würde stillstellen oder gar aufheben lassen. Aber der Zufall ist kein Erziehungsobjekt; das Feld der Erziehung kann also weder wirklich kontrolliert noch nach Plan bearbeitet werden. Alle Zieldiskussionen unterstellen diesen Zusammenhang, einen geschlossenen Raum, in dem sich imaginäre Wirkungsketten aufbauen, als deren Abschluss immer das erreichte Ziel vorgestellt wurde. Wie stark die Raummetaphorik auf die Sprache der Pädagogik einwirkt, zeigt sich an der Tatsache, dass Ziele immer Höhenlagen darstellen, zu denen sich die Lernenden *hinaufbewegen* müssen. Diese Raummetaphorik beherrscht die pädagogische Phantasie seit dem Höhlengleichnis[9], aber das Bild stimuliert nur die moralische Erwartung und beschreibt nicht wirklich die Prozesse der Erziehung.

Weil es sich um moralische Kommunikationen handelt, sind Phantasien der Höherbildung unumgänglich und Zieldiskussionen unvermeidlich. Aber eine pädagogische Ethik muss die Differenz in Rechnung stellen. Sie muss hinreichend unterscheiden zwischen rhetorischen Anforderungen, notwendigen Bildern der öffentlichen Verständigung und den Wirklichkeiten der Erziehung selbst. Jede moralische Reflexion inkorporiert Idealitäten, das gilt besonders für die heiklen Prozesse der Erziehung, die sich vor dem Gedanken des *ständigen* Scheiterns durch Phantasien künftigen Gelingens schützen müssen.[10] Aber die Dialektik kann durchschaut werden, und die neue Transparenz kann sich wiederum in Moral umsetzen. Die grossen Versprechungen lassen sich betrachten als das, was sie sind, nämlich Wirkungshypothesen im öffentlichen Raum, die Gewissheiten prätendieren, obwohl sie darüber nicht verfügen. Erziehung wäre anders ein Mittel der *Erlösung,* aber auch die Emanzipation von dieser Idealisierung lässt sich als moralische Emanzipation betrachten, aus der wiederum ein Erziehungsanspruch hervorgeht, nur keiner, der religiöse Gewissheiten entgrenzt und in allgemeine politische Ansprüche umsetzt. Die Abwehr gegen diese Zumutung ist selbst Erziehung, und diese zirkelhafte Struktur ist für das Problem einer pädagogischen Ethik unvermeidlich.

Als moralische *Kommunikation* ist „Erziehung“ nicht nur gebunden an den Austausch zwischen *Personen.* Die Tradition der Pädagogik ist protestantisch, das heisst sie stellt die individuelle Person in den Mittelpunkt der erzieherischen Einwirkung, meistens mit dem Ziel, deren Talente und Fähigkeiten zu befördern oder zu disziplinieren. In diesem Sinne sind Personen Adressaten pädagogischer Handlungen; zugleich wird die Kategorie der „Person“ oder der „Persönlichkeit“ als Idealisierung gebraucht, um Ziele in pädagogischen Diskursen zu formulieren. Daneben wird immer auf die Relation von Personen als „pädagogischer Bezug“ verwiesen, in dem „Erziehung“ überhaupt nur stattfinden könne. Aber das wird dem modernen Erziehungsproblem nicht wirklich gerecht und verkürzt die Optik dramatisch. Medien etwa *erziehen* unablässig, nämlich thematisieren Moral und offerieren als überlegen definierte Lösungen; ähnlich politische Kommunikationen, die immer Erziehungsversuchen gleichkommen; oder ästhetische Designs, die mit moralischen Botschaften verbunden werden und gar nicht umhin können zu „erziehen“, versteht man unter *Erziehung* eine gezielte Beeinflussung, mit der Lernprozesse in eine bestimmte Richtung gebracht werden sollen, so dass gewünschte Resultate, zumeist mentale Dispositionen oder habituelle Eigenschaften, entstehen.

Es gibt keinen Erziehungsbegriff, der sich in seinen definitorischen Elementen (vgl. PASCHEN 1978) auf den Austausch zwischen Personen begrenzen liesse. Die Notwendigkeit, Defizite zu unterstellen, von Intentionen auszugehen und Wirkungshypothesen zu verwenden, ist nicht an den „pädagogischen Bezug“ gebunden. Jede Reduktion darauf kommt im übrigen selbst einem Erziehungsversuch gleich, weil die Theorie mit einer starken moralischen Behauptung verbunden ist, die Ueberzeugungsarbeit nahelegt. In diesem Sinne kann man sagen, dass jede Erziehungstheorie selbst eine Erziehungsabsicht hat. Sie will nicht nur Erziehung beschreiben, sondern ihrerseits erziehen; sie muss sich daher gegenüber anderen Personen oder Medien als überlegen definieren und ihr Lernen zu beeinflussen versuchen.

Analytisch aber kann der Begriff „Erziehung“ nicht auf den pädagogischen Bezug beschränkt werden, und es ist nur eine Idealisierung, von den hier möglichen Erfahrungen das Optimum pädagogischer Wirkungen zu erwarten. Gerade ein stark interpersonell kontrolliertes Erfahrungsfeld kann den pädagogischen Absichten widerstreiten, die derart idealisiert sind, dass sie nicht erfüllt werden *können.* Oft ist mediale Distanz erheblich einflussreicher als unmittelbare Nähe beim Verfertigen der moralischen Gedanken.

Das Thema einer denkbaren „pädagogischen Ethik“ sind die vielfältigen Beziehungen zwischen Erziehung und Moral. Damit wird der Erziehungsbegriff sehr stark verengt[11] und schliesst fast alle gewohnten Assoziationen aus. Aber „Körpererziehung“ ist entweder Training oder eben moralische Kommunikation, „die Erziehung der Gefühle“ ist Disziplinierung oder

Emanzipation, ohne dem Thema der Moral zu entkommen, „Verkehrserziehung" ist Unterricht mit vagen Folgen und immer mit moralischen Botschaften, „politische Erziehung" ist Belehrung oder Aufklärung, die je spezifisch moralisch kommunizieren – Die Polyvalenz der umgangssprachlichen Verwendung lässt sich durch Verengung auflösen, und meine These geht dahin, dass *Moral* und *nur* Moral Thema der Erziehung ist. „Moral" ist Handlungs- und Reflexionsfeld gleichermassen, so dass mit der thematischen Verengung zugleich eine Ausweitung verbunden ist. Man könnte von thematischen Skalen sprechen, die von der Reflexion einzelner Fälle bis zur ethischen Universalisierung reichen und sehr verschiedene Handlungen und Reflexionen veranlassen oder behindern können. Der enge Begriff von Erziehung hat schliesslich auch deswegen ein *weites* Anwendungsfeld, weil moralische Kommunikation in vielen Medien erfolgt und nicht nur ein Austausch zwischen Personen sein kann.

Die Formel „moralische Kommunikation" soll daher nicht nur die Reflexion *über* Erziehung beschreiben, sondern sich zugleich auf Handlungen und Medien beziehen. Andererseits grenze ich diese Formel von Ansätzen ab, die Pädagogik in Kommunikation auflösen. Entscheidend sind die Differenzen: Handlungen gehen auf Intentionen zurück, die in Feldern moralischer Kommunikation geprägt werden, was bereits selbst ein Erziehungsvorgang ist; aber Handlungen sind nicht mit moralischen Kommunikationen gleichzusetzen. Wäre das anders, könnte man pädagogische Handlungen rechtfertigen, weil sie „Handlungen" sind oder Kommunikationen, weil sie „Kommunikationen" sind. Das Thema aber ist nicht die Handlung selbst oder die Tatsache, dass Kommunikationen unvermeidlich sind; vielmehr führt erst die Verbindung mit moralischen Sätzen und einem bestimmten Arrangement des Lernens überhaupt zu *pädagogischen* Problemen.

Wer vom *Ende* der „Erziehung" spricht, dokumentiert Unzufriedenheit über ihre Effektivität. Aber Erziehung ist kein technisches Geschehen und aber darum eben auch nicht durch ein besseres Modell ersetzbar. Die nachwachsende Generation *wird* beeinflusst, weil keine Gesellschaft auf moralische Kommunikationen verzichten kann, und die ethische Aufgabe bleibt bestehen, auch wenn sie kulturkritisch als unmöglich betrachtet wird. „Erziehung" wird jedoch nicht aus der Kritik erzeugt und folgt schon gar nicht den Wellen der Kulturkritik. Die Wiederkehr der Antipädagogik[12] ist die Wiederkehr der Unzufriedenheit mit einem imperfekten Objekt und zugleich mit einer Theorie, die sich spätestens seit ROUSSEAU der *perfectibilité* des Menschen verschrieben hat. Aber Erziehung ist das Medium der Moral, nicht diese selbst, und „Moral" in modernen Gesellschaften ist immer umstritten und nie mehr eine sakrale Grösse. Eben darum steigert sich die Erziehungserwartung und wird die Theorie skeptisch.

Hier schliesst die Problembestimmung des Buches an: Wie kann das ethische Problem der Erziehung bearbeitet werden, wenn die religiösen Erwartungen nicht erfüllt werden, aber auch nicht verschwinden und doch Platz bleiben muss für eine rationale Argumentation? Ich sage damit nicht, dass religiöse Erwartungen irrational sind, sondern nur, dass eine nach-metaphysische Ethik sie nicht erfüllen kann. Falls es eine solche Ethik gibt, so müsste das pädagogische Problem hier anschliessen. Das scheint eine fast unlösbare Aufgabe zu sein, denn eine metaphysische Ethik hat unüberbietbare *Vorteile,* die Idee des Guten, die Sanktionierung der Welt in der Theodizee, die klare Positionierung von „gut“ und „böse“, einen Schöpfungsstandpunkt und damit, nicht zuletzt, *Gewissheit.* Von diesen Vorgaben hat die pädagogische Reflexion lange gelebt, bis weit ins 20. Jahrhundert hinein (OELKERS 1989). Damit ist zugleich erklärt, warum es eine säkulare pädagogische Ethik bislang nicht gibt. Sie liegt, von der historischen Anlage der Erziehungstheorie her gesehen, *nicht* nahe und verlangt offenbar einen radikalen Bruch mit der Tradition. Dieser Bruch ist nicht leicht zu vollziehen, zumal die öffentliche Kommunikation, auf die die pädagogische Reflexion verwiesen ist oder die sie oft genug selbst darstellt, davon ganz unberührt zu sein scheint. Bleiben hier die metaphysischen Deutungsmuster erhalten, dann müsste sich die pädagogische Reflexion davon signifikant unterscheiden, ein Schritt, der vermutlich sehr schwer fallen wird.

Dennoch liegt hier eine Perspektive, denn die Pädagogik verfügt wohl über eine variantenreiche, aber zugleich auch enge Tradition, die sehr viele Annahmen verdeckt hält und die selbstverständlichen Bedeutungen der Umgangssprache weder expliziert noch überhaupt problematisiert. Aber die Terme und die logischen Modelle moralischer Kommunikationen sind in aller Regel eher opak als durchsichtig, stellen oft Zumutungen dar und sind vielfach in Erziehungsreflexionen verwendet worden, ohne auf ihre pädagogische Tauglichkeit hin geprüft zu sein. Moralische Terme werden als Erziehungsziele verwendet, obwohl unklar ist, wie diffuse Wirkungsvorgänge an Endpunkte gelangen können; Tugenden werden zu Vorschriften des pädagogischen Handelns, obwohl über Freundschaft oder persönlichen Mut niemand verfügen kann; Utopien werden aus politischen Gesinnungen heraus auf Erziehung übertragen, obwohl keine Erziehung aus sich heraus künftige Zustände der Gesellschaft hervorbringen kann.

Die Perspektive besteht in der unvoreingenommenen Analyse von Denkgewohnheiten, also von Erziehungsfolgen, die pädagogische Erwartungen bestimmen, ohne sozusagen dem eigenen Element gewachsen zu sein, versteht man unter „Erziehung“ ein komplexes Ensemble von symbolischen und materiellen Wirklichkeiten, die nicht auf *eine* und *nur* eine Welt zurückverweisen. Nur eine solche „Welt“ könnte man als beherrschbar annehmen, aber das hätte den Preis, Erzieher wie Demiurgen denken zu müssen. Eine Revision der Modellvorstellungen von *Erziehung* eröffnet Reflexionschancen, das Thema der pädagogischen Ethik anders bearbeiten zu können. Diese Reflexion kann nicht länger behaupten, das Leben zu beherrschen, aber sie kann sich daraus auch nicht zurückziehen. Sie ist prekär, weil sie immer mit sich selbst zu kämpfen hat. Man kann nie wissen, ob sie nicht doch, wie SIEGFRIED BERNFELD vermutet hat, *absurd* ist. Wenn sie diesen Verdacht *nicht* auf das bezieht, was sie leistet, muss sie einen Sinn entwickeln für die heiklen Balancen, mit denen sie sich nur bewegen kann.

Anmerkungen

1 Die neuesten Versuche im deutschen Sprachbereich sind entweder *entwicklungspsychologische* (GÜNZLER u.a. 1988) oder *normative* Bestimmungen (BREZINKA 1986; GAMM 1988). Die *analytischen* Probleme einer „pädagogischen Ethik" werden dabei nicht berührt, weder im Hinblick auf die Sprache noch auf die Logik der Beziehungen. Eine pädagogische Ethik kann aber nicht einfach „zwischen" Legalität und Moralität (NICKLIS 1991) oder „zwischen" wissenschaftlichem Verstand und praktischer Vernunft (PLEINES 1991) bestimmt werden. Die *Schwierigkeiten* mit diesem Projekt beschreibt treffend WIGGER (1990).

2 Die Erziehung „führt aus" oder „verwirklicht" *in concreto,* was die Ethik allgemein bestimmt; nach diesem Muster muss die Erziehungstheorie sofort in Schwierigkeiten geraten, wenn der Universalitätsanspruch der Ethik fraglich wird, was spätestens seit NIETZSCHE der Fall ist.

3 Ich folge, in lockerem (!) Bezug, KRIPKE bei der Idee der starren Bezeichnung (Namen, die nur einen Referenten haben) (KRIPKE 1981, S. 14ff. u.pass.). Erziehungstheorien sind immer nach der „Regel" formuliert worden, „dass es ein einzelnes Individuum und eine einzelne Eigenschaft gibt", die dem Individuum linear zugeordnet ist (Ebd., S. 17). Das Wort „Erziehung" sollte sich auf die Wirklichkeit wie eine Namens*bezeichnung* auf einen Namen beziehen

4 Man könnte *first-order-* und *second-order-*Prinzipien unterscheiden, solche des Handelns und solche des Lernens. Man lernt moralische Prinzipien in moralischen Kontexten, aber die Handlung unter der *Voraussetzung* von Prinzipien ist davon zu unterscheiden.

5 Ich bin hier einem Gedanken von JAN MASSCHELEIN verpflichtet, dem ich auch für Gespräche über dieses Thema danke. *Intersubjektivität,* so seine These, kann unterstellt werden, ohne dass man sie auf „eine Reziprozität von Subjekten zurückführt" (MASSCHELEIN 1991, S. 213). Erziehung als asymmetrische Kommunikation hat Intersubjektivität zur Voraussetzung, weil beide Seiten agieren können; schon von daher muss „Einwirkung" als Paradigma pädagogischen Handelns ausgeschlossen werden (Ebd., S. 214). Aber von Erziehung könnte auch keine Rede sein, wäre Symmetrie in *jeder* Hinsicht die Voraussetzung der Kommunikation (vgl. auch WOLF 1980).

6 Wie dies in der DURKHEIM-Schule angenommen wird und sich auch in verschiedenen „postmodernen" Positionen über die Funktion des „Heiligen" wiederfindet (ich beziehe mich hier auf ELIADE 1984).

7 Moral ist, wie Vernunft, *nicht abschliessend* lehrbar; Experten aber müssen abschliessende Lehrbarkeit voraussetzen. Moral ist lernbar, aber nur als Pro-

blem und nicht als Doktrin, weil das verpflichtende Vorbild das eigene Urteil gerade beschneiden würde (RYLE 1975, S. 56).

8 „Moralische Kommunikation" bestimme ich mit Hilfe dreier Kriterien als *pädagogisches* Medium, durch das Thema (Moral), die Absicht (Verbesserung) und den Konnex zum Handeln (Erziehung). Ich behaupte aber nicht, Kommunikation sei das „Beförderungsmittel" der Moral (GLASERSFELD 1987, S. 291). Vielmehr wird der Term „moralische Kommunikation" gerade unabhängig von Einwirkungsphantasien in Anspruch genommen. Auch schliesst er nicht nur verbale Kommunikationen (Reflexionen) ein, obwohl diese für den kantischen Zug meines Arguments von hervorstechender Bedeutung sind.

9 Dabei wird der entscheidende Punkt in PLATOS Parabel, nämlich die *Rückkehr* in die Höhle der Gefesselten, zumeist nicht gesehen oder wenigstens nicht als das Paradox der Bildungstheorie betrachtet. Aber PLATO denkt die Metamorphose der Bildung nicht nach dem Modell des grenzenlosen Fortschritts, sondern begrenzt sie und stellt sie auf eine Probe, die nur scheitern kann.

10 Das erklärt den starken *Zielbezug* pädagogischer Kommunikationen, die sich im Kontrafaktischen sichern müssen. Auch das ist paradox, denn Handlungen können nur durch Erfahrung, also Vergangenheiten, gesichert werden, während der Zukunftsbezug *Unsicherheit* freisetzt. Niemand weiss, wie fortgeschrittene Gesellschaften mit dem Erziehungsziel „Emanzipation" weiterhin umgehen, aber das Ziel wird wie eine feste, nämlich moralisch sanktionierte Grösse behandelt.

11 Der Begriff „Erziehung" hat keinen einheitlichen Referenzraum, derart, dass man unterstellt, das Wort „Erziehung" *bedeute* ein bestimmtes Praxisfeld. Man kann enge und weite Verwendungen unterscheiden, etwa wenn in weiten Begriffsverwendungen *jede* intentionale Beeinflussung mit Erziehung gleichgesetzt wird oder wenn in engen Versionen Erziehung nur als *moralische* Kommunikation verstanden wird. Ich werde durchweg die enge Version verwenden, wohl wissend, dass in bestimmten Begründungskontexten weite Varianten unvermeidlich sind, schon um nicht ständig die Terminologie klären zu müssen. Meine eigene Präferenz ist nicht in allen Fällen durchzuhalten, so dass auch bei dem Bemühen um analytische Transparenz Widersprüche und Unklarheiten nicht immer zu vermeiden sind. Alles andere verlangte eine Formelsprache, über die die Pädagogik nicht verfügt.

12 Die *Selbstperfektion* und somit die ungebundene Freiheit jedes Menschen unabhängig von Lebensalter oder Status ist daher der Einsatzpunkt antipädagogischer Argumentationen, die philosophisch mit MAX STIRNERS „Der Einzige und sein Eigentum" (1844) beginnen und zugleich einen bis heute nicht wieder erreichten Höhepunkt erleben.

2. Optionen der klassischen Pädagogik

Das Verhältnis von Ethik und Erziehung wurde im europäischen Kulturraum bis zum 18. Jahrhundert ausschliesslich *christlich* definiert, damit partikular und fast immer missionarisch. Das Thema des Christentums, wie die universelle Liebe die Beschränktheit einzelner Moralen überwinden könne, legte wohl von sich aus unabhängige pädagogische Optionen nahe, aber praktizierbar wurde diese Lehre nur über einen entschiedenen Glauben, der klare Grenzen zog und die richtige Moral durch sich selbst begründete. Alle moralischen Termini waren durch diese Vorgabe imprägniert, und „Erziehung“ stellte nichts weiter dar als die Missionierung der Moral unter der Voraussetzung hoher sozialer Kontrolle und stabiler mentaler Uebereinstimmungen in einem wenig differenzierten gesellschaftlichen Raum.

Unter diesen Bedingungen konnte es plausibel erscheinen, die religiösen Bestimmungen des Guten, vor allem aber das religiöse Denken selbst, nämlich die Konstruktion der Moral von einem höchsten Punkt aus, durch Erziehung auf Dauer zu stellen. Der Anschluss der je nachwachsenden Generationen wurde durch Einfügung in das religiöse Kraftfeld erreicht, zu dem es keine Alternativen gab oder nur solche, die Exkommunikation nach sich gezogen hätten. Die christliche *Gemeinde* war die symbolische und die materielle Grenzbestimmung für die Erziehung, die sich *in* ihr bewegte und somit einen geschlossenen Raum zur Bedingung hatte. Diese pädagogische Situation hat sich durch die zunehmende Differenzierung der Lebens- und Verkehrsformen im 19. und 20. Jahrhundert grundlegend geändert, ohne dass die Erziehungstheorie auf diesen Wandel in gleich radikaler Weise reagiert hätte (OELKERS 1989, Kap. 2, 4.3.) Die Grunderfahrung der sozialen Mobilität und der Temposteigerung aller Entwicklungen führte nicht zu einer Pädagogik, die von der Kontingenz und den Risiken der modernen Existenz ihren Ausgang genommen hätte. Die Theorie blieb sehr lange dem christlichen Denken verpflichtet, das zur gleichen Zeit in seiner gesellschaftlichen Präsenz immer schwächer wurde.

Die schwindende Kraft der christlichen Religion eröffnete freie Flächen für säkulare Reflexionen, die bis zum Ende des 19. Jahrhunderts die drei wesentlichen Agenturen der symbolischen Reproduktion – Literatur und Kunst, Wissenschaft und Philosophie – endgültig transformierten und von konfessionellen Glaubenssätzen lösten. Diesen drei Leitlinien der Moderne (vgl. OELKERS 1991) folgte die Pädagogik *nicht,* weil sie damit ihr moralisches Thema zu gefährden schien, das auf der anderen Seite aber auch nicht mehr *mit* den christlichen Doktrinen zu begründen war. Die Ueberwindung der kirchlichen Aufsicht über die Erziehung liess freilich Theorien entstehen, die sich darum bemühten, „Erziehung" als ethisches Mandat zu begründen, ohne einer bestimmten Kirche das Wort reden zu müssen. Das war nur möglich mit Hilfe neuer Leitbegriffe, in denen sich eine autonome pädagogische Reflexion Ausdruck verschaffte, ohne sich von den religiösen Denkmustern und Erwartungen wirklich lösen zu können.

Diese Versuche waren umstritten und haben publizistische Gegenwehr ausgelöst, nicht zuletzt auch politische Reaktionen provoziert, weil sie Privilegien angriffen, das Monopol der Moral, das *durch* Erziehung, nämlich neue Formen und Themen der öffentlichen Kommunikation, gebrochen wurde. Die Herauslösung der Erziehung aus der Kirchenmoral war so selbst ein pädagogischer Prozess, in dem neue Ideen *moralisch* agiert werden mussten. Aber die pädagogische Theorie war anders als die Physik gegenüber ihrem Objekt nicht neutral und konnte mit ihm auch nicht, wie die moderne Kunst, spielerisch umgehen. Ihre Ablösung von der Kirchenmoral musste mit funktionalen Aequivalenten erfolgen, also alternativen *Moral*konzepten, die in der Regel ihren Bezug auf religiöse Themen nicht aufgaben oder wenigstens die Logik religiöser Argumente nicht verloren, weil sie auch weiterhin von der Konstruktion eines *höchsten* Gutes ausgingen und darum weder mit positiver Wissenschaft noch mit analytischer Philosophie noch gar mit freier, ästhetisch ungebundener Kunst in Verbindung zu bringen waren.

Die vielfältigen Diskussionen über eine *moderne,* nicht mehr konfessionell gebundene Erziehung[1] lassen sich in drei Begriffspaaren zusammenfassen, die jeweils zwei gegensätzliche Optionen verbinden, nämlich *Natur* und *Sittlichkeit,* praktische *Vernunft* und *Nützlichkeit* sowie das *höchste Gut* und die *praktischen Ideen.* Diese Paare stehen für bestimmte Theoriepositionen, die über ihre Begründer hinausreichen und repräsentativen Charakter haben. Sie lassen sich unschwer noch in den Erziehungsdiskussionen der Gegenwart nachweisen[2] und sind massgebend in der Bestimmung und Akzeptanz *pädagogischer Probleme.*

2.1 Natur und Sittlichkeit

Der literarische und philosophische Diskurs über „Natur" und „Natürlichkeit" ist bis zu Beginn des 18. Jahrhunderts weitgehend ein Diskurs über Aesthetik und Etikette (vgl. für Frankreich TOCANNE 1978). Dieser enge

Zuschnitt änderte sich unter dem Eindruck der neuen Physik, aber auch neuer, empirischer Seelenlehren und nicht zuletzt einer Aesthetik des Sentiments (MERCIER 1960, Teil II) grundlegend und gab schon vor ROUSSEAU pädagogischen Auffassungen Raum, die die *natürliche* Entwicklung des *Kindes* in den Mittelpunkt stellten (Ebd., S. 402ff.; ausf. MERCIER 1961). ROUSSEAU ist in dieser Hinsicht keineswegs originell. Seine Bedeutung ergibt sich aus der *Radikalisierung* des Konzepts der natürlichen Entwicklung[3] zu einer moralfreien Phase experimentellen Lernens, das ganz der individuellen Stärke und keinem Ziel ausserhalb des Kindes dienen soll.

Dieses Skandalon hat PESTALOZZI als Lebensthema bearbeitet und mit einer grundlegend anderen Lösung versehen, die Anschluss hält an das christliche Thema der Liebe, ohne jedoch einer konfessionellen Pädagogik das Wort zu reden. Auch PESTALOZZI argumentiert vor dem Hintergrund der Anthropologie des 18. Jahrhunderts, nur zieht er aus dem „Gang der Natur" in der Entwicklung des Menschen gänzlich andere Schlussfolgerungen als ROUSSEAU. Beider Verhältnis ist für die Spannung in der modernen Pädagogik grundlegend, denn man kann nicht zugleich gemäss der *Natur* und für die *Sittlichkeit* erziehen. „Sittlichkeit" ist Beschränkung der Natur, Natur aber immer Widerspruch zur Sittlichkeit. Kompromisse zwischen beiden Positionen sind eher rhetorische Beschwichtigungen, wie sie etwa in der Rede einer „natürlichen Sittlichkeit" oder einer „sittlichen Natur" zum Ausdruck kommen. In Wahrheit sind beide Ansprüche unvereinbar und daraus entsteht eine harte Konfliktlage, die bis heute andauert. Erzieht man die Natur des Kindes, dann dürfen der Natur nicht die sittlichen Ziele der Erzieher aufgenötigt werden, folgen sie aber diesen Zielen, dann verfehlen sie offenbar die Natur des Kindes.

ROUSSEAUS wichtigste Voraussetzung ist die Leugnung der Erbsünde (THOMAS 1956). Nur so kann die *reine* Natur die Grundlage der Erziehung sein, die nicht belastet wird mit einem mythischen Erbe, das jede denkbare Erziehung beschränken müsste. Dieser Schritt ist von umwerfender Konsequenz: Ohne die Voraussetzung der Erbsünde kann die *vollkommene* Erziehung gedacht werden, denn nunmehr wird nicht bloss die Schöpfung, sondern die innere Natur des Menschen als gut angenommen, und die kann nur entfaltet, jedoch nicht mehr beschränkt werden. Die *gute* Natur ist ROUSSEAUS anthropologische Grundannahme, die sich radikal vom politischen Naturrecht unterscheidet (vgl. MELZER 1990) und auch der Anthropologie widerstreitet, die, beeinflusst vor allem durch BUFFONS *histoire naturelle,* wohl auch das Konzept der natürlichen Entwicklung, aber nicht eine Wertung der guten oder der bösen Natur vertreten hat. Der Witz der positiven Anthropologie des 18. Jahrhunderts ist gerade, dass diese religiösen Wertungen entfallen sollen, die Rousseau sich, wenngleich in Umkehrung zur katholischen Doktrin, erneut zu eigen machte.

ROUSSEAUS *Emile* wurde unmittelbar nach Erscheinen verboten (vgl. FRANÇONS 1946-49), von Parlament und Kirche gleichermassen, und der

Bischof von Paris, CHRISTOPHE DE BEAUMONT, hat in einem *mandement* (1762) das Verbot mit der Leugnung der Erbsünde begründet, also dem grössten denkbaren Skandal für die kirchenoffizielle Pädagogik[4]. Gegen dieses Verbot richtet sich ROUSSEAUS „Brief an Beaumont" (März 1763), in dem, präziser als im *Emile* selbst, das grundlegende Argument entwikkelt wird, wie man das Böse (in der Welt) nicht leugnen muss und doch das Kind von der Erbsünde befreien kann. Dabei kommt ein Naturbegriff ins Spiel, der nicht aus der Physik, auch nicht aus der Anthroplogie und erst recht nicht aus der zeitgenössischen sensualistischen Psychologie abgeleitet ist.[5] „Natur" wird von ROUSSEAU *stoisch* gelesen, so jedoch, dass die antike Moral mit einer modernen Entwicklungsvorstellung verknüpft wird. Darum kann ROUSSEAU mentale *Stärke* mit *Selbstinteresse* und der Idee der *guten* Natur synthetisieren, ohne auf die Widersprüche achten zu müssen.

Das Argument im „Brief an Beaumont" beginnt mit einer einfachen, doch weitreichenden Verschiebung der Kausalität: Wenn die Kirche von der „verdorbenen Natur" ausgeht, so erscheint diese als Ursache für das Böse in der Welt. Aber die „verdorbene Natur" hat *selbst* eine Ursache (Schr. I/ S. 514), die nicht mit dem Mythos des Sündenfalls ineins gesetzt werden kann. Das „Verderbnis" ist keine letzte Grösse, sondern eine abgeleitete und rational erklärbare; sie entsteht durch „unsere gesellschaftliche Ordnung, welche in allem der Natur, die durch nichts zerstört werden kann, zuwider ist, sie beständig tyrannisiert und sie ohne Unterlass ihre Rechte zurückfordern lässt" (Ebd., S. 543). „Natur" steht so *gegen* „Gesellschaft", ohne dass Vermittlung denkbar wäre. Die Gesellschaft entfremdet den Menschen von der Natur und ist damit die Ursache für die „Laster der Menschen" und die „Uebel" des Lebens (Ebd.).

Diese Theorie der Entfremdung ist von grösster Tagweite, weil „gut" und „böse" in einem binären Code unterschieden und dann je einer Seite zugeordnet werden, das Böse *nur* der Gesellschaft, das Gute *nur* der Natur. Auf diese Weise wird radikale Gesellschaftskritik im Gestus der überlegenen Moral möglich, die die unverdorbene Natur gegen die verdorbene Gesellschaft ausspielen kann und so ein Bild erzeugt, das die soziale Gegenwart zugunsten einer utopischen Zukunft leugnet. Wer freilich von der *bonté naturelle* (HAVENS 1924/25) ausgeht, muss diese Grösse, auf die alles ankommt, mit einer Letztbegründung versehen, die quasi-theologischen Status hat. „Natur" darf nicht mehr mystisch erscheinen, aber auch nicht mechanisch, wie in der zeitgenössischen Physik (LENOBLE 1953, S. 112ff., 117ff), sondern muss als vorempirische *Einheit* verstanden werden (Ebd., S. 125), die autonom agiert und gleichsam für sich selbst spricht, mithin nicht einer unabhängigen Erkenntnis, auch nicht der Biologie, entstammt. Andernfalls wäre sie keine letzte Sicherung der Reflexion. „Natur" ist die vollkommene Einheit *vor* jeder Gesellschaft, und diese Einheit wird auf das Kind projiziert, so dass die reine Erziehung denkbar werden kann. Damit entsteht, wie JEAN EHRARD (1963, S. 753-767) dargelegt hat, ein moderner *Mythos,* die Erziehung als universelle Kraft der Natur, die den

Menschen zum Guten führen kann, sofern sie – und dafür steht der *Emile* – ausserhalb und unabhängig von der Gesellschaft stattfinden kann. Der Mythos spielt auf das Buch Genesis an und leugnet einfach, dass das Paradies *hinter* dem Menschen liegt. ROUSSEAU *Emile* ist die Fabel des erneuerbaren Paradieses; das Kind steht in ihm, sofern die dekadente Moral der Gesellschaft, damit diese selbst, von ihm ferngehalten wird.[6] Einzig sie sorgt für labyrinthische Verhältnisse und eine Verdichtung des Unnatürlichen, die das Kind schwächen und in Opposition zu sich selbst setzen. Das Grundarrangement des *Emile* ist demgegenüber *einfach,* es beschreibt nur das Verhältnis von Kind und Natur sowie die wohlmeinende und selbstlose Begleitung durch einen Tutor, der die Lernumwelt so herstellt, dass sich die Natur gemäss ihren Potentialen entwickeln kann.

Das Szenario des *Emile* erinnert an DANIEL DEFOES „Robinson Crusoe", der nach seinem Erscheinen 1719 gerade auch in Frankreich eine grosse Rezeption erlebte (Mann 1916) und für ROUSSEAU die Grundphantasie der natürlichen Erziehung darstellte. Er zeichnet DEFOES Roman in ganz besonderer Weise aus, denn der „Robinson" ist das einzige Buch, das Emile während seiner ersten Erziehung zu lesen bekommt (WW III/S. 220). Aber mehr noch, die Konstruktion des Romans ist identisch mit der des *Emile;* Emile wird in einer idyllischen Gartenlandschaft erzogen, die ROUSSEAU betrachtet, als wäre sie DEFOES Insel.[7] Eine der Grundkategorien des *Emile* ist Singularität (NOURISSON 1931, S. 45), was man doppelt übersetzen kann, als Einzigartigkeit und Einsamkeit, ein Zustand gerade nicht des „geselligen Menschen". Emile soll lernen, nach diesem Zustand „alle anderen (zu) schätzen" (WW III/S. 220), also so zu urteilen wie Robinson. „Das sicherste Mittel, sich über die Vorurteile zu erheben und seine Urteile nach den wahren Verhältnissen der Dinge einzurichten, ist, sich an die Stelle eines einzelnen Menschen zu setzen und über alles so zu urteilen, wie dieser Mensch hinsichtlich seines eigenen Nutzens urteilen soll" (Ebd., S. 220/221).

ROUSSEAU phantasierte sich ständig selbst in die Rolle des *homme isolé* und seine Grundobsession war es, die „wahren", nämlich *natürlichen* Verhältnisse der Dinge (les vrais rapports des choses) (O.C. IV/S. 455) beschreiben zu müssen (STAROBINSKI 1988, S. 74ff.). Emile ist, wie Robinson, bevor er Freitag traf, nur mit der Natur konfrontiert, abgesehen von dem Tutor, der aber lediglich die Rolle eines Anwaltes der Natur übernimmt und seine Aufgaben nur darauf bezogen zu definieren vermag. ROUSSEAUS Zögling soll *wie* Robinson lernen, nicht aus den Büchern, sondern an den Sachen selbst, den Notwendigkeiten des natürlichen Lebens, ohne dass das Wissen den Lernanlass übersteigt. Die Aufgabe oder der Fall erfüllt sich selbst und weist nicht über sich hinaus (WW III/S. 221). Das Lernen dient nicht externen Zwecken, sondern dem Gleichgewicht der inneren und der äusseren Natur, aus der heraus die Ueberzeugung der eigenen Stärke erwachsen soll.

Es geht nicht um die Missionierung des Wilden, sondern um die Heiligung der Natur, die sich selbst genügen muss. Emile ist kein Wilder, der zum Bürger einer Zivilisation erzogen, sondern ein Kind, das ganz aus der Natur heraus Mensch wird. ROUSSEAUS grandioses Gedankenexperiment beschreibt die reine Erziehung als differenzlose Uebereinstimmung von Natur und Erfahrung, eine Art botanischer Pädagogik, die Entwicklung und Erziehung ineins setzt.[8] „Wahr“ sind die Verhältnisse der Pädagogik dann und *nur* dann, wenn diese Einheit vorausgesetzt wird. Das Kind entwickelt sich gemäss seiner Natur, wenn die Natur *sich selbst* entwickeln kann. ROUSSEAU war unfähig, den Zirkel dieser Theorie zu erkennen.

„Natürlich“ ist auch für ROUSSEAU der *bon sauvage* (vgl. Gonnard 1946, S. 79ff.) ein literarischer Topos, aber einer, der für Kontrast sorgen soll und nicht etwa die positive Folie des *Emile* abgibt: „Von allen Menschen in der Welt sind die Wilden am wenigsten neugierig und am wenigsten ihrer Lebensart überdrüssig; alles ist ihnen gleich. Sie geniessen nicht die Dinge, sondern sich selbst; sie bringen ihr Leben mit Nichtstun zu und haben niemals Langeweile“ (WW III/S. 283). Die Gesellschaft soll lernen, dass die Wilden der Natur weit näher sind als sie selbst, um auf diesem Wege den eigenen Verfall erkennen zu können. Aber das ist kein Erziehungskonzept für Kinder, die vor dem Verfall behütet und zugleich *nicht* der Gesellschaft ausgesetzt werden sollen, ohne darum „Wilde“ zu sein. Im zweiten Diskurs beschreibt ROUSSEAU die Existenzform der Wilden als erziehungslosen Naturzustand, in dem es keinen Fortschritt, zumal keinen moralischen, geben konnte. „L’homme restoit toujours enfant“ (ROUSSEAU 1984, S. 160).

Das Problem des *Emile* besteht darin, wie dieser Zustand zugleich überwunden *und* beibehalten werden kann, ein Grundparadox der gesamten modernen Pädagogik. Die Natur soll sich entwickeln und sich selbst zugleich bewahren, die Erziehung soll weder einen Preis haben noch Verlust erleiden, sondern jede ihrer Phasen in sich vollenden. Emile ist am Ende der ersten Erziehung ein perfektes Kind (un enfant fait) (WW III/S. 183; O.C. IV/S. 418), „toujours maître de lui“ (O.C. IV/S. 422) und allen anderen Kindern überlegen. Die Bedingung für diesen Erziehungserfolg ist die vollständige Isolierung des Kindes und die Konzentration ausschliesslich auf *seine* Natur. Die Perfektion des Kindes am Ende der Erziehung ist die Perfektion seines Alters, also einer Entwicklungsphase der Natur, die sich selbst vollenden kann: „Vous verrez bientôt lequel est le plus vraiment formé, lequel approche le mieux de la perfection de leur age“ (O.C. IV/S. 423).

Die Verlustfreiheit der Erziehung, die Optimierung ohne Defizit, begründet ROUSSEAU mit einer radikalen Verwandlung der Prämisse pädagogischer Theorie. Er löst den Zusammenhang von Erziehung und Moral auf, und zwar für den Bereich der ersten, der Erziehung des Kindes, die ausschliesslich auf die Natur bezogen wird. Den Schutz vor der Moral nennt

ROUSSEAU *éducation négative,* sie bewahrt das Kind vor Laster und Irrtümern, indem Tugend und Wahrheit *nicht* gelehrt werden (WW III/S. 88). Vorurteile und Angewohnheiten sind die Folgen positiver Lehren, die *zu früh* einsetzen. Sie stellen Habitualisierungen auf Dauer, die nicht mit Vernunft erworben sind und den Verstand überfordern.[9] Das Kind versteht nicht *vor* der Zeit, besonders moralische Lehren nicht, die auf einem Vergleich mit Anderen beruhen. In der konventionellen Erziehung erfährt das Kind sich als „gut“ oder „böse“ in Abgrenzung zu anderen oder zu den Erwachsenen, aber es wird eben darum in seiner Natur geschwächt, die sich nicht aus sich selbst heraus und ungestört von moralischen Interventionen entwickeln kann. Nur so kann das Kind souverän und selbstbewusst, damit *stark* genug (WW III/S. 74ff.) werden, die Zumutungen und Dilemmata der Moral *selbst* zu entscheiden. Es muss, in kontrollierter Form, seiner Natur überlassen werden, aber die Natur ihrerseits bleibt eine geheimnisvolle Grösse.

Diese Konzeption darf nicht reformpädagogisch missverstanden werden, ROUSSEAU ist *kein* „Pädagoge vom Kinde aus“, der dem Kind Erfahrungen von Härte und Leid ersparen will. Das Kind wird nur vor der Gesellschaft und ihren moralischen Konventionen geschützt, aber weder behütet noch verzärtelt. ROUSSEAU spricht vom „schweren Joch der Notwendigkeit“, dem sich zu beugen das Kind lernen muss, weil es sonst weder eigene Stärke gewinnen noch auf das Leben vorbereitet werden kann. Erziehung ist *wohl geregelte* Freiheit (Ebd., S. 85), nicht etwa ein psychologisch inspiriertes „Wachstum“. Das Kind soll die Notwendigkeiten sehen und ertragen lernen, aber stets, wie Robinson, in natürlichen (und unabänderlichen) Verhältnissen „und niemals in den Launen der Menschen; der Zaum, der ihn (Emile; J.O.) zurückhalte, sei die Stärke und nicht die Autorität“ (Ebd., S. 84/85).

Gleichzeitig formuliert ROUSSEAU klare Herrschaftsregeln, als beschreibe er praktisch, was er theoretisch vermeiden will, nämlich doch die Missionierung des Wilden. Der Zögling *glaube* „stets, Meister zu sein, und man sei es stets selbst. Keine Unterwerfung ist so vollkommen wie diejenige, welche den Schein der Freiheit behält ... Ohne Zweifel soll es (das Kind; J.O.) nur das tun, was es tun will; es soll aber nur das tun wollen, was man selbst will. Es soll nicht einen Schritt tun, den man nicht vorgesehen hat; es soll nicht den Mund auftun, ohne dass man weiss, was es sagen wird“ (Ebd., S. 127). Diese Erziehung hat ROUSSEAU selbst eine *spartanische* genannt (Ebd.; vgl. PIRE 1958), und sie steht in eigentümlichem Kontrast zu seiner Grundeinsicht in die Eigennatur des Kindes, das nicht *vor* der Zeit versteht und durch Herrschaftsregeln eigentlich unerreichbar sein müsste.

Kinder denken „nur an das Gegenwärtige“ (WW III/S. 131), sie haben daher ihre *eigene* Art, die Welt wahrzunehmen (Ebd., S. 83) und ihren Verstehenshorizont aufzubauen. Das *widerstreitet* der Herrschaft der Erwachsenen: „Nichts ist weniger vernünftig, als wenn wir unsere Art an deren

Stelle setzen wollten" (Ebd.). Aus der These folgt, dass die Kinder zwar zur Vernunft erzogen werden können, aber nicht in oder mit Hilfe von „Vernunft", die ja immer nur die Vernunft der Erwachsenen sein könnte. Ziel und Mittel können und dürfen *einander nicht* entsprechen, wie aber jede Pädagogik annehmen muss, die aus ethischen Maximen pädagogische Handlungen ableiten will. Dagegen richtet sich ROUSSEAUS hauptsächliche Einsicht: „Das Hauptziel einer guten Erziehung ist, einen Menschen vernünftig zu machen; und man glaubt, ein Kind durch die Vernunft erziehen zu können! Das heisst von hinten anfangen; das heisst, aus dem Werk das Werkzeug machen wollen. *Wenn die Kinder Vernunft verstünden, brauchten sie nicht erzogen zu werden*" (Ebd., S. 82; Hervorhebung J.O.).

Doch auch dieser Satz formuliert nur ein Dilemma, denn wenn die Vernunft nur *Ziel* der Erziehung ist, kann diese selbst nicht der Vernunft folgen und daher auch nicht „vernünftig" sein. Das zwingt ROUSSEAU zu einem anderen Fixpunkt der Theorie, nicht Vernunft, sondern eben Natur, die aber immer nur behauptet, nicht, wie die Vernunft, geprüft werden kann, wenigstens die Natur nicht, von der ROUSSEAU ausgeht. Sie soll das Medium der Notwendigkeit sein, aber zugleich nicht gemäss den Sätzen der Physik beschrieben werden können; der Erzieher kann sie beobachten, sie gar zur „Richtschnur" seines Handelns erheben (WW III/S. 24), aber ROUSSEAU ist ausserstande, diesen Weg (route) der Erziehung (O.C. IV/S. 259) eindeutig zu bestimmen. Er sitzt zeitgenössischen Mythen der Antike auf (LEDUC-FAYETTE 1974, Teil II), aber er formuliert damit die Schlüsselsätze der ersten modernen Pädagogik, die ihre Dilemmata und Paradoxien einfach bestehen lässt, ohne dass ihre Wirksamkeit davon behindert worden wäre.

Gegen Entlarvung ist ROUSSEAU gut geschützt, denn er geht gerade davon aus, dass der „Zirkel" der konventionellen Moralerziehung *unvermeidlich* sei. Das Kind versteht die moralischen Unterscheidungen nicht wirklich, und jede Unterweisung muss entweder diese Ignoranz ertragen oder sich selbst überflüssig machen. Den zweiten Schritt vollzieht ROUSSEAU: „Das Gute und das Böse erkennen, die Ursache der Pflichten einsehen ist nicht Sache eines Kindes" (WW III/S. 83). Diese Einsicht kann nicht „erzeugt" oder „eingepflanzt"[10] werden, schon weil der Erzieher an jenen sittlichen Kosmos gebunden ist, den das Kind erst *nach* seiner Kindheit erlernen wird. ROUSSEAU definiert das Kind als natürliches Wesen, das – wie der Wilde – ganz in seiner Gegenwart lebt, Vergangenheit und Zukunft nicht unterscheiden kann und darum auch nicht behandelt werden darf, als sei es ein Erwachsener. Die Differenz der Verstehenswelten ist das entscheidende Argument gegen die konventionelle Erziehung, die vom sittlichen Anspruch und nicht vom kindlichen Verstehen ausgeht.

Der moralische Kosmos der Erwachsenen verlangt die Unterscheidung von Rechten und Pflichten, somit die Transzendierung der blossen Gegenwart des Erlebens und Handelns, wie sie das kindliche Spiel definiert. Jede sittliche Verpflichtung ist so beschaffen, dass sie eine bestimmte Gegenwart übersteigt und Kontinuität zwischen Vergangenheit und Zukunft herstellt. Die Geltung moralischer Sätze muss unabhängig gehalten werden vom situativen Erleben, aber wenn Kinder „in" der jeweiligen Gegenwart *ihres* Aufmerksamkeits- und Spannungshorizontes leben, dann sieht es so aus, als kämen sie ohne das aus, was ROUSSEAU *vertu* nennt (HAVENS 1925, S. 221) und von der *bonté naturelle* unterscheidet.

Die Leugnung der Erbsünde hatte ROUSSEAU in ein schwieriges Dilemma gebracht, denn wenn es auch keine „ursprüngliche Verderbtheit im menschlichen Herzen gibt" und in ihm kein einziges Laster, von dem man *nicht* sagen könnte, „wie und wodurch es hineingekommen ist" (WW III/ S. 86), dann fragt sich doch, wie die Tugend entsteht, wenn die Erziehung nur negativ sein kann. ROUSSEAUS Antwort ist kompliziert und sie hat nur bedingt mit Erziehung zu tun: Wohl vorbereitet auf die Gesellschaft ist der Zögling dann, wenn er ungestört seine Natur entfalten kann. Er tritt in die Gesellschaft über, wenn er in diesem Sinne souverän ist, aber er verinnerlicht keine Moral, die er nicht einsieht und die erst unter dieser Voraussetzung wirksam wird. Hier ist ROUSSEAU Aufklärer: Nur das ist zulässig, was einsichtig gemacht werden kann; weil man Kindern aber Moral nicht einsichtig machen kann, darf die Erziehung auch nicht die Vermittlung der Moral versuchen. Sittlichkeit ist daher kein Thema für die erste Erziehung; stattdessen entwickelt sich die *vertu* als Ergebnis nicht der natürlichen Güte des Menschen, sondern einer Anpassungsleistung im Initiationsvorgang des Jugendlichen.

ROUSSEAU unterscheidet bekanntlich zwischen „Selbstliebe" (l'amour de soi) und „Eigenliebe" (l'amour propre): „Die Selbstliebe, die nur auf uns gerichtet ist, ist zufrieden, wenn unsere wahren Bedürfnisse gestillt werden; die Eigenliebe aber, die Vergleiche anstellt, ist niemals zufrieden und kann es nicht sein, weil diese Empfindung, indem sie uns den anderen vorzieht, auch fordert, dass die anderen uns sich selbst vorziehen, was unmöglich ist" (Ebd., S. 259/260; O.C. IV/S. 493). Die Anpassung zur Tugend erfolgt durch eine Minimierung der *amour propre*, und die besteht in einem stoischen Konzept: „Was ... den Menschen *wahrhaft gut* macht, ist, dass er wenige Bedürfnisse hat und sich wenig mit anderen vergleicht. Was ihn *wahrhaft böse* macht, ist, dass er viele Bedürfnisse hat und stark von der Meinung anderer abhängt" (WW III/S. 260; Hervorhebung J.O.). Auch hier sieht man das Modell des Wilden gepaart mit der spartanischen Version der Erziehung. Richtig „gut" ist der Mensch nur unter der Voraussetzung des Naturzustandes, denn der Gesellschaftszustand zwingt ihn zum Vergleich mit anderen und dieser Vergleich stachelt die Leidenschaften der *amour propre* an und damit die Disposition des „Bösen". Die Selbstliebe ruht in sich, aber die Eigenliebe belastet den Menschen mit unerfüllbaren Bedürfnissen. Will man ihnen entgehen, so muss man den Gesellschaftszustand meiden oder aber ihn dem Naturzustand angleichen.

Für diesen Schritt steht der *Contrat Social,* und er ist die Voraussetzung für die berühmte Unterscheidung des Menschen oder des Bürgers, die ROUSSEAU zu Beginn des *Emile* trifft und die seine Rezeption in der Pädagogik massgeblich bestimmt hat.[11]

Die Erziehung zum *Menschen* ist nach dem Vorbild von Robinson gedacht, eine asketische Ausrüstung mit wenigen Bedürfnissen und eine stoische Weigerung, Vergleiche mit anderen anzustellen. „Nach diesem Grundsatz ist leicht zu sehen, wie man alle Leidenschaften der Kinder und Erwachsenen zum Guten und Bösen lenken kann. Es ist wahr, da sie nicht immer allein leben können, werden sie schwerlich immer gut leben: Gerade diese Schwierigkeit wird notwendigerweise mit ihren Beziehungen zunehmen, und vor allem deswegen machen die Gefahren der Gesellschaft uns die Erziehungskunst und die Fürsorge unumgänglich, um im menschlichen Herzen dem Verderben vorzubeugen, das aus seinen neuen Bedürfnissen erwächst" (WW III/S. 260). Trotz seiner Option für „Natur" und „Natürlichkeit" folgt ROUSSEAU damit letztlich doch einer *positiven* Pädagogik, die verbunden ist mit der Allmachtsphantasie der *richtigen* Lenkung, von der zugleich nicht zu sehen ist, wie sie realisiert werden kann, weil die Bedingung, die Vermeidbarkeit von Gesellschaft und so die totale Kontrolle des Lernfeldes, unerfüllbar ist. Möglich ist mit dieser Phantasie Kritik, aber nicht wirklich „Erziehung", weil jede pädagogische Situation sozialen Kontakt und somit Vergleich voraussetzt. ROUSSEAU schwächt oder negiert die Interaktionsbedingung und stärkt die Entwicklungskategorie, aber er beschreibt eben darum eine Fiktion und keine Realität.

Das Gute soll aus der Natur heraus entstehen, nicht aus der Moral, denn nur die (mythisierte) Natur bietet eine differenzlose Einheit, während alle moralischen Begriffe Relationen verlangen, die nicht aufgelöst werden können. Von der unbedingt „guten" Natur kann daher nur moralfrei und somit paradox gesprochen werden, weil „gut" relationslos erscheint und dann aber das Offensichtliche unterschlagen wird, nämlich dass jede denkbare Realität von „Natur" immer „gut" und „böse" gleichermassen sein oder wirken kann. Das gilt um so mehr für die Projektion der guten Natur auf die Entwicklung des Menschen, die einen Paradiesmythos benötigt, um überhaupt so erscheinen zu können, als dem moralischen Problem *vorgelagert,* während jede denkbare Existenz, auch und gerade die von Kindern, den moralischen Kosmos, also die soziale *Unterscheidung* von Gut und Böse, voraussetzt. Anders wären Kinder nicht imstande, diese Unterscheidung in sich, also in ihrem Verstehenshorizont und ihrem Empfindungshaushalt, zu entwickeln. Und offenbar kommt es darauf an, wenn von „Erziehung" gesprochen werden soll.

ROUSSEAUS entscheidender Antipode ist PESTALOZZI, obwohl dieser sich nur an wenigen Stellen direkt über seinen Gegenspieler äussert. Aber PESTALOZZIS Gedankenweg bis zu seinem Hauptwerk[12], den „Nachforschungen" von 1797, stellt eine einzige Auseinandersetzung mit der *éduca-*

tion negative dar, also der Weigerung ROUSSEAUS, in der ersten Erziehung mehr zu sehen als Schutz vor Irrtümern und Lastern. PESTALOZZIS Problem war, wie dieses „mehr" bestimmt werden kann, wenn auf der anderen Seite ROUSSEAUS Kritik der gesellschaftlichen Entfremdung Recht gegeben werden muss. PESTALOZZI hat den Gegensatz von Mensch und Bürger nicht bestritten, aber er bestritt die Basis von ROUSSEAUS Theorie, nämlich dass es *nur* die Alternative von Naturzustand und Gesellschaft gäbe und infolgedessen, wie es im „Manuscrit Favre" des *Emile* heisst, auch nur zwei Arten der Erziehung einander gegenüberstehen könnten, „celle de la nature et celle de la société" (O.V. IV/S. 58).

Für PESTALOZZI ist der Zustand des „corps social", auf dem Rousseau die Entfremdungstheorie aufbaut (O.C. IV/S. 249), nicht als Gegensatz zur Natur zu begreifen, sondern als deren Folge, mit der Pointe, dass *beide,* Natur wie Gesellschaft, das Problem der *Sittlichkeit* nicht haben lösen können, welches für die Theorie der Erziehung aber die Prämisse, die erste Bestimmung ihrer Fragen, darstellen müsse. Erziehung, sagt PESTALOZZI im Gipfel seines Arguments gegen ROUSSEAU, ist vom puren Gegensatz zwischen Natur und Gesellschaft her nicht zu begreifen. Sie hat ihr Ziel und ihre Aufgabe *weder* in der Natur *noch* in der Gesellschaft; was sie konstituiert, ist das Streben nach Sittlichkeit, das auf Natur und Gesellschaft nicht zurückgeführt werden kann.

PESTALOZZI hat sich 1805 in einem Brief an ERNST CHRISTIAN TRAPP über ROUSSEAU geäussert und dabei auch die Lehre von der „Menschennatur" ins Spiel gebracht, mit der die Pädagogik übereinstimmen müsse, wenn sie in legitimer Weise wirksam werden solle (Br. IV/S. 268). Was PESTALOZZI seinem Genfer Widerpart an dieser Stelle vorwirft, ist, dass er keine Methode des Unterrichts entwickelt habe, weil er allzu radikal nur vom Unterricht in der Natur ausgehen wollte (Ebd., S. 268/269). Das ist, von ROUSSEAU aus gesehen, konsequent, weil er künstliche Formen des Unterrichts radikal negiert, die sich zwar auf „Anschauung" und „Selbsttätigkeit" beziehen, aber schon ihre Psychologie nicht mehr aus der natürlichen Entwicklung des Kindes ableiten und gar ihre Themen und Objekte den Wissenschaften entlehnen und *Büchern* anvertrauen (WW III/S. 219ff. u.ö.). PESTALOZZIS Medium der Methode *ist* das Buch, und erst über das Buch vermittelt der Unterricht[13]; das allein beschreibt den strikten Gegensatz, trotz aller Anleihen in der Wortwahl. Bei ROUSSEAU sollte es unmittelbare Anschauung geben, bei PESTALOZZI methodisch vermittelte, und PESTALOZZI muss behaupten, dass dies der Natur des Kindes näher kommt als ROUSSEAUS Unmittelbarkeitsideal.

Die Differenz ist in Wirklichkeit eine scharfe Trennung, an der sich die Geister scheiden müssen. PESTALOZZI hat das in den „Nachforschungen über den Gang der Natur in der Entwicklung des Menschengeschlechts" klar zu machen versucht. Was PESTALOZZI von ROUSSEAU trennt, ist schon die Logik: Er geht nicht aus von einem *Dual* (Natur: Gesellschaft), sondern von einem *triadischen Ansatz.* Er unterscheidet den „Naturzustand“, den „gesellschaftlichen Zustand“ und den „sittlichen Zustand“, aber nicht als statische (ontische) Grössen, sondern als doppelt bewegliche Objekte. Sie sind Ergebnisse der Evolution der menschlichen Gattung und zugleich die Grundelemente jeder Erziehung. Sie treten also objektiv und subjektiv auf, in der Gattung wie im Individuum, jeweils relativ zu deren Evolution (OELKERS 1987).

Dieser Gedanke ist nur dann zu verstehen, wenn man zwei Prämissen nachvollzieht: PESTALOZZI teilt nicht ROUSSEAUS Idee der guten (der *nur* guten) Natur und bricht mit der Voraussetzung, dass es eine (und *nur* eine) Wahrheit gäbe, von der ROUSSEAU wie selbstverständlich überzeugt war. Was PESTALOZZI hier tut, ist radikal, denn er gibt eine zentrale Ueberzeugung der philosophischen Tradition auf und unterscheidet *Wahrheit* und *Recht* mit Hilfe von *drei* Kriterien. Es gibt nicht nur *eine* Wahrheit und *ein* Recht, sondern jeweils die tierische, die gesellschaftliche und die sittliche Wahrheit und das tierische, das gesellschaftliche und das sittliche Recht. „Thierisch“ ist die Wahrheit im Blick auf den animalischen Kern des Menschen: „Ich habe in mir selbst eine Kraft, alle Dinge dieser Welt als ein für mich selbst bestehendes Thier anzusehen“ (K.A. 12, S. 67). Das korreliert mit einem „thierischen Recht“, ein „allgemeines, unwillkührliches und einfaches Bedürfnis“, auf die „thierischen Wahrheiten“ einen „thierischen Anspruch zu machen“.

ROUSSEAU hat diesen Teil mit dem Ausdruck „Selbstliebe“ zu fassen versucht, aber PESTALOZZI hat mehr im Auge als nur die Befriedigung der elementaren Bedürfnisse. Er spricht von „thierischer“ Wahrheit und vom „thierischen Recht“, weil Erkenntnis und Anspruch nicht einfach nur gut sind. Die tierischen Instinkte sind ambivalent, durch die Evolution nicht etwa gereinigt, wie es ROUSSEAUS Stilisierung des *bon sauvage* als einsamen, aber glücklichen Gipfel der Entwicklung suggerierte; vielmehr behauptet PESTALOZZI, dass es einen reinen „Punkt“ oder einen absoluten Augenblick der Unschuld schon in der Entwicklung der Natur nicht gegeben habe (Ebd., S. 71). Mit dem ersten Irrtum[14] ist die erste Gefährdung, der erste Verlust von Gleichgewicht und Sicherheit, möglich geworden, und das muss auf jene anonyme Phase des Anfangs bezogen werden, in der die höheren Primaten ihre Instinktsicherheit verloren haben (Ebd., S. 72). Sie lebten noch nicht in einer menschlichen Gesellschaft, aber sind schon, im Uebergang zu den „Thiermenschen“ (Ebd.), im Besitze von *Irrtum* und *Unrecht.* Und erst diese Möglichkeiten konstituieren überhaupt die moralische Relation. Deutlich sagt PESTALOZZI: „Ohne Bewußtseyn des Unrechts kommt der Begrif des Rechts, und ohne Leiden des Unrechts, das Gefühl des Rechts nicht in meine Seele“ (Ebd., S. 73). Rechtsbegriffe sind *gesellschaftliche* Begriffe, also Relationen, die sich gerade nicht mit dem Naturzustand verknüpfen lassen. Rousseaus radikaler Schritt stellt sich als entscheidender *Fehler* der Theoriekonstruktion heraus: „Es läßt sich an den Punkt, von welchem die Unverdorbenheit des

Naturstands eigentlich ausgeht, so wenig ein Begrif eines Rechts anknüpfen, als an denjenigen, von welchem die Harmlosigkeit des Kinderstandes eigentlich ausgeht" (Ebd.).

Es gibt dann aber kein *âge d'or* (wie bei ROUSSEAU; vgl. TERRASSE 1970), das mythenstiftende Wirkungen hätte und auf das man die Utopie der Erziehung zurückbeziehen könnte. Vielmehr ist das *Verderben* omnipräsent und in Natur und Gesellschaft gleichermassen vorhanden. Recht hebt Unrecht nicht auf, weil es keine *allgemeine* Verbesserung des Menschen in Natur und Gesellschaft geben kann. Der anthropologische Auslöser ist das Unrechtsgefühl, das durch Vergleich zustandekommt, aber nicht im Sinne ROUSSEAUS „veredelt" worden ist. Immer wenn das der Fall ist, gilt die Maxime: „Der thierische, so wie der gesellschaftliche Mensch, erlaubt sich alles Unrecht, damit ihm nicht Unrecht geschehen könne" (K.A. 12/ S. 75). Diese Reaktion ist immer möglich, einfach weil die Atavismen der menschlichen Natur weder in der Gesellschaft verschwinden noch in sich veredelt werden können. Eben das hatte ROUSSEAU in der emphatischen Theorie der Erziehung des *Menschen* vorausgesetzt.

Die These bezieht sich auf die Evolution der Gattung ebenso wie auf die Entwicklung jedes einzelnen Menschen. PESTALOZZI versteht nämlich seine Bezugsgrössen – Natur, Gesellschaft und Sittlichkeit – zugleich als Phasen *und* als Instanzen. Sie folgen aufeinander und sind zugleich immer präsent. Auch wer den höchsten Punkt der Sittlichkeit erreicht, hat die Natur in sich und die Gesellschaft um sich herum nicht hinter sich gelassen. Es gibt moralische Sublimation, aber keine Emanzipation von Natur und Gesellschaft und damit auch keine radikale Freiheit, die der sittliche Fortschritt selbst besorgen würde. Sittlichkeit ist bei PESTALOZZI höchste Autonomie, aber darin eben Verpflichtung und nicht die Loslösung von Natur und Gesellschaft zugunsten einer schönen Seele.

Der Zuschnitt der Theorie wird deutlich, wenn die beiden anderen Grössen betrachtet werden, die gesellschaftliche und sittliche *Wahrheit* und das gesellschaftliche und sittliche *Recht.* Gesellschaftliche „Wahrheit" ist gleichbedeutend mit der Kraft, „alle Dinge dieser Welt, als ein mit seinem Nebenmenschen in Vertrag und Verkommnis (Uebereinkunft; J.O.) stehendes Geschöpf anzusehen" (Ebd., S. 67). Dem entspricht ein gesellschaftliches „Recht" oder ein Gefühl für die Ansprüche, die sich aus dieser Wahrheitssicht ergeben. Es sind dies die Ansprüche von Geschäft und Oekonomie, die PESTALOZZI stark negativ beschreibt, aber zugleich wiederum als unvermeidlich klassifiziert. Im „Gang der Geschäfte" werden „Wohlwollen und Zutrauen" ausser Kraft gesetzt, und das entspricht der Logik des Gesellschaftszustandes (Ebd., S. 80).

Es ist, in dieser Dimension, ein „Krieg aller gegen alle", eine Fortsetzung des Naturzustandes (Ebd., S. 79), die die natürlichen Antriebe drapiert und unkenntlich macht, ohne sie wirklich zu verändern. „Der Mensch weiß es nie an sich selber, wenn er aus Selbstsucht handelt, er dichtet sich in allem Thun seines Lebens edlere Beweggründe an, als die so ihn wirklich leiten, und die Macht ist wie der Mensch unfähig, die thierischen Reize zu erkennen, welche die Ansprüche an die Gegenstände ihrer Leidenschaft in ihrem Innersten beleben" (Ebd., S. 82/83). PESTALOZZI beschreibt damit zugleich eine Verstümmelung der je erneuerten Menschennatur, die der Gesellschaftszustand *verlangt* (Ebd., S. 78). Die sittliche „Wahrheit" ändert daran zunächst nichts, sondern verlagert den Blickpunkt nach *Innen.*[15] Sie bezieht sich auf die Kraft, „alle Dinge dieser Welt unabhängig von meinen thierischen Bedürfnissen und von meinen gesellschaftlichen Verhältnissen gänzlich nur in dem Gesichtspunkt, was selbige zu meiner innern Veredelung beitragen, ins Auge zu fassen" (Ebd., S. 67). Das sittliche „Recht" ist dann einfach das Gefühl, alle Dinge dieser beiden Welten „gänzlich nur nach dem Maßstaab ihres Einflusses auf meine innere Veredelung" zu begehren oder zu verwerfen (Ebd.).

Das ist nicht so zu verstehen, als lieferte die Sittlichkeit die objektiven Massstäbe für die *Kritik* von Natur und Gesellschaft. „Sittlichkeit" ist zunächst Gewinnung von *Distanz,* die es erlaubt, die Erfahrungen von Natur und Gesellschaft in einer dritten Dimension zu betrachten, die ROUSSEAU fehlte. Diese Dimension ist völlig individuell in dem Sinne, dass sie nicht bei zwei Individuen identisch geformt werden kann. „Natur" und „Gesellschaft" sind Chiffren für *identische* Erfahrungen, „Sittlichkeit" dagegen ist nur als Dimension allgemein, nicht aber als biographische Wirklichkeit. Wahrheit und Recht in der Dimenson von Natur und Gesellschaft haben daher zur Bedingung, was die Sittlichkeit gerade ausschliessen muss.

Zugleich ist Sittlichkeit ein eigener Bereich der Reflexion und des Gefühls, der nicht auf die anderen beiden Dimensionen reduziert werden kann. Man kann im Naturzustand und im Gesellschaftszustand ohne Sittlichkeit leben, aber man kann die sittliche Reflexion und das Gefühl, „dass es in meiner Hand ist, mich selbst zu einem edlern Geschöpf zu machen", als dies Natur und Gesellschaft zulassen, nicht aufheben (Ebd., S. 106). Aufgrund dieser Verknüpfung ist keine „reine Sittlichkeit" möglich, die sich von Natur und Gesellschaft unabhängig machen könnte (Ebd., S. 109). Es gibt dann aber auch keine „reine Erziehung", wie bei ROUSSEAU, als er Natur und Gesellschaft gegeneinanderstellte und die richtige Erziehung *nur* der Natur zuordnete. Erziehung hätte in der guten Natur ihren Grund und wäre so selber gut, ohne die Frage der Sittlichkeit unabhängig von dieser Relation stellen zu müssen.

Mit PESTALOZZI muss diese Relation aufgegeben werden, und dann ist „Sittlichkeit" nicht nur ein unvermeidliches Thema, sondern zugleich eine unabhängige Fragestellung. ROUSSEAUS Lösung gelingt nicht, einfach weil sein Dual die Probleme nicht trägt. Es ist nicht lediglich so, dass sich in der Erziehung Natur und Gesellschaft gegenüberstehen, denn Emile, der Musterzögling, an dem das Problem demonstriert werden sollte, ist nicht lediglich sich entwickelnde Natur, sondern muss, soll die Fiktion irgendeine Realität beanspruchen, also tatsächlich als Bild *für* die Erziehung gelten können, *Individuum* sein und wäre dann aber, von Anfang an, mit dem Problem der Sittlichkeit konfrontiert, die sich *nicht* aus der Uebereinstimmung mit der Natur ergibt. ROUSSEAU ist freilich auch hier konsequent; seinem Emile fehlt jeder individuelle Zug, ohne dass er doch das *Exemplar* für die Gattung wäre. Er wird daher auch nicht zum Menschen erzogen, sondern zum Muster, das am Ende scheitert, weil ihm die Grundbedingung des Menschlichen, die Erfahrung des anderen Geschlechts, fremd war.[16]

Sittlichkeit scheint damit das Thema der Erziehung zu sein, nicht „Natur". Aber PESTALOZZI spricht davon, dass es in der Hand eines jeden Einzelnen liege, *sich selbst* zu „veredeln", ganz so als bedürfte es der Erziehung gar nicht. Es gibt in den „Nachforschungen" keinen sittlichen Kosmos, der als *Moral* formulierbar wäre. Wo PESTALOZZI dies versucht, etwa in der politischen Schrift „An die Unschuld" (1815), da beschreibt er Einheitsideale[17], die die differenzierte Anthropologie und Evolutionstheorie der „Nachforschungen" weder erreichen noch sich daraus ableiten lassen. Als sittlich-harmonische Einheit wäre die ganze Welt eine Wohnstube (K.A. 24/A, S. 33ff.) und somit Objekt der Erziehung, aber wenn, wie in den „Nachforschungen", Sittlichkeit ganz individuell ist, dann kann sie kein Zustand sein, den die Erziehung *hervorbringt*. „Meine Sittlichkeit ist eigentlich nichts anders, als die Art und Weise, wie ich den reinen Willen, *mich* zu veredeln . . . an das bestimmte Maaß *meiner* Erkenntniß, und an den bestimmten Zustand *meiner* Verhältnisse ankette" (K.A. 12/S. 112/113; Hervorhebungen J.O.).

Daraus folgt der Schlüsselsatz: „Rein sittlich sind für mich nur diejenigen Beweggründe zur Pflicht, die meiner Individualität ganz eigen sind" (Ebd., S. 113). Sie können nicht *erzeugt* oder von Aussen „eingepflanzt" werden, weil das dem Individuum die Souveränität nehmen würde. Aber wie kann es dann eine Erziehung *zur* Sittlichkeit geben? Eine Selbstversittlichung (Ebd., S. 118) kann nicht in Abhängigkeit zur Erziehung geraten, dennoch bestimmt PESTALOZZI, dass Erziehung und Gesetzgebung dem Gang der Natur folgen müssen, wenn sie wirksam sein wollen:

> „Sie müssen dem Menschen als thierischem Wesen, durch die Erhaltung seines thierischen Wohlwollens, das Bild seiner Unschuld in Kindesschwäche, und gleichsam träumend, vor Augen halten.
>
> Sie müssen in ihm als gesellschaftlichem Wesen durch Treue und Glauben die gesellschaftliche Zuverlässigkeit entwikklen, durch die er sich den Mangel der Unschuld, von der ihn der gesellschaftliche Zustand so gewaltsam entfernt, in demselben erträglich zu machen bestrebt.
>
> Sie müssen ihn endlich durch Selbstverläugnung zu der Kraft emporheben, durch die er allein im Stande ist, das Wesen der Unschuld in sich selbst wieder herzustellen, und sich selbst wieder zu dem friedlichen, gutmüthigen und wohlwollenden Geschöpf zu machen, das er in der Unverdorbenheit seines thierischen Zustandes auch ist" (Ebd., S. 126/127).

Aber ist nicht der Ausgangspunkt, dass die Unverdorbenheit nicht wiederhergestellt werden kann? Und lässt sich der „Mangel an Unschuld“, den das Geschäft erzwingt, mit pädagogischen Mitteln aufheben? PESTALOZZI fragt so *nicht;* er unterstellt einen Gang der Natur, der sich wiederum auf den Paradiesmythos des Buches Genesis bezieht, aber radikal unterschieden von der Bezugnahme ROUSSEAUS. PESTALOZZIS Grundannahme ist der Sündenfall, also nicht der Paradiesgarten, sondern die fatalen Folgen der Versuchung, die das Paradies *verschliessen.* Es liegt, bezogen auf den mythischen Raum, *hinter* dem Menschen, nicht, wie bei ROUSSEAU, ihm voraus, und ist zugleich, als Unschuldsvorstellung, der zentrale Antrieb für das Streben nach Sittlichkeit.

Der Mensch fällt aus dem Zustand der Unschuld heraus, besser: Er entwickelt sich aus der gefallenen Natur heraus in einen gesellschaftlichen Zustand, der nicht zurückentwickelt, wohl aber sittlicher Verantwortung unterzogen werden kann. Daher ist, im „Werk meiner Selbst“, also in der Erziehung, mindestens eine sittliche Einstellung gegenüber Natur und Gesellschaft zu erreichen, die dem Gang der Natur entspricht. Dies versteht PESTALOZZI als Stufentheorie, die einen *höchsten* Punkt kennt: „Durch Sittlichkeit erhebe ich mich zu der obersten Höhe, die meine Natur, nach Unschuld strebend, zu erreichen vermag“ (Ebd., S. 126).

Die individuelle Natur ist aber nur dann „unschuldig“, wenn sie über das bloss Natürliche hinaus- und dem sittlichen Zustand entgegengeführt wird. Sie ist nicht *an sich* „gut“, womit zugleich der Hauptunterschied zu ROUSSEAU bezeichnet wäre. PESTALOZZI denkt vom unabschliessbaren und fallibten *Prozess* der Versittlichung her, während ROUSSEAU eine *statische* Natur annimmt, die Entwicklungen wohl hervorbringen, aber sich nicht selbst verändern und nur darum „gut“ sein kann. PESTALOZZI geht aber noch einen Schritt weiter; das Gelingen oder Scheitern der Versittlichung kann letztlich nicht der Erziehung zugeschrieben werden, sondern nur dem „Werk seiner selbst“ (K.A. 12/S. 130), also der beständigen Arbeit an der Ueberwindung der Triebnatur und der gesellschaftlichen Schwächen (Ebd., S. 131f.). Obwohl die gesellschaftlichen Verhältnisse *nicht* „auf Sittlichkeit gegründet seyn können“, sucht jedes Individuum *sich selbst* „mitten in allem Unrecht der Gesezlosigkeit . . . zu veredlen“ (Ebd., S. 139).

Diese Paradoxie – die sittliche Anstrengung ist notwendig und erfolglos – wäre absurd, hätte sie nicht ihren Sicherungsgrund im *Glauben,* von dem PESTALOZZI sagt, nur er, nicht aber der Unglaube, könne die Sittlichkeit befördern (Ebd., S. 154) und sei damit zugleich die Basis der Erziehung. Sie bringt die Sittlichkeit nicht hervor, aber kann den Prozess der Selbstversittlichung unterstützen, stets parallel mit der Gesetzgebung, also mit der Politik. Letztlich aber ist „die innere Kraft der Menschennatur . . . die Kraft Gottes“ (K. A. 24A/S. 161) oder die christliche *Liebe* (Ebd., S. 170ff.), ohne die jede Erziehung vergeblich wäre. Daraus muss man schliessen, dass *nur* der christliche Glaube eine legitime (und wirksame) Pädagogik definieren könne. Das lässt sich gegen ROUSSEAU wenden: Die Natur kann nicht der Grund des Glaubens sein, wenigstens nicht des christlichen, so dass die Erziehung keine Sicherung hätte, weil sie sich nicht wirklich auf „Natur" gründen kann, sondern auf das Thema der Sittlichkeit verwiesen bleibt. „Sittlichkeit" aber erzeugt sich nicht aus Natur, das ist PESTALOZZIS Argument, sondern verlangt einen Gesellschaftszustand, der nie selbst „sittlich" werden kann. „Sittlichkeit" ist das Privileg und die Last des Individuums, das sich genau dadurch von Natur und Gesellschaft unterscheidet.

Dieser Befund ist freilich für die Pädagogik ganz irritierend: Beruft sie sich auf die *Natur,* dann sieht es so aus, als ob die Erziehung gar nichts mehr zu tun hat, weil entweder alles vorgegeben oder alles festgelegt ist; beruft sie sich aber auf *Sittlichkeit,* dann vertraut sie entweder auf einen Prozess der Selbsterzeugung oder aber beschneidet die Freiheit des Kindes, ohne, wie ROUSSEAU, auf die Natur ausweichen zu können, aber auch ohne, wie PESTALOZZI, Halt in einer Letztbegründung zu finden. Im „Glaubensbekenntnis" des *Emile,* das die eigentliche Mitte des Buches darstellt[18], begründete ROUSSEAU, wie christlicher Schöpfergott und der freie Wille des Menschen eine Harmonie eingehen können (WW III/S. 346ff.), aber das spart den Konflikt aus und es ist nicht zu sehen, wie sich Notwendigkeit (Schöpfung) und Freiheit (Wille) zueinander verhalten können, wenn beides, und dafür steht die Moderne, in Disharmonie gerät. Aehnliches lässt auch im Blick auf PESTALOZZIS „Nachforschungen" fragen: Wie kann es sittliche Freiheit geben, damit Autonomie und Verantwortung, wenn Natur und Gesellschaft alles festlegen, Erziehung und Gesetzgebung aber nicht alles korrigieren können?

Eine unabhängige pädagogische Ethik lässt sich weder aus der Schöpfung noch aus dem Sündenfall heraus begründen. Die Erziehung wäre auf religiöse Ontologien des Guten oder des Bösen verwiesen, die sie funktionalisieren würden[19], ohne dass es ein eigenes Kriterium pädagogischer Autonomie geben könnte. Auch KANT formuliert dieses Kriterium nicht, aber seine Lehre verlagert die ganze Diskussion über Ethik und Erziehung in eine neue Richtung. Wie KANT das moralische (religiöse) Problem *praktisch* auflöst, hat grösste Konsequenzen gerade für die auf ROUSSEAU und PESTALOZZI zurückgehenden pädagogischen Theorien. KANT sagt nicht, dass „Natur" und „Sittlichkeit" keine Grössen einer pädagogischen Ethik seien, er sagt nur, dass sie nicht ausreichen und das entscheidende Problem tiefer liegt, dort, wo ROUSSEAU und PESTALOZZI, jeder auf seine Art, es *nicht* sehen wollten, in der Vernunft.

2.2 Vernunft und Nutzen

ROUSSEAU konfrontierte Natur und Gesellschaft nach Massgabe der klassischen naturrechtlichen Unterscheidung von *état de nature* und *société civile* (PUFENDORF 1734, Bd. 1/Buch II, Bd. 2/Buch VII). Aber er widersprach der Utilitätsannahme, wonach die Tugend einer Handlung am besten dadurch gesichert sei, dass möglichst kein Widerspruch zum Eigeninteresse auftrete (Ebd., S. 235). Damit widersprach ROUSSEAU zugleich der grundlegenden Idee, dass eine gute Handlung durch das Uebergewicht der *Vorteile* definiert werden müsse.[20] Stattdessen soll sich die Handlung, zumal die der Erziehung, nach der Natur bemessen lassen, was sich für ROUSSEAU als Uneigennutz aufgrund von Bedürfnislosigkeit konkretisierte. Der Tutor im *Emile* handelt nicht aufgrund eigener Interessen, sondern als Anwalt des Kindes, aber er handelt eben darum auch nicht unter der Voraussetzung von Gesellschaft, sondern in einem Schonraum des Lernens, der nicht nach Massgabe des Nutzens für externe Zwecke eingerichtet wird, sondern eben der Natur folgen soll.

Die pädagogische Konfrontation von Natur und Gesellschaft lässt freilich offen, wie die Frage der *Vernunft* beantwortet werden soll. Das Kind, wie gesagt, entwickelt sich für ROUSSEAU gemäss seiner Natur auf die Vernunft hin, aber nicht gemäss der Vernunft. Der Grund war einfach und scheinbar überzeugend: Das Kind versteht nicht die Vernunft der Erwachsenen und kann daher nicht in ihrem Medium erzogen werden, wenn es zugleich seiner Natur folgen soll. Die Natur muss entwickelt sein, *bevor* die Anforderungen der Vernunft verstanden und bearbeitet werden können. Aber heisst das, die Erziehung könne *unabhängig* von der Vernunft stattfinden? Und wenn die Erziehung nicht der Vernunft folgt, wie kann sie dann zur Vernunft führen?

Was ROUSSEAU als *raison* bezeichnet (O.C. IV/S. 317), ist nicht gleichbedeutend mit „Vernunft“, legt man die Bedeutung zugrunde, die KANT dem deutschen Wort gab. ROUSSEAUS Einwand gegen LOCKE, dass sich „raison“ nicht *durch* „raison“ entwickeln könne (Ebd.), ist im wesentlichen *pädagogischer* Natur und bestreitet nicht den sensualistischen Bedeutungszusammenhang von „raison“. LOCKES Erziehungsmaxime, nicht sein Begriff von Vernunft, beruhe auf einem Denkfehler, der Rationalität unterstellt, wo noch keine vorhanden sein kann.[21] LOCKE setzte voraus, was sich erst entwickeln muss; jeder Versuch, so ROUSSEAU, mit Kindern einen vernünftigen Dialog zu führen, verkenne, dass die Fähigkeiten dafür noch nicht vorhanden sind und sich, wichtiger noch, auch nicht *durch* Dialoge herausbilden können. Das Dialogprinzip als Medium der Erziehung sei *en vogue,* aber die Voraussetzung sei unzutreffend, weil die Entwicklungstatsache nicht beachtet werde. Von allen Fakultäten des Menschen (facultés de l'homme) bilde sich die „raison“ am schwierigsten und am spätesten, vor allem deswegen, weil sie aus allen anderen Fähigkeiten zusammengesetzt sei, die also zunächst entwickelt sein müssen, bevor die Vernunft operieren könne. Wer in der Erziehung darauf vertraut, beginnt mit dem Letzten und verfehlt daher alles Vorhergehende (Ebd.).

Aber ist „raison" nur eine zusammengesetzte *Fähigkeit,* die erworben wird und damit in Abhängigkeit zum Lernen steht? Das ist eine riskante These, und zwar gerade *weil* der Bezug zum Lernen gesucht wird, denn jedes Lernen kann scheitern und dann müsste man in Kauf nehmen, dass sich auch *keine* Dispositionen der Vernunft herausbilden und die Erziehung also *nicht* zu ihrem Ziel führt. Die Szenerie des *Emile* reagiert auf dieses Risiko, denn Erziehung wird zu einer hochgeschützten und zugleich künstlichen Lernveranstaltung, die an jedem *anderen* Ort scheitern würde. ROUSSEAU beschreibt eine Utopie in einem sehr wörtlichen Sinne, einen Ort, der nirgendwo „ist" und daher auch keinem anderen zum Vorbild dienen kann. Daraus erwächst ein Muster der Kritik, aber diese Kritik ist solange nicht praktisch, wie sie auf die Kontingenz des Lernens verwiesen bleibt, die ROUSSEAU eben gerade nicht durch einen Rückgriff auf antike Konzepte der „Natur" aufheben kann.

KANT legt nun dar, wie aus diesem Dilemma herausgefunden werden kann, und zwar *indem* er mit der Vorstellung bricht, Vernunft sei eine komplexe, aber innerpsychische Disposition, die sich in der Erziehung entwickelt oder eben nicht entwickelt. Die problembestimmende Relation ist nicht, wie bei ROUSSEAU, der Gegensatz von Naturzustand und Gesellschaftszustand, aber auch nicht, wie bei PESTALOZZI, die Triade von Natur, Gesellschaft und Sittlichkeit. Vielmehr wird „Vernunft" als Bereich menschlichen Denkens eingeführt, der nicht psychologisch, aber auch nicht historisch-gesellschaftlich dargestellt werden kann, sondern aus sich heraus bestimmt werden muss. „Vernunft" geht über Natur, Gesellschaft und Sittlichkeit hinaus und ist nicht die Funktion einer dieser drei Bereiche. Damit ist zugleich gesagt, dass „Vernunft" nicht durch Lernen *erworben* werden kann, wenigstens nicht als Bündel von Eigenschaften oder Fähigkeiten, sondern vorausgesetzt werden muss. Praktische Vernunft ist weder „Ziel" noch „Mittel" der Erziehung, sondern ihre Bedingung, aber nicht als „Rahmen" oder Operationsraum, sondern als allgemeine Theorie des Handelns.

Das ist zunächst ganz schwer zu verstehen, denn was sollte „Vernunft" anderes sein, als eine rationale Disposition zu handeln, gemäss den Gründen (reasons), die, wie LOCKE (1989, S. 142) schrieb, in einem bestimmten Lebensalter verständlich sind? Aber das Befolgen von Gründen garantiert nicht schon praktische Vernunft, weil auch unmoralische Handlungen „mit Gründen" gerechtfertigt und realisiert werden. Hinzu kommt, dass eingeschränktes Verstehen, etwa von Kindern, die Abschätzung der Handlungsfolgen behindert, so dass LOCKES Theorie nur mit dem Zusatzargument der langen Gewöhnung überzeugen würde, was dann aber dem

Gebrauch der Vernunft entgegensteht, denn Vernunft kann nicht einfach aus der Gewöhnung heraus erwachsen. Zugleich entsteht Vernunft auch nicht „tout d'un coup“ (O.C. IV/S. 323), doch wie das erreicht werden soll, was Rousseau „l'age de raison“ nennt (Ebd.),[22] bleibt im *Emile* ganz obskur.

KANTS Ausgangspunkt ist die Physik NEWTONS, also die kausaldeterministische Beschreibungen der Gesetze der Natur unabhängig von menschlichem Willen und Bewusstsein. Das Problem ist, wie trotz dieser Determination Erkenntnis und freies Handeln möglich sei, und die Lösung, die Unterscheidung der Kausalität der *Natur* von der Kausalität der *Freiheit* (Kr.d.r.V, S. 488ff.), formuliert Denkbedingungen, die LOCKE und ROUSSEAU tatsächlich fremd waren. Das neue Dual bricht mit den Vorgaben des Naturrechts, weil „Natur“ und „Gesellschaft“ mit getrennten Kausalitäten gelesen werden, so dass zwischen beiden keinerlei Uebergänge, aber auch keine Reduktionen mehr möglich sind. Man kann nicht mehr, wie ROUSSEAU, Gesellschaft auf Natur begründen, aber auch nicht, wie PESTALOZZI, einen Bereich der Sittlichkeit annehmen, der sich selbst hervorbringt und doch *nicht* der „Kausalität der Freiheit“ folgt. Dass aber die praktische Vernunft „Kausalität habe“, „ist aus den *Imperativen* klar, welche wir in allem Praktischen den ausübenden Kräften als Regeln aufgeben. Das *Sollen* drückt eine Art von Notwendigkeit und Verknüpfung mit Gründen aus, die in der ganzen Natur sonst nicht vorkommt“ (Ebd., S. 498). Man kann nicht fragen, was in der Natur (der physikalisch beschriebenen Natur) geschehen *soll,* während andererseits das Sollen eine *mögliche* Handlung ausdrückt, die wohl unter „Naturbedingungen“ stattfindet, aber nicht durch Naturgesetze in ihrer „Willkür“ bestimmt wird (Ebd., S. 498/499).

Erst so entsteht überhaupt ein ethisches Problem, das mehr beschreibt als das konventionelle Verhältnis von Moral und Handlung. „Ethik“ ist nicht zufällig bei ROUSSEAU ein unbestimmter Bereich zwischen Natur und Gesellschaft und bei LOCKE nur eine Frage des Lernens moralischer Dispositionen; erst KANT erkennt das Problem scharf genug, um mit diesen Verlegenheiten fertig zu werden. Man muss die Frage der *Vernunft* mit der menschlichen *Freiheit* verknüpfen, um zu einer Antwort zu gelangen, die über LOCKE und ROUSSEAU (und PESTALOZZI) hinausführt. „Freiheit“ ist für KANT aber nicht einfach ein politischer Zustand oder eine Bedingung individueller Entscheidungen, sondern „eine reine transzendentale Idee“ (Ebd., S. 489), die Bedingung der Möglichkeit von Erfahrung, nicht diese selbst. Genau das haben seine Vorläufer nicht denken können.

Das Verhältnis beider Kausalitäten ist eigentlich eine Analogie; KANT denkt die Kausalität der Freiheit nach Massgabe, wenngleich in strikter Unterscheidung zur Kausalität der Natur. Das wird in der „Kritik der praktischen Vernunft“ an zentraler, nämlich die Bedingung der Möglichkeit der Ethik begründender Stelle, auch ganz deutlich. Zugleich sind hier die

Prämissen KANTS erkennbar, nämlich die Annahme praktischer Vernunft als Teil der intelligiblen Welt, der der Mensch qua Gattung und nicht aufgrund kontingenter Lernprozesse zugehört:

> „Als ein vernünftiges, mithin zur intelligibelen Welt gehöriges Wesen kann der Mensch die Kausalität seines eigenen Willens niemals anders als unter der Idee der Freiheit denken; denn Unabhängigkeit von den bestimmten Ursachen der Sinnenwelt (dergleichen die Vernunft jederzeit sich selbst beilegen muss) ist Freiheit. Mit der Idee der Freiheit ist nun der Begriff der *Autonomie* unzertrennlich verbunden, mit diesem aber das allgemeine Prinzip der Sittlichkeit, welches in der Idee allen Handlungen *vernünftiger* Wesen eben so zum Grunde liegt, als das Naturgesetz allen Erscheinungen" (Kr.d.pr.V. S. 88/89).

Für den Status der praktischen Vernunft ist die Analogie entscheidend, das *allgemeine* Prinzip der Sittlichkeit, das KANT als kategorischen Imperativ formuliert, liegt den *besonderen* Handlungen vernünftiger Wesen *ebenso* zugrunde wie das Gesetz den Erscheinungen der Natur. Die Naturgesetze können den Willen des Handelnden aber nicht formulieren, der sich selbst zu einer „Kausalität der Vernunft" bestimmen muss, was *dann* und *nur* dann der Fall ist, wenn – unter „Hintansetzung aller Begierden und sinnlichen *Anreizungen*" (Ebd., S. 94) – so gehandelt wird, „daß das Prinzip der Handlungen der wesentlichen Beschaffenheit einer Vernunftursache, d.i. der Bedingung der Allgemeingültigkeit der Maxime, als eines Gesetzes, gemäß sei" (Ebd., S. 95).

Die Kausalität der Freiheit ist keine empirische Grösse, sondern nur die Bedingung der Möglichkeit praktischen Handelns (Ebd., S. 96), das dann folgerichtig auch nicht mit einer Freiheitsmoral ausgerüstet wird, sondern – andernfalls gäbe es keine Analogie – mit der Allgemeinheit des Sitten*gesetzes* in Verbindung gebracht wird, das unabhängig vom individuellen Interesse oder vom subjektiven Bedürfnis *gilt* (Ebd., S. 98). „Selbstliebe", schreibt KANT gegen ROUSSEAU, bezieht sich auf Maximen der Klugheit und *„rät* bloß an; das Gesetz der Sittlichkeit *gebietet"* (Ebd., S. 148). Es kann nicht durch Konsens relativiert werden; vielmehr gebietet es *kategorisch,* denn, wie es in einer unmissverständlichen Formulierung heisst, das „moralische Gesetz ist *heilig* (unverletzlich)" (Ebd., S. 210).

Nun ist gerade der Analogieschluss von der Kausalität der *Natur* auf die Kausalität der *Freiheit* seit je in der KANT-Kritik die umstrittene Grösse.[23] Offenbar handelt es sich um verschiedene „Kausalitäten", deren Logik schon nicht übereinstimmt und die darum kaum einen Vergleich erlauben. Naturgesetze, wie KANT sie vor Augen hatte, werden mit einer Kausalität *a tergo* beschrieben, die Ursache liegt immer im Rücken der Wirkung; bei der Handlungskausalität muss wohl Freiheit vorausgesetzt werden, aber die Wirkung liegt der Ursache voraus und ist zugleich mit ihr nur locker verknüpft. Naturgesetze beschreiben Determinationen, während Handlungen wohl verursacht werden, aber keine starre Verbindung zu den von ihr ausgehenden Wirkungen eingehen können. Zudem ist die

„Verursachung" einer Handlung auf *Gründe* verwiesen und muss somit das Medium der Reflexion in Anspruch nehmen, während die Naturgesetze der klassischen Physik gerade unabhängig davon Geltung finden.[24]

Aber KANT begründet als erster ein ethisches Problem, das *nicht* über eine religiöse Ontologie und auch nicht über eine Anthropologie der Erfahrung erschlossen werden kann. Die Engführung der praktischen Vernunft mit dem stark formulierten, aber schwach bestimmten „Sittengesetz"[25] mag nicht mehr überzeugen, obwohl die Unbedingtheit der moralischen Vorschriften deren Geltungs*anspruch* genau beschreibt. Selbst wenn man die Rede vom Sitten*gesetz* für einen schlechten Analogieschluss hält, so bleibt doch ein klar fomuliertes Problem jeder denkbaren Ethik übrig, sofern diese die Bedingung der Möglichkeit von „Sittlichkeit" darlegen soll. „Sittlichkeit" erwächst in den symbolischen Konnotationen moralischer Räume und ist, wie diese, unvermeidlich, wenngleich zunächst nur als Anspruch und nicht immer schon als Geltung. Aber jeder moralische Kosmos formuliert seine Ansprüche *unbedingt* und kann keine seiner Kategorien relativieren. Diese Selbstbeschreibung der Moral hat KANT vor Augen, wenn er von der *Objektivität* des Sittengesetzes spricht, das für Tugend und Recht gleichermassen gelten soll (HÖFFE 1990, S. 323).

Freilich ist damit noch kein *pädagogisches* Problem gewonnen, wie oft, auch von den Zeitgenossen[26], behauptet wurde. KANT müsste die Konzepte von LOCKE oder ROUSSEAU überbieten, und das gelingt nur in der Dimensionierung der Ethik als praktischer Vernunft, aber nicht im Blick auf Verkettung mit Erziehung und Lernen. Auch KANT muss denken, dass es keinen Sprung in die Vernunft gibt, aber er kann dieses genetische Problem nicht pädagogisch bearbeiten. Seine Theorie der Erziehung ist gemessen an der ebenso radikalen wie subtilen Theorie der Vernunft eher konventionell und abhängig von den Gegnern, die KANT ethisch zu überwinden suchte, nämlich der sensualistischen Theorie des Lernens und der utilitaristischen Bestimmung des Erziehungszwecks. Die erste Abhängigkeit ist deutlicher zu erkennen als die zweite, aber beide zeigen sich, wenn man den Kontext der Erziehungstheorie KANTS beachtet und von der Beobachtung ausgeht, dass diese Theorie deduktiv angesetzt ist und zu einer unabhängigen Problembestimmung gar nicht kommt. Gerade KANTS Ethik befördert eine deduktive Pädagogik, die *nicht* beschreiben kann, wie sich die Zwecke der Erziehung mit dieser selbst verbinden.

Die Erziehungstheorie KANTS ist zunächst vom *rechtlichen* Status der Kinder geprägt. Kinder sind nicht das Eigentum der Eltern, aber sie gehören zum Haus und unterliegen den Vorschriften des „Hausherren-Rechts". Sie müssen von Anfang an als „Personen" betrachtet und zugleich erzogen werden. Ihre Freiheit wird daher beschränkt, ohne in Abrede gestellt zu werden. Kinder sind „mit Freiheit begabte Wesen" (Werke VIII/S. 394), die die pragmatische sowie die moralische Selbständigkeit erst erlangen müssen (Ebd., S. 394/395). Rechtlich stützt sich KANT auf ein abgeschwächtes paternalistisches Modell, das die Erziehung begrenzt, aber zugleich deren Notwendigkeit anerkennt. Das Recht der Eltern gegenüber den Kindern ist ein „auf *dingliche Art* persönliches Recht" (Ebd., S. 395), also kein Sachenrecht, das veräusserlich wäre, aber auch kein bloss persönliches Recht, sondern ein Recht, das mit einer Verpflichtung verbunden ist, die dinglichen Charakter hat.

In der Rechtstheorie wird die *pragmatische* Selbständigkeit des Erwachsenen mit der Fähigkeit beschrieben, „sich selbst erhalten und fortbringen" zu können, die *moralische* Selbständigkeit dagegen bleibt unbestimmt (Ebd., S. 394/395). In der Tugendlehre wird dann eine Bedingung eingeführt, die genau der praktischen Vernunft entspricht, der Erziehung aber widerstreitet. KANT reagiert auf LOCKE, wenn er bestimmt, dass „sittliche Maximen nicht so, wie technische, auf Gewohnheit gegründet werden können . . ., sondern, selbst wenn ihre Ausübung zur Gewohnheit würde, das Subjekt damit die *Freiheit* in Nehmung seiner Maximen einbüßen würde, welche doch der Charakter einer Handlung aus Pflicht ist" (Ebd., S. 542). Die Erzeugung von Gewohnheiten ist in der sensualistischen Psychologie gleichbedeutend mit *Erziehung,* die als technischer Vorgang beschrieben wird. Nur so können Perfektionsideen plausibel erscheinen,[27] die die ästhetische Idee der Vollkommenheit wie einen Konstruktionsvorgang aussehen lassen. Dafür steht CONDILLACS *statue,* die sich als Gegenmodell zu KANTS praktischer Vernunft verstehen lässt.

CONDILLAC beschreibt, wie seine Statue, ein polemisches Denkmodell gegen die christliche Seele, mit allem, was es haben soll, ausgerüstet werden muss. *L'homme n'est rien, qu'autant qu'il a acquis* (CONDILLAC 1984, S. 267f.). Dabei unterscheidet CONDILLAC theoretisches und praktisches Wissen (connoissances de théorie et connoissances pratiques), deren Differenz sich aus den sensualistischen Konzepten der Habitualisierung ergibt. Theoretisches Wissen besteht aus einer Folge distinkter Ideen, für die es ein Bedürfnis nach Sprache gibt und die also geordnet werden können (Ebd., S. 221). Praktisches Wissen dagegen besteht aus konfusen Ideen, „qui règlent nos actions sans que nous soyons capables de remarquer comment elles nous font agir" (Ebd.). Der obskure Status praktischen Wissens wird mit der Bildung von Gewohnheiten begründet: Die Ideen, die das Handeln leiten, werden gewohnheitsmässig gebraucht und bestimmen nicht die Urteile der Handelnden. Sowie die Habitualisierung erfolgt ist, trennen sich die praktischen Kenntnisse von den Urteilen und werden zu Reaktionen, die als *„impulsion* et *instinct"* zu bezeichnen sind (Ebd.). Das entspricht genau der Grundannahme von LOCKE, wonach die Gewohnheit zur zweiten Natur werden muss, wenn die Erziehung gelingen soll. Das Verfahren ist ein technisches: „By repeating the same Action, till it be grown habitual in them (i.e. the children; J.O.), the Performance will not depend on Memory, or Reflection, the Concomitant of Prudence and Age, and not of Childhood; but will be natural in them" (LOCKE 1989, S. 120).

In KANTS Anthropologie heisst es, der Mensch müsse „zum Guten *erzogen* werden“ (Werke XII/S. 678), was nach der praktischen Vernunft nur heissen kann zur willentlichen Befolgung des Sittengesetzes, also zur reflexiven Tugend. „Tugend“ ist gerade nicht Gewohnheit, sondern Einsicht oder Wille zum Guten; nur so kann vom Gebrauch der Vernunft die Rede sein. Dieser Gebrauch ist nicht durch Gewohnheitsbildung zu antizipieren, und bezieht sich doch auf Definitionen des Guten, die nicht einfach im Wirkungsbereich freier Entschlüsse liegen. Sie sind Errungenschaften der „Erziehung des Menschengeschlechts“, nämlich seiner historischen Erfahrungen, die den kulturellen Rahmen abgeben für das Sittengesetz und die Erziehung gleichermassen. Die Menschengattung kann „selbst Schöpferin ihres Glücks“ sein, aber dass sie es tatsächlich sein wird, lässt sich nicht *a priori,* nicht aus den „Naturanlagen“ festlegen, sondern nur aus der Erfahrung und der Geschichte schliessen. Und diese Erfahrung ist gesellschaftliche „Bearbeitung der Natur“ und in diesem Sinne *Erziehung* der Gattung, nämlich die „Hervorbringung des vom Menschen nicht beabsichtigten, aber, wenn es einmal da ist, sich ferner erhaltenden *Guten,* aus dem innerlich mit sich selbst immer sich verunreinigenden *Bösen*“ (Ebd., S. 683).

Das Sittengesetz ist eine historische Errungenschaft und zugleich eine kulturelle Gewohnheit, die durch Erziehung, aber nicht allein des Individuums, sondern der Gattung, auf Dauer gestellt wird. Die Wirkung ist paradox, das Gute erhält sich auch jenseits individueller Absichten. In den „Reflexionen zur Anthropologie“, die die eigentliche Erziehungstheorie KANTS enthalten,[28] heisst es an zentraler Stelle: „Wir können uns das Gute nicht anders vorstellen, als in der Ueberwältigung des Bösen; sogar die moralische Vollkommenheit nicht anders, als in der Tugend, d.i. der Ueberwindung der Versuchungen zum Bösen“ (Ges. Schr. Bd. XV/2, S. 636). Das ist aber nicht rein voluntativ möglich, sondern verlangt „moralisirung“ (Ebd., S. 640), nämlich pädagogisch erzeugte innere Dispositionen der Tugend, die auf Dauer gestellt wurden. Dazu ist „nur nöthig, dass die Gewonheit überhand nehme“ (Ebd., S. 784). Die „Moralisirung“ muss aber als Zusammenspiel von „Erziehung, Staatsverfassung und Religion“ betrachtet werden (Ebd., S. 641). Das erklärt auch die relativierenden Bemerkungen im „Streit der Fakultäten“, wo KANT einen Verfassungspaternalismus vertritt (Ges. Schr. VII/S. 92f.), der den moralischen Fortschritt nicht einfach von den summierenden Wirkungen der Erziehung erwartet. Die Tendenz zum Besseren, zur Moralität als dem *„maximum“* der „civilitaet“ (Ges. Schr. XV/2, S. 641), ist keine Frage der pädagogisch erzeugten Einstellungen. „Nicht ein immer wachsendes Quantum der *Moralität* in der Gesinnung, sondern Vermehrung der Producte ihrer *Legalität* in pflichtmässigen Handlungen, durch welche Triebfeder sie auch veranlasst sein mögen“ (Ges. Schr. VII/S. 91), bestimmt darüber, wie die „sittliche Beschaffenheit des Menschengeschlechts“ „zum Besseren“ geführt werden kann (Ebd.).

Gleichwohl ist Erziehung *Disziplinierung* zur Sittlichkeit, wie KANT in den „Reflexionen zur Anthropologie" an vielen Stellen immer wieder betont. Unmissverständlich heisst es gegen ROUSSEAU: Der Mensch „muss zur Tugend gebildet werden. Seine Erziehung ist nicht blos negativ. Er muss den Zwang fühlen, denn er wird dem bürgerlichen Zwange unterworfen seyn; frey erzogen werden. Er muss abgerichtet, dressirt werden (Gerader Gang)" (Ges. Schr. XV/2, S. 653). Freiheit und Zwang bilden keinen Widerspruch, wohl aber eine Paradoxie, durch den Zwang soll das Kind zur Freiheit geführt werden. Die Paradoxie löst sich auf,[29] wenn man „Freiheit" als Agieren in einem gesetzlichen Rahmen betrachtet, an dessen Zwänge sich das Kind gewöhnen muss. Gemeint ist die Disziplinierung für die bürgerliche Gesellschaft, die, gerade weil sie über Gesetze und nicht über die persönliche Herrschaft definiert wird, Erziehung als Verinnerlichung von Gewohnheiten verlangt. Insofern folgt KANT LOCKE, was ausführlich so beschrieben wird:

> „Das Kind muss frey (so dass es andre auch frey lässt) erzogen werden. Es muss den Zwang dulden lernen, dem die Freyheit sich um seiner selbsterhaltung willen unterwirft (seine Unterordnung unter seinen Befehl erfahren). Also muss es disciplinirt werden. Dieses geht vor der instruction vorher. Die Bildung ist das, was beständig fortdauren muss. Es muss entbehren lernen und fröhlichen Gemüths dabey seyn. Es muss nicht genothigt werden, sich zu verstellen. Abscheu und zwar unmittelbaren vor der Lüge bekommen. Das Recht der Menschen achten lernen, so dass es eine Unübersteigliche Mauer vor ihm wird. Seine instruction muss mehr negativ sein. Es muss nicht religion vor der moralität lernen. Es muss fein, aber nicht (verzärtelt) verwöhnt werden. Es muss freymüthig sprechen lernen und keine falsche Scham annehmen. Es muss nicht vor den Jünglingsjahren die feine Lebensart lernen. Die Tüchtigkeit ist das erste.
>
> Er ist also nicht länger roh, aber früher brauchbar und tüchtig" (Ebd., S. 652).

Damit rückt KANT *pädagogisch* in die Nähe seiner beiden philosophischen Gegner, nämlich des Sensualismus und des Utilitarismus. „Brauchbarkeit" und „Tüchtigkeit" sind Chiffren für eine Moral der *Nützlichkeit,* die die sensualistische Beschreibung der Seele voraussetzt. Die mit den Chiffren als *Erziehungs*ziele bezeichneten Fähigkeiten müssen *erzeugt* werden können, sonst wäre die ganze pädagogische Reflexion sinnlos. „Erzeugen" aber kann nur heissen, von Aussen nach Innen bringen und zur Gewohnheit werden lassen.

KANTS Prämisse ist eine anthropologische, aber sie lässt sich pädagogisch nur mit Hilfe einer sensualistischen Psychologie konkretisieren. ROUSSEAUS *gute* Menschennatur wird zurückgewiesen, mit einer Formel, die wohl auf Erziehung verweist, aber zugleich auch offen lässt, wie sie bewerkstelligt werden kann. LOCKES zentraler Gedanke, dass das menschliche Verstehen nicht von „innate Principles" gesteuert werde, sondern dass alle Ideen *gelernt,* nämlich eben von Aussen nach Innen gebracht werden müssen (LOCKE 1975, S. 48ff.), gibt die Grundlage für das sensualistische Paradigma der Erziehung, dem auch KANT folgt. Die Uebereinstimmung betrifft nicht den philosophischen Rahmen, wohl aber die pädagogische Leitvorstellung, das, was „Erziehung" selbst sein soll, nämlich eine Wirkmacht, die von Aussen nach Innen gerichtet ist und ihre Effekte kontrolliert.

LOCKE beschreibt die für pädagogische Zielsetzungen denkbar günstigste Psychologie: Der Geist (mind) und im weiteren die Seele muss *ausgerüstet* werden; was als *Ideenvorrat* (stock of ideas) herangebildet wird, ist das Resultat von Lernprozessen (Ebd., S. 106), die von Aussen gesteuert werden. Alle Ideen, elementare wie komplexe, werden dem Geist des Kindes eingeprägt (imprinted), und zwar zunächst ganz unabhängig von der Sorgfalt der Erziehung (Ebd.). Die Psychologie beschreibt nur die Bedingung der Möglichkeit pädagogischer Einwirkungen, aber die beiden Hauptannahmen, nämlich die Fähigkeit des Lernens, „lasting impressions" zu erzeugen und die damit verbundene Fähigkeit zur fortschreitenden Differenzierung der Eindrücke (also des Verstehens) (Ebd., S. 117), sind denkbar günstig für die pädagogische Zwecksetzung. Erziehung kann nunmehr als das praktische Verfahren erscheinen, diese beiden psychologischen Bedingungen mit externen Zwecken zu verbinden und so die gewünschten Dispositionen durch Wiederholung und Uebung auf Dauer zu stellen (Ebd., S. 293).

LOCKE bricht mit den neuplatonischen Grundannahmen der „Seele"; psychologisch gesehen hat seine Erziehung keine Voraussetzung mehr ausser eben die Lernfähigkeit des Kindes. Zugleich folgt daraus pädagogisch, dass das Kind keine natürlichen Anlagen zur Moral „hat", sondern alle moralischen Sätze und jede Disposition zur Tugend „From *Experience*" erwirbt (Ebd., 104). Auf sie gründet sich das gesamte Wissen (Knowledge), und sie bietet „all the materials of Reason and Knowledge" (Ebd.). Dagegen wendet sich KANTS Kritik der Erfahrung, die aber nicht in die Erziehungstheorie hinein verlängert wird. „Brauchbarkeit" und „Tüchtigkeit" sind Abrichtungen, die *nicht* mit einer besonderen „pädagogischen Vernunft" begründet werden. Das Konzept folgt LOCKE; für ihn sind die beiden Quellen der Erfahrung „SENSATION" und „REFLECTION" (Ebd., S. 105), die strukturell, aber auch genetisch verstanden werden, also nicht nebeneinander entstehen, sondern nacheinander. Das Kind lernt aus der sinnlichen Erfahrung (Sensation) die Reflexion, soweit diese mit Ideen und Prinzipien verbunden ist (Ebd., S. 106ff.). Vorausgesetzt wird nur Neugier oder Lernfähigkeit (Ebd., S. 107/108).

Dieser Gedanke liegt in gewisser Weise auch ROUSSEAUS *Emile* zugrunde, der die Konsequenzen von LOCKE nur besser begreift. Nimmt man nämlich die sinnliche Wahrnehmung als *Phase* an, auf die die Reflexion erst folgt, dann kann man mit einigem Recht bestreiten, dass Dialoge, die *raison* voraussetzen, zureichende Erziehungsmittel sind. Aus dieser Phasentheorie ergibt sich auch der starke Gegensatz von Natur und Gesellschaft, der LOCKE fremd war. Die Erziehung der Sinne muss der Natur folgen, während die Erziehung in der Gesellschaft erst dann zulässig ist, wenn sie vom Lernenden selbst hinreichend reflektiert werden kann. Schliesslich durchschaut ROUSSEAU auch die behavioristische Konsequenz der sensualistischen Psychologie, die es erlaubt, „Erziehung“ als technische „Einwirkung“ von Aussen nach Innen zu konzipieren, die das Innere aber nicht vor einem möglichen *schlechten* Einfluss zu schützen vermag. Es gibt für LOCKE richtige und falsche Ideenverbindungen (habits of thinking), und legitim ist diejenige Erziehung, die intellektuelle „Defects“ vermeidet (Ebd., S. 394ff., 400); ist aber erst einmal eine innere Gewohnheit vermittelt, so lässt sie sich kaum wieder korrigieren: „When this Combination is settled and whilst it lasts, it is not in the power of Reason to help us, and relieve us from the Effects of it. *Ideas* in our Minds, when they are there, will operate according to their Natures and Circumstances“ (Ebd., S. 398). Gegen sie hilft die Zeit oder das Vergessen, aber nicht die Vernunft (Ebd.).

Das Kind wäre so mit den Ideen oder Wahrheiten der Erwachsenen konditionierbar, und zwar um so mehr, je geringer man seine Verstehenskapazitäten veranschlagt. Aber ROUSSEAU fragt, was geschehen soll, wenn LOKKES Prämise, das Kind lerne Verstehen durch Einsicht (in die Begründungen der Erwachsenen: Ebd., S. 55), *nicht* zutrifft, zugleich aber die Theorie der sinnlichen Wahrnehmung des Kindes aufrecht erhalten werden muss. Die Lösung ist die Karenzidee, das Kind wird vor den schlechten Einflüssen der Gesellschaft geschützt und so in die Lage versetzt, sein Verstehen selbst (darum „natürlich“) aufzubauen, aber die Folge davon ist, dass ein autonomes Problem der Moral in der Erfahrung des Kindes nicht vorkommt, zumal nicht im Sinne eines kognitiven Aufbaus moralischer Urteile, zu denen der Jugendliche wie durch einen magischen Kanal gelangen soll. ROUSSEAU schliesst von der Lebensphase auf einen Zuwachs auch der mentalen Kräfte, aber die werden wie natürliche Fähigkeiten behandelt, die sich gerade nicht an den Kognitionen der Moral gebildet haben.

Gleichzeitig kann ROUSSEAU sagen, Kinder richten ihre Handlungen nach dem Nutzen („ils ne veulent rien inutilement“: O.C. IV/S. 312), und ihr erster Begriff sei weniger der der Freiheit als der des Eigentums (Ebd., S. 330). Damit scheint er einer utilitaristischen Argumentation nahe, doch ROUSSEAU beschreibt eine genetische Station, kein Prinzip einer praktischen Philosophie. Seine Pädagogik folgt im Gegenteil nicht der Maxime des höchsten Nutzens, sondern der zweckfreien Vollendung der Natur. Das Glück des Kindes ist an die Erfahrung der *Unschuld* gebunden (O.C. IV/S. 421ff.; WW III/S. 186ff.), die *Abwesenheit* des Sittengesetzes und der Tugendforderung (WW III/S. 187), und das Glück ist daher nicht Objekt von erzieherischen Kalkulationen.

LOCKE unterscheidet im zweiten Buch des „Essay Concerning Human Understanding“ die Erfahrungsmodi Freude und Schmerz (Pleasure and Pain) (LOCKE 1975, S. 229ff.) und bringt sie mit der Definition des Glücks zusammen. Dieser Gedanke hat die utilitaristische Diskussion[30] massgeblich beeinflusst: „Freude“ und „Schmerz“ sind einfache Ideen, die man nur aus der Erfahrung entnehmen (receive), aber nicht allgemein beschreiben oder definieren kann. Beide Modi bestimmen die Wahrnehmung dessen, was LOCKE als „Good Or Evil“ bezeichnet:

„Things . . . are Good or Evil, only in reference to Pleasure or Pain. That we call *Good, which is apt to cause or increase Pleasure, or diminish Pain in us; or else to procure, or preserve us the possession of any other Good, or absence of any Evil.* And on the contrary we name that *Evil,* which *is apt to produce or increase any Pain, or diminish any Pleasure in us; or else to procure us any Evil, or deprive us of any Good“* (Ebd., S. 229).

Die Begründung bezieht sich auf eine Anthropologie der Leidenschaften, also auf Bedingungen vor oder unterhalb der Vernunft: *„Pleasure* and *Pain,* and that which causes them, Good and Evil, are the hinges on which our *Passions* turn“ (Ebd.). „Gut“ und „Böse“ werden nicht vom Sittengesetz her gedacht, sondern von der Logik der moralischen Gefühle. Sie liegen dem Willen zu handeln zugrunde, der also nicht rein für sich oder in bezug auf abstrakte („vernünftige“) Imperative bestimmt werden kann. Menschen sind in ihren Handlungen frei, aber der Wille ist determiniert (Ebd., S. 244), und zwar durch den Geist (mind), genauer: durch Intentionen, die eine Handlung oder eine Unterlassung veranlassen (Ebd., S. 249). Intentionen reagieren auf Situationen, und das Motiv, die Situation zu verändern, entsteht durch *Unbehagen* (uneasiness) (Ebd.). „The greatest present *uneasiness* is the spur to action, that is constantly felt; and for the most part determines the *will* in its choice of the next action“ (Ebd., S. 258). Der Wunsch, das Unbehagen auszugleichen, wird mit dem Streben (desire) nach Glück zusammengebracht, ein anthropologisches Kontinuum, dessen Grenzen unbekannt sind (Ebd.). Glück ist aber auch hier ein Relationsbegriff, so dass die Anthropologie zweipolig ansetzt: *„Happiness . . .* in its full extent is the utmost Pleasure we are capable of, and *Misery* the utmost Pain“ (Ebd.). Das eine wird angestrebt, das andere vermieden, beide sind aber immer möglich, so dass Labilitäten und Rückschritte nicht ausgeschlossen werden können.

Handlungen sind nicht singulär zu betrachten, sondern müssen in ihrer Folge gesehen werden. Nur dann kann es Steigerungen der Wirkungen oder eben Gewohnheiten auf verschiedenen Niveaus geben. Ueber die je nachfolgende Handlung entscheidet der durch die *Erreichbarkeit* des Ziels gegebene Vorrang, sofern das Ziel auch nach der abgeschlossenen Handlung noch mit dem Streben nach Glück und dem Vermeiden von Unglück übereinstimmt. Die *anschliessende* Handlung wird davon abhängig gemacht, dass unerreichbare Ziele vernünftigerweise nicht angestrebt werden (Ebd., S. 257/258). Aber, im Sinne KANTS, das Kriterium der Erreichbarkeit in Uebereinstimmung mit den Gefühlen macht die Handlung nicht schon *gut.* Auch moralisch unzulässige Motive können in „erreichbare“ Handlungen umgesetzt werden, und die Tatsache, dass Ziele erreicht wurden, kann nicht die moralische Qualität der Handlung bestimmen. Diese Art Wirkungsethik kann sich nicht auf das Problem des Guten einstellen, wie umgekehrt eine kantische Willensethik nur starre Prinzipien formulieren und nicht aus den eigenen Erfahrungen lernen kann.

Der Einwand gegen die Wirkungsethik trifft auch dann zu, wenn man das Kriterium erweitert und die Erreichbarkeit von „Glück" und die Vermeidung „Unglück" ins Spiel bringt. Dient eine Handlung der Steigerung des Glücks, dann kann damit im Sinne LOCKES durchaus Verschiedenes gemeint sein, die *Erweckung* von Gefühlen der Freude (pleasure), deren *Steigerung,* die *Linderung* von *Schmerz,* der *Gewinn* von etwas *Gutem* oder die *Beseitigung* von *Uebeln.* Immer aber sind die Gefühle das Kriterium für Erfolg: Die Wirkung der Handlung muss die Gefühle des Glücks (also: die Dispositionen für *pleasure*) berühren, wenn sie den gewünschten Effekt erzielen soll. Aber glücklich ist auch der Mörder aus Rache, der Dieb aus Eigennutz oder der Sadist, der ein Opfer seiner dispositionellen Wünsche gefunden hat. Die Steigerung von Glücksempfindungen ist auch auf eine unmoralische Weise zu erlangen, so dass die Gefühle allein nicht den Rechtsgrund für die Moral abgeben können.

LOCKE selbst hat aus seiner psychologischen Anthropologie noch nicht die Konsequenz einer *rein* utilitaristischen Ethik gezogen. Moralische Beziehungen sind regelgeleitet (Ebd., S. 350ff.), aber die oberste Regel ist nicht der Nutzen. „Regeln" müssen über Sanktionsgewalt verfügen, und die ergibt sich nur aus Gesetzen, die den Handlungsintentionen vorgelagert sind (Ebd., S. 351ff.).[31] Der Begriff des moralisch Guten oder Bösen beschreibt die Uebereinstimmung oder Nichtübereinstimmung einer Handlung mit einer Regel (Ebd., S. 358) und entsteht nicht allein durch die vorgängige Kalkulation möglicher Wirkungen aus der Sicht des Handelnden, der so sein Glück selbst erzeugen würde. Erst DAVID HUME hat ausschliesslich die Nützlichkeit in den Mittelpunkt moralischer Reflexionen gerückt, und zwar *gegen* LOCKES Idee, „that all moral distinctions arise from education" (HUME 1975, S. 214).

Die Nützlichkeit (public utility) von Tugenden (Ebd.) entsteht nicht *durch* Erziehung, sondern bestimmt das Handeln *vor* aller Erziehung. Nutzen ist wesentlich das Streben nach Glück, aber „Glück" ist kluge Lebensführung, nicht etwa eine Chiffre für Hedonismus (Ebd., S. 239f.). Man kann nützliche und angenehme Eigenschaften für sich und Andere unterscheiden, immer aber geht es darum, das moralische Geschehen mit den Rubriken „nützlich" oder „angenehm" (the *utile* or the *dulce*) in Verbindung zu bringen (Ebd., S. 268). Die Verpflichtung zur Tugend (obligation) ergibt sich aus dem Selbstinteresse, und jeder, der sein eigenes Glück und Wohlergehen im Auge hat, findet seine Rechnung (account) am besten durch Erfüllung seiner moralischen Pflichten (Ebd.).

HUMES Theorie minimiert weit mehr als LOCKE die Rationalität moralischer Handlungen zugunsten moralischer *Gefühle.* Zwar erfordern richtige Entscheidungen „accurate *reason* or *judgement*" (Ebd., S. 286), aber das ist unzureichend, wenn es um die Vermeidung von *Schaden* zu tun ist. „Utility is only a tendency to a certain end; and were the end totally indifferent to us, we should feel the same indifference towards the means. It is requisite a *sentiment* should here display itself, in order to give a preference to the useful above the pernicious tendencies" (Ebd.). Die Vernunft lässt die Entscheidungsalternativen erkennen, aber der Vorrang des Nutzens darf nicht selbstdestruktiv sein und verlangt eine vorrationale Instanz, die HUME als *„humanity"* bezeichnet und *„reason"* entgegensetzt. Sie schafft die Unterscheidung, welche Handlungen „useful and beneficial" sind und welche nicht (Ebd.).

Die letzten und wesentlichen Zwecke menschlicher Handlungen, so HUME, lassen sich nicht rational erklären (Ebd., S. 293), so dass auch die Bestimmung der Nützlichkeit nicht eine *reine* Kalkulation der Wirkungssumme sein kann. Die Vernunft erlaubt eine Bestimmung der Mittel, mit denen Glück angestrebt und Unglück vermieden werden kann; aber das erste Motiv der Handlung und die Bestimmung des Willens sind Neigungen (taste), ohne die das Streben keine innere Richtung hätte (Ebd., S. 294). HUME steigert also die Idee, *Gefühle* seien das Movens und schliesslich der Rechtsgrund für die Moral; er steigert damit die Verlegenheit vor dem Anspruch des Guten. Nichts garantiert, dass die „Selbstliebe" als Ausgangspunkt der Gefühlsbewegungen (Ebd., S. 295ff.) zu einem „Gut" oder zum „Glück" führt (Ebd., S. 301), gar noch in allgemeiner Absicht, also im Blick auf „öffentlichen Nutzen" (Ebd., S. 309). Nun gibt aber die zentrale Formel des Utilitarismus *nach* LOCKE und HUME einen scheinbaren Ausweg aus diesem Dilemma an, nicht zuletzt weil sich erst damit eine säkulare Sicht der Moral durchsetzt.[32] JEREMY BENTHAM hat 1780 formuliert, dass das Prinzip der *Nützlichkeit* (utility) einer Handlung zwar im Sinne LOCKES als Disposition zum Glück formuliert werden könne (genauer: „enjoyment of pleasures, security from pains" – BENTHAM 1948, S. 70), doch jede Beschränkung verbiete. Es müsse stets um „the greatest happiness of all those whose interest is in question" oder um das *grösste Glück der grössten Zahl* gehen, wenn die Handlung moralisch legitim sein soll (Ebd., S. 1/fn.). Eine Handlung dürfe nicht einfach der Steigerung des persönlichen Glücks, sondern müsse dem Glück *aller* dienen, zumindest all derer, die von der Handlung betroffen werden können.

Nützlich ist das, was Glückserfahrungen in *diesem* Sinne gewährleistet und Unglückserfahrungen ausschliesst. Das Streben nach individuellem Glück wird nicht negiert, aber BENTHAM sagt ausdrücklich, dass davon „the happiness of the community" positiv berührt sein müsse (Ebd., S. 2). Weil aber das Interesse der Gemeinschaft nichts weiter ist als die Summe der Interessen ihrer Mitglieder (Ebd., S. 3), so ist jede individuelle Handlung zugleich auf den Nutzen der Gemeinschaft auszurichten. Eine Handlung erfüllt daher erst dann das Prinzip der Nützlichkeit, wenn sie in ihrer Tendenz mehr dazu beiträgt, das Glück der Gemeinschaft zu befördern als zu beeinträchtigen (Ebd.). Das *„greatest happiness . . .* principle" wird ausdrücklich als das Ziel (end) *jeder* menschlichen Handlung bezeichnet, „of human action in every situation" (BENTHAM 1988, S. 58/Anm.).

Der Kontext des Arguments ist trotz der universellen Formulierung der Theorie kein pädagogischer; es geht vornehmlich um die Ethik des Regierens oder um das massgebliche Kriterium der Politik (Ebd., S. 57ff.). Für diese Zwecksetzung hat BENTHAM eine starke Begründung zur Verfügung, die sich auf politische Entscheidungen und deren öffentliche Diskussion bezieht. „The disputes between contending parties – between the defenders of a law and the opposers of it, would stand a much better chance of being adjusted than at present were they but explicitly and constantly referred at once to the principle of UTILITY" (Ebd., S. 104). Blosses Rechthabenwollen führt zur Endlosigkeit des Streits, zur Unentscheidbarkeit wie im rituellen Zank von Kindern (childish altercation). Die Chance einer Uebereinstimmung ergibt sich erst aufgrund der Abwägung des Nutzens für beide Seiten (Ebd., S. 104f.). Angesichts der Kontingenz der Zukunft (Ebd., S. 105) gibt es dafür nur eine Erfahrungsevidenz, „the evidence of such *past* matters of fact as appear to be analogous to those contingent *future* ones" (Ebd.).

Es ist nun aber ungelöst, wie von der politischen Theorie des Aushandelns gegenseitigen Nutzens auf eine höhere Gesamtsumme des Nutzens für alle geschlossen werden kann und wie dabei pädagogische Probleme berührt sind. Politische Kompromisse, die auf der Kalkulation der grössten gegenseitigen Vorteile zwischen *Parteien* beruhen, steigern nicht zwingend das Glück *aller*, was doch das Ziel der Handlungen sein soll; auf der anderen Seite sind politische Wirkungen nicht einfach kompatibel mit pädagogischen, so dass schon von daher die Vorstellung preisgegeben werden müsste, alle Handlungen müssten *einem* Ziel folgen, nämlich zum Glück aller beitragen. Weiter aber ist in der sensualistischen Psychologie „Glück" so definiert, dass daraus schlecht eine kollektive Grösse entstehen kann: „Enjoyment of pleasures" und „security from pains" können sehr verschieden empfunden werden, ohne dass klar wäre, wie das „grösste Glück der grössten Zahl" befördert werden kann. Ist „Glück" eine psychologisch hochdifferente Grösse, dann kann es keine kollektive Qualität sein, die BENTHAM aber unterstellt, wenn er vom grössten Glück der grössten Zahl spricht. Irgendwie muss dieses Glück als Einheit erscheinen, während die psychologische Begründung nur Kategorien zur Verfügung hat, die sich nicht kollektiv begreifen lassen (pleasure and pain).

Der Ausweg ist eine Summentheorie des Glücks: Die allgemeine Tendenz einer Handlung, so BENTHAM, ist *mehr oder weniger* schädlich (pernicious), je nachdem, wie die totale Summe ihrer Folgen ist, also die Differenz der Summe des Guten und des Bösen (BENTHAM 1948, S. 70). Aehnlich hatte schon der französische Physiker MAUPERTIUS das Gute als *Summe* des Glücks bestimmt („Le *Bien* est une Somme des Momens heureux“) und den glücklichsten Menschen dann von der Differenz der Summe des Glücks und der Summe des Unglücks her definiert (MAUPERTIUS 1751, S. 8, 10f.), als sei dieser Zustand berechenbar. In der Pädagogik hat zum Beispiel der Philantrop ERNST CHRISTIAN TRAPP vergleichbar argumentiert: „Die Erziehung soll jedem Menschen zu so viel Gückseligkeit verhelfen, als für ihn möglich und nöthig ist“ (TRAPP 1780, S. 37). Auch das setzt voraus, Glück sei steigerbar und damit in Summenvorstellungen zu begreifen. Es gibt gleichsam niedere und höhere Quanten von Glück, je nachdem wie der Abstand zur Summe des Unglücks gewahrt wird. Je grösser dieser Abstand, desto glücklicher der Mensch.

Das ist die Front vor und gegen KANT, eine Mischung aus sensualistischer Psychologie und utilitaristischer Handlungstheorie, an der sich die meisten politischen Konzepte des 18. Jahrhunderts orientierten und deren Konzeption des „Glücks“ in der amerikanischen Unabhängigkeitserklärung schliesslich Verfassungsrang gewann. Damit verbunden ist ein starker pädagogischer Utilitarismus, gegenüber dem die Theorie der praktischen Vernunft weit weniger wirksam gewesen ist als es den Anschein hat, zumal KANTS Philosophie fast ausschliesslich in der deutschen Erziehungstheorie überhaupt pädagogische Beachtung gefunden hat. Die frühe kantische Pädagogik (OELKERS 1989, Kap. 2.3.) hat wohl den Primat des Glücks in der Definition der Erziehungsziele zurückgewiesen, und zwar mit dem Einwand KANTS, dass nicht der Nutzen die Vernunft, sondern die Vernunft den Nutzen begründen müsse. Doch das hat den Vorrang der Wirkungsethik nicht verändert, nur dass „Nutzen“ und „Brauchbarkeit“ in bestimmten Kreisen der pädagogischen Reflexion zu tabuisierten Begriffen wurden. Die Erziehung aber wurde immer von der Wirkung her beurteilt, und Wirkungsannahmen kamen nie ohne Kalküle des Nutzens aus.

KANTS Einwand ist damit nicht erledigt, denn allein vom Nutzen her betrachtet oder vom Effekt, der sich in einem spezifischen Kontext bestimmen lässt, wäre auch die faschistische Erziehung „gut“ gewesen oder wenigstens gäbe es kein unabhängiges Kriterium, ihren „Erfolg“ als moralisches Desaster zu erklären. Ein solches Kriterium lässt sich weder sensualistisch noch utilitaristisch begründen. Im ersten Fall dominiert das Gefühl die moralische Reflexion, die somit partikular bleiben muss, im zweiten Fall lässt sich der Nutzen nicht mit Vernunft verbinden, weil sich die zu erreichende Qualität – „Glück“ – nur psychologisch beschreiben lässt. BENTHAMS Formel, dass die Handlung ihrer Tendenz nach die Glückssumme der „community“ steigern solle, ohne dass ein Optimum bestimmbar wäre, formuliert nicht wirklich eine Verantwortung des Handelnden, sondern zwingt nur zu Kalkulationen, die sich auch mit unverantwortlichen Handlungen durchsetzen lassen. Der Effekt legitimiert die Handlung, nicht die Intention, oder genauer: Die Intention richtet sich einzig nach der Kalkulation des Effektes und kommt nicht unabhängig zustande. KANTS kategorischer Imperativ fordert genau das, die Trennung der Intention vom Effekt und ihre unabhängige Kontrolle vor dem Gesetz. Erst danach ist eine Handlung moralisch zulässig.

Diese Bestimmung ist oft wegen ihrer rein formalen Natur kritisiert worden, aber genau das eröffnet die neue Dimension, die über LOCKE und BENTHAM hinausführt. Es gibt keine inhaltliche Garantie für moralische Urteile, denn sie gründen *nicht* in religiösen Ontologien und sind auch keine Ableitungen aus vorausgesetzten Anthropologien. Um der praktischen Vernunft gerecht zu werden, müssen die jeweiligen Handlungen mit einem *Allgemeinen* in Verbindung gebracht werden, aber was dieses „Allgemeine" konkret ausmacht, lässt sich nicht mit der gleichen Vernunft denken. Sie kann nur darauf hinweisen, dass es diesen Bezug geben muss, soll tatsächlich von praktischer Vernunft und nicht bloss von individueller Moral die Rede sein. Anders gesagt, KANT macht die Moral zu einem ständigen Problem der öffentlichen Auseinandersetzung (OELKERS 1988), die ihre inhaltlichen Maximen immer neu festlegen muss, ohne in einer Metaphysik gesichert zu sein. „Moral" ist so Gegenstand der *Kritik,* die ihre formalen Bedingungen festlegen kann und ansonsten frei ist. Die Kritik der praktischen Vernunft ist nur noch an diese eine Bedingung gebunden: Eine ethische Reflexion muss die Maximen des Handelnden so formulieren, dass sie zugleich als Prinzip einer allgemeinen Gesetzgebung gelten können. KANT setzt voraus, dass der Handelnde dann auch gemäss dieser Rechtfertigung verfährt, sich also Begründung und Vollzug der Handlung entsprechen. Aber wann wäre das je der Fall? Und was wird aus den Handlungen, die sich *nicht* mit einer allgemeinen Gesetzgebung begründen lassen?

KANT denkt sich den freien Willen als durch die *„blosse Form des Gesetzes"* bestimmt (Kr.d.pr.V., S. 141), und darin liegt tatsächlich eine ganz zentrale Einsicht: Handlungen werden nicht einfach durch anonyme Kräfte, und sei es die der Psychologie, verursacht, sondern verlangen Begründungen. Vor dem Hintergrund der bürgerlichen Oeffentlichkeit stehen moralische Begründungen unter einem Universalisierungszwang; nur moralische Begründungen aber können Handlungen rechtfertigen (im Unterschied zu biologischen oder psychologischen Erklärungen).[33] Ihre Form ist die des Gesetzes, in dem doppelten Sinne, dass ein allgemeiner und ein verpflichtender *Anspruch* erhoben wird. Das unterscheidet moralische Begründungen etwa von den Rechtfertigungen eines Geschäfts, für die der Hinweis auf den Eigennutz hinreichend ist, setzt man die Eigentumsgarantie der bürgerlichen Gesellschaft voraus, wie HOBBES und LOCKE sie beschrieben haben. Für *ethische* Rechtfertigungen dagegen genügen nicht einfach die Interessen des Eigennutzes. Aber wie wird gewährleistet, dass Intentionen und Handlungen übereinstimmen? Und muss nicht doch eine Wirkungsethik in Anschlag gebracht werden, wenn die Resultate von Handlungen interpretiert werden sollen?
KANT stellt diese Fragen *nicht,* weil sein Ansatzpunkt allein die Bestimmung des Willens durch das sittliche Gesetz ist. Er fragt nur, wie sich der freie Wille dem sittlichen Gesetz unterstellen muss, ohne dadurch in sei-

ner Freiheit beschränkt zu werden. Diese paradoxe Frage erlaubt eine formale Antwort: Der Wille wird durch das Gesetz bestimmt, wenn er sich *rein* versteht, also ohne Einwirkung sinnlicher Motive, denn nur so erlebt er den Zwang als Freiheit, sich selbst gemäss dem Allgemeinen einzurichten. Jede sinnliche oder empirische Definition des Willens müsste mit der *„Selbstsucht"* (K.d.pr.V., S. 192/193) rechnen, die sich nicht rein dem Allgemeinen unterstellen kann, ohne sich zu beschränken. Ein „moralisches Gefühl" entsteht erst dann, wenn das moralische Gesetz auch „subjektiver Bestimmungsgrund" des Handelns wird (Ebd., S. 195/196). Die blosse Empfindung kann dies nicht erzeugen. Aber kann es, wie die kantische Pädagogik annimmt, die *Erziehung*? Sie steht vor einer scheinbar leichten Aufgabe, denn es sieht so aus, als käme es nur darauf an, moralische Konventionen zu verinnerlichen, die dann durch Gewohnheiten auf Dauer gestellt werden. Aber das wäre das genaue Gegenteil von dem, was KANT für die praktische Vernunft fordert: Der kategorische Imperativ ist die Aufforderung des *freien* Willens, seine Handlungen gemäss der Geltung eines Allgemeinen einzurichten. Das setzt die Autonomie der Person voraus oder den berühmten Grundsatz, dass der Mensch, einzig in der Schöpfung, *„Zweck an sich selbst"* sei und nicht *„bloss als Mittel"* gebraucht werden dürfe (Ebd., S. 210). Erziehung jedoch, die lediglich moralische Gewohnheiten erzeugt, würde das Kind instrumentieren und sofern das Kind ein Mensch ist, wäre dies genau das *Unzulässige,* das, was KANTS Kritik der praktischen Vernunft ausschliessen will.

Aber Erziehung besteht auch für KANT aus *Einwirkungen,* die immer das Defizit des Einen gegenüber dem Anderen voraussetzen und somit einer pädagogischen Absicht folgen, welche über ein *Objekt* verfügen will. Nach der Kritik der praktischen Vernunft wäre das gänzlich unmoralisch, doch KANTS eigene Theorie der Erziehung legt genau diesen Schluss nahe. Offensichtlich wendet KANT die praktische Vernunft nicht auf die Erziehung an, und ihre eigentliche pädagogische Konsequenz, die *öffentliche* Bildung, liegt im Rahmen der protestantischen Ethik, der KANTS Erziehungsmodell wie selbstverständlich verpflichtet ist, nicht nahe. Das erklärt auch, dass die nachfolgende pädagogische Theorie nur an bestimmten Stellen KANT gefolgt ist und weit mehr sich Konzeptionen angeschlossen hat, deren Ausgangspunkt nicht die Kritik der praktischen Vernunft gewesen ist. Wohl spielt in diesen Konzeptionen KANTS Kritik des Sensualismus und Utilitarismus eine Rolle, nicht jedoch seine Ethik, die zum pädagogischen Problem, formuliert in den Paradigmen von „Entwicklung" oder „Einwirkung", irgendwie nicht zu passen schien.

2.3 Höchstes Gut und praktische Ideen

GEORGES GUSDORF (1972) hat beschrieben, wie der Gottesbegriff die philosophischen und anthropologischen Konstruktionen des 18. Jahrhunderts beherrscht und durchdrungen hat. Die kantische Philosophie ist davon nicht ausgenommen (Ebd., S. 386ff.), auch wenn sie versucht, die praktische Vernunft möglichst unabhängig von religiösen Ontologien und rein handlungstheortisch zu begründen. Das theologische Schema macht sich gleichwohl bemerkbar, vor allem dort, wo die Konstruktion und der Geltungsanspruch des Sittengesetzes betroffen sind. „Der Mensch ist ein Geschopf, was einen Herrn Nöthig hat“, schreibt KANT in seinen anthropologischen Reflexionen (Ges. Schr. XV/2, S. 609), und diese Bestimmung wird ausdrücklich auf die politische Seite des Sittengesetzes bezogen: „Der Wahre oberherr des Staats ist die Idee der gantzen Gesellschaft und der, so ihm Gewalt giebt: Gott, d.i. derjenige, welcher diese idee realisirt oder personificirt“ (Ebd., S. 610).

Das Problem des *höchsten Gutes* oder die Frage, wie das Sittengesetz konstruiert werden soll, berührt KANT auch in der „Kritik der praktischen Vernunft“, aber nun ganz aus der hier angelegten handlungstheoretischen Optik, die einer formalen Bestimmung Raum gibt, damit aber den zentralen Punkt offen lässt (Kr.d.pr.V., S. 236ff.). KANT geht auf die beiden antiken Varianten des „höchsten Gutes“, die stoische Tugend und die epikureische Glückseligkeit, ein, beschreibt sie antinomisch und weist dann beide als unzureichend zurück: Glückseligkeit kann nicht der Grund der Tugend sein, weil sie nicht allgemein möglich ist; Tugend ist aber auch nicht die Ursache der Glückseligkeit (Ebd., S. 243). Es gibt keinen notwendigen Zusammenhang zwischen der „Sittlichkeit der Gesinnung“ (des Willens) und der „Glückseligkeit, als Wirkung in der Sinnenwelt“ (Ebd., S. 243/244). Das „höchste Gut“ ist praktisch möglich, aber nur im Rahmen der Vernunftkritik: „Das höchste Gut“ ist „der notwendige höchste Zweck eines moralisch bestimmten Willens“, das heisst die „Möglichkeit des höchsten Gutes“ wird in der „Verknüpfung mit einer intelligibelen Welt“ (Ebd., S. 244) – dem Raum öffentlicher Urteile – gesehen und nicht als sinnliche Qualität, die durch Handlungen angestrebt und optimiert werden kann.

Diese Kritik des Sensualismus behebt aber das Problem der Konstruktion des Sittengesetzes nicht. KANT macht das „höchste Gut“ zu einer operativen Grösse der praktischen Vernunft, die Zwecke strukturieren und dabei die Ranghöhe der Güter unterscheiden muss. Die Hierarchie der Güter verlangt aber einen obersten Punkt oder eine höchste Ebene, die die Rhetorik der Religion als *Gottesterm* bezeichnet (BURKE 1970, S. 32ff.). Die moralische Grundfrage jeder Religion ist, wie die Welt gut sein kann, und die Theodizee verlangt notwendig nach einem Gottesterm zur höchsten Begründung. Es muss einen höchsten Punkt oder einen obersten Bezug geben, damit nicht alles zerfällt und die Einheit der Welt gedacht werden kann. Diesen höchsten Punkt besetzt im christlichen Glauben der Schöpfergott, die erste Ursache, die alle folgenden Ursachen bewirkt hat, selber aber nicht bewirkt ist. Die Entwicklung des Universums folgt seinem Plan, hat also Anfang und Ende und damit Sinn. Nur ein geschaffenes Universum ist sinnvoll; würde man auf die Idee der Schöpfung verzichten und damit auf die oberste Sicherung des Systems, so zerfiele die Welt in Kontingenz.

LEIBNIZ hat in der letzten grossen *Theodizee* der Neuzeit noch einmal diesen Zusammenhang begründet. Von ihm nimmt das theologische Problem SCHLEIERMACHERS seinen Ausgang, der Widerspruch gegen eine historisch zufällige und nur in den Gesetzen der Physik notwendige „Welt", in der Moral und somit Erziehung ungesichert wären, weil das „höchste Gut" nicht mehr bestimmt werden könnte. LEIBNIZ entwickelt in seinen gegen BAYLE[34] gerichteten „Essais de Theodicée" folgendes Argument: Die Welt ist die beste aller möglichen, weil sie dem Plan Gottes folgt; in diesem „meilleur plan" ist auch das Uebel enthalten, das aber „der Weisheit, der Macht und der Güte Gottes" keinen Abbruch tut, weil der Mensch ihm nicht folgen muss; die Freiheit des Menschen ist freilich keine Freiheit vom Irrtum und von den Leidenschaften, so dass das Böse, als Möglichkeit im Plan Gottes vorhanden, immer wieder auch Realität werden kann (Werke, Bd. II/2, S. 138ff.). Gegenüber Gott ist der Mensch unvollkommen, aber die Unvollkommenheit des Menschen ist dynamisch zu verstehen: „Gott gibt den Geschöpfen so viel Vollkommenheit, wie das Universum erhalten darf" (Ebd., S. 139).

Der göttliche Plan wird von LEIBNIZ mit der vollkommenen Uebersicht begründet: Gott übersieht „die ganze Folge unseres Universums, wenn er es erwählt, mit einem Mal, und es bedarf daher der Verknüpfung der Wirkungen mit den Ursachen für ihn gar nicht", um *bestimmte* Wirkungen vorherzusehen (Ebd., S. 179). Die menschliche Geschichte dagegen muss diese Verknüpfung beständig vornehmen und kann doch die ganze Folge nie überblicken. Die Harmonie des Ganzen kann nur spekulativ vorgestellt werden, eben als Schöpfung oder göttlicher Plan, in dem Anfang und Ende sinnvoll verknüpft erscheinen. Das Universum ist ein vollkommener Zusammenhang, weswegen auch jeder einzelne Teil, etwa die menschliche Welt, sinnvoll ist (Ebd.), doch das kann einzig theologisch gedacht werden. Nur in dieser Optik kann man, mit LEIBNIZ, sagen: Es gibt keinen Zufall, da alle „Ereignisse vorherbestimmt und vorhergesehen sind" (Ebd., S. 183). Die Zukunft folgt mit Notwendigkeit und nach Plan aus der Gegenwart, weil „der, welcher alles sieht, in dem, was ist, das sieht, was sein wird" (Ebd., S. 179).

Diese Notwendigkeit ist nicht die der Physik, sondern die der höchsten Weisheit; eben darum spricht LEIBNIZ von dem besten Plan, der die Welt als gut und sinnvoll definiert, weil der der Plan Gottes ist. „Gott" wird gefasst als *„la première raison des choses"* (Werke, Bd. II/1, S. 216), die zugleich die „suprême sagesse" darstellt und als unendliche Güte nur das Beste wählen kann (Ebd., S. 218f.). Diese Konstruktion lässt sich auch in säkularen Systemen nachweisen, etwa in Theorien der Geschichte, die der Gesellschaft ein höchstes Ziel setzen, oder eben in der Ethik, wo von dem unbedingt Guten die Rede ist, als sei dies ein realer oberster Bezugspunkt der gesamten Reflexion und allen Handelns. Auch hier ist der Zweck, Zufall auszuschalten und Notwendigkeit herzustellen, und auch hier ist das Problem, wie es Notwendigkeit und Freiheit gleichermassen geben oder wie die Welt als gut und zugleich offen erscheinen kann. Im Rahmen der theologischen Denkvorgaben sind diese Antinomien unauflösbar, denn jede Theodizee, auch die säkularen Varianten, muss den *Anfang* der Welt mit ihrer *Notwendigkeit* und *Güte* zusammenbringen und jeden moralischen Zufall ausschliessen. Aber diese Ausschlussthese überzeugt dann auch nur unter *diesen* Voraussetzungen, die Gleichsetzung des höchsten Gutes der Ethik mit der *suprême sagesse* oder mit Gott.

Um diese Frage geht es letztlich in den Auseinandersetzungen, die HERBART mit SCHLEIERMACHER geführt hat. HERBARTS grundlegende Annahmen, die in seiner „Metaphysik" entfaltet sind, begründen eine realistische Philosophie, die auf jegliche Ontologie und somit auf theodizeeische Begründungen verzichtet, während SCHLEIERMACHER eben diesen alteuropäischen Denkzusammenhang verteidigt und bewahren will. Zugleich reagieren beide auf die kantische praktische Vernunft und damit auf die Frage, wie sich der Wille als *gute* Absicht bestimmen lässt, wenn es nicht ausreicht, einfach nur die individuellen Intentionen darauf hin zu überprüfen, ob sie mit einem allgemeinen Gesetz übereinstimmen oder nicht. Kein „allgemeines" Gesetz ist „gut", weil es *allgemein* ist, vielmehr könnte es, in der Optik der Theodizeefrage, nur dann „allgemein" sein, wenn es *gut* wäre. SCHLEIERMACHER schliesst hier an, während HERBART das Theodizeeproblem vermeiden und das „Gute" institutionell begründet sehen will. Dieser Schritt ist radikal, weil er die Konstruktion des Sittengesetzes von einem Gottesterm aus aufgibt. Für HERBART gibt es keine *Hermetik* des Guten, weil das Gute nicht eine einzelne Idee, nicht *ein* „höchstes" Gut ist, sondern plural gefasst werden muss.[35]

KANTS praktische Vernunft soll von beiden Ansätzen her unter Beweisnot gestellt werden, und die entscheidende Frage ist, ob eine *handlungstheoretische* Perspektive – und *nur* sie – zur Begründung der Ethik wirklich ausreicht oder aber eine ganz unbefriedigende Minimallösung darstellt, die sich weder ontologisch noch realistisch übersetzen lässt. Ich werde die Kritik SCHLEIERMACHERS und HERBARTS zurückweisen und KANT recht geben, wenigstens in einer bestimmten Hinsicht, nämlich dort, wo er das Problem stellt, die Ethik *nicht* willkürlich zu definieren, *ohne* dass die beiden Sicherungen SCHLEIERMACHERS und HERBARTS ins Spiel gebracht werden können. Die Idee, Erziehung sei moralische Kommunikation, setzt KANTS Lösung voraus, wenigstens im Grundsatz, dort wo die Begründungen der praktischen Vernunft an die *Oeffentlichkeit* gebunden werden.

Doch zunächst zu den Sicherungen: SCHLEIERMACHER definiert in seinen Vorlesungen zur Pädagogik aus dem Jahre 1826, dass man den Standpunkt der richtigen Erziehung nicht empirisch, sondern nur spekulativ gewinnen könne. *„Es muss . . . der Pädagogik das Spekulative zum Grunde liegen,* da die Frage, wie der Mensch erzogen werden soll, nicht anders als aus der *Idee des Guten* beantwortet werden kann" (SCHLEIERMACHER 1902, S. 19). Soweit die Ethik diese Idee expliziert und näher begründet, ist die Pädagogik angewandte Ethik. *„Denn die Theorie der Erziehung ist nur die Anwendung des spekulativen Princips der Erziehung auf gewisse gegebene faktische Unterlagen"* (Ebd.). Diese Voraussetzungen sind zweifach, bezogen „auf den Zustand, in welchem die Pädagogik den zu Erziehenden findet" und bezogen „auf den Zustand, für welchen er zu erziehen ist" (Ebd., S. 19/20). Daraus ergibt sich die entscheidende Formel: „Die Erziehung soll bewirken, dass der Mensch, so wie sie ihn findet . . . durch die Einwirkungen auf ihn der Idee des Guten möglichst entsprechend gebildet werde" (Ebd., S. 20).

Die *Idee des Guten* formuliert SCHLEIERMACHERS Ethik. Sie steht vor der klassischen (platonischen) Frage, wie *Ideen* formuliert werden können, die nicht bloss psychische Vorstellungen sind. Ideen müssen allgemein und gerade unabhängig von jeder psychischen Besonderheit gelten; sie müssen sogar unabhängig von jeder Psychologie sein, weil sie nicht einfach „Vorstellungen" oder mentale Eigenschaften sein dürfen. Das gilt vor allem für die Idee des *Guten* selbst, die nicht als innerseelische und somit relative Disposition erscheinen kann, wenn sie moralisch wirksam werden soll. Das Gute soll als universelle Verpflichtung „in" die Seele hineingebracht werden, so dass individuelle Moralität möglich wird. Aber das verlangt eine Konzeption des Guten, die nicht psychisch bestimmt ist. Das Gute muss, anders als bei ROUSSEAU, unabhängig von der subjektiven Natur und der individuellen Psyche formuliert werden. Um dies denken zu können, entwickelt SCHLEIERMACHER seine Lehre vom *höchsten Gut*[36]. Sie setzt *nicht* mit der empirischen Frage des Lernens ein, aber *auch* nicht mit der idealistischen Frage nach dem Status der Erkenntnis und des Handelns, sondern verwendet zur Begründung eine weitreichende theologische Spekulation, die die Modellierung der Seele zurückwirft auf den neuplatonischen Ursprung.[37]

In einem seiner frühen Entwürfe leitet SCHLEIERMACHER mit folgenden Sätzen in die Darstellung des „höchsten Gutes" ein: „Höchst ist gar nicht comparativ zu nehmen als Einzelnes, sondern als Totalität. Gut ist hier nur die Affirmation dessen, was in der Idee liegt. Also die vollständige Beseelung" (SCHLEIERMACHER 1981, S. 11). Das gilt für *alle* „Sphären" der Welt, die der Objekte, der Organe und der symbolischen Zusammenhänge, aber „indem die Vernunft Seele wird, wird sie in Persönlichkeiten zertheilt, in Raum und Zeit versezt. Ihr Erkennen hat nun immer eine persönliche Beziehung, ihr Darstellen ist für die Person und für den Moment" (Ebd., S. 13). Zugleich gilt, da die Vernunft die der Schöpfung selbst ist, dass ihre Ideen *nicht* „in der Zeit und in einem endlichen Mittelpunkt" sind (Ebd.). Die „Beschränkung" auf die Persönlichkeit muss daher zugleich vollzogen und immer wieder aufgehoben werden. Das „Höchste" ist *Totalität,* also nicht in einer Relation zum Niedrigeren zu beschreiben, sondern überall und zwingend vorhanden und wirksam, damit, sittlich gesehen, verpflichtend und ohne Ausnahme geltend.

Von einer Wissenschaft der Ethik, also einem System des Wissens, kann dann die Rede sein, wenn es gelingt, eine ontologische Beziehung zwischen Wissen und Sein herzustellen, die den Gedanken der Totalität repräsentiert. Das höchste Wissen müsste dann das höchste Sein ausdrükken und umgekehrt, ohne dass „Wissen" oder „Sein" durch Gegensätze bestimmt wären. Das „höchste Wissen" wäre „der schlechtin einfache Ausdruck des ihm gleichen höchsten Seins; so wie das höchste Sein die schlechthin einfache Darstellung des ihm gleichen höchsten Wissens" wäre (SCHLEIERMACHER 1981a, S. 194). Zugleich dürfte das „höchste Wissen" nicht so angenommen werden, dass es, wie jedes empirische Wissen, einen „bestimmten Umfang" bezeichnete, „sondern es ist der untheilbare und unvermehrbare Ausdruck des ihm gleichen schlechthin ganzen höchsten Seins, so wie das höchste Sein die untheilbare und unvermehrbare Darstellung des ihm gleichen schlechthin ganzen höchsten Wissens ist" (Ebd., S. 195).

Das „höchste Sein" ist nicht KANTS „Ding an sich", es ist auch nicht für den Menschen als „Thätigkeit" vorhanden (Ebd.), sondern es ist die Bedingung der Einheit der Welt, die in Anfang und Ende identisch ist. Daher ist Ethik für SCHLEIERMACHER auch nicht praktische Vernunft, ein Handeln, durch das die Ethik *ursprünglich* in die Welt hineinkäme (Ebd., S. 9), sondern die Vernunft wird in der Natur „gefunden", wie umgekehrt die Natur in der Vernunft, weil beide einem gemeinsamen Anfang entspringen und zugleich einem gemeinsamen Ende entgegenstreben.[38] „Die Ethik stellt also nur dar ein potenzirtes Hineinbilden und ein extensives Verbreiten der Einigung der Vernunft mit der Natur" (Ebd., S. 9/10). „Vernunft" wird in der theologischen Bedeutung verwendet, es ist nicht das geprüfte, aber fallible Wissen der Wissenschaften, aber auch nicht der kategorische Imperativ als Vernunftkriterium der Praxis, sondern „Vernunft" ist, wie „Natur", ursprünglicher Teil der Schöpfung, also in allem Anfang immer schon gegeben und daher als Totalität wirksam. Uebertragen auf die Sittlichkeit kann SCHLEIERMACHER daher sagen: „Das höchste Gut (zeigt sich) als Gesammtheit dessen, was durch die ethische Idee kann hervorgebracht werden" (SCHLEIERMACHER 1834, S. 168).

Damit grenzt sich SCHLEIERMACHER von KANT wie vom Sensualismus[39] gleichermassen ab: Die Pflicht darf nicht so gedacht werden, als sei sie immer unzureichend, „um das Gut hervorzubringen", aber auch nicht so, als sei „die That nur Mittel" und das Werk „oder das hervorgebrachte der Endzwekk" (Ebd., S. 169). Das „höchste Gut" ist kein abstraktes (juridisches) Sittengesetz, aber auch kein „Aggregat“ (Ebd., S. 170), das sich aus Einzelelementen zusammensetzte, die als Handlungseffekte zu beschreiben wären. SCHLEIERMACHER widerstreitet so der utilitaristischen Summentheorie des Glücks wie der Subsumptionsidee KANTS gleichermassen. „Sittliches Handeln“ ist demgegenüber das Hervorbringen oder das Erhalten eines *Verhältnisses* (Ebd., S. 171), entweder des sittlichen Charakters oder der sozialen Situation, „welches Verhältniss dann für sich betrachtet, das Werk ist, welches ein Gut müsste genannt werden“ (Ebd.).

Die Totalität des Guten aber macht eine isolierte Betrachtung, etwa der Optimierung der Lust oder der Kontrolle durch das Sittengesetz, unmöglich. Die sittliche Handlung ist nicht bloss als Teil dem Werk untergeordnet, „sondern auch wieder das Werk der Handlung“. Handeln ist wesentlich Entschliessen, „und bei diesem ist nicht nur auf dasjenige Werk allein gesehen, welches unmittelbar durch die That gefördert wird, sondern auch auf alle übrigen, die als Güter und als Theile des höchsten Gutes aufgeben sind“ (Ebd.). Alle Beziehungen sind durch den gemeinamen Anfang „gemeinschaftliche“ (Ebd., S. 177), und die jeweiligen Verhältnisse *repräsentieren* das „höchste Gut“. Daher kann SCHLEIERMACHER grundlegend festhalten: „Vom höchsten Gut als Einheit des Seins der Vernunft in der Natur haben wir kein besonderes Wissen, als nur dieses Wissen um das Ineinander und Durcheinander aller einzelnen Güter“ (SCHLEIERMACHER 1835, S. 101). Darum eben ist die *Idee* des „höchsten Gutes“, also letztlich die Gottesidee, zwingend notwendig; ohne sie zerfiele das Sein wie das Wissen in kontingente Einzelheiten.

Die „aelteste Vorstellung des höchsten Gutes“ ist die „des Ebenbildes Gottes, Gott als Herrscher gedacht ... Diese Herrschaft fordert ein gänzliches Durchschauen der Natur; sie ist nur möglich in absoluter Gemeinschaft“ (Ebd.). Das gilt auch für die neuere Zeit, die bürgerliche Gesellschaft, in der die Sittlichkeit „unter dem Charakter der Gesezmässigkeit“ angeschaut werden soll. Auch hier ist „das Reich Gottes die höchste Idee, in der ... totales Erkennen und Organisiren liegt“ (Ebd., S. 102).[40] Das „höchste Gut“ ist daher zwingend eine Gottesidee, nur denkbar, wenn man Geschichte und Gesellschaft nicht empirisch betrachtet, sondern eine spekulative Einheit voraussetzt, die nur in einem höchsten Punkt oder eben in Gott gegeben sein kann. Gott ist freilich nicht einfach *für* den Menschen das „höchste Gut“, wie SCHLEIERMACHER 1827 in einer Abhandlung vor der Preussischen Akademie der Wissenschaften ausführte. Gott ist „keine Analogie“ zum höchsten Gut, sonst hätte die Ethik gar keinen Gegenstand und müsste sich in Theologie auflösen (SCHLEIERMACHER 1984, S. 328).

Um diesen Schritt zu vermeiden, formuliert SCHLEIERMACHER das „höchste Gut“ als *Aufgabe* sittlichen Handelns. Die Aufgabe besteht darin, „den Inbegriff aller wahren Güter ... so aufzustellen, dass ihre wesentliche Zusammengehörigkeit“ „zum klaren Bewusstsein komme“ (Ebd., S. 330).

Der „Inbegriff der Güter" setzt voraus, was SCHLEIERMACHER die „Gesamtwirkung der Vernunft" nennt:

> „Diese, daß ich mich so ausdrücke, als einen Organismus aufzustellen, in welchem jeder verwirrende Gegensatz von Mittel und Zweck aufgehoben, jedes Auseinander auch ein Ineinander, jeder Teil auch das Ganze ist, nichts aber mit aufgenommen wird, was nicht aus dem Leben der Vernunft im menschlichen Geschlecht entsprungen ist und dasselbe auch fortpflanzt und erneuert, das ist es, was ich mir unter einer Darstellung des höchsten Gutes denke" (Ebd., S. 332).

SCHLEIERMACHER spricht von dem „Zusammensein aller menschlichen Tugenden" im „Gesamtorganismus" (Ebd.). Dieser wird nicht statisch, sondern dynamisch gedacht, als sich vollendende Schöpfung, an der die Erziehung insofern den entscheidenden Anteil hat, als sie für die Fortführung der sittlichen Vollkommenheit über die Generationenschwelle hinweg sorgen muss (Ebd., S. 334f.). Ihr Medium ist die Vernunft, versteht man darunter das Prinzip des „geistigen Lebens", dessen „Gesamtwirkung" auf die Vollendung der Gattung hin angelegt sein muss (Ebd., S. 332f.). Dafür sorgt die Erziehung, die darum auch dasjenige Mittel ist, mit dem verhindert wird, „den Gang des menschlichen Geschlechts" im kleinen wie im grossen „als ein Spiel des Zufalls anzusehen" (Ebd., S. 338).

Das zu denken, gelingt aber nur einer Spekulation, die Gewissheit über ihre ersten Prinzipien theologisch setzen muss und nicht weiter begründen kann. Sie braucht einen Archimedischen Punkt, den SCHLEIERMACHER ausdrücklich reklamiert: „Gib mir einen Punkt, wo ich stehen kann, und ich werde die Erde bewegen" (Ebd., S. 334). Daher muss er dann sagen, die „Wirksamkeit der Vernunft" wird ihre „Selbstoffenbarung", weil sie – die Vernunft – nicht etwa durch den Menschen hervorgebracht wird, sondern ihn bewegt, ohne von ihm bewegt zu werden (Ebd., S. 337). Sie offenbart sich selbst, weil sie im Höchsten durch die Gottesidee gesichert wird. Keineswegs hängt ihre Wirksamkeit von den menschlichen Handlungen ab, die sie zum Massstab haben, aber sie nicht selbst tangieren. Die Vernunft wirkt unabhängig vom menschlichen Lernen, das – durch Erziehung – auf diesen Punkt verpflichtet wird, ohne die Vernunft sich verpflichten zu können. Der menschliche Geist muss „seine überirdische Heimat" in der Vernunft kund tun, „vermöge deren er das Ewige und Einfache, das schlechthin Seiende, auf eine geheimnisvolle Weise in sich trägt. Alles dieses ist Eins, und keines ohne das andere" (Ebd., S. 337).

Der Skandal der kantischen Ethik besteht für SCHLEIERMACHER in der *Trennung* von Sein und Sollen, denn das „Sollen", also die Idee des Guten, wie sie das Sittengesetz repräsentiert, wird in eine unaufhebbare Differenz zum Sein gesetzt, das keine Handlung, auch kein Prozess der Versittlichung überbrücken könnte. Das „Sollen" ist dem „Sein" beständig voraus, es gewinnt nie Realität und kann also nicht „in" den Sphären der Welt sowie der Seele sein, sondern müsste „in der Unendlichkeit liegen . . ., so dass ihm nur in einer Reihe angenähert werden könne" (SCHLEIERMA-

CHER 1834, S. 27). Tatsächlich ist dies KANTS entscheidende Leistung, die Preisgabe theologischer Einheitsvorstellungen zugunsten von Differenzannahmen, die nicht auf einen gemeinamen Ursprung zurückgeführt werden und auch nicht in einem fernen Ziel zusammenstimmen. Anders gesagt, die Kritik der praktischen Vernunft säkularisiert das religiöse Schema von „Anfang" und „Ende" und verzichtet auf das magische Kontinuum hinter allen Einzelbewegungen. Er verzichtet damit auf moralische *Gewissheit,* die von einem unbedingten Anfang abgeleitet wäre.

Das bedeutet für SCHLEIERMACHER die Preisgabe der Ethik selbst und damit für die Erziehung den Verlust jeder Sicherheit. Nicht zufällig wählt er ein pädagogisches Bild, um die Folgen von KANTS praktischer Vernunft zu demonstrieren: Trennt man Sein und Sollen, dann geht das ethische Verhältnis (also die erzogene Seele) in „grosser Verwirrung und ohne Leitung umher, ein verlassenes Kind des Ueberflusses und der Armuth der Methode", das in seiner „Selbstthätigkeit" überfordert ist. Es strebt nach dem Sittengesetz, aber es kann es nicht erreichen (Ebd., S. 28/29); die Annäherung schwebt in der Luft (Ebd., S. 29). Für KANT ist genau dieser Gewissheitsverlust zwingend, eben weil die Welt ihre spekulative Einheit verloren hat und die Physik, nicht die christliche Sittenlehre, die Leitdisziplin der Moderne geworden ist.

Keine „Vernunft" verfügt mehr über *letzte* Gewissheiten, denn keine Behauptung des „Höchsten" kann mehr überzeugend unter Beweis stellen, dass sie sich *nicht* irrt. Irrtümer sind durch spekulative Gewissheiten nur um den Preis der Lernunfähigkeit zu vermeiden, durch Systeme, die sich nicht selbst korrigieren können. Dagegen setzt KANT auch nicht so sehr eine Näherungstheorie, als eine operative Beschreibung der Vernunft, die sich vom theologischen Muster radikal löst und die Ethik unter der Voraussetzung einer unaufhebbaren Differenz zwischen Handlung und Gesetz und in diesem Sinne zwischen Sein und Sollen neu bestimmt.

Aber ist das auf die Erziehung übertragbar? Die Rolle des Irrtums hat die klassische Pädagogik genausowenig bestimmt wie die Funktion des Zufalls. Beides sollte *vermieden* werden, und zwar als Folge der Hochdefinition des sittlichen Zwecks. Gerade *durch* „Erziehung", so war die klassische Annahme, die noch einmal SCHLEIERMACHER befördert hat, soll oder muss der Mensch dem Spiel des Irrtums entrissen werden, denn sonst könnte es keine Garantie für die Beförderung des Guten in der Welt – also die Hauptabsicht der Sittlichkeit – geben. ROUSSEAUS entscheidende Begründung für die *éducation négative* wirkt hier argumentprägend: Der *erste* Irrtum setzt eine negative Freiheit in Gang, eine Kette zum Bösen, die auf eigene Weise attraktiv erscheint und nur dadurch vermieden werden kann, dass die Verpflichtung auf das Gute irrtumsfrei und streng kausal geschieht.

Die Funktion des Guten ist bei SCHLEIERMACHER freilich ambivalent, denn das „höchste Gut" wird als eine Schöpfungsidee oder an anderen

Stellen als Darstellungsaufgabe gebraucht, die beide der pädagogischen Verfügbarkeit entzogen ist, während auf der anderen Seite die Erziehung als Einbildung in die Kultur durch Lehren und Lernen erscheint (SCHLEIERMACHER 1981a, S. 262ff.), damit zugleich als Fortsetzung und Höherbildung, was sich nur als Prozess verstehen lässt, der der Idee des Guten folgt, ohne sie, und das ist die Paradoxie, *in sich* oder *als* pädagogische Intention artikulieren zu können. Kein empirisches Wissen, somit auch keine Erziehung, steht in einer kausalen Beziehung zum „höchsten Gut", und ist doch, als je ethisches Verhältnis, davon „geprägt", freilich in keinem empirisch verrechenbaren Sinne. Der Prozess der Erziehung ist ganz nur von der Folge der Generationen her zu verstehen (SCHLEIERMACHER 1902, S. 65ff.) und das hinterlässt ein Wirkungsproblem[41], das sich tatsächlich nur spekulativ, unter Verwendung der Idee des Guten (Ebd., S. 74), bearbeiten lässt. Sonst wäre die Feststellung, dass die „pädagogischen Thätigkeiten von *zufälligen* Einwirkungen umgeben sind" (Ebd.; Hervorhebung J.O.), die den Erziehungszwecken widersprechen, die *ultima ratio,* was mit dem klassischen Verständnis nicht in Einklang zu bringen wäre. Zugleich muss SCHLEIERMACHER, seiner Ethik gemäss, konzedieren, dass das „höchste Gut" *nicht* der Bestimmungsgrund der pädagogischen Intention sein kann, und doch soll die Erziehung ihm folgen oder in seine Totalität, die geschieht, aber nicht bewirkt wird, eingebunden sein.

Die Kette des Guten muss einen Anfang haben, der nicht selbst bewirkt wird, darum ist SCHLEIERMACHERS Argumentation konsequent, denn ein solcher Archimedischer Punkt kann nur als Gottesterm begründet werden und widersetzt sich jeder empirischen Beschreibung. Wer die Erziehung von *Gewissheiten* her gedacht sehen will, muss diesem Schritt folgen und hat in SCHLEIERMACHERS Ethik einen prägenden und in der didaktischen Folgerichtigkeit hochsuggestiven Ansatz.[42] Jede Spekulation erreicht irgendwann die Frage nach dem Ersten und dem Letzten und damit die Begründung der Welt durch Gott. Sie muss *Einheit* im Anfang begründen, und das gelingt nur unter Verwendung theologischer Denkmuster, die sich selbst nicht korrigieren können. Nur weil sie dauern, kann es die Fortsetzung der Spekulation geben, die auf das Letzte geht, weil ihre Frage das so verlangt. Das „Letzte" kann im imaginären Raum:Zeit-Kontinuum der Welt immer nur ein Punkt sein, der Beginn der Bewegung als Erzeugung aller Möglichkeiten.

Es ist aber auch *nur* eine Konzession an die theologische Spekulation, das pädagogische Problem mit der Frage der ursprünglichen Einheit beginnen zu lassen. HERBART hat gezeigt, dass die Aporien der idealistischen Pädagogik vermieden werden können, wenn man einen anderen metaphysischen[43] Bezugspunkt wählt, nicht Einheit aus dem Ursprung, sondern *Differenz,* nicht nur des Seins oder, realistisch, der Welt, sondern gleichermassen des Ichs oder der „Person", die SCHLEIERMACHER noch als „Mittelpunkt" des sittlichen Gebietes ansah.[44] Aber HERBARTS Schritt ist radikal gegen jede Punktualisierung gerichtet, die nur eine geometrische, aber keine empirische Notwendigkeit darstellt. Empirische Verhältnisse lassen sich einzig durch Differenzannahmen beschreiben.

Die idealistische Pädagogik denkt „Erziehung" von *einem* obersten Zweck her und damit sich selbst als Einheit; die Einheit wird durch den Zweck gestiftet, und dieser Zweck wird immer durch ein „höchstes Gut" gesichert, auch da, wo die spekulative Begründung, verglichen mit SCHLEIERMACHER, entschieden abgeschwächt wird. Aber die klassische Pädagogik ist stets Theorie sittlichen Handelns in dem doppelten Sinne, dass ihr Objekt, „Erziehung", sittliche Ziele erfüllen soll und diesen selber, ungebrochen, Folge leistet. Die Wirkungsannahmen der pädagogischen Reflexion werden von einem höchsten Zweck aus definiert, der aber zugleich für alle Handlungen der Erzieher gelten soll. Reflexionsbestimmend ist eine Idealbalance von Gesinnung und Erfolg, die letztlich nur mit Verkündigung stabilisiert werden könnte (SCHLEIERMACHER 1834, S. 177f.). Wer, wie HERBART, diese Bedingung als Datum der ethischen Theorie bestreitet[45], der ist zu einem anderen Ansatz gezwungen.

HERBART bestreitet nicht den sittlichen Zweck der Erziehung; auch er definiert „Erziehung" durch „Moralität" (Päd. Schr., Bd. II/S. 40), aber er sagt zugleich, dass „die Betrachtungsart, welche das Sittliche an die Spitze stellt, allerdings die Hauptansicht der Erziehung (sei), aber nicht die einzige und umfassende" (Ebd.). Wer einen Archimedischen Punkt gefunden hat, der kann nur *eine* „Betrachtungsart", nämlich die *höchste,* als die richtige zugestehene. Wer dagegen mehrere Betrachtungsarten nebeneinanderstellt, hat offenbar keinen höchsten Punkt zur Verfügung, mit dessen Hilfe zu entscheiden wäre, welche der Betrachtungsarten gegenüber allen anderen die *erste* sei. Nur dann aber, in der unbedingten Definition des *Ersten,* kann von einer Einheit des Zwecks gesprochen werden. Sie setzt eine theologische Spekulation über den Anfang voraus, von der HERBART in der Philosophie nichts wissen wollte. Dass sich die Menschen „einem Höheren" unterwerfen *wollen,* eine der zentralen Intuitionen KANTS, ist für die Ideenlehre, also HERBARTS Ethik, kein Rechtsgrund und nur die Voraussetzung für die Abgrenzung der Philosophie von der Religion (S.W. XIII/S. 91).

Den Einheitsgedanken bestreitet HERBART in der „Allgemeinen Pädagogik" mit einem realistischen Argument, das gegen jede denkbare idealistische Begründung[46] eingesetzt wird, welche grundsätzlich den differenten Verhältnissen der Wirklichkeit nicht Rechnung tragen kann:

> „*Aus der Natur der Sache* kann sich unmöglich Einheit des pädagogischen Zwecks ergeben; ebendarum, weil alles von dem einen (!) Gedanken ausgehen muss: *Der Erzieher vertritt den künftigen Mann beim Knaben. Folglich, welche Zwecke der Zögling künftig als Erwachsener sich selbst setzen wird, diese muss der Erzieher seinen Bemühungen jetzt setzen; ihnen muss er die* INNERE LEICHTIGKEIT *im voraus bereiten.* Er darf die Tätigkeit des künftigen Mannes nicht ver-

kümmern, folglich sie nicht jetzt an einzelnen Punkten festheften und ebensowenig sie durch Zerstreuung schwächen. Er darf weder an der Intension noch an der Extension etwas verlorengeben, das nachher von ihm wiedergefordert werden könnte. Wie gross oder wie klein diese Schwierigkeit sein möge, so viel ist klar: *Weil menschliches Streben vielfach ist, so müssen die Sorgen der Erziehung vielfach sein"* (Päd. Schr., Bd. II/S. 41).

Im Blick auf die prospektiven Ansprüche der Erziehung formuliert HERBART keine Schwierigkeit, sondern eine Unmöglichkeit, denn die Zwecke des künftigen Erwachsenen, auf die alles ankommen soll, sind unvorhersehbar. Es würde ein „divinatorisches Verstehen" verlangen, die Zukunft zufallsfrei abzusehen, eine Kategorie SCHLEIERMACHERS, die HERBART nicht zugestehen kann, ohne sich auf dessen theologischen Denkzusammenhang einzulassen.[47] Auf der anderen Seite folgt daraus dann eben mit Konsequenz die Differenz der möglichen Erziehungszwecke, die nicht mehr in einem obersten Punkt zusammenstimmen.

Daher sagt HERBART deutlich, dass es nicht darum gehen könne, „eine gewisse Anzahl einzelner Zwecke" zu formulieren, „die wir überhaupt nicht vorher wissen können" (Ebd., S. 42), sondern nur darum, die *„Aktivität* des heranwachsenden Menschen überhaupt" zu bestimmen, „das Quantum seiner innern unmittelbaren Belebung und Regsamkeit. Je grösser dies Quantum, je *voller, ausgedehnter* und *in sich zusammenstimmender,* desto vollkommner und desto mehr Sicherheit unserm (des Erziehers; J.O.) Wohlwollen" (Ebd.). Das damit verbundene Ziel nennt HERBART die „Vielseitigkeit des Interesses" und will damit „die *bloss* möglichen künftigen Zwecke des Zöglings" formulieren (Ebd., S. 41). Von den bloss möglichen wird der *notwendige* Zweck der Erziehung[48] unterschieden, und hier wird nun die Sittlichkeit eingeführt, jedoch nicht als äusserliche Manieren oder verinnerlichte Tugend, sondern als Aufgabe der Willensbestimmung. „Da die Sittlichkeit einzig und allein in dem eignen Wollen nach richtiger Einsicht ihren Sitz hat, so versteht sich zuvörderst von selbst, die sittliche Erziehung habe nicht etwa eine gewisse Aeusserlichkeit der Handlungen, sondern die Einsicht samt dem ihr angemessenen Wollen im Gemüte des Zöglings hervorzubringen" (Ebd., S. 42).

„Einsicht" ist aber nicht blosse Volition und auch nicht Uebereinstimmung des Willens mit dem Sittengesetz. Vielmehr kommt es darauf an, „das Gute selbst . . . zum Gegenstand (des) Willens" zu machen (Ebd., S. 43), jedoch nicht das höchste Gut, sondern die *Ideen* des Guten, die nicht einfach, sondern nur vielfach möglich sind (Ebd.). HERBART widerstreitet dem Platonismus des Guten, aber folgt dem Konzept der sittlichen Erziehung, nur dass sie von einem geteilten Guten ausgehen muss, auf verschiedene *Ideen*, die nicht aufeinander zurückgeführt werden können. Damit formuliert HERBART seinen pädagogischen „Hauptgedanken", nämlich dass „die Ideen des Rechten und Guten in aller ihrer Schärfe und Reinheit die eigentlichen Gegenstände des Willens werden, dass ihnen gemäss sich der innerste reelle Gehalt des Charakters, der tiefe Kern der Persönlichkeit bestimme mit Hintansetzung aller andern Willkür". „Das und nichts minderes ist das Ziel der sittlichen Bildung" (Ebd.).

Den Status dieser „sittlichen Ideen" erläutert HERBART in seiner „Allgemeinen praktischen Philosophie" (1808), die sich fragt, wie Tugend möglich ist, wenn nicht eine Naturnotwendigkeit damit verbunden werden kann (HERBART 1873, Einl.). Das ist zunächst die Lösung KANTS, also die Unterscheidung der die Kausalität der Natur und der Kausalität der Freiheit. HERBART bestreitet aber die Denkfigur des kategorischen Imperativs, weil diese nicht die Wirkweise der Tugend beschreibe und zugleich rein formal bleibe. KANT gehe aus von der ethischen Reflexion, die Wille und Gesetz in Einklang bringen soll; aber dieser Einklang sei nur einer der Reflexion, er sage nichts über das Handeln selbst aus. Wie sich ethische Erkenntnis mit moralischem Handeln verbinden lassen, klärt HERBART mit einem eigentümlichen Schritt. Er legt *ästhetische* Urteile zugrunde, die in moralischen Auseinandersetzungen wirksam werden sollen. Das nennt er den *sittlichen Geschmack* (Ebd., S. 9ff.); die Allgemeinheit der Geschmacksurteile ist die Grundlage seiner Ethik, denn der Begriff der *„praktischen Idee"* wird darauf zurückgeführt. Er bezeichnet etwas, „das unmittelbar geistig vorgebildet und vernommen wird, ohne der sinnlichen Anschauung, oder der zufälligen Thatsachen des Bewusstseins zu bedürfen" (Ebd., S. 28).

Der Abstand zu KANT (vgl. BENNER 1986) liegt genau hier: HERBART verwendet eine Idee KANTS, die ästhetische Urteilskraft, um eine andere Idee, den „kategorischen Imperativ" als Basisoperation der Moral, zu widerlegen. Grundlegend ist nicht die Reflexion, sondern die moralische Entscheidung, und die ist nur durch Erziehung zu fixieren, nicht aber durch die *immer erneute* Ueberprüfung, ob die beabsichtigte Handlung mit einem „allgemeinen Gesetz" übereinstimme oder nicht. Sehr viele Probleme können nicht antizipiert werden, oft zwingt die Situation des Handelns zur Entscheidung und da ist ausschlaggebend nur die „zuvor gebildete Gesinnung" (HERBART 1873, S. 30). HERBART gibt also die Antwort, die bei KANT offen blieb: Die Freiheit des Willens ist nur negativ gegeben, nämlich durch die Abwesenheit der Naturnotwendigkeit; der Handelnde muss aber *erzogen* werden, damit er diese Freiheit auch nutzt. Der „Nutzen" bemisst sich nicht am ökonomischen Vorteil oder am politischen Kalkül, sondern am sittlichen Zweck. Dieser jedoch ist nicht einheitlich, so dass ihm auch keine eindimensionale Reflexion (der „kategorische Imperativ") entsprechen kann. Nicht Wille und Gesetz stehen einander gegenüber, sondern es sind zu unterscheiden notwendig bestimmter und freier Wille (wie Kind und Erwachsener) auf der einen, sittliche Bildung und Entscheidungssituation auf der anderen Seite. Der Zusammenhang ist rein individuell und er ist gegeben in dem, was HERBART an anderer Stelle den pädagogischen Takt genannt hat (HERBART 1979).

Was dort auf die Ausbildung von Erziehern gemünzt wird, gilt generell: Die sittliche Bildung bestimmt das ästhetische Urteil, indem und soweit dieses auf die sittlichen Ideen eingestimmt wird und ihnen folgt. Das erlaubt dem Handelnden, in der Situation des Entscheidens, den sittlichen Ideen entsprechend zu verfahren, *ohne* jedesmal erneut über die Beziehung auf das Allgemeine nachzudenken. Das Allgemeine ist repräsentiert in den sittlichen Ideen und die sind automatisiert im ästhetischen Urteil, das jedem moralischen Urteil zugrunde liegt (S.W. 9, S. 78ff.). Das heisst nicht, beide sind identisch, aber ein moralisches Urteil wäre wenig wirksam, wenn es nicht entscheidungsadäquat gemacht werden kann. Es muss daher wie ein ästhetisches Urteil *„unmittelbar und unwillkürlich"* das Prädikat der „Vorzüglichkeit oder Verwerflichkeit" erteilen können (Ebd., S. 80), nur eben nicht über Gegenstände der Kunst, sondern über solche der Sittlichkeit.

Diese gewagte Konstruktion ergänzt HERBART mit der Unterscheidung von fünf sittlichen Ideen: Innere Freiheit, Vollkommenheit, Wohlwollen, Recht und Billigkeit. Gemeint ist damit sehr Verschiedenes: Die *innere Freiheit* ist die Freiheit zu urteilen und zu handeln (HERBART 1873, S. 31ff.), die Voraussetzung für alle anderen Ideen, die ein „Vernunftwesen" (Ebd., S. 32) verlangt, welches nicht durch eine Kausalität der Natur in seinen Entscheidungen festgelegt ist. Die Idee der *Vollkommenheit* lässt sich als der Anspruch des Handelns formulieren: Im Vergleich mit Anderen stellt der Handelnde Unterschiede fest, die ihn veranlassen, sich selbst zu verbessern. Er würde dies aber nicht tun ohne Idee der „Vollkommenheit" (Ebd., S. 36/37). *Wohlwollen* regelt den direkten Umgang mit anderen Menschen, also das Verhältnis des eigenen Willens zu dem Anderer. Wohlwollen unterstellt dem Anderen die gute Absicht; es ist die Idee, den vorgestellten fremden Willen „tadellos" zu finden (Ebd., S. 42). Davon zu unterscheiden ist das *Recht,* in welchem das Verhältnis „mehrerer Vernunftwesen" geregelt wird (Ebd., S. 44), sofern darin ein „Conflict" auftaucht (Ebd., S. 46). Das Recht entscheidet über Streitfälle (Ebd., S. 46ff.) und muss daher unabhängig von zwei möglichen Parteien formuliert werden. „Recht ist Einstimmung mehrerer Willen, als Regel gedacht, die dem Streit vorbeuge" (Ebd., S. 48). Nur wenn hierüber Konsens herrscht, lässt sich Gerechtigkeit im Entscheiden von Konflikten erzielen.

Manches ist aber billig, was rechtlich nicht gefordert werden kann (Ebd., S. 58), so dass die Idee der *Billigkeit* von der des Rechts unterschieden werden muss. Die Billigkeit regelt das „Wohl oder Wehe" einer Handlung (Ebd., S. 55), also die Art und Weise, wie sie auf Zustimmung oder Ablehnung stösst. Sie ist jeweils mehr oder weniger angemessen, so dass immer der Spielraum durch die Idee der Billigkeit ausgefüllt werden muss. Wir müssen *immer* fragen, ob wir eine Handlung billigen, ihr also zustimmen oder sie ablehnen und HERBART behauptet sogar, „die Grösse der That bestimmt die Grösse des Missfallens" (Ebd.). Aber jede Beurteilung ist eine Abschätzung, die ohne die Idee der Billigkeit nicht auskäme, weil nämlich kein Urteil *über* eine Handlung der Handlung selbst entspricht.

Nun hat HERBART noch eine Ausweitung seiner „einfachen“ oder ursprünglichen Ideen vorgenommen, indem er nämlich *abgeleitete Ideen* unterschied, auf denen die Institutionen der Gesellschaft (und diese selbst) aufbauen. Aus dem Gedanken des Rechts, also der Vermeidung von Streit, entsteht die *Rechtsgesellschaft,* aus der Idee der Billigkeit entsteht das *Lohnsystem,* mit dem die jeweiligen Abstände zwischen einzelnen Leistungen (Lob und Tadel) festgelegt werden, aus der Idee des Wohlseins entsteht das *Verwaltungssystem,* weil ja Wohltaten quantifiziert und unterschiedlich beurteilt werden können, also der Verwaltung bedürfen, und aus der Idee der Vollkommenheit entsteht das *Kultursystem,* das „erhöhtes Wohlsein bei richtig verwalteten Gütern“ voraussetzt und dann „Kraftäusserungen“ veranlasst, die die allgemeine Kultur verbessern (Ebd., S. 74/75).

Das Zusammenspiel des Ganzen hat HERBART die *„beseelte Gesellschaft“* genannt, um damit den Zustand jener Sozietät zu bezeichnen, die alle vier abgeleiteten Ideen in optimalen Institutionen verwirklicht hat:

> „Wo die Bemühungen, dem Recht, der Billigkeit, dem Wohlwollen und der Vollkommenheit zur angemessenen Darstellung zu verhelfen, gemeinschaftliche Angelegenheit geworden sind: da ist gemeinschaftliche Folgsamkeit gegen gemeinschaftliche Einsicht; da ist innere Freiheit Mehrerer, die nur ein einziges Gemüth zu haben scheinen. Die Spaltung zwischen Einem und einem Andern, deren jeder bloss *seinem* Urtheil folgt, und *seinem* Gewissen überlassen sein will, – dieser leere und todte Gegensatz ist verschwunden: die Vereinigten machen eine *beseelte Gesellschaft“* (Ebd., S. 75).

Das liest sich am Ende doch wie eine Einheitsvorstellung oder wie eine soziale Utopie, und in einem Nachtrag (S.W. XIII/S. 93/94) wird sichtbar, dass die „beseelte Gesellschaft“ eine religiöse Chiffre darstellt, die bezeichnen soll, dass und wie die harmonische Gesellschaft mit dem „Höchsten“ „in Gemeinschaft“ stehen kann oder muss (Ebd., S. 93). Das hebt aber die Differenz der Ideen nicht auf; HERBART spricht nicht davon, dass sie sich zu *einer* (höchsten) vereinigen sollen. Das „Höchste“ ist eine Gottesformel, die aber in der Ideenlehre nicht zum Tragen kommt. Die Verbindlichkeit der Ideen wird nicht unter der Voraussetzung dieses Archimedischen Punktes dargelegt, sondern als Selbstverpflichtung des Willens, die nur „mannigfaltig“ möglich ist (Ebd., S. 102). Im optimalen Grenzfall gilt ein Diskursprinzip; eine „beseelte Gesellschaft“ lässt sich so vorstellen, dass über die Individualität des Gewissens und der Tugend hinaus eine zwanglose Zustimmung erreicht wird, was aber die Ideen selbst nicht zur Disposition stellt. HERBART denkt die Teilbarkeit des Guten, aber daraus folgt für ihn nicht die Relativität des Einzelnen.

Die praktischen Ideen gelten also unabhängig von der Zustimmung, ohne nun eine platonische Rechtfertigung zu erfahren. Das Konzept der Ideenlehre ist daher paradox, der Geltungsanspruch ist unbedingt, aber eine unbedingte Rechtfertigung wird nicht in Anspruch genommen. Man kann

HERBARTS Intuition freilich entzerren und in den „Ideen“ historische Erfahrungen der Gesellschaft im Umgang mit ihren existentiellen Problemen (Streit und Recht, Belohnung und Bestrafung, Vollkommenheit und Beschränkung, Billigung und Gerechtigkeit) sehen, die einen abstrakten Ausdruck finden. Die von den Ideen getragenen Begründungen lassen sich als Rechtfertigungen *post hoc* für die Institutionen begreifen, die die Gesellschaft zur Bearbeitung der Probleme herausgebildet hat. Jeder „Idee“ geht ein langer historischer Umgang mit dem jeweiligen Problem voraus, was allein schon ausschliesst, dass sich die Ideen nachträglich in einem „höchsten Gut“ vereinigen lassen. Der Differenzierungsprozess der Gesellschaft ist nicht nicht rückgängig zu machen, so kann man HERBART rückblickend und mit DURKHEIM und MAX WEBER gelesen wohl begreifen.

HERBART legt dar, in welchem Zusammenhang die praktischen Ideen und die Erziehung stehen, aber das Verhältnis wird nicht mehr gedacht, als könne es in *einer* und *nur* einer Zwecksetzung einmünden. Tugend ist nur vielfältig möglich, freilich muss das „Viele . . . vollständig beisammen sein . . ., um die innere Freiheit ohne Mangel zu realisiren“ (HERBART 1873, S. 149). Ob diese Vielseitigkeit gelingt, wird aber gerade dadurch fraglich, dass sich die Erziehung nicht länger auf einen höchsten Zweck beziehen kann. Die Mehrzahl gleichwertiger Ideen zerstreut schon die Aufmerksamkeit, und die Effekte erst lassen sich nur noch in mehr oder weniger kontingenten Bündeln ordnen, womit jede Linearität, die der klassischen Verbindung von Sittlichkeit und Tugend vorauslag, unmöglich geworden ist. Daher begründet HERBARTS Sittenlehre die These, Erziehung sei Bearbeitung von Kontingenz, aber nicht, entgegen verschiedenen eigenen Formulierungen[49], *Herstellung* einer „Charaktereinheit des sittlichen Wollens“ (P.S. Bd. II/S. 396). So liest sich jedenfalls der pädagogische Schlüsselsatz in HERBARTS Ethik: „Der Mensch bedarf der *Erziehung.* Nicht, als ob er ohne Erziehung nicht gedeihen *könnte;* sondern weil es nicht dem Zufall überlassen bleiben soll, ob er gedeihen *werde*“ (HERBART 1873, S. 149).

Aber das verlangt kontingenzlöschende Sicherungen, die sich in Erziehungsprozesse übersetzen lassen. Gegen KANT wendet HERBART ein, dass seine (KANTS) praktische Vernunft „nichts“ kenne als den Willen, der „auf irgend eine Weise“ zu einem Regulativ gemacht werden solle (Ebd., S. 7). Die eigene Lösung aber kaum weniger vage, die ästhetische Lösung, dass das Bild des Willens gebunden sei *„an das willenlose Urtheil, das in dem Auffassenden hervortritt“* (Ebd., S. 9). Das ästhetische Urteil lässt sich weder über das Konzept der „Einwirkung“ noch über das der „Entwicklung“ pädagogisch fassen, es wäre erziehungsunabhängig. In seinen „Aphorismen zur Pädagogik“ bestimmt HERBART demgegenüber, „Sittlichkeit als wirkliches Ereignis“ müsse „Charakter“ sein, nicht bloss Urteil (P.S. Bd. II/S. 388). Die Wirkweise ästhetischer Urteile soll eine Art Befolgungsgarantie übernehmen, aber dagegen wäre mit KANT einzuwenden, dass das ethische Problem sich nicht ästhetisch fundieren lässt und „willenlose Urteile" keine Urteile sind, die Verstehen und öffentliche Auseinandersetzung verlangen. Erst dann aber gibt es überhaupt ein Erziehungsproblem, eine moralische Kommunikation, die über Urteile nicht schon verfügt, sondern sie vor dem Hintergrund praktischer Vernunft immer erneut testet. Die Spezifizität der Erziehung ist aber nicht diese Abstimmung von Wille und Gesetz, die ein allgemeines Handlungsproblem darstellt, sondern die Eröffnung der moralischen Räume durch Lehren und Lernen. Das Problem wird sein, einen Begriff von Erziehung zu definieren, der diese Aufgabe nicht wiederum als „Einwirkung" oder „Entwicklung" beschreibt.

Die klassischen Verbindungen von Ethik und Erziehung haben diese beiden Modellvorstellungen vorausgesetzt, also die LOCKESCHE Theorie der gezielten Implementation oder ROUSSEAUS Natur, die sich selbst bewegt. Der Konflikt zwischen beiden Positionen ist auch in neueren Diskussionen leicht auszumachen, was allein auf eine lange Dauer und eine offenbar hohe Plausibilität schliessen lässt.[50] Will man über die Paradigmen von „Einwirkung" und/oder „Entwicklung" hinausgelangen, dann steht der hauptsächliche Grund für diese Plausibilität in Frage, nämlich die Identifizierung der Erziehung mit einer wirkenden Kraft, sei es der Handlungsrealität oder der Natur selbst. „Erziehung" ist kein Naturvorgang wie die physiologische Reifung einer Person, aber auch nicht ein steuerbarer Prozess, der in einer bestimmten Wirkungssumme endet. Die Crux mit der pädagogischen Tradition erwächst aus der Tatsache, dass sie zu diesen beiden Modellvorstellungen keine Alternativen zugelassen oder befördert hat. Andererseits verletzt jedes alternative Modell von *Erziehung* pädagogische Wirkungsannahmen, öffentliche Zielsetzungen und nicht zuletzt die moralischen Selbstbeschreibungen in Erziehungssystemen.

Anmerkungen

1 Ich diskutiere im folgenden weder antike noch mittelalterliche Theorien und gehe auch nicht auf die frühe Neuzeit ein. Der Grund für diese Beschränkung ergibt sich aus der Annahme einer *pädagogischen* Modernisierung, nämlich einer Emanzipation der Theorie aus religiösen oder mythischen Bedeutungsräumen. Dieser Prozess beginnt in der Epoche ROUSSEAUS und hat die *Anthropologie* des 18. Jahrhunderts zur Voraussetzung.

2 Das gilt sogar für die Grundannahmen der Erziehungs*wissenschaft* (BENNER 1991) und lässt sich bruchlos auf die öffentliche Diskussion übertragen, die alle mehr oder weniger direkt den sechs Optionen der klassischen Pädagogik folgen (ohne damit schon eine Aussage über die Häufigkeit oder Verteilung getroffen zu haben).

3 Die Idee, dass Moralerziehung (als Abrichtung auf ferne Ziele hin) *illusorisch* sei, besteht längst vor ROUSSEAU (MERCIER 1960, S. 403), und auch die Konsequenz, dass es darauf ankomme, die Natur des Kindes sich „peu à peu" entwickeln zu lassen (Ebd.), wird nicht selten gezogen. ROUSSEAUS Originalität besteht in der Kombination beider Gedanken, nämlich dass die natürliche Entwicklung, sofern sie vollendet werde, die Bedingung sei für die Moral, die sich aus der *Natur* heraus ergeben soll.

4 Die Kampagne gegen den *Emile* nach dem Mandement des Bischofs von Paris ist dokumentiert in den Gesammelten Briefen ROUSSEAU: Corr. Complètes, t. XI, S. 261ff.; t. XII, S. 273ff.; t. XIV, S. 247ff.

5 ROUSSEAU ist von CONDILLAC beeinflusst (JIMACK 1956-58), aber er teilt nicht die radikale Vorstellung einer *tabula rasa* oder einer *statue* (vgl. OELKERS 1991b).

6 Auch die Dekadenzidee ist Gemeingut der zeitgenössischen Literatur und ROUSSEAU macht sich diesen Topos nur zu eigen (MORTIER 1967). Wiederum ist die Radikalisierung seine originelle Leistung, die *Stilisierung* der Moral angesichts der „verlogenen Welt" (STAROBINSKI 1988, S. 62ff.).

7 Die Erde wird als *Insel* betrachtet; sie ist Objekt der Durchforschung (O.C. IV/S. 429), aber das setzt eine *ungefährliche* Landschaft voraus. Wenn die Insel wie ein Garten erscheint, eine gezähmte Umwelt, dann lässt sie sich als Raum der reinen Erziehung denken (OELKERS 1991, S. 45ff.)

8 ROUSSEAU beschreibt die Erziehung wie ein *botanisches* Verfahren. „Le cours de la nature" ist der Schlüssel zu seinen botanischen Lehrbriefen (O.C. IV/S. 1151) wie für den *Emile* gleichermassen (Ebd., S. 259f.).

9 Dagegen steht die „habitude naturelle" (O.C. IV/S. 282), die selbsterworben ist.

10 Die bis heute verbreitete Metaphorik des „Einpflanzens" ist neuplatonischer Herkunft, aber findet sich, und zwar in technisch verstärkter Form, auch in der modernen, sensualistischen Psychologie, die auf LOCKE zurückgeht. LOCKE formuliert an entscheidender Stelle, dass es in der Erziehung darauf ankomme, Gewohnheiten (habits) in den Geist (mind) des Kindes einzupflanzen (to settle in him) (LOCKE 1989, S. 167). Ich gehe darauf im Folgenden an verschiedenen Stellen näher ein.

11 Die unmittelbare Wirkung des *Emile* (das Buch wird zusammen mit dem *Contrat Social* wahrgenommen) ist negativ (vgl. für Deutschland: TROUSSON 1969/1970), und die Legende baut sich erst allmählich auf (TROUSSON 1970, S. 255ff.). Die erste Uebersetzung des Emile durch J.J. SCHWABE erschien noch im Jahr der französischen Originalausgabe (TROUSSON 1970, S. 229f.), aber die pädagogische Rezeption setzt erst mit der Aufnahme in CAMPES Revisionswerk (Band 12-15, 1788ff.) ein.

12 Der Stand der PESTALOZZI-Forschung ist vergleichsweise retardiert und erlaubt keinen Vergleich mit der internationalen ROUSSEAU-Forschung. Das gilt vor allem für Kontextbedingungen und Rezeption des Werkes, während mit der *Kritischen Ausgabe* die Denkbewegungen PESTALOZZIS gut nachvollziehbar ist. (Im Blick auf die Kontextbedingungen und die Werkrezeption bin ich der von FRITZ OSTERWALDER geleiteten Berner Arbeitsgruppe verpflichtet.)

13 Die methodische Grundschrift „Wie Gertrud ihre Kinder lehrt" ist als *Buch* der Mütter gedacht, ähnlich wie die späteren Veröffentlichungen über die Unterrichtsmethode als *Bücher* Handreichungen für die Lehrer sein sollten (vgl. OELKERS 1990b, Teil 1).

14 Das spielt auf ROUSSEAU an (WW III/S. 82, 87 u.ö.), aber wird von PESTALOZZI weniger als negative Wirkungskette der Erziehung verstanden (als Dominotheorie), sondern als Bedingung der Evolution.

15 Der Denkrahmen ist mit dem Zürcher Pietismus gegeben, den PESTALOZZI wie selbstverständlich voraussetzt und der bei allen seinen Theoremen in Rechnung gestellt werden muss (vgl. OSTERWALDER 1990).

16 Der *Emile* endet, im fünften Buch, idyllisch, nämlich mit der Eheschliessung und dem Prospekt einer Familie. Aber der Nachtrag, „Emile und Sophie oder die Einsamen" (WW III/S. 643-690), zeigt die Unfähigkeit, mit der Wirklichkeit hinter dieser Idylle, der Wirklichkeit von Enttäuschung und Einsamkeit in der Kommunikation der Geschlechter, umzugehen. Und dieses Defizit wird folgerichtig der Erziehung angelastet: „Nie habe ich gelernt, Unterweisungen von Vergnügungen zu unterscheiden" (WW III/S. 646). (Für die Deutung der Beziehung zu Sophie sei verwiesen auf HIRSCH 1992)

17 Die *Eintracht* des Vaterlandes, der *eine* „Menschheitssinn", der aus „wahrer Kulturkraft" resultiert (K.A. 24/A, S. 53ff., 87f.); rhetorisch wird ein „ewiger Widerspruch" zwischen Gesellschaft, Natur und Individuum zugestanden (Ebd., S. 92), aber das ist kein Einwand gegen das Ideal einer harmonischen (ständischen) Sozietät, die „Gottes Ordnung" entspricht (Ebd., S. 98f.).

18 Der Zweck des „Glaubensbekenntnis des savoyischen Vikars" (WW III/ S. 335-405) ist die Beschreibung einer „natürlichen Religion" (Ebd., S. 378ff.), die den christlichen Glauben bewahrt (und somit dem zeitgenössischen Materialismus widerstreitet: Ebd., S. 341ff., 343ff.), ohne einem Determinismus der Schöpfung das Wort reden zu müssen. Das hat eine pädagogische Pointe: Der Mensch wird als *einfach* und nicht, wie im Sensualismus, als zusammengesetzt betrachtet (Ebd., S. 354ff.), was die Bedingung dafür ist, überhaupt von einer einheitlichen Natur *im* Menschen sprechen zu können. Aber das Einfache kann man dann auch nicht „erziehen".

19 So liest die entwicklungspsychologische Pädagogik den Emile, ohne freilich die eigene Ontologie des Guten in Rechnung zu stellen (ausgehend von CLAPAREDE 1912).

20 „Tout bien compté, le prix & la certitude des avantages que doit procurer une Bonne Action, . . . surpassent beaucoup le prix & la certitude de ceux qui peuvent revenir des Actions Mauvaises" (PUFENDORF 1734, Bd. 1, S. 236).

21 Die Anspielung richtet sich auf den berühmten Paragraphen 81 in LOCKES „Some Thoughts Concerning Education", der darlegt, dass Kinder wie *„Rational Creatures"* zu behandeln seien, denen man Gründe mitteilen muss, wenn man mit ihnen kommuniziert (LOCKE 1989, S. 142f.). Diese Stelle darf freilich nicht isoliert betrachtet werden; zentral für LOCKES Erziehungskonzept ist die Erzeugung von *Gewohnheiten* (Ebd., S. 120ff. u.pass.), *„Reasoning"* mit Kindern (Ebd., S. 142) ist gedacht zur Herausbildung einer entsprechenden Gewohnheit, nicht als freier Diskurs.

22 Das „Manuscrit Favre" des *Emile* zeigt die Einteilung der Entwicklungsphasen: „1. L'age de nature 12; 2. l'age de raison 15; 3. l'age de force 20; 4. l'age de sagesse 25" (O.C. IV/S. 60; die Zahlen geben das Ende der Phasen an). Bezogen auf die Anthropologie der Entwicklung folgt ROUSSEAU im wesentlichen Vorgaben BUFFONS, der „enfance", „puberté" und „âge viril" unterscheidet (BUFFON 1971, S. 49-140).

23 Ich verzichte auf die Nachweise und gebe nur zwei Lektüreeindrücke an: Eine interessante neuere Widerlegung KANTS ist die Studie von GAUTHIER (1990,

S. 110-126), die darzulegen versucht, warum die „reine praktische Vernunft" keine Handlungen grundieren kann. Dagegen verweist OTFRIED HÖFFE (1990, S. 308f.) ausdrücklich auf KANT zurück, nämlich auf die Notwendigkeit *kategorischer* Imperative im Rahmen von Rechtstheorien.

24 Dabei spreche ich nicht von einer Trennung zwischen „Gründen" und „Ursachen" im Blick auf Handlungen, wohl aber von Relationen, die sich schon vom Standpunkt der Beschreibungen her (Handelnder/Beobachter) grundlegend unterscheiden (DAVIDSON 1978, S. 373ff.).

25 Der Hauptgedanke der *Tugendlehre* in der „Metaphysik der Sitten", dass pflichtgemässes Handeln Ausdruck der *„Kultur der Moralität* in uns" sei (Werke VIII, S. 523), lässt viele Deutungen zu und ist daher schwach bestimmt. KANT denkt auch nur an die Verinnerlichung der Moral in einer Person, nicht an die Definitionsmacht oder an die Agenturen der Verinnerlichung, die ja nicht einfach darum „gut" handeln, *weil* sie für Disziplinierungen sorgen.

26 In den neunziger Jahren versuchen Autoren wie GREILING oder HEUSINGER die Lehre vom kategorischen Imperativ für eine Theorie der Moralerziehung zu nutzen, ohne dem Dilemma zu entgehen, einer Verdinglichung das Wort reden zu müssen, die die praktische Vernunft gerade ausschliesst. Das Kind ist *Objekt* der Erziehung, also noch nicht Subjekt in der Kausalität der Freiheit (OELKERS 1989, S. 44-58).

27 Vorausgesetzt, man trennt die Vollendungsidee von der Natur und der Schöpfung; LEIBNIZ Einwand gegen LOCKE liegt genau hier (OELKERS 1991b).

28 Konzise wird diese Theorie in der „Ethischen Didaktik" gefasst, die in der „Metaphysik der Sitten" formuliert wird (Werke VII/S. 617ff.). Der Grundsatz dieser pädagogischen Vermittlungslehre wird in den „Reflexionen zur Anthropologie" ausgeführt und in vielfältigen Wendungen begründet: „Das erste und notwendigste *doktrinale* Instrument der Tugendlehre für den noch rohen Zögling ist ein moralischer *Katechism*" (Ebd., S. 618).

29 Sie bestimmt die häufig zitierte, aber nicht repräsentative Vorlesung „Ueber Pädagogik", die FRIEDRICH THEODOR RINK 1803 herausgegeben hat (vgl. Werke XII/S. 711). In der Vorlesung wird die Paradoxie nicht wirklich aufgelöst, was zu irreführenden Deutungen Anlass gegeben hat. (Ueber den Gesamtzusammenhang der Pädagogik KANTS, der vorausgesetzt werden muss, handelt WEISSKOPF 1970)

30 Ich verzichte wiederum auf Nachweise angesichts der unübersichtlichen Fülle der Literatur; meine eigene Kritik folgt in gewisser Hinsicht BERNARD WILLIAMS (1979), der die utilitaristische Doktrin als *Verengung* des moralischen Themenspektrums und Problembestandes darstellt. Die Verengung entsteht dann, wenn moralische Legitimität auf die richtige Wahl von Handlungen reduziert wird und „Richtigkeit" am Maximierungseffekt (Steigerung des Glücks) abgelesen wird (Ebd., S. 48ff.). Das klammert zentrale Probleme der Handlungstheorie selbst aus (Nebenwirkungen, indirektes Streben nach Nutzen, soziale Wahlen: Ebd., S. 63ff., 83ff. 101ff.) und erreicht noch nicht das Kantische Problem der Sittlichkeit, die gerade nicht vom individuellen oder kollektiven Nutzen her betrachtet werden kann. Auch Probleme der *Individualität* werden so nicht berührt (GAUTHIER 1970, S. 244ff.). Andererseits vertritt WILLIAMS Kontrahent, J.J.C. SMART, in neueren Publikationen fast schon kantische Positionen, insofern der Nutzen nicht einfach von der *persönlichen* Glückssteigerung abhängig gemacht wird: „Utilitarians appeal ultimately to generalized benevolence" (SMART 1984, S. 136).

31 Es gibt drei Gesetze, die die moralischen Beziehungen zwischen den Menschen bestimmen: „*First,* The Law of God. *Secondly,* The Law of Politick Societies. *Thirdly,* The Law of Fashion, or private Censure" (LOCKE 1975, S. 357).

32 Noch HUME reflektiert über Moral vor dem Hintergrund seiner „Reasonableness of Christianity"; seine Idee des Vorrangs moralischer Gefühle ist Folge seiner „Naturgeschichte der Religion", die von der Unerkennbarkeit des Höchsten ausgeht und zugleich die Notwendigkeit unbedingter Prinzipien der Moral zugesteht (HUME 1984, S. 69ff.). Das gelingt nur mit einem Apriori des Gefühls.

33 Biologische oder psychologische Erklärungen operieren wohl auch mit einem Allgemeinen (der organischen Entwicklung oder der psychischen Gesetze), das aber willensunabhängig verstanden werden muss und aus diesem Grunde nicht zur Rechtfertigung von Handlungen taugt.

34 BAYLE griff 1697 im *Dictionnaire historique et critique* LEIBNIZ Lehre von der pästibilierten Harmonie an, und zwar mit Hilfe einer erkenntniskritischen Frage, von der auch KANT seinen Ausgang nahm. Die entscheidende Beobachtung gegen jede Form von Theodizee formulierte BAYLE in der *Querelle des Anciens et des Modernes,* in der er die Frage aufwarf, wie Ueberlieferung zustandekommt. Die Theodizee muss *dauern,* aber jede Theorie kann nur als Meinung überdauern und muss dann aber damit rechnen, bei Zunahme des zeitlichen Abstands zum Ursprung immer mehr verfälscht zu werden. „C'est une illusion toute pure, que de pretendre qu'un sentiment qui passe de siecle en siecle, et de generation en generation, ne peut être entierement faux" (BAYLE 1984, t. I/S. 271).

35 Die direkte Auseinandersetzung zwischen HERBART und SCHLEIERMACHER ist bislang kaum beachtet worden, obwohl sich hier die deutlichsten Begründungen der Abgrenzung finden, die auch zeigen, warum diese Diskussion eine entscheidende Wegweisung für die nachfolgende Pädagogik gewesen ist (vgl. OELKERS 1989, S. 71ff.).

36 Dass es sich um eine *christliche Sittenlehre* (SCHLEIERMACHER 1983) handelt, wird in der philosophischen Rezeption oft übersehen, und auch neuere pädagogische Darstellungen vernachlässigen diesen Ausgangspunkt. Im Blick auf die Lehre vom „Höchsten Gut" unter der Voraussetzung der christlichen Sittenlehre folge ich BIRKNER (1964).

37 Die Entstehungsgeschichte der Schleiermacherschen Seelenlehre ist kaum erforscht (GEYER 1895), aber die (neu-)platonischen Modellannahmen sind unverkennbar (vgl. SCHOLTZ 1985).

38 Die Wissenschaften der Natur und Vernunft sind Physik und Ethik, und sie sind immer parallel geordnet. „Die Ethik ist zu keiner Zeit besser als die Physik", und umgekehrt (SCHLEIERMACHER 1981a, S. 9). Die Idee der *Vollendung* (der Welt) setzt diesen Parallelismus voraus (vgl. OELKERS 1990, S. 42ff.).

39 Die Kritik erfolgt am Muster des antiken *Eudämonismus* (SCHLEIERMACHER 1834, S. 20ff. u.pass.).

40 Die Begründung folgt dem theologischen Ausgangspunkt: „Ohne Gemeinschaft kann die Vernunft im einzelnen nicht zur Identität hinaufsteigen; aber sie muss die Individualität mitbringen, sonst bringt sie ja nur ein Organ mit, das sich erst ein beseelendes Princip sucht" (SCHLEIERMACHER 1835, S. 102).

41 Das Wirkungsproblem ist doppelt, bezogen auf den *Prozess* der Erziehung im intergenerativen Austausch, aber auch im Blick auf die Kategorie des pädago-

gischen *Handelns,* die SCHLEIERMACHER deutlich von LOCKES Problem der „Einwirkung" her begreift (SCHLEIERMACHER 1902, S. 74), ohne sie von der Annahme einer *tabula rasa* her zu verstehen, was der neuplatonischen Seelenlehre widersprochen hätte. Aber dadurch wird nur um so schwieriger, was „Gegenwirkung" (Ebd., S. 98ff.) oder was *„absichtliche pädagogische Einwirkung"* (Ebd., S. 111) genannt wird. Wie kann etwas verhindert oder befördert werden, was „von selbst erfolgt" (Ebd., S. 112ff.)?

42 Nicht zufällig knüpft WHITEHEADS „Prozess und Realität" bei der platonischen Philosophie an und formuliert eine Lösung, die SCHLEIERMACHERS Lehre vom „höchsten Gut" vergleichbar ist: Anfang und Ende spielen zusammen, die Kontinuität ist durch und „in" Gottes Natur garantiert, und die Schöpfung erreicht ihr Ziel in „der Vergöttung der Welt" (WHITEHEAD 1984, S. 619ff.).

43 „Metaphysik" ist für HERBART die Lehre von den Begriffen, nicht die Frage nach dem „Sein". Er folgt damit, im Ansatz, KANT, wenngleich er die Vernunftkritiken KANTS zurückweist.

44 Genauer: „Das Geseztsein der sich selbst gleichen und selbigen Vernunft zu einer Besonderheit des Daseins in einem bestimmten und gemessenen, also beziehungsweise für sich bestehenden Naturganzen, welches daher zugleich anbildend ist und bezeichnend, zugleich Mittelpunkt einer eignen Sphäre und angeknüpft an Gemeinschaft, ist der Begriff einer *Person*" (SCHLEIERMACHER 1981a, S. 274).

45 „Die Metaphysik rechtfertigt die Bewunderung der organisirten Wesen und des gestirnten Himmels; sie stellt die Ueberzeugung vom Dasein Gottes in eine Klasse mit der Ueberzeugung von Dasein der Menschen ausser uns als vernünftigen Wesen. Dies genügt, um den religiösen Glauben eben so zu gründen, als den Glauben an menschliche Einsicht und Freundschaft . . . Will die theoretische Betrachtung sich der Gottheit mehr nähern, so schwindet der Gegenstand zurück ins Unermessliche" (S.W. XIII/S. 92).

46 Die These – gegen FICHTE gerichtet –, „aus idealistischen Grundsätzen" könne keine „pädagogische Theorie herfliessen" (P.S. II/S. 323f.), richtet sich gegen jeden Versuch, spekulative Sicherungen zu behaupten, die die Erfahrung nicht bestätigt (Ebd., S. 337).

47 Das Konzept des „divinatorischen Verstehens" beschreibt SCHLEIERMACHER in der Hermeneutik, als „Ahndung", wie eine bestimmte Rede auf die Sprache oder auf den Sprechenden *fortwirkt* (SCHLEIERMACHER 1977, S. 93/94). Das verlangt Introspektion und die Ueberlegenheit des Verstehenden gegenüber dem „Urheber" der Rede (Ebd., S. 94), also einen Gottesstandpunkt.

48 „Notwendig" ist dieser Zweck nicht im Sinne des höchsten Gebotes, was unmittelbar eine Hierarchie der Zwecke zur Folge hätte und den Archimedischen Punkt verlangen würde, den HERBART gerade ausschliessen will. Vielmehr sind Erziehungszwecke zu unterscheiden nach *möglichen* Aufgaben, die sich aus dem Verstehen der je individuellen Situation bestimmen lassen und die immer nur vielfältig möglich sind, und der *notwendigen* Aufgabe, jedes Kind mit dem Anspruch der Sittlichkeit zu konfrontieren. Der Witz ist, dass sich diese Aufgabe nur vor dem Hintergrund einer pluralen Welt sittlicher Ideen erfüllen lässt, also selbst keinen höchsten Punkt voraussetzen kann.

49 Das gilt besonders für den „Umriss Pädagogischer Vorlesungen", in dem HERBART die Pädagogik zwischen praktischer Philosophie und Psychologie begründet und dabei ein Zweck:Mittel-Schema des Handelns ins Spiel bringt

(Päd. Schr., Bd. III/S. 165ff.). Die mechanisch gearbeitete Psychologie HERBARTS befördert dabei *technische* Erwartungen (Ebd., S. 171ff.)

50 Eine zentrale Auseinandersetzung des 20. Jahrhunderts, der Konflikt zwischen behavioristischen Lernprogrammen und kindorientierter Reformpädagogik, ist unschwer auf die Vorgaben von Locke und Rousseau zurückzuführen, wenn man den Kern der Erziehungsmodelle betrachtet. Aber auch in der antipädagogischen Vision des Kindes ist Rousseau zu erkennen, wie andererseits das systemtheoretische „Technologieproblem“ sensualistische Traditionen voraussetzt, um überhaupt Akzeptanz zu finden.

3. Moderne Irritationen

Alle klassischen Positionen „pädagogischer Ethik“ sind Ableitungen. Aus allgemeinen Prinzipien werden Regeln oder Sätze der Erziehung deduziert, von denen angenommen wird, der Begründungsaufwand für das Allgemeine umschliesse den pädagogischen Bereich gleich mit, so dass dieser selbst nicht oder nur schwach thematisiert zu werden braucht. Grundlegend für die Bestimmungen des Allgemeinen ist die Annahme der *Unteilbarkeit*[1]; das Besondere, also die Erziehung, soll in ihm gleichsam aufgehoben sein und zugleich daraus hervorgehen, weil nur so die Bestimmungen des Allgemeinen transferiert werden können. Das Transferproblem kommt als prekäre „Theorie“-„Praxis“-Beziehung in den Blick, ohne den logischen Zuschnitt der Bestimmung zu verändern. Pädagogische Probleme sind immer *besondere,* die einem Allgemeinen so zugeordnet werden, dass sie aus *ihm* hervorgehen.

Die klassischen Positionen zeigen, bei sonst starken Unterschieden, Uebereinstimmungen in den Deduktionen auf Erziehung hin, die zugleich demonstrieren, wie *unterbestimmt* das Thema „Erziehung“ selbst ist. Die Theorien referieren auf einen christlich getönten Begriff der *Person*[2], der pädagogisch so verstanden wird, als sei „Person“ ein nach oben hin ansteigendes, leibseelisches Kontinuum, das allmählich an innerem Gehalt zunimmt und doch seine ursprüngliche Einheit bewahrt. „Erziehung“ ist entweder die *Herausbildung* von Potentialen (Anlagen), die dem Kontinuum vorausliegen und zugleich innewohnen, oder „Erziehung“ ist *Ausrüstung* mit notwendigen Fähigkeiten, nicht nur, aber hauptsächlich solchen der Tugend.

In beiden Fällen ist eine einfache Innen:Aussen-Unterscheidung grundlegend, die „Einwirkung“ von Aussen, die irgendwie parallel geschaltet wird zur Resonanz nach Innen, oder die „Entwicklung“ von Innen heraus, die ähnlich vage mit der Aussenwelt verbunden wird. Angenommen wird die mentale Bewegung einer Person aus einem Zentrum heraus, einem „Kern“, der sich zugleich bewahren *und* verändern kann oder der entsteht *und* immer schon vorhanden ist, ohne dass diese Paradoxie der Leitvorstellung einer inneren Einheit des Bewusstseins und somit der Person Abbruch tun würde. Die klassische pädagogische Theorie hat *hier* ihren Referenzpunkt, den sie aber weder näher bestimmt noch analytisch beschrieben hat. Die Alltagsvorstellung schien zureichend, um die Plausibilität dieser Annahmen zu sichern.

Dahinter steht die kulturell tief gesicherte Vorstellung der christlichen *Seele,* die als Innenwelt gedacht wird und zwei Unterscheidungen erlaubt, die dann eben auch die Erziehungstheorie beherrschen. Der innere Raum kann zunächst leer sein und muss dann von Aussen angefüllt werden, oder er kann erscheinen, als sei er mit Potentialen versehen, die sich entwickeln müssen. „Erziehung" kann entsprechend als Kette von *Einwirkungen* oder als Unterstützung der *Entwicklung* konzipiert werden; die erste Position ist die LOCKES, die zweite ROUSSEAUS, und mehr grundsätzliche Möglichkeiten gibt es unter diesen Voraussetzungen nicht, die Verfahren oder den Objektbereich von „Erziehung" zu bestimmen.

Mehrfachdimensionen einer Person, Mehrfachkontinuitäten oder -diskontinuitäten in den Relationen von Erinnerung und Vergessen, die Frage, wie überhaupt „eine" Person bestimmt werden kann und dann, wie sie „sich" entwickelt oder wie „auf" sie eingewirkt wird, alles das kommt in der klassischen Theorie der Erziehung nicht vor, die naiv davon ausgeht, dass es Kinder „gibt" und dass sie sich entwickeln, bzw. dass auf sie eingewirkt wird. Uebersetzt in handlungstheoretische Optionen erscheint in aller Regel ein ebenso schlichtes Zweck:Mittel-Schema, mit dem die dramatischen Zielerwartungen der Pädagogik gestützt werden, ohne etwa zu bedenken, dass „Ziele" der öffentlichen Kommunikation nicht schon „Zwekke" in Handlungszusammenhängen sind. Die Pointe ist, dass sich die klassische Ethik der Erziehung wohl auf „Ethik", aber nicht auf „Erziehung" bezogen hat, während eine pädagogische Ethik die umgekehrte Frage stellen muss. Sie muss bestimmen, was „Erziehung" ist und in *diesem* Rahmen darlegen, wie ethische Probleme erzeugt und behandelt werden.

Dieser Schritt wird durch drei Destruktionen des klassischen Verhältnisses von Erziehung und Ethik nahegelegt, die im folgenden unter dem Stichwort „Irritationen" behandelt werden. Die klassische Theorie nimmt an und verpflichtet die Erziehung darauf, dass es *einen* höchsten Begriff der Ethik gibt, in der Regel eine Variante des platonischen „Guten", das aller Relativierung widerstreitet. Die Annahme bestimmt den Geltungsanspruch, und nicht zufällig sind Erziehungsziele mit Vorliebe in solchen Konstruktionen gedacht worden. Verglichen damit muss der moderne Pluralismus wie eine pädagogische Paradoxie erscheinen (3.1.). Mit der Akzeptanz *vielfältiger* Artikulationen von Moral ist eine Subjektivität verbunden, die sich als Lebensmodell von allgemeinen Zielsetzungen losgelöst hat und *für sich* Existenz gewinnt. Das lässt sich im Rahmen der klassischen Pädagogik nur als *postmoralisch* bezeichnen, weil der Aufbau der subjektiven Welt unabhängig von langfristigen Einwirkungen, aber auch von inneren Teleologien erscheint, die sich mit ethischen Maximen verbinden und so erziehungsabhängig sind (3.2.). Schliesslich kann dann auch der Erziehungsbegriff selbst diesen Tendenzen angepasst werden, als ständige Auseinandersetzung um Sinn (Negotiation), die nur noch einen je situativen Konsens als Verpflichtung der Normenbefolgung zulässt (3.3.).

3.1 Pluralismus als pädagogische Paradoxie

Die Grundrelation der klassischen Pädagogik ist das Verhältnis von *Mensch und Welt*[3], beide Pole als einheitliche Grössen genommen, die nicht zerlegt werden können. Pädagogisch konnte gedacht werden, dass und wie *das* Kind in *die* Welt hineinwächst oder hineingeführt wird, immer unter Verwendung einer Wegmetaphorik, die Anfang und Ende über eine einzige Strecke verbinden konnte. Dieser Metaphorik entsprach der Wahrheitsanspruch, der Teilbarkeit ausschloss. Vielfalt konnte im Verfahren und Gehalt konzediert werden, aber nicht im Grundsätzlichen. In diesem Sinne schreibt noch WILHELM FLITNER in seiner „Theorie des pädagogischen Weges“: „Die Erziehung glückt nur, wenn sie im Fundamentalen gesichert ist und von da den Weg zur Vernunft und Wahrheit, zum Lebenkönnen in der heutigen Welt findet; aber sie muss vielerlei Künste und Einsichten lehren, die nur mit sorgfältiger elementarischer Führung bewältigt werden können“ (FLITNER 1968, S. 55).

Das setzt immer noch SCHLEIERMACHERS Archimedischen Punkt voraus, der vor allem für das moralische Konzept – „tätige Humanität“ und „gute Sitte“ bei FLITNER (Ebd., S. 70) – benötigt wurde, ohne noch in überzeugender Weise formuliert werden zu können. Von „Welt“ kann nur noch im Sinne einer differenzierten *Wirklichkeit* die Rede sein, auf die sich Lernen, somit Subjektivität, nicht mehr mit naiven Konzepten der Einheit einstellen kann. Das war WILHELM FLITNER durchaus bewusst, etwa in seiner Darstellung der „Neuen Wege der Erziehung und der Volksbildung“ von 1928. Seine Analyse setzt ein mit einer Darlegung der veränderten gesellschaftlichen Bedingungen, von denen die klassische Pädagogik noch nicht berührt war, die einfach die Weitergeltung der traditionalen Lebenswelten voraussetzte und von der Dynamik des Wandels keine Vorstellung hatte.[4] Die Ueberwindung der alteuropäischen Verhältnisse durch „Naturwissenschaft und Technik“ müsse als Praxis der Aufklärung begriffen werden (FLITNER 1928, S. 65). Daraus seien Prozesse der *Rationalisierung* entstanden, die alle Lebensbereiche grundlegend verändert hätten. „Die rationale Wirtschaft, die schulmässige Aufklärung, die Presse haben das Volk rational gemacht, haben es das moderne Denken und das moderne Arbeitsverfahren gelehrt, haben individualisiert“ (Ebd., S. 65/66).

FLITNER versteht den Prozess der Rationalisierung als strukturellen gesellschaftlichen Wandel, der gerade die Erziehungswirklichkeit grundlegend verändert habe (Ebd., S. 67). Mit MAX WEBER wird als erstes konstatiert, dass sich die *„Sachgebiete“* der Gesellschaft differenziert haben und die Gesellschaft selbst daher keine Mitte oder kein heiliges Zentrum mehr ausbilden könne. Oekonomie ist nicht Bildung, Religion nicht Philosophie, Erziehung nicht Politik (Ebd., S. 67/68). Damit gehe einher der „Prozess der *Verweltlichung*“, also die Freisetzung des Denkens von religiösen

Vorstellungen der Einheit oder der Schöpfung. Das Denken werde, wie die Gesellschaft selbst, different (Ebd., S. 68). Das sei die Bedingung für einen dritten Prozess der Modernisierung, nämlich die *„Individualisierung"*, die FLITNER – wie in einem Tribut an die Tradition – als negative Entwurzelung begreift und mit Phänomenen der *„Vermassung"* in Beziehung setzt (Ebd., S. 68/69).

Interessant ist nun, wie FLITNER auf diese Analyse *pädagogisch* reagiert, nämlich *paradox*. Er spricht von der „neuen Erziehung", die sich auf die neue Wirklichkeit einlassen *und zugleich* verhindern soll, dass sie Mensch und Gesellschaft total verändert. Die „neue Erziehung", schreibt FLITNER, „wird sich darum den Aufgaben der Versachlichung hingeben und zugleich nach dem Sinn und der Grenze jeder Versachlichung fragen. Sie wird die sakrale Bindung des Menschen zwar nicht in den rationalisierbaren Vordergründen des Lebens, wohl aber im Kern der personalen und volklichen Existenz aufsuchen, der nie entzaubert werden darf. Die Erziehung wird einen neuen Kollektivismus in der modernen Massenexistenz enthalten sehen, in welchem sichs als Person und Volk leben lässt" (Ebd., S. 69).

Auf die Moderne kann man sich aber nicht halb einlassen. Man steht nicht „in" ihr und kann sich zugleich, wie ROUSSEAU es wollte, distanzieren. Darum beschreibt FLITNER eine tiefe Verlegenheit der modernen pädagogischen Theorie, wenn er „beiderlei Tun" *zusammen* verwirklicht sehen will, einmal den „‚Fortschritt' der Versachlichung, Individualisierung und Entzauberung und zweitens, im Gegensatz dazu, die ‚Wiederaufrichtung des Menschen' durch die sakrale Bindung, durch die Bildung der Empfindung und in den Regionen des unterbewussten Lebens, und durch die Gemeinschaft" (Ebd.). Verglichen mit den klassischen Positionen kommt hier ein Verlust an ethischem Selbstbewusstsein zum Ausdruck, der kompensiert werden soll durch die Rückgewinnung religiöser Ueberzeugungen, welche aber auf die davoneilende Wirklichkeit nicht mehr zu passen scheinen oder sich nicht mehr pädagogisch bearbeiten lassen.

Die neue Theorielage geht noch über MAX WEBER hinaus und scheint dann aber nur die pädagogische Skepsis zu befördern, nicht zufällig ein neuer Gedanke (FISCHER 1990). WILHELM FLITNER wollte noch zwei heterogene Seiten vermitteln, und zwar vor dem Hintergrund der protestantischen Trennung von Aussen und Innen. Der Rationalisierung des Aeusseren sollte die emotionale Bestärkung des Inneren entgegengestellt werden, aber das erscheint als *pädagogisches* Programm um so absurder, je mehr sich plurale Lebensverhältnisse durchsetzen. Schon das Modell *zweier* Seiten, die sich wenigstens theoretisch versöhnen lassen, muss radikal angezweifelt werden, weil die tatsächlichen Differenzierungen sich damit weder beschreiben noch pädagogisch bearbeiten lassen. Der Zerfall des einlinigen Verhältnisses von „Mensch" und „Welt" ist weitreichender, er kommt einer Atomisierung in Einzelheiten gleich, die sich nicht noch einmal *einem* Allgemeinen unterwerfen lassen, wenigstens nicht einem *moralisch* Allgemeinen. Was immer die „Wiederaufrichtung des Menschen" in einer hochdifferenten Wirklichkeit bedeuten mag, sie ist immer nur plural und widersprüchlich möglich.

Neue Theorielagen werden selten frühzeitig wahrgenommen, einfach weil etablierte Theorien konservativ sind und die von ihnen okkupierte Weltsicht möglichst lange verteidigen. Das gilt um so mehr, wenn existentielle Bereiche wie Moral und Erziehung betroffen sind, die hohe Sicherheitsbedürfnisse haben und diese Bedürfnisse in Theorien übersetzt sehen wollen. Auf die neue Situation der zerfallenden Einheiten reagierte daher die Kunst viel eher und radikaler als die Pädagogik (vgl. OELKERS 1991), und auch die literarische Philosophie, vor allem im Anschluss an FRIEDRICH NIETZSCHE, nimmt früher und elementarer zur Kenntnis, dass sich die klassische Erwartung einer einheitlichen Tugend mit einem Monopol guter Handlungen nicht halten lässt.

Das Lebens- und Lernmodell der klassischen Pädagogik war die persönlich zurechenbare, nicht nachlassende und nur zum „höchsten Gut" hin steigerbare Tugend, ein Ideal unentwegter Erfüllung der Pflicht aus Charakter. Dieses Ideal setzt *einen* zulässigen moralischen Kosmos voraus, und das Modell versteht sich dann sowohl unitär wie universell. Doch Moralität in modernen Lebenswelten hat offenbar kein verbindliches, heiliges Zentrum mehr, und allein dadurch scheinen moralische Konventionen Teil von beliebigen sozialen Systemen zu werden, die unter anderen Voraussetzungen immer auch anders aussehen können. Die *Relativität* der Verhältnisse ist so unabweisbar, und sie hat zu tun mit der unumgänglichen Preisgabe eines einheitlichen (und eindimensionalen) Verhältnisses von „Mensch" und „Welt". Das ist kein neuer Gedanke,[5] aber philosophische Wirkamkeit ist mit dem Pluralismus erst unter der Voraussetzung vielfältiger und heterogener Lebensverhältnisse verbunden gewesen, also nicht vor dem Ende des 19. Jahrhunderts, unter dem Eindruck der ästhetischen Grossstadtkultur.

Diese Situation hat zuerst wohl WILLIAM JAMES theoretisch zu erfassen versucht, den „monistischen Idealismus" kritisierend, der behauptete, „die Welt in ihrer unbedingten Ganzheit" sei von menschlichen Bewusstsein erfassbar, und einem „radikalen Empirismus" das Wort redend, der die Möglichkeit zugibt, „dass die absolute Gesamtsumme aller Dinge niemals als Gegenstand eines Bewusstseins erfahren oder erkannt zu werden braucht, und dass die einzige Form, zu der bis jetzt die Realität gelangt sein mag, eine Welt ist, deren zerstreute Teile vorerst in unvollkommener Weise vereinheitlicht sind" (JAMES 1914, S. 22).

Was immer das Absolute sein mag, es spiegelt sich nicht in den Einheitsformeln der Philosophie, die zerstreute Teile immer nur unvollkommen und nie „ganz" zusammenfügen können (Ebd., S. 24ff.). Das würde eine Ontologie voraussetzen, die ihren eigenen Beweisgrund nicht antreten kann, ohne dass die Folge nun aber ein „absolutes Chaos" (Ebd., S. 30) sein müsste. Das philosophische „Sein" zerfällt nicht in herrenlose Elemente, denn der Ausdruck „Sein" hat nie Wirklichkeiten beschrieben, sondern immer nur abstrakte Wesensannahmen (Ebd., S. 33f.), die „allgemein" behauptet wurden. Die Behauptung hatte keine Realität (JAMES 1909), weil „Wesenheiten" immer nur *einzelne* Existenzen sein können (JAMES 1914, S. 34), die nicht in einer vorgängigen Einheit zusammenstimmen. Ihre Verbindung untereinander kommt nicht nach Massgabe eines Ableitungszusammenhangs zustande; vielmehr muss ein Universum angenommen werden, „dessen Teile, nach der Art unserer täglichen Erfahrung, *locker* miteinander verbunden sind" (Ebd., S. 45; Hervorhebung J.O.).

Zugleich muss die Annahme bezweifelt werden, es sei irgendeine Form von Wirklichkeit einfach, somit unteilbar und im klassischen Verständnis eine monadische Wesenheit, die eine Einheit für sich darstellen könnte. Dagegen sagt JAMES: „Nichts Wirkliches ist vollkommen einfach; jeder Teil der Erfahrung, so klein er auch sei, ist ein multum in parvo, das mit anderem in vielfacher Beziehung steht" (Ebd., S. 209). Die Welt ist kein „Block-Universum", keine „Alleinheit", die dem „absoluten Ganzen der Dinge" zukommen müsste; vielmehr können die „endlichen Elemente unserer Erfahrung" eigene Universen bilden und mit anderen in Interaktion treten, ohne jemals die „totale Einheit" zu erreichen (Ebd., S. 212). Das zeigt sich gerade an der Ursprungsstelle des Absoluten und so der Einheitsphantasien, der *religiösen* Erfahrung, die JAMES als derart vielfältig und heterogen beschrieben hat (JAMES 1979), dass sich jede Vereinheitlichung von selbst verbietet. Die Schlussfolgerung widerspricht direkt dem klassischen Leitmodell der pädagogischen Ethik: Es ist nicht zu sehen, so JAMES, „wie es möglich ist, dass Geschöpfe in so unterschiedlichen Situationen und mit so unterschiedlichen Kräften, wie sie die menschlichen Individuen sind, genau dieselben Funktionen und dieselben Pflichten haben sollten" (Ebd., S. 450).

Die „neuen Ideale" des Postmodernismus (Rose 1991, S. 177) haben *diese* grundlegende Voraussetzung, ein plurales Universum oder besser noch eine universelle Pluralität, die sich über ästhetische Erfahrungen vermittelt (Ebd., S. 144ff.) und allein dadurch die klassische Vision der Einheit von Mensch und Welt aufgeben muss. Mit der Einheitsvorstellung wird zugleich die objektive Abgrenzung von Epochen in Zweifel gezogen (vgl. JENCKS 1988). „Epochen" waren historische Einheiten, die exklusive Stilelemente beanspruchen mussten, um unterscheidbar zu sein; von *Postmoderne* ist dann die Rede, wenn die künstlerische Kreativität diese Grenze ignoriert und eine plurale Welt von Zitaten und Originalen herstellt, die sich nach keinem Zeitschema mehr, schon gar nicht dem Schema von „progressiv" und „reaktionär" der politischen Philosophie, ordnen lässt. Gegeben ist nunmehr einzig „the contextuality of action" (GIDDENS 1987, S. 99), plurale Lebensformen, die sich aus Verbindungen zwischen *Indivi-*

duen ergeben und keine Einheit (Gesellschaft) voraussetzen[6]. JEAN-FRANÇOIS LYOTARD hat diese plurale Interaktion mit WITTGENSTEINS Theorie der Sprachspiele zu beschreiben versucht (LYOTARD 1986, S. 118ff.) und die Konsequenz nicht gescheut: „In dieser Zerstreuung . . . von Sprachspielen scheint sich das soziale Subjekt selbst aufzulösen. Das soziale Band ist sprachlich, aber es ist nicht aus einer einzigen Faser gemacht" (Ebd., S. 119).

Sprachspiele werden, freilich entgegen WITTGENSTEIN, als *Kontexte* verstanden, die je eigene Einheiten bilden, wie sie schon JAMES beschrieben hatte. Das ethische Problem setzt dort ein, wo nach Preisgabe der universellen Einheit (der Welt) auch Moral pluralisiert wird, als sei das eine die Folge des anderen. Das ist insofern konsequent, als die klassische Ethik tatsächlich die Einheit von Mensch und Welt voraussetzte; alle Prinzipien betreffen *Alle* in *einem* Raum, und Ausnahmen der Geltung tangieren die grundlegende Einheit nicht. Nach deren Zerfall scheint nur noch eine *plurale* Moral[7] möglich, Moral in vielen Welten und deren ebenfalls vielfältige ethische Reflexion. Nimmt man ein plurales Universum an, so kann man nicht zugleich, wie es scheint, einen einheitlichen moralischen Kosmos behaupten.

Das ist eine Frage von grundlegender Bedeutung. Die *Universalität* des Anspruchs war der Hauptpunkt der praktischen Philosophie KANTS, und die Kernfrage ist, ob sich dieser Anspruch selbst als kontingentes Sprachspiel rekonstruieren lässt, woraus folgen würde, dass Pluralität die ethische Grundmaxime sein müsste. Es gibt dagegen einen bekannten logischen Einwand. „Pluralität" als *Prinzip* ist ein Widerspruch in sich, an dem auch LYOTARDS „postmodernes Wissen" zu scheitern droht. Es ist der Einwand gegen jeden Relativismus, der sich selbst *nicht* relativ begründen kann, sondern als absolut behaupten muss. Bezogen auf JAMES' „pluralistisches Universum" kann nicht beides wahr sein, der Pluralismus *und* sein Gegenteil.

Aber muss es einheitliche Wahrheitskriterien geben oder sind argumentative Kontexte ausreichend (HARMAN 1975)? Noch FLITNER ist von der Fundierung der Pädagogik durch *eine* Wahrheit ausgegangen, aus der sich dann auch nur *eine* praktische Vernunft ableitet. Erziehung, in der Tradition dieses Denkens, scheint an *eindeutige* Moral für *alle* gebunden zu sein; das Einheitsmodell der Tugend soll für jeden gleich gelten, auch wenn ihm nicht jeder folgt. Es ist daher nicht überraschend, dass die Erziehungstheorie in eine tiefe Krise gerät, wenn sich der moralische Kosmos pluralisiert. Pluralismus in dieser Hinsicht ist für die klassische Pädagogik eine völlig irritierende Paradoxie, denn das „höchste Gut" wäre teilbar und müsste zugleich ein Gottesterm sein, ohne sich von anderen bestreiten zu lassen. Die Legitimierung folgte nicht mehr dem, was LYOTARD stilbildend die „grosse Erzählung" nennt, sondern der „sprachlichen Praxis" von Teilgruppen und „ihrer kommunikationellen Interaktion" (LYOTARD 1986, S. 122).

WITTGENSTEIN selbst hat die Sprachspieltheorie *nicht* auf das Problem der Geltung moralischer Sätze bezogen und wollte die Ethik ausdrücklich nicht empirisch verstanden wissen (WITTGENSTEIN 1989). Ethik ist keine Wissenschaft und lässt sich nicht in Sprache fassen; was sie ausmacht, das religiöse oder mystische „Erlebnis der *absoluten* Sicherheit" (Ebd., S. 14), führt über die Grenze der „sinnvollen Sprache" hinaus (Ebd., S. 18). Die ethische Reflexion formuliert Sinn- und Wertfragen (Werke, Bd. I/S. 82f., 168f.), die sich „in" der Welt nicht beantworten lassen. Wille und Welt stehen einander gegenüber, es gibt zwischen ihnen, heisst es im „Tractatus", keinen *logischen* Zusammenhang (Ebd., S. 82) und keine Interaktion. Daher negiert WITTGENSTEIN radikal die Position KANTS: „Vom Willen als dem Träger des Ethischen kann nicht gesprochen werden. Und der Wille als Phänomen interessiert nur die Psychologie" (Ebd., S. 83). Eine Uebereinstimmung von Wille und Gesetz kann es nicht geben, weil „alles Geschehen und So-Sein . . . zufällig (ist)" und jede Notwendigkeit ausserhalb der Welt liegt. Eine sittliche Notwendigkeit gibt es daher ebensowenig wie eine moralische Vollkommenheit. „Gott offenbart sich nicht *in* der Welt" (Ebd., S. 83, 84).

WITTGENSTEIN folgt aber noch dem *Schema* von „Mensch" und „Welt", nur dass er den klassischen Erziehungsanspruch, die zielgerechte Beeinflussung des Willens als dem „Träger" des Ethischen, widerstreitet und das gesamte Problem der Ethik, somit auch das der Geltung, mystisch begreift, als sprachfreie Kommunikation mit dem Absoluten. Das Schema „Mensch" und „Welt" ist solange brauchbar, wie logische und semantische Eindeutigkeit unterstellt werden kann. „Eindeutigkeit" lässt sich aber nur dann erreichen, wenn Pluralität, somit Vielfalt der Beziehungen und Verwirrung der Bedeutungen, ausgeschlossen wird. Das Schema von „Mensch" und „Welt" beschreibt eine und nur eine Grundbeziehung, und die Idee ist, dass sich alle anderen Beziehungen davon ableiten lassen. Gibt es diesen einheitlichen Zusammenhang, dann lassen sich auch alle Ereignisse und sozialen Kontexte darauf beziehen, so dass es möglich erscheint, Erziehung – Ereignisse und Situationen – auf die Grundbeziehung von „Mensch" und „Welt" zurückzuführen und den gesamten pädagogischen Prozess, als sei dies *einer*, mit diesem Modell zu konstruieren.

Aber selbst eine „grosse Tat", schreibt LYOTARD gegen KANT, also etwas scheinbar sehr Eindeutiges, ist in Wirklichkeit „auch nur eine Gegebenheit, die . . . mehrere Lesarten zulässt", also ein „mehrdeutiger Gegenstand" (LYOTARD 1987, S. 272), der nicht aus sich heraus Eindeutigkeit schaffen kann. Selbst eine Revolution, oder vielleicht gerade sie, spricht nie nur für sich und wäre so eine selbstgeschaffene Autorität. Vielmehr sind alle historischen Ereignisse, zumal die herausgehobenen, lediglich über plurale Lesarten zugänglich und auf Dauer zu stellen. „Dauer" kann dann nur heissen, Kreuzung von Lesarten, die nur im Grenzfall unberührt von anderen Kontinuität herausbilden können. Die Regel ist nicht die isolierte, sondern die kompetitive Geltung, die einer Lesart nie für sich, in

ROUSSEAUSCHER *solitude,* Stabilität verleiht. Setzt man Pluralität voraus, dann kann es nur kreuzende Wirklichkeiten geben, psychische wie soziale gleichermassen.

Das gilt zumal für Ereignisse in der „Erziehungswirklichkeit", genauer: für Situationen und Handlungen in den pluralen Wirklichkeiten der Erziehung, die Ereignischarakter annehmen und in mehr oder weniger starker Bedeutung die Erfahrung bestimmen können, jedoch nie als solche, sondern immer nur als Lesarten in interpretativen Kontexten. Und dabei müssen unaufhörlich Handelnde und Zuschauer, Anwesende und Abwesende, unterschieden werden (Ebd., S. 276f.), die jeweils aus eigenen Perspektiven an der Erfahrung teilhaben oder auch nicht. Handelnde sind unmittelbar beteiligt[8], Zuschauer aber können schon aus ganz unterschiedlichen Distanzen das Geschehen verfolgen, wobei noch einmal zwischen innerer und äusserer Distanz unterschieden werden muss. Man kann räumlich ganz nah am Geschehen sein und zugleich innerlich ganz entfernt; oder umgekehrt, man kann räumlich ganz entfernt und innerlich stark beteiligt sein. Je nach Wahrnehmungsperspektive und Grad der Beteiligung wird dann die Lesart ausfallen, und keine Lesart kann für sich auf Dauer gestellt, also gegen Veränderungen immunisiert werden.[9]

Gilt das aber auch für die *Moral*? LYOTARD spricht von einer „ethischen Diskursart", er untersucht die Logik von Diskursen, die sich mit präskriptiven Sätzen („Du sollst") beschäftigen (Ebd., S. 91). Solche Sätze scheinen eine Befolgungspflicht anzuzeigen, aber das ist mit vielen anderen Sätzen auch der Fall, etwa bei Beweisverfahren, die einer Wirklichkeitskontrolle unterworfen werden. Auch hier verlangt der Satz der Aufforderung eine Folge, ohne dass er ethisch wäre. Daher, so LYOTARD, hat KANT die Ethik auch nicht von der Befolgung einzelner Sätze her begründet, sondern mit Hilfe einer *kategorischen* Verpflichtung. Der Lügner, das Musterbeispiel in KANTS „praktischer Vernunft", ist „Empfänger einer unbedingten Verpflichtung", die er nicht beachtet hat. Die Lüge, also der Verstoss, hebt das Sittengesetz nicht auf, sondern bestätigt seine Notwendigkeit. Die Lüge ist daher nicht als Ursache, sondern als *Zeichen* zu betrachten, als – im Sinne LYOTARDS – *negatives* „Zeichen des Sittengesetzes" (Ebd., S. 212/213).

Daraus schliesst LYOTARD auf eine Art Fiktion, ein Imperativ im Zustande des „als ob": KANTS „Kausalität durch Freiheit ergibt Zeichen, niemals feststellbare Wirkungen oder Wirkungsketten. Keinerlei ‚Natur', selbst keine übersinnliche oder als Idee begriffene Natur kann der Verpflichtung entspringen. Der Imperativ befiehlt nicht, so zu handeln, dass eine Gemeinschaft von praktisch-vernünftigen Lebewesen entsteht, sondern *als ob* die Handlungsmaxime ein Gesetz dieser Gemeinschaft sein müsste" (Ebd., S. 213; Hervorhebung J.O.). KANTS ethischer Imperativ – das *unbedingte* „Du sollst" – lässt sich nur mit Handlungssituationen verbinden, wenn Kontext und Implikation *kognitiv,* dann aber zugleich plural und historisch-variabel, dargestellt werden. KANT formuliert sein „Du sollst" als *letzten* Satz (eben unbedingt), aber es gibt in den tatsächlichen Sprachspielen der Handlungswirklichkeit keinen „letzten" Satz, sondern immer nur *Folgesätze,* Sätze, die an Sätze anschliessen, und darum immer erneut Kontexte (Assoziationen) schaffen, unter denen keiner als absoluter oder unbedingter ausgezeichnet werden kann. Moralische Verpflichtungen können oder müssen formuliert werden, aber nicht als ethische Sätze, die ohne eigenen Kontext Ableitungen aus dem unbedingten Sittengesetz wären und in diesem Sinne *absolut* gelten müssten (S. 213f.).[10]

Anders gesagt, es gibt keine absoluten, sondern immer nur relative Verpflichtungen. Alle Verpflichtungen müssen sprachlich formuliert, also mit Sätzen ausgedrückt werden, doch kein Satz ist wirklich *endgültig.* „Endgültige" Sätze wären Dogmen, die ihre Geltung mit höchster, also erfahrungsfreier Autorität behaupten müssen. Aber ausserhalb eines Glaubens lässt sich jedes Dogma auch anders lesen, und innerhalb seiner Grenzen hat jede Religion ihr Grundproblem darin, die Dogmen so zu formulieren, dass Häresien ausgeschlossen werden. „Häresien" sind konkurrierende Lesarten zum gleichen Glaubensthema, die als „unwahr" nachgewiesen werden müssen. „Wahrheit" kann in geschlossenen Dogmatiken nur mit Zirkelbeweisen behauptet werden, wobei der Zirkel selbst verheimlicht werden muss; daher wird auf andere Sicherungen zurückgegriffen, vor allem solche, die die Folgen abweichenden Verhaltens dramatisieren. Nach Aussen wie nach Innen wird oft eine rhetorische Dominotheorie des Zerfalls formuliert; wer den ersten Stein aus der Kette der Glaubenssätze anstösst und zu Fall bringt, der bringt die ganze Kette, damit den Glauben selbst, zu Fall. Aber daraus folgt offenbar keine soziale Apokalypse. Obligationen brechen nicht zusammen und Institutionen werden nicht chaotisch, nimmt man ihnen die Gewissheiten des „Letzten". Im Gegenteil, der Spielraum der Toleranz vergrössert sich, damit die Möglichkeiten des Verhaltens, wenn die religiöse Zensur ausgeschlossen wird. Ein so konstruierter moralischer Kosmos benötigt nicht zwingend ein theologisches Universum (MACKIE 1985, S. 402ff.), ohne dass ihm nihilistischer Zerfall drohen würde.

Der Zerfall der Zerfallstheorie scheint plurale Verhältnisse zur Grundannahme werden zu lassen, ungeachtet der erwähnten Paradoxie, dass diese Grundannahme nicht selbst „plural" sein kann. Aber auch praktisch, nicht nur logisch, gibt es eine Reihe von Problemen mit der postmodernen Ueberzeugung, dass Vielfalt in allen sozialen und psychischen Verhältnissen herrsche und es somit unmöglich sei, Einheit entweder vorauszusetzen oder herzustellen. Sofern diese These die Ontologie des *Seins* betrifft, lässt sich die Auflösung nachvollziehen. Nach GÖDEL gibt es keinen Beweis für ein axiomatisches System, der nicht selbst axiomatisch wäre; es kann somit kein Wissenssystem geben, das gegenüber anderen einen *absoluten* Vorrang behaupten könnte, in dem Sinne dass es über das einzig richtige Axiom verfügen würde, was einen Gottesstandpunkt voraussetzen müsste. Das schliesst freilich graduelle Vorzüge des einen gegenüber dem anderen System nicht aus und lässt sich also nicht so verstehen, dass *alle* Systeme „gleich“ sein müssen, nur weil alle Axiome verwenden und keines das absolute sein kann.

Von diesem Erkenntnisproblem, das sich überführen lässt in empirische Analysen von Wissenssystemen, muss unterschieden werden der Universalitätsanspruch *ethischer* Sätze, und zwar mit Hilfe von mindestens drei Kriterien: Der Anspruch ist nicht vermeidbar, er ist nicht mit erkenntnistheoretischen Mitteln zu widerlegen und er ist trotz der Universalität begrenzt.

(i) Der Geltungsanspruch wird auch dann erhoben, wenn die Person, die ihn vertritt, über die Relativität von Axiomatiken informiert ist, solange der Rahmen der umgangssprachlichen Verständigung gewahrt bleibt. In diesem Rahmen sind Ansprüche etwa der Gerechtigkeit oder der Verantwortung nicht teilbar, egal in welchen kognitiven Systemen sie formuliert werden. Der Geltungsanspruch ist praktischer Natur, und er ist nicht beschränkt auf Texte, in denen er formuliert wird. Er geht, anders gesagt, nicht in Lesarten auf. (ii) Der praktische Geltungsanspruch wird oft so formuliert, dass Schaden vermieden oder Defizite behoben werden sollen. Dagegen ist kein erkenntnistheoretischer Einwand möglich, denn auch wenn die Lesarten oder die Wissenssysteme im Vergleich zueinander relativ sind, so rechtfertigt das allein keinen Schluss, ein praktisches Gut könne jemandem vorenthalten werden. Das gilt auch für die andere Seite; die Relativität von Lesarten rechtfertigt nicht, ein Uebel bestehen zu lassen. (iii) Die ethischen Ansprüche sind universell nur in sich selbst; jede denkbare Praxis kann sie erfüllen oder nicht erfüllen, ohne dass der Anspruch diese strukturelle Relativität aufheben könnte. Aber es kann umgekehrt auch nicht zu einer universellen *Widerlegung* kommen. Man kann „Gerechtigkeit“ nicht generell als falsch erweisen, sondern höchstens Gründe nennen, warum es in einer bestimmten Situation besser gewesen wäre, diesem Anspruch nicht zu folgen. Das relativiert ihn aber selbst nicht.

Wenn nun „Pluralismus“ als pädagogische Paradoxie erscheint, dann wegen einer Vermischung von traditionellen Wirkungserwartungen und ethischen Maximen, die mit der Pluralität der Welten nicht rechnet und dann sofort in Verlegenheit gerät, wenn diese empirische Tatsache in Rechnung gestellt und zugleich die klassischen Erwartungen vertreten werden.[11] Man kann aber aus der neueren Pluralismusdiskussion auch andere Schlussfolgerungen ziehen, die weniger destruktiv sind und vor allem die Kantische Autonomie der praktischen Vernunft beachten.

Gegenüber den Problembestimmungen von LYOTARD und WITTGENSTEIN lassen sich drei kardinale Aussagen bezeichnen, mit deren Hilfe die ethische Destruktivität des Pluralismus limitiert werden kann:

(i) Praktische Vernunft kann nicht plural begriffen werden, und es gibt dafür keine postmoderne Anschlusskategorie;

(ii) Moral ist nur aus der Zuschauer-, nicht jedoch aus der Handlungsperspektive „pluralisierbar";
(iii) Jeder Pluralismus schafft selbst ein moralisches Problem, das der Toleranz, welches sich nicht wiederum plural bearbeiten lässt.

Diese Sätze formulieren Probleme und zugleich Kriterien, die sich als harter Kern gegen einen zu starken Relativismus verwenden lassen, der nur scheinbar aus der sozialen Tatsache pluraler Wirklichkeiten folgt. Das erste Problem entsteht historisch aus der Geltungsschwäche religiöser Dogmatiken, deren universelle Normenbegründungen der Differenzierungsdynamik moderner Gesellschaften nicht standhalten. KANTS praktische Vernunft ist darum als *Verfahren* begründet worden, das sich nicht mehr starr mit einem bestimmten Allgemeinen verbinden lässt. Aber zwischen pluralen Wirklichkeiten kann nur dann vermittelt werden, wenn „praktische Vernunft" die Bedingung der Möglichkeit ethischer Reflexionen und moralischer Handlungen definiert und überwacht. Sie kann daher nicht selbst plural sein, und nicht zufällig fehlt für diese Instanz die postmoderne Kategorie. Es gibt für den moralischen Regelungsbedarf pluraler Wirklichkeiten nur *eine* praktische Vernunft, auch wenn diese nicht mehr wie ein „Ding" vorgestellt werden kann, sondern als Kommunikationsprozess begriffen werden muss. Aber die Themen und Prinzipien dieser Kommunikation sind nicht beliebig, oder anders: in verschiedenen sozialen Kontexten stellen sich identische moralische Probleme, die nicht wiederum mit verschiedenen Reflexionsmitteln bearbeitet werden können, sondern voraussetzen, dass ethische Prinzipien ins Spiel gebracht werden, deren Uebersetzung in praktische Lebenszusammenhänge nicht von diesen selbst bestimmt werden kann, sondern eine allgemeine Geltung in Anspruch nehmen muss und insofern ein Verfahren praktischer Vernunft.

Das lässt sich auch von einer anderen Seite her zeigen: Vernunft und Unvernunft *müssen* unterschieden werden, wenn überhaupt eine rationale Entscheidungssituation zustandekommen soll. Es gibt zur Vorbereitung dieser Entscheidung nicht beliebig viele Grenzen zwischen „Vernunft" und „Unvernunft", sondern immer nur eine, für die praktische Vernunft behauptet werden muss, auch wenn sich diese Behauptung später als irrig herausstellen sollte. Ohne Vernunftanspruch aber hätte eine Entscheidung keinen moralischen Rechtsgrund, und die Reflexion dieses Rechtsgrundes gelingt nur dann, wenn allgemeine Prinzipien in Anspruch genommen und partikulare Interessen minimiert werden. Eine Entscheidung kann ungerecht sein, aber darf nicht so begründet werden; dass die Chance besteht, mit der Entscheidung *gerechte* Folgen zu verbinden, ergibt sich nur aus dem Zwang zur ethischen Rechtfertigung. Nur so können moralische Wirkungen in sozialen Räumen beeinflusst werden, ohne dem reinen Zufallsprinzip zu folgen.[12] Aber soziale Gerechtigkeit oder interpersonale Verantwortung sind Obligationen, die nicht beliebig unterschritten werden können, wenn nicht das gesamte Konzept der praktischen Vernunft zusammenbrechen soll. Aber das ist um so *unmöglicher,* je pluraler die Wirklichkeit wird, denn die Steigerung der Differenzen erhöht die moralischen Konflikte, die ohne Verfahren einer praktischen Vernunft gar nicht zu bearbeiten wären.

Keine Theorie des Relativismus formuliert sich selbst als unvernünftig, das heisst die Entwürfe nehmen Unterscheidungen in Anspruch, die sich nicht relativieren lassen. Der Zwang zur Grenzziehung ist daher eine harte Notwendigkeit, die sich nur um den Preis der Kommunikation selbst umgehen liesse. Aehnliches lässt sich für das zweite Kriterium sagen, wobei der Ausgangspunkt aber wiederum eine Schwierigkeit ist, die sich aus einer typischen Präferenz pädagogischer Theorien ergibt. Dass Pluralismus als Paradoxie erscheinen kann, leitet sich vor allem aus der Tatsache ab, dass Erziehungstheorien die Perspektive des *Handelnden* favorisieren. Weder gibt es hier eine Differenz zwischen Zuschauer- und Handlungsperspektiven[13] noch auch dezidierte Zuschauertheorien, die sich vom Engagement entlasten und *nicht* von einer „verstehenden" Beteiligung ausgehen (LUHMANN 1990). Andererseits berühren aus der Perspektive von Handelnden Erziehungsprobleme immer existentielle Sphären der Wirklichkeit, und die sind immer mit moralischen Optionen verbunden, die die Handelnden nie plural definieren. *Moralische* Sätze, im Unterschied zu den von LYOTARD als „ethisch" bezeichneten, verweisen nicht auf einen „als-ob"-Status, sondern artikulieren sich als Ueberzeugungen, die sich nicht als Fiktionen darstellen lassen und auch nicht so aufgefasst werden. Es sind Ernstfallbehauptungen, die einen ästhetischen Umgang ausschliessen. Ein moralischer Dialog wäre nicht möglich, würde man mit der eigenen Moralbehauptung spielen, und die Kalamität ist, dass jede Aeusserung für sich *unbedingt* behauptet sein muss, wenn „Moral" überzeugend dargestellt und agiert werden soll.

Die Theorie der Lesarten ist eine Beobachterzuschreibung und nur solange möglich, wie ein eigenes Engagement nicht stattfindet. Ein Handelnder aber kann nicht sagen, seine moralische Ueberzeugung sei nur eine „Lesart"; wer das tut, riskiert die Grenzen des moralischen Diskurses und könnte doch zugleich weder eine Handlung rechtfertigen noch entschuldigen. Dazu ist man auf *Gründe* verwiesen, die sich nicht plural handhaben lassen, ohne die eigene Glaubwürdigkeit zu gefährden. Die Identitätsforderung widerstreitet der Vielfalt, und in diesem Sinne ist Pluralismus eine Paradoxie der Moral und nicht nur der Pädagogik. Man kann Pluralismus unterstellen, wenn man ethische *Sätze* in ihrer kognitiven Artikulation analysiert, aber jede derartige Aeusserung im Vollzug einer Diskurssituation unterstellt immer die unbedingte Geltung der *eigenen* Position.

Das dritte Problem beschreibt die *moralischen* Folgen der Pluralismusannahme: Wenn es im Sinne von WILLIAM JAMES kein „Blockuniversum" geben kann und somit auch keine „Grundbeziehung" von Mensch und Welt, wenn, anders gesagt, soziale oder psychische Kontexte „Welten" darstellen, dann fragt sich, nach welchen Regeln sie ihre Interaktion gestalten sollen. Diese Regeln müssen *zwischen* Einzelwelten oder „Lesarten“ verwendet werden, und das wäre nicht möglich, würde man sie wiederum auf spezifische Kontexte zurückführen. Sie sind Regeln öffentlicher Auseinandersetzungen und somit weder objektiv noch relativ, nämlich weder der physikalischen Welt zuzurechnen noch auf geschlossene „Lesarten“ zu reduzieren (vgl. BERNSTEIN 1983, S. 223ff.)

Moralischer Regelungsbedarf ergibt sich aus den Tatsachen des Pluralismus selbst, aber daraus kann nicht geschlossen werden, dass „Moral“ auch nur *ein* Kontext ist. Soziale Kontexte definieren sich wohl über Moralsysteme, aber die Regeln weisen darüber hinaus. Jeder Kontext muss symbolische, juristische und pädagogische Konnotationen für „Gerechtigkeit“ aufweisen, und der Geltungsanspruch lässt sich nicht auf den spezifischen Kontext beschränken. Die Regeln verweisen auf universelle Prinzipien, und zwar unabhängig von ihrem eigenen Entstehungszusammenhang. „Toleranz“ wäre als Kategorie regelungsunfähig, würde man sie als beliebiges Sprachspiel auffassen und nicht als Imperativ, der in seiner Selbstbeschreibung universell ist und keine Relativierung zulässt. Aus diesem Imperativ gehen auch nicht Lesarten hervor, die dann ihrerseits plural und relativ wären. Vielmehr bestimmt die Leitnorm jede Interpretation und zwar in begrenzter Willkür, während LYOTARDS These umgekehrt verstanden werden muss.

Pluralismus in der *Geltungsforderung* von Rechtsnormen oder Grundsätzen der Moral wäre gleichbedeutend mit Beliebigkeit und Willkür, aber das geschieht weder sprachlich noch praktisch, moderne Verhältnisse vorausgesetzt. Normative Ansprüche und moralische Präskriptionen werden immer ungeteilt und universell formuliert, woraus aber nicht auf die tatsächliche Geltung geschlossen werden kann. Die eigentliche Stärke des kantischen Arguments liegt hier, man kann von der Praxis nicht auf den Geltungsanspruch schliessen, während man vom Anspruch immer auf die mögliche Praxis schliessen muss.[14]. Wenn Menschenrechte faktisch verletzt werden und insofern keine Geltung finden, so widerlegt das nicht die moralische Notwendigkeit von Menschenrechten (HÖFFE 1990, S. 135ff.) Daher ist es übereilt, die „Entmoralisierung“ der Moderne (Ebd., S. 53ff.) zu konstatieren[15] und die ethischen Probleme ästhetisch zu übersetzen, einfach weil sich moralische Reflexionen nicht vermeiden lassen, zumal nicht in öffentlicher Funktion, und weil ethische Prinzipien sich nicht selber als plural (in der Bedeutung von beliebig) hinstellen lassen. Die Lösung scheint daher wiederum paradox, Moralsysteme sind verschieden, nicht zuletzt in ihrem religiösen Kern, aber daraus folgt kein ethischer Relativismus, wenn man voraussetzt, dass jedes relativistische Urteil selbst einem moralischen Kosmos angehört, mit dem weder der Handelnde noch der Zuschauer willkürlich umgehen können.

BERNARD WILLIAMS hat das Problem des moralischen Relativismus analysiert und kommt zu vergleichbaren Schlüssen: Moralische Sätze sind in einem wissenschaftlichen Sinne nicht objektiv, aber darum weder beliebig noch subjektiv. Das moralische Bewusstsein ändert sich nicht einfach dadurch, dass es mit einer anderen Kultur oder einem anderen Kontext konfrontiert wird. Eine solche Selbstrelativierung ist nicht möglich, weil man nicht plötzlich in der eigenen Sprache entdeckt, dass sie nicht umfassend ist und in diesem Sinne nur als ein Kontext unter vielen gelten kann. Das setzt eine Fremdheitserfahrung voraus, für die es immer nur die Möglichkeit gibt, dass sie zu früh oder zu spät kommt. Moralische Ueberzeugungen sind Teil einer Kultur, und die Fremdheitserfahrung kommt zu früh, wenn die Alternative noch gar nicht als solche erkannt ist und die Angehörigen der alten Kultur sich ignorant verhalten, oder sie kommt zu spät, wenn das Fremde längst akzeptiert ist. Sie zwingt nie wirklich zu einem plötzlichen Wechsel und damit zu einer Relativierung allgemeiner Ueberzeugungen. Wenn das kulturkritisch gefordert wird, dann mit einem konfusen Argument. Der Pluralismus der Kulturen wird mit einem Relativismus der Moral gleichgesetzt, aber die anschliessende Toleranz wird absolut begründet (WILLIAMS 1985, S. 158ff.).

Das ist nicht anders möglich, weil jede moralische Regel auch dann eine unbedingte Begründung verlangt, wenn der Pluralismus kultureller Systeme vorausgesetzt wird. Das zeigt sich deutlich am Toleranzproblem: LYOTARDS Idee der Pluralität von „Lesarten" oder Sprachspielen konstatiert Pluralismus, aber kann die Toleranz zwischen den Varianten nur absolut oder unbedingt begründen. Die moralischen Sätze sind verschieden, doch die „aspirations of ethical thought", wie WILLIAMS formuliert, sind keineswegs in gleicher Weise plural strukturiert (Ebd., S. 159). Moralität ist eine besondere Institution, und das Besondere an ihr ist die geistige Substanz, die mit ihr verbundenen Ziele und das allgemeine Bild des „ethical life", das sie vermitteln will (Ebd., S. 174).

Freilich wäre es falsch, Moralität ausschliesslich vom *obligatorischen* Charakter ihrer Forderungen her zu verstehen, etwa so, wie KANT die Pflicht gedeutet hat (Ebd., S. 176ff.; bezogen auf ROSS 1930). Obligationen können umgangen werden, und nicht selten ist Pflicht unbegründeter Zwang. Unumgänglich aber erscheint die ethische *Reflexion,* sonst könnte nicht Ungerechtigkeit eingeklagt und Gerechtigkeit gefordert werden (WILLIAMS 1985, S. 180). Darin liegt keine Gewohnheit und insofern keine Pflicht, wohl aber ist damit eine Art Erziehung verbunden, die Erziehung zur Kritik, die einschliesst, dass der Kritiker dem Kritisierten *nicht* entspricht und insofern nicht glaubwürdig erscheint. Daher ist Moralität nicht nur soziale Kontrolle (Ebd., S. 194), sondern zugleich die Eröffnung von notwendigen Formen der Reflexion und mehr noch, der Lebensführung. „Almost all worthwhile human life lies between the extremes that morality puts before us. It starkly emphasizes a series of contrasts: between force and reason, persuasion and rational conviction, shame and guilt, dislike and disapproval, mere rejection and blame. The attitude that leads it to emphasize all these contrasts can be labeled its *purity*" (Ebd., S. 194/195).

Moralität ist konstruiert aus Kontrasten, aber sie zwingt die Reflexion zur Fiktion der Reinheit. Gerechtigkeit ist nicht als gemischte Form denkbar, ebensowenig Verantwortung oder auch nur Tugend. Jede Kritik opriert mit dieser Form des Reinen, die aber doch zugleich auch persönliche Verpflichtungen mit sich bringt, die WILLIAMS herunterspielt, weil er sie mit der Kantischen Pflicht gleichsetzt (Ebd., S. 192f.). Aber, wie gesagt, keine Darstellung moralischer Kritik wäre glaubwürdig ohne entsprechende Präsentation des eigenen Verhaltens. Offensichtlich kann diese Kongruenz nicht einfach für eine ständige Fiktion gehalten werden. „Lügen“ ist daher keine wirkliche Eigenschaft, sondern eine Strategie. Sie tangiert das eigene Moralsystem des Lügners vermutlich auch dann, wenn die Lüge unentdeckt bleibt. Irgendwie also korrespondiert mit der Moralität das Gewissen, und beides entwickelt sich nicht ohne Zutun der Erziehung.

Dieser Ueberzeugung scheint freilich die heutige deutsche Pädagogik[16] in grossen Teilen nicht mehr zu folgen, die sich mehr und mehr kritisch mit den Erwartungsirrtümern der eigenen Tradition auseinandersetzt (WÜNSCHE 1989), aber so recht keine Alternative entwickelt, die die ethischen Probleme nicht einfach ästhetisch übersetzt oder erneut mit pädagogischen Selbstüberschätzungen zusammenbringt. Die wesentlichen Motive für die postmodernen Selbstrelativierungen der Theorie (LENZEN 1987) ergeben sich unmittelbar aus der Geschichte der Disziplin und haben ihren Kern in der Ueberwindung der Vollendungsidee, die sich pädagogisch hat instrumentieren lassen. Wenn „Vollendung“ – *abschliessende* und im Guten endende Erziehung – nicht möglich ist (OELKERS 1990), auch weil Erziehung nicht nur *gutartig* ist, dann scheint das die ganze Pädagogik zu diskreditieren, anstatt den Theorierahmen neu zu fassen und dabei von dem lakonischen Satz auszugehen, dass Moral nicht vermeidbar ist und darum auch Erziehung nicht. Tatsächlich muss der Natur etwas hinzugefügt werden, nur nicht mit einer teleologischen Wirkungsgarantie.

Die beiden schönen Bilder der pädagogischen Tradition sind also nachhaltig gestört, das der zielgerechten Einwirkung und das der natürlichen Entwicklung. Der Kritik ist in beiden Fällen Recht zu geben, aber das Feld ist darum nicht schon frei. Aus den Irrtümern einer wenig flexiblen und paradigmatisch engen Tradition kann weder auf die Wirklichkeit noch auf die Vermeidbarkeit der Erziehung selbst geschlossen werden. Dieser Schluss liegt freilich nahe, weil die Sprache der Pädagogik Metaphern unmittelbar auf Wirklichkeiten bezieht und darum die Wirklichkeit verliert, wenn der Metapherngebrauch fraglich wird (OELKERS 1991 b,c). Denn was heisst schon „Entwicklung“ oder „Einwirkung“ im Blick auf psychische oder soziale Wirklichkeiten? Verwendet man die an LYOTARD anschliessende Unterscheidung von Handelnden und Zuschauern, kalkuliert verschiedene Situationen und Distanzen, unterstellt hochdifferente Verarbeitungsstrategien jeweiliger Lernsituationen, dann ist „Entwicklung“ lediglich eine Metapher, die die Verlegenheit verdeckt, in hochgradig verschiedenen Wirklichkeitsräumen keine Einheit, zumal keine der Natur, herstellen zu können und sie doch behaupten zu müssen.

„Einwirkung" wäre dann nur die andere Seite dieser Verlegenheit. Die Metapher verdichtet zu einer ästhetischen Behauptung, was es in realen psychischen und sozialen Austauschprozessen nicht geben kann, nämlich zielgerechte, von Aussen erzeugte und langfristig stabile Dispositionen, die sich auf pädagogisch kontrollierte Prozesse zurückführen lassen, auf Handlungen, die über ihre Wirkungen verfügen. Ein Blick allein auf die neurophysiologischen Abläufe (und die Schwierigkeiten der entsprechenden Theorien, mit deren Komplexität fertig zu werden) zeigt, wie absurd dieser Gedanke ist (vgl. SMITH-CHURCHLAND 1989).

Heisst das nun aber, Erziehungstheorien haben keine Wirklichkeiten oder die Erziehung selber sei unwirksam? Zunächst ist damit nur gesagt, dass die pädagogische Sprache Metaphern für Realitäten hält und in Schwierigkeiten gerät, wenn diese Realitätsimplikation fraglich wird. Das scheint heute den Stand der Diskussion zu beschreiben, den Zweifeln an der *Wirksamkeit* folgen die Zweifel an der *Wirklichkeit*. Beides muss aber zunächst streng unterschieden werden, denn wenn WILLIAMS Analyse der Moralität zutrifft, dann muss es Wirklichkeiten der Erziehung geben, ohne dass damit schon einer bestimmten pädagogischen Intention Wirksamkeit zukommen muss. Aber ohne „Erziehung" könnte sich ein bestimmtes moralisches Milieu nicht fortsetzen oder könnten sich neue Milieus nicht bilden, nur dass eben Erziehung anders modelliert werden muss als es die Leitmetaphern der Tradition vorgeben.

Die Befolgung oder Nichtbefolgung moralischer Obligationen hat einen sozialen wie biographischen Zusammenhang mit pädagogischen Erfahrungen. Dispositionen entstehen nicht ohne Kontext, ohne dass ein bestimmtes Erfahrungsmilieu starke kausale Wirkkräfte zur Verfügung hätte, die, wie in den Erziehungsplänen des 18. Jahrhunderts angenommen, mentale und emotionale Bewegungen in *eine* bestimmte Richtung lenken könnten. Aber moralische Kommunikationen sind unvermeidlich, und sofern Kinder und Jugendliche oder auch Erwachsene daran teilhaben, ist auch Erziehung unvermeidlich. Es gibt keine moralfreien Räume, sondern immer nur unterschiedliche Grade von Verpflichtung und Distanz, und die Kognitionen dieses sozialen Verkehrs sowie die von ihm verlangten emotionalen Resonanzschichten werden in Auseinandersetzungen aufgebaut, die die traditionelle Pädagogik mit dem Ausdruck „Erziehung" versehen hat.

Die *Last* dieser Tradition muss aber deutlich bezeichnet werden: „Wirksamkeit" ist unter den Theoriebedingungen der klassischen Pädagogik als irgendwie einheitliche Ursache behauptet worden. „Erziehung" war entweder, was eine Person in ihrem Handlungsfeld bewirkte, oder aber eine anonyme Kraft, von der angenommen wurde, dass sie noch die handelnden Personen „prägt" oder „determiniert".[17] In beiden Fällen scheinen klare Kausalitäten gegeben, aber nur um den Preis, dass die Realität aus dem Blick gerät. Es wird eine Erziehungstechnologie vorausgesetzt, die es nicht geben kann, weil ein unabhängiges Medium angenommen werden muss, über das die moralische Kommunikation nicht verfügt, sondern das sie immer nur an sich teilhaben lassen kann.[18]

Das schafft schwierige Verhältnisse, die mit den einfachen Szenarien der Tradition brechen. Die neuen Modelle sind aber nicht nur komplexer, sondern zugleich auf Differenz eingestellt. Die Theorie kann von ihren eigenen Paradoxien lernen, aber sie kann sich nicht länger auf die Fiktion einer kausalen Kraft verlassen und gerät von daher in die Schwierigkeit, nicht mehr sagen zu können, *wie* die höchsten Ziele der Vollendung von Mensch und Welt angestrebt oder gar erreicht werden können. Anders gesagt, die Näherungstheorie ist radikal erschüttert worden, aber das erst gibt Anlass für die neue Vermessung des Terrains. Lineare Beziehungen von „Mensch" und „Welt" sind dafür, nach JAMES' Kritik, keine Kandidaten mehr, aber aus der Pluralisierung der Metaphysik folgt keineswegs die umstandslose Pluralisierung der Moral. Wenn Rationalität und Moral *nicht* deckungsgleich sind mit je individuellen Deutungskontexten (GAUTHIER 1990, S. 168ff.), dann kann Erziehung auch nicht einfach das sein, was in verschiedenen Interaktionsbeziehungen stattfindet. „Moralisch" sind diese Kommunikationen nicht aufgrund ihrer Selbstbehauptungen, sondern aufgrund ihrer Relation zur praktischen Vernunft. Der Test ist der universelle Anspruch und die allgemeine Geltung der Moral. Diese kantische Perspektive widerstreitet einer rein ästhetischen Auffassung des Subjekts, die das *Spiel* mit der Moral zur Handlungsmaxime erhebt. Die Beschränkung des Eigennutzes, KANTS zentrale Idee, steht daher in Gegensatz nicht nur zur utilitaristischen Psychologie, sondern zugleich zur modernen Lebensform einer möglichst unbeschränkten Subjektivität.

3.2 Postmoralische Subjektivität

Die Kritik des Pluralismus hatte ein wesentliches Zugeständnis: Wenn Erziehung nicht einheitlich wirkt, dann kann auch keine einheitliche Subjektivität entstehen, die aber in allen klassischen Konzepten der *Tugend* und des *Charakters* vorausgesetzt wurde. „Individualität" war darin auf paradoxe Weise definiert, einerseits konnte die Einzigartigkeit des Subjekts nicht bestritten, aber andererseits musste die Gleichheit der Erziehung im Sinne identischer Wirkungen behauptet werden. Die „Individualität des Zöglings" sei der *Indizdenzpunkt* der Erziehung, legt HERBART in der „Allgemeinen Pädagogik" fest (Päd. Schr. Bd. II/S. 44ff.), aber jedes Kind soll einen *bestimmten* „sittlichen Charakter" ausbilden, der auf identischen allgemeinen Normen aufbaut. Es reicht nicht aus, sagt HERBART in der Ueberzeugung, eine fraglose Konsensformel zu artikulieren, dass „jemand nur *irgend*einen Charakter" habe, sondern der Charakter muss auf die allgemeine *Sittlichkeit* eingestellt werden (Ebd., S. 106ff.).

Diese Position ergibt sich aus den Denkzwängen der klassischen Moraltheorie: Nur wenn alle Kinder *gleich* erzogen werden, schien die Befolgung der gleichen Moral garantiert. Moralität war so das Postulat gleicher Verteilung. Das setzt voraus, was ich bestritten habe, eine moralische Kausalität oder die Erzeugung von Moral aufgrund einheitlich wirkender Ursachen. Dieses Konglomerat wurde „Erziehung" genannt, aber konnte seine Begriffskarriere ins Zentrum der pädagogischen Theorie nur deswegen unternehmen[19], weil aus der Reflexion verbannt wurde, was BERNARD WILLIAMS *moralischen Zufall* genannt hat. In der ethischen Theorie müssen „moralische Werte . . . eine besondere, in der Tat höchste Art von Würde oder Bedeutsamkeit besitzen" (WILLIAMS 1984, S. 31). Tatsächlich aber ist jede Moralität einem „konstitutiven Zufall" ausgesetzt, wie immer wir ihre Entstehungsweise auf „Motive oder Absichten" – zum Beispiel der Erziehung – zurückverfolgen. „Der Plan, Moralität gegen Zufälle immun zu machen, (ist) zwangsläufig zum Scheitern verurteilt" (Ebd.), aber genau das hat die klassische Pädagogik nicht akzeptieren können. Sie wollte eine Art Schöpfungsidee verwirklichen, nämlich die moralischen Dispositionen des Erwachsenen von der *richtigen* Erziehung abhängig machen und dies mit Notwendigkeit und immun gegen Zufall.

Es ist schon darauf verwiesen worden, dass diese Annahme *auch* ihre Berechtigung hat, insofern moralische Absichten soziale und biographische Bewegungen beeinflussen müssen, wenn sie glaubwürdig sein sollen. Die Beeinflussungen sind auch nicht immer negativ oder überhaupt wirkungslos, wenngleich „Wirkungen" komplexer und vorsichtiger gefasst werden müssen als in der pädagogischen Tradition. Deren Kausalannahmen sind weit übertrieben und lenken den Blick in die falsche Richtung. Tatsächlich geht es nicht um Schöpfungen, sondern immer nur um Kommunikationen, die nicht mit endgültigen Resultaten verbunden sind, sondern immer nur fortgesetzt werden können. Erziehung ist Prozess, nicht Produkt; jede derartige Annahme würde unweigerlich eine Schöpfungsabsicht nach sich ziehen, die selbst dann nicht legitim wäre, wenn es sie geben könnte. Man muss aber ausschliessen, dass Erziehung Subjektivität *erzeugt*.

Das berührt klassische Ueberzeugungen; der Erfolg des Lebens soll nicht, pädagogisch gesehen, *Glückssache* sein, wie WILLIAMS am Beispiel des Malers GAUGIN zeigt (Ebd., S. 35), sondern Ergebnis eines vernünftigen und notwendigen Prozesses. Aber jede Entscheidung und jede Handlung zu einer gegebenen Zeit ist immer relativ zum gerade vorhandenen Kontext des Wissens (Ebd.), der sich rasch ändern kann und nie stabil bleibt. Man müsste schon über einen „Gottesgesichtspunkt" (PUTNAM 1982, S. 76)[20] verfügen, um über diese Bedingung hinwegsehen zu können. *Nur* eine theologische Begründung kann für das sorgen, was LEIBNIZ den „besten Plan“ nannte, der sich in der Welt so entäussert, dass ein höchstes Wesen Anfang und Ende und damit jede einzelne Existenz überblickt. Einzig so gibt es eine absolute „Grundlage“, ein festes Fundament in der Zufälligkeit des Lebens (Ebd., S. 284).

Die Einheit der Welt war die Einheit der Schöpfung, die einen überlegenen und externen Schöpfer voraussetzte. Jeder interne Standpunkt aber führt auf das, was HILARY PUTNAM „the phenomenon of conceptual relativity“ (PUTNAM 1988, S. 113ff.) nennt, eine Zusammenfügung der erkenntnistheoretischen Argumente von KANT und WITTGENSTEIN, die begreifbar machen soll, dass jede Beschreibung der Welt ein begriffliches Schema verlangt, damit Sprache und also Distanz, die ein unmittelbares Verstehen ausschliesst. „To talk of ‚facts‘ without specifying the language to be used is to talk of nothing“ (Ebd., S. 114). Die Theorie lässt sich zugespitzt mit der Formel ausdrücken, „truth does not transcend use“ (Ebd., S. 115).

Die Formel bezeichnet präzise den fundamentalen Abstand der pragmatischen gegenüber der idealistischen Philosophie, die im Erbe PLATOS umgekehrt argumentieren muss. Aber jede Ideenlehre, die sich nicht empirisch (und somit relativ) beschreiben lässt, verlangt einen Gesichtspunkt, der Wahrheit unabhängig von Gebrauch definieren kann. Der Preis dafür ist hoch, die Praxis, etwa der Erziehung, muss als Ableitungszusammenhang erscheinen und die Differenzen werden eingeebnet, weil das Besondere nicht als Einzelheit, sondern immer nur das Besondere *zum Allgemeinen* verstanden werden kann.

Andererseits ist die Preisgabe des ideell Allgemeinen nicht nur das Ende des „Gottesgesichtspunktes“, sondern zugleich die Preisgabe der Idee eines pädagogischen Demiurgen, der die Schöpfung gleichsam wiederholt und darum auf die Natur „einwirken“ oder sie „entwickeln“ kann (OELKERS 1992 a). Aber entsteht aus dieser Situation die *erziehungsfreie* Subjektivität, das sich selbst entwickelnde „Selbst“? Ein konzeptioneller Relativismus ist kein Solipsismus, keine Verkürzung der Sprache auf einen ausschliesslich subjektiven Gebrauch; wie immer derartige Kommunikationsweisen beschaffen sein mögen, sie wären keine *Sprache* und damit keine Praxis. Die Erzeugung von Welten ist daher kein rein psychologisches Problem; was immer unter dem „Selbst“ verstanden werden mag, es entsteht nicht aus sich heraus. ROUSSEAUS *Emile* wäre das Paradigma für die Theorie der Selbstentwicklung, aber selbst hier sind didaktische Milieus unumgänglich; die Natur muss lernen, was nicht immer schon in ihr enthalten ist.

Auf der anderen Seite wird der Grundbegriff der modernen Identität, eben das *Selbst* (vgl. TAYLOR 1989), nicht von platonischen Deutungen freigehalten. „It is still the internal idea of the self that gives rise to the problem of personal identity“ (NAGEL 1979, S. 201). Das Subjektive erscheint wie ein innerer Raum, „in“ dem das Selbst lokalisiert wird oder der, wie die christliche Seele, das Selbst „ist“. Doch das Subjektive ist nicht gleichbedeutend mit dem *Privaten* (Ebd., S. 207), aber es ist auch nicht alles das, was die physikalische Welt *nicht* ist (Ebd., S. 211). Beide Konzepte, das idealistische wie das physikalische, gehen von der Annahme einer *einzigen* Welt aus (Ebd., S. 212), die sich nach einheitlichen Gesichtspunkten (unification) wie Gesetzen oder Entwicklungsstufen beschreiben lassen. Die Vorstellung eines „contingent self" kommt in diesem Denkrahmen nicht vor und ist gleichwohl „an irreducible fact of life" (Ebd.).

Die klassische Pädagogik hatte das *nicht*kontingente Selbst an die Kausalität der Moral gebunden, die selber, nämlich durch Erziehung, erzeugt wird. Die „einzige Welt" des Inneren wird stabil gestaltet, und kontingentes Lernen kann dann ausgeschlossen werden. Eine Pluralisierung schon der Annahme der inneren Welt hätte umwerfende Folgen für die Erziehungstheorie, aber das ist *nicht* der Weg der neueren Diskussion. Sie relativiert nicht die „Seele", sondern die *Moral.* Dabei sind drei vorrangig rezipierte postmoralische Positionen in der Subjekttheorie zu unterscheiden:

(i) das tiefenpsychologische Selbst,
(ii) die ästhetische Subjektivität der Literatur und Kunst sowie
(iii) das zerfallene allgemeine Subjekt der Postmoderne.

Die ersten beiden Modelle schliessen an LEIBNIZ' Theorie der *Monade* in dem Sinne an, dass ein sakrales Inneres behauptet wird, das von Aussen nicht direkt zugänglich und insofern „fensterlos" ist. Freilich wird ein imaginärer *Raum,* kein monadischer *Punkt* angenommen, sonst könnte es die Idee des inneren Selbst, die LEIBNIZ fremd war, nicht geben.[21] Die entscheidende Unklarheit der Psychologie des inneren Raumes, nämlich ob das Selbst „im" Raum sich bewegt oder der Raum „ist", wird in den meisten Konzeptionen nicht geklärt und nicht einmal gesehen. Erst in neueren Theorien wird der Schluss vom inneren Raum auf die Einheit des Selbst fraglich und das psychologische Selbst nicht nur temporalisiert, sondern fragmentiert. Die Existenz einer Person ist kein sich „in" ihr bewegendes Selbst, sondern eine Kette mentaler und physikalischer Ereignisse, *über* die sprachliche Verständigung hergestellt wird, indem Metaphernbildungen wie das „Selbst" oder der „innere Raum" vorgenommen werden (PARFIT 1973, S. 158).

In der Terminologie von DEREK PARFIT lässt sich diese Theorie als *complex view* bezeichnen und von der *einfachen* Sichtweise einer direkt gegebenen Identität des „Selbst" unterscheiden (Ebd., S. 138).[22] Die drei genannten Optionen der neueren pädagogischen und antipädagogischen Diskussion folgen alle dem *simple view* und verlangen, um aufrechterhalten werden zu können, nach Theoriemodellen, die die Grundannahme stabilisieren und sie nicht analytisch antasten. Das tiefenpsychologische „Selbst" wird genetisch erklärt, aus der somatischen Reproduktion des Säuglings, die „ästhetische Subjektivität" dagegen, ein Erwachsenenmodell, kulturhistorisch. Das dritte Modell geht vom emphatischen Subjekt der idealistischen Philosophie aus und beschreibt dessen Auflösung. Im

Blick auf die Pädagogik haben die drei Modelle ihre Gemeinsamkeit darin, dass unter Rückgriff auf sie der notwendige Zusammenhang von Erziehung und Moral[23] bestritten wird. Der weitaus grösste Teil der modernen Erziehungskritik und zugleich des pädagogischen Fatalismus lässt sich auf diese Modelle zurückführen.

Meine These wird sein, dass den drei Modellen sehr unterschiedliche Plausibilität zukommt, sie sich aber *nicht* antipädagogisch wenden lassen. Sie sind nicht geeignet, Erziehung als Tatbestand der Kommunikation aufzuheben. Sie widersprechen der Idee der zielgerechten „Einwirkung", teilweise indem sie auf ROUSSEAUS Theorie der natürlichen „Entwicklung" zurückgreifen, die aber gegenüber dem *Problem* der Erziehung nicht wirklich eine Auffangposition darstellt. Freilich muss dieses Problem reformuliert werden; es geht nicht um die abschliessende Verinnerlichung von Moral, sondern um das Lernen der moralischen Relationen („gut„/ "böse"; „richtig"/„falsch"; usw.) und ihrer Semantiken. Das Lernen ist unabschliessbar und in diesem Sinne kann Erziehung als Initiation oder Transit erscheinen, als Einübung in moralische Räume, nicht als lernunabhängige und insofern endgültige Verpflichtung. Ich folge der These von BERNARD WILLIAMS: Die Pflichten ändern sich, die moralischen Räume aber sind unumgehbar.

Das psychologische „Selbst" wird unmittelbar auf Identitätsprobleme eines Bewusstseinsstromes bezogen und kann dann die Tatsache der eigenen Kontingenz nicht berücksichtigen. Das Selbst trägt wohl dem Zufall der Erfahrung Rechnung, aber nicht dem Zufall seiner Konstitution. Grundlegend für die psychologischen Modelle, die dieses Selbst beschreiben sollen, ist daher die Idee einer konsequenten Linie, auf die sich der Identitätskern bewegt. Die Metapher des „Kerns" soll anzeigen, dass Identität über das sakrale Zentrum der Seele gewonnen wird, ein Garant in der Mitte des inneren Raumes, der für Stabilität sorgt und dem Wechsel der Erfahrung widerstreitet. „Identität" ist so wesentlich *Stabilität,* nicht der Erfahrung, sondern ihrer inneren Verarbeitung, die als gleichmässig und von *einem* Referenzpunkt ausgehend angenommen wird. Die seelische Resonanz wird gedacht, als leite sie ein stabiler Kern, der die gesamte personale Identität sichert. Erziehung kann dann nur heissen, diesen Kern zu schützen, so dass er optimal operieren kann (MACHA 1989, S. 329ff.); Erziehung heisst *nicht* moralische Kommunikation, weil einer sakralen Subjektivität keine Forderungen gestellt werden dürfen, die nicht aus ihr selbst hervorgehen. Moral ist keine Entwicklungsbedingung und wird daher nicht zufällig negativ besetzt, als Störung des „Selbst" oder als Behinderung, nicht als Bedingung seiner Möglichkeit. Dieses „Selbst" ist postmoralisch bestimmt, es gewinnt seine Form und somit seine Identität nicht länger aus der Konfrontation mit dem Sittengesetz.

Eines der einflussreichsten tiefenpsychologischen Konzepte stammt von DONALD WINNICOTT, der zwischen dem *wahren* und dem *falschen*

„Selbst" unterscheidet, wobei die Grundfrage ist, wie sich aus der somatischen Reproduktion heraus ein psychischer Kern entwickelt, der der Gefühlsorganisation nicht widerspricht, sondern sie gerade ausdrückt. „Im frühesten Stadium ist das wahre Selbst die theoretische Position, von der die spontane Geste und die persönliche Idee[24] ausgehen. Die spontane Geste ist das wahre Selbst in Aktion. Nur das wahre Selbst kann kreativ sein, und nur das wahre Selbst kann sich real fühlen. Während ein wahres Selbst sich real fühlt, führt die Existenz eines falschen Selbst zu einem Gefühl des Unwirklichen oder einem Gefühl der Nichtigkeit" (WINNICOTT 1984, S. 193). „Wahr" und „falsch" sind zunächst keine moralischen Kategorien, sondern sollen die beiden Hauptrichtungen der seelischen Reifungsprozesse anzeigen, die ausdrücklich dem begrifflichen Verstehen *vorgeordnet* sind: „Das wahre Selbst kommt von der Lebendigkeit der Körpergewebe und dem Wirken von Körperfunktionen, einschliesslich der Herzarbeit und der Atmung. Es ist eng verknüpft mit der Vorstellung vom Primärvorgang[25] und ist am Anfang im wesentlichen nicht reaktiv gegenüber äusseren Reizen, sondern primär. Es hat wenig Sinn, eine *Idee* vom wahren Selbst zu formulieren, es sei denn, um zu versuchen, das *falsche* Selbst zu verstehen, denn eine solche Formulierung tut nichts weiter, als die Details der Erfahrung des Lebendigseins zusammenzusammeln" (Ebd., S. 193/194; Hervorhebung J.O.).

In der ersten Entwicklung lernt der Säugling, entweder sein wahres Selbst auszudrücken oder ein falsches Selbst zu entwickeln, das die „innere Realität" verbirgt (Ebd., S. 194) und dann, auf Dauer gestellt, „Abnormitäten" aufbaut (Ebd., S. 187f.). Das „falsche Selbst" ist nie das ganze Kind, aber wird leicht dafür gehalten (Ebd., S. 196), während das wahre Selbst wohl hinter dem falschen Selbst verborgen sein kann, unverhüllt aber die ganze Persönlichkeit repräsentiert (Ebd., S. 185ff.). Die Konsequenz ist dann, den Aspekt der Moralerziehung zu minimieren oder ihn sogar radikal zu bestreiten, denn *„durch Liebe lässt sich mehr erreichen als durch Erziehung"* (Ebd., S. 130). „Liebe" ist nicht die *pädagogische Liebe* PESTALOZZIS, also das Medium der moralischen Kommunikation mit dem Kind; vielmehr ist „Liebe" *psychologische* Unterstützung einer autonomen Reifung:

> „Liebe bedeutet hier das Insgesamt der Säuglings- und Kinderpflege, das, was Reifungsprozesse erleichtert. Sie schliesst Hass ein. Erziehung bedeutet Sanktionen und das Einpflanzen von elterlichen oder gesellschaftlichen Wertvorstellungen, *abgesehen* vom inneren Wachstum oder der Reifung des Kindes" (Ebd., S. 130).

Dieses negative Verhältnis von „Selbst" und „Erziehung" ist grundlegend für die antipädagogische Theoriebildung gewesen, die daraus eine moralisch begründete *Trennung* machte. Erziehung, verstanden als *Einpflanzen* von „Wertvorstellungen", die dem Kind (als Selbst) fremd seien, müsse solange vermieden werden, bis das Kind die innere Stärke gefunden habe, damit autonom umzugehen. Das ist bis in Nuancen hinein die Wiederholung von ROUSSEAUS Argument.[26]

„Erziehung in Form des Lehrens von Mathematik muss warten, bis der Grad persönlicher Integration beim Kind erreicht ist, der das Konzept von *eins* bedeutungsvoll macht, ebenso die Idee, die im Personalpronomen der ersten Person in der Einzahl enthalten ist. Das Kind, das das ICH-BIN-Gefühl kennt und es tragen kann, weiss auch um *eins,* und es will dann sofort Zusammenzählen, Abziehen und Malnehmen lernen. In der gleichen Weise folgt die moralische Erziehung natürlicherweise auf den Beginn der Moralität im Kind durch die natürlichen Entwicklungsprozesse, die gute Pflege erleichtert" (Ebd.).

Aber schon bei ROUSSEAU war der „Beginn der Moralität" nur durch eine willkürliche Setzung zu erreichen, die als Stelle in einer imaginären Zeitskala markiert wird. „Entwicklung" erscheint wie Stufenfolge, die unumkehrbar ist und Steigerungen verschiedener Kompetenzen mit sich bringt. „Moralität" wird zumeist gleichgesetzt mit der Fähigkeit zum universellen, moralischen Urteil, und der Weg dorthin wird *moralfrei* konzipiert. Der *pädagogische* Einsatz von „Moral" werde vom Kind als „Sich-Fügen" erlebt (Ebd., S. 132f.), und sei daher gleichbedeutend mit einer Beschränkung der natürlichen Entwicklung, die nur unmoralisch sein kann. „Moral" wird nicht mit begrifflichem Verstehen verbunden, und so kann das Problem der Erziehung auch reduziert werden auf die „Bereitstellung von Gelegenheiten", die den *Bedürfnissen* des Kindes entgegenkommen.

„Bedürfnisse" formen sich in der frühen Mutter-Kind-Beziehung, die in ihrer Dialektik von Befriedigung und Entsagung auch die Dispositionen für den Aufbau der moralischen Gefühlswelt im Selbst schafft. Dieser Aufbau wird paradox erklärt, nämlich als Verantwortung, „die im Grunde ein Schuldgefühl ist" (Ebd., S. 133). Hier bricht der Rousseauismus ab und eine Variante der Erbsünde greift Platz, denn dem Kind wird eine Anlage zur „Destruktivität" zuerkannt, aus der in den Interaktionen mit der Mutter ein „Schuldbewusstsein" entsteht, welches die motivationale Basis der moralischen Gefühlswelt wird:[27] „Das Bedürfnis ist der wesentliche Faktor, und das Bedürfnis entsteht daraus, dass im Selbst des Kindes eine Fähigkeit erwächst, Schuldgefühle bezüglich destruktiver Impulse und Vorstellungen zu ertragen, eine Fähigkeit, ein allgemeines Gefühl der Verantwortung für destruktive Vorstellungen auszuhalten, weil das Kind im Hinblick auf Wiedergutmachungsimpulse und Gelegenheiten zum Beitragleisten zuversichtlich geworden ist" (Ebd., S. 134).

„Moralische Erziehung im Sinn von Sittenlehre" hat dabei nichts zu bieten (Ebd., S. 135), aber doch auch nur, weil Erziehung mit der sensualistischen *Einpflanzung* gleichgesetzt wird. Die Idee ist eine biologische: Moral sei ein Fremdkörper in der natürlichen Reproduktion; er werde abgestossen oder aber verursache seelische Krankheiten, wenn man versucht, ihn „einzupflanzen". Aber diese Metapher ist nach beiden Sinnen hin irreführend: „Moral" kann nicht wie ein Fremdkörper betrachtet und Erziehung nicht als Vorgang einer Infiltration beschrieben werden. Es gibt keine *tabula rasa,* auf der die Erziehung die Moral einschreiben könnte, aber es ist auch unzulässig, wie ROUSSEAU die Natur des Kindes und die Moral der

Gesellschaft als zwei getrennte Sphären anzusehen, die sich erst *nach* der ersten (der moralfreien) Erziehung zusammenfügen lassen.

Moralische Kommunikationen sind von Anfang an unvermeidlich, auch dann wenn „Moral" kein *intentionales* Thema ist. Die frühkindliche Interaktion zwischen Mutter und Kind[28] wenigstens ist nicht moralfrei möglich, denn durch Verneinung oder Bejahung (Zustimmung oder Ablehnung) lernt das Kind *moralische* Unterscheidungen, die sich sprachlich zunächst in „ja" und „nein" und später in „gut" und „böse" umsetzen. Eine Anthropologie der Destruktivität ist dabei kaum erforderlich, schon weil sie voraussetzen würde, beobachtbare Verhaltensweisen von Säuglingen auf Gattungsanlagen zurückzuführen, was empirisch kaum möglich sein dürfte. Wichtiger aber ist die Optik: WINNICOTTS Theorie des „wahren Selbst" ist *vom Kinde* aus formuliert und beschreibt nicht wirklich Interaktionen. Die „Mutter" der frühkindlichen Beziehung ist die „Umwelt-Mutter" und die „Objekt-Mutter", später auch die „überlebende Mutter" (Ebd., S. 133), aber nie die *handelnde* Mutter, die Person, die über Intentionen verfügt, ein bestimmtes Bewusstsein einsetzt und sich Rechenschaft ablegt. Die Optik der Selbsttheorie betrifft tatsächlich nur und ausschliesslich das „Selbst" in *seiner* Entwicklung, die Bewegung eines wahren oder falschen Kerns in einem inneren Raum, der mehr oder weniger zur somatischen Reproduktion passt. Die Grundeinheit der Theorie ist das Modell der sich selbst bildenden Monade, die ihre moralischen Dispositionen aus der Bearbeitung der eigenen Potentiale heraus entwickelt, wozu es wohl Interaktionen bedarf, die aber nur in einer Richtung beschrieben werden, von Innen nach Aussen und dann wieder nach Innen. Kreuzungen sind ebenso ausgeschlossen wie ständige Rückkoppelungen, Lernkorrekturen, Mehrfachkommunikationen oder paradoxe Wirkungen.

Die Theorie erlaubt jedoch eine hochmoralische Distanzierung von „Moral", die seelisches Gereiftsein oder das „wahre Selbst" voraussetzt, bevor sie legitim erscheinen kann. Sie ist daher zulässig nur unter der Voraussetzung einer Idealbalance zwischen innerem Selbst und äusserem Anspruch, von der nicht zu sehen ist, wie sie Wirklichkeit sein kann. Tatsächlich finden Interaktionen immer in moralischen Räumen statt und stehen in Beziehung zur Oeffentlichkeit wie zu dem, was KANT das Sittengesetz genannt hatte. Das zeigt sich in WINNICOTTS Theorie selbst: Nur unter Berufung auf moralische Maximen ist es möglich, der „Moralerziehung" das Recht zu bestreiten, denn man muss sie, oder was dafür gehalten wird, *diskreditieren* und das gelingt nur unter Verwendung moralischer Codes. Zugleich verlangt die Diskreditierung paradoxe Zuspitzungen: „Dies ist ein erster Grundsatz der moralischen Erziehung, dass *moralische Erziehung kein Ersatz für Liebe ist"* (Ebd., S. 126).

Liebe ist „moralische Kommunikation", und nur unter dieser Voraussetzung gibt es das, was WINNICOTT (1984a) organisch als die normale oder gesunde Familie beschreibt und gar als Keimzelle der Demokratie begreift

(Ebd., S. 222-241). Auch hier soll Moral aus natürlicher Reproduktion heraus „erwachsen", aber auch hier wird eine Idealbalance vorausgesetzt, die kaum auf ihre eigenen Unterbrechungen reagieren kann. Das „wahre Selbst" ist Fiktion, der Preis, den eine Theorie bezahlen muss, die von der *bedrohten* Ursprünglichkeit ausgeht (Ebd., S. 20ff.) und „die einzige wahre Grundlage der Moral" aus der heiklen „Selbstbeherrschung" des Kindes heraus erwartet (Ebd., S. 21/22). Der magische Kanal ist denkbar schwach, die Mutter muss den „richtigen Augenblick" finden, dem Säugling die Realität „anzubieten", ohne dass es zu folgenschweren Missverständnissen kommt (Ebd., S. 22).

Aber Moral ist nicht die Folge von *Reifung;* die emilische Fiktion unterschlägt den Aspekt der symbolischen Präsenz moralischer Bedeutungen auch jenseits von interpersonalen Beziehungen und sie überschätzt die Wachstumsmetapher, die tatsächlich nur biologische (organische) Reproduktionen sinnvoll beschreiben kann und vor komplexen Wechselwirkungen und Mehrfachbeziehungen schlicht versagt. „Moralische Kommunikationen" aber setzen symbolisch strukturierte Räume voraus, in denen sich die handelnden Personen bewegen und die ihre Urteile bestimmen. Moralisches Urteilen, ROUSSEAUS *anathema,* kann dann nur unter dieser Voraussetzung gelernt werden, nicht als Reifung zum Selbst, sondern als allmähliche Differenzierung emotiver Dispositionen und kognitiver Standards unter der Voraussetzung unaufhörlicher Verstehensleistungen. In der Theorie des „wahren Selbst" wird der innere Kern vom Verstehen getrennt, aber das verlangt die hochspekulative Annahme eines inneren Agenten, der unabhängig ist von Sprache und Verstehen und deren Operationen „lenkt" oder „leitet". Daher ist das „wahre Selbst" auch nicht moralischen Standards ausgesetzt, die unabhängig genug wären, seine „Falschheit" zu erweisen. Das „wahre Selbst" hat keine Irrtumsqualitäten und erlaubt kein Lernen, das geeignet wäre, die eigenen Erwartungen umzubauen. Der feste Kern bewegt sich lernfrei, ein innerer Demiurg, der selbst nicht bewegt werden darf, wenn das ganze Konzept stimmen soll.

Das starre Identitätskonzept bestimmt weitreichende Erwartungen an die Güte von „Erziehung". Wer „wahres" und „falsches" Selbst als dauerhaftes Resultat entweder der Natur oder der pädagogischen Interaktion beschreiben kann, legt Qualitätsmassstäbe fest, die sich schon aufgrund der binären Grundunterscheidung leicht moralisch codieren lassen. Das „falsche" Selbst wird der *misslungenen* Erziehung zugeschrieben, das „wahre" Selbst der *gelungenen;* der Rousseauismus der Theorie lässt aber nur die negative Erziehung als *Erziehung* (Einwirkung) erscheinen, während die positive Variante mit natürlicher Entwicklung gleichgesetzt wird; erklärt wird das *Scheitern* durch die Repräsentation der Moral, während das *Gelingen* gerade durch die Absenz der (kindfremden) Moral zustandegekommen sein soll.

Beide Zuschreibungen werden aber nicht nur, wie bei WINNICOTT, linear verwendet und auf die Erziehung *einer* Person angewandt. Die erste, negative, Zuschreibung wird fast ausschliesslich gewählt, wenn *Erwachsene* ihre eigene Erziehung beschreiben sollen. Dabei muss erklärt werden, warum das „wahre Selbst“ *nicht* hat entstehen können, und es folgt der Logik der Attributionstheorie, dass die Erklärung externalisiert und das Scheitern nicht der Person, sondern der anonymen Macht der Erziehung angelastet wird. Dieselben Erwachsenen können die Entwürfe für die ihnen nachwachsende *Kindergeneration* aber nicht in gleicher Weise negativ gestalten. Das „falsche Selbst“, also die Summe der tiefenpsychologischen Kausalität, entsteht durch misslingende Erziehung, aber die *neue* Erziehung, die der eigenen Kinder, wird vom Bild des „wahren Selbst“ bestimmt, mit der Konsequenz, dass moralische Ansprüche bestritten werden, ohne sie vermeiden zu können. Das Wort „Erziehung“ wird negativ besetzt oder gerät in die Tabuzone der Erwachsenenmoral, aber der Sachverhalt wird dadurch nicht einfach umdefiniert. Die eigenen Kinder verlangen positive Entwürfe, und das Risiko der Erziehung wird nicht dadurch minimiert, dass man das Wort vermeidet (vgl. OELKERS/LEHMANN 1990).

Die Theorie des „wahren Selbst“ gibt demnach zu antipädagogischen Schlussfolgerungen Anlass, die sich wiederum pädagogisch, als Erziehungsprogramm, einsetzen lassen. Das hängt mit der genetischen Anlage der Theorie zusammen; sie soll erklären, wie aus Kindern Erwachsene werden, wobei die Entwicklung möglichst verlustfrei und linear vor sich gehen soll. Identität wird als *Reifung* verstanden, während faktisch Lebensformen von Erwachsenen gerade durch Brüche und also durch nichtlineare Prozesse bestimmt werden. Es gibt so auch kein moralisches Kontinuum zwischen Kindheit und Erwachsenenleben, sondern eben immer nur neue Probleme und Komplikationen. „Wachstum“ ist daher eine starke Idealisierung, die sich moralisch verwenden lässt, als Forderung von pädagogischer Harmonie, die aber eben nur als Metapher Realität findet.

Für das Problem wichtiger ist freilich die historische Tatsache, dass sich Erwachsenenkulturen herausbilden, die sich unabhängig von moralischen Obligationen verstehen. Erst unter dieser Voraussetzung entsteht das strikt psychologische Bild des Kindes, das genetisch, aber nicht moralisch mit dem Ideal des Erwachsenen verbunden wird. Diese Bezüge werden von ästhetischen Ueberzeugungen getragen, die in Distanz treten müssen zur Pädagogik der moralischen Verpflichtung. Die Erziehungstheorie widerstreitet dieser Tendenz, die sich aber unabhängig von pädagogischen Optionen herausbildet, als kulturhistorische Modernisierung der Subjektivität selbst; sie lässt sich als Grunderfahrung für das ansehen, was dann später als das „wahre Selbst“ behauptet wird. Die Pointe liegt darin, dass diese starke psychologische Beschreibung wie eine moralische Obligation Verwendung findet.

Die „ästhetische Subjektivität“ als *Lebensform* von Erwachsenen[29], hat zuerst KIERKEGAARD beschrieben[30] und zwar unter dem Eindruck einer dekadent werdenden Grossstadtkultur, die artistische Kreativität freisetzt und daraus das Subjektmodell der geniessenden Occasion entwickelt, dem moralische Obligationen, die mehr wären als Schein und somit Teil des Spiels, fremd sind. Diesem innerlich ungebundenen Leben im Augenblick und aus der Situation heraus stellte KIERKEGAARD eine rigorose protestantische Ethik entgegen, die beschreibt, dass und wie in der moralischen *Persönlichkeit* das Allgemeine und das Besondere zur Deckung kommen, und zwar als *Pflicht*: „Die Pflicht ist das Allgemeine, was von mir gefordert wird, ist das Allgemeine; was ich tun kann, ist das Einzelne ... Hier zeigt sich die Persönlichkeit in ihrer höchsten Giltigkeit. Sie ist nicht gesetzlos, gibt sich nicht selbst ihr Gesetz; denn die Bestimmung von Pflicht besteht fort, aber die Persönlichkeit zeigt sich als die Einheit des Allgemeinen und des Einzelnen“ (Entweder/Oder II/2, S. 281).

Das Musterbild der ästhetischen Existenz wird nicht zufällig über eine Analyse der *erotischen* Kommunikation gewonnen. Das Beispiel ist MOZARTS Oper „Don Giovanni“, für KIERKEGAARD das dritte Stadium der männlichen Erotik, die durch „Begehren als Prinzip“ charakterisiert ist (Entweder/Oder I/1, S. 92).[31] Diese „sinnliche Genialität“ ist bestimmt als *Verführung* oder als Existenz im Augenblick, in der ein Individuum „fort und fort sich bildet, jedoch niemals fertig wird“ (Ebd., S. 93ff., 99). Die sinnliche Liebe, zu unterscheiden von der seelischen, „ist ... allein im Augenblick da“ (Ebd., S. 100), eine „Naturkraft“, die das Individuum nicht zu einer ethischen Wahl, einer Bestimmung des Allgemeinen, finden lässt. „Allein auf die Art kann *Don Juan* episch werden, dass er immerzu fertig wird und immerzu von vorn anfangen kann, denn sein Leben ist die Summe einander abstossender Augenblicke, die keinen Zusammenhang miteinander haben, sein Leben ist als Augenblick die Summe von Augenblikken, als Summe von Augenblicken der Augenblick“ (Ebd., S. 103).

In MOZARTS Oper erleidet Don Giovanni ein danteskes Schicksal und am Ende scheint die Moral wiederhergestellt[32], aber KIERKEGAARD generalisiert den Typus und löst ihn von dem literarischen Stoff. „Don Juan“ soll das Paradigma einer Lebensform sein, die sich moralfrei entwirft und dadurch *flüchtig* ist, „flüchtig über dem Abgrund“, wie KIERKEGAARD hinzufügt (Ebd., S. 140), denn sein Typus bezeichnet einen *horror vacui* der protestantischen Ethik, die Verweigerung der Dauer, die nur moralische Teleologie verbürgen kann. Daher muss die „Naturkraft“ dämonisch erscheinen, als Triebkraft der Verführung und zugleich Bedrohung des Lebens. KIERKEGAARD wählt eine Metapher, die sich mit dem Spiel von Kindern assoziieren lässt: „Gleich wie ein Stein, den man so wirft, dass er die Wasserfläche flüchtig schneidet, eine Weile in leichten Sprüngen darüber hinhüpfen kann, wohingegen er in dem Augenblick, da er aufhört zu springen, alsogleich im Abgrund versinkt, ebenso tanzt Don Juan über den Abgrund hin, jauchzend in der ihm zugemessenen kurzen Frist" (Ebd.).

Wie eine *leichte,* ästhetische Existenz entworfen werden kann, das hatte BALZAC schon 1830 im „Traité de la vie élégante" beschrieben. Auch BALZAC unterscheidet drei Stadien oder Formen der Existenz, nämlich „la vie occupée", „la vie d'artiste" und „la vie élégante" (O.D.XX/S.478). Das Leben der Arbeit ist sozial determiniert und entbehrt jeder Originalität. Das Individuum gleicht der Maschine: „Semblable aux machines à vapeur, les hommes enrégimentées par le travail se produisent tous la même forme et n'ont rien d'individuel. L'homme-instrument est une sorte de zéro social, dont le plus grand nombre possible ne composera jamais une somme, s'il n'est précédé par quelques chiffres" (Ebd.). Der Künstler dagegen ist ganz Individuum, somit die Ausnahme. Sein Müssiggang ist Arbeit, und seine Arbeit ist Ruhe. Er ist elegant und nachlässig gleichermassen; er zieht, nach seinem Gefallen, den Kittel des Arbeiters an und entscheidet sich dann für den Frack, den der Mann von Welt nach der Mode trägt; er unterwirft sich nicht den Gesetzen, er stellt sie auf (Ebd., S. 481).

Aus der künstlerischen Erfahrung und nicht aus der Lohnarbeit erwächst die Form des eleganten Lebens, die BALZAC definiert als Perfektion des schönen Scheins, hinter dem sich kein inneres Wesen verbirgt, sondern die sich selbst erhalten muss, nicht um die Leere zu verbergen oder im Sinne KIERKEGAARDS vor dem „Abgrund" zu schützen, sondern einfach um das Spiel fortzusetzen. BALZACS Definition lässt sich etwa so übersetzen:

> „Das elegante Leben ist die Perfektion des *äusseren* und *materiellen* Lebens;
> oder auch:
> Die Kunst, sein Einkommen *auf schöne Art* auszugeben;
> oder auch noch:
> Die Wissenschaft, die uns lehrt, nicht so zu tun wie andere, und dabei den *Schein* der Konvention zu wahren;
> aber noch besser vielleicht so:
> Die Entwicklung von *Anmut* und *Geschmack* in allem, was uns eigen ist und uns umgibt;
> oder logischer:
> Wissen, wie man dem *eigenen* Vermögen die Ehre gibt"
> (Ebd., S. 482; Hervorhebungen J.O.).

Das elegante Leben unterscheidet sich vom vulgären Alltag (Ebd., S. 485), es besteht wesentlich aus der Kunst des Benehmens, und man gehört ihm nicht einfach dadurch an, dass man Geld hat. Man muss die richtige Einstellung entwickeln, und das ist die Bedingung des Fortschritts: „La complète entante du progrès social peut seule produire le sentiment de la *vie élégante*" (Ebd., S. 486). Sein Grundgesetz ist die Mode, und das Lebensgefühl wird darauf eingestellt. Der soziale Fortschritt richtet sich auf das, was KIERKEGAARD so vehement ausschliessen wollte, auf *flüchtige* Erfahrungen und *leichte* Formen der Existenz: „En dictant les lois de l'élégance, la mode embrasse-t-elle tous les arts. Elle est le principe des oeuvres comme des ouvrages" (Ebd., S. 492). Und das gilt nicht nur für die private Lebensform, sondern auch für die öffentliche Erscheinung: „L'esprit d'un homme se devine à la manière dont il tient sa canne" (Ebd.).

Nur noch die Erscheinung wirkt, und die Person ist nichts als Erscheinung im Wechsel der Mode. KIERKEGAARDS Persönlichkeit als Einheit des Allgemeinen und des Einzelnen zerfällt, weil das Allgemeine keine Substanz mehr hat und verzeitlicht wird, als Mode, der noch das Gute unterworfen ist. Ein postmoralischer Schlüsselsatz aus BALZACS „Traité" lautet daher: „Le bien n'a qu'un mode, le mal en a mille" (Ebd., S. 503). Das Gute ist die Einheit des *Stils,* während das Böse im Stilgemisch, in der unentschlossenen Präsentation, zu sehen ist (Ebd., S. 504f.). Elegant ist aber der Stil nur, wenn er die Mittel verbirgt und also *leicht* erscheint. Jede Enthüllung der Oekonomie ist unelegant (Ebd., S. 506), der Preis und somit der Aufwand dürfen nicht angedeutet werden, wenn der Effekt des Leichten erreicht werden soll. Zugleich muss der Stil die „amour-propre", wie es in Anspielung auf ROUSSEAU heisst, zur Darstellung bringen (Ebd., S. 509), nicht als aufdringliche Eitelkeit, aber eben so, dass dieses Bedürfnis zufriedengestellt werden kann. Das elegante Leben beschreibt eine *Sphäre* der Oeffentlichkeit (Ebd., S. 513), die nichts ist als Darstellung. Sie verbirgt nichts und bringt nichts hervor, darum gibt es auch keine Herrschaft auf Dauer, sondern nur Gelegenheiten für immer erneute Machtproben (Ebd., S. 511). Die ästhetische Subjektivität kann sich immer nur neu inszenieren und bei jeder neuen Gelegenheit gewinnen oder verlieren. Und das gilt total: „La toilette est l'expression de la société" (Ebd., S. 517).

GEORG SIMMEL hat in seiner „Philosophie der Mode" die sozialpsychologische Prognose BALZACS weitgehend bestätigt. Seine paradoxe Definition der Mode als *ständiger* Wechsel deckt sich mit dem Hinweis auf die Verzeitlichung, und seine Beschreibung der Modeabhängigkeit der individuellen Existenz folgt der Fortschrittstheorie, wonach die moderne Gesellschaft die ästhetische Subjektivität als Haupttypus des *sentiments* hervorbringen werde. Für das „Wesen der Mode" grundlegend ist der Verbrauch von Zeit, der sich aus ihrer Distribution ergibt (SIMMEL 1905, S. 15). Die Mode befindet sich immer auf dem Weg zu ihrem eigenen Untergang, sie verbraucht Zeit, um sich selbst zuende bringen zu können. Sie beginnt als Avantgarde, aber sobald eine Gesamtheit von ihr durchdrungen ist, hört sie auf. Ihr „Reiz" liegt in der Gleichzeitigkeit von Anfang und Ende, mit jedem Anfang ist das Ende mitgesetzt, die Mode definiert das ästhetisch Neue und damit zugleich ihre eigene Vergänglichkeit (Ebd.).

Auf ihrer Höhe aber bestimmt sie das „Gegenwartsgefühl", so stark, „wie wenige andre Erscheinungen" (Ebd.). Aus ihr vornehmlich erwächst die Präferenz für Gegenwart, die die moderne Subjektivität charakterisiert und ihr die ästhetische Lebensform erst verleiht. SIMMEL übersetzt daher KIERKEGAARDS Theorie der Occasionen in eine kulturhistorische Hypothese, die den *Vorrang* der ästhetischen Subjektivität als sozialen Typus erklären soll:

„Zu den Gründen, aus denen die Mode heute so stark das Bewusstsein beherrscht, (gehört) auch der, dass die grossen, dauernden, unfraglichen Ueberzeugungen mehr und mehr an Kraft verlieren. Die flüchtigen und veränderlichen Elemente des Lebens gewinnen dadurch um so mehr Spielraum. Der Bruch mit der Vergangenheit, den zu vollziehen die Kulturmenschheit seit mehr als hundert Jahren sich unablässig bemüht, spitzt das Bewusstsein mehr und mehr auf die Gegenwart zu. Diese Betonung der Gegenwart ist ersichtlich zugleich Betonung des Wechsels, und in demselben Masse, in dem ein Stand Träger der bezeichneten Kulturtendenz ist, in demselben Masse wird er sich der *Mode auf allen Gebieten,* keineswegs etwa nur auf dem der Kleidung, zuwenden" (Ebd., S. 16; Hervorhebung J.O.).

Die ästhetische Moderne ist durch eine Veränderung des zeitlichen Erlebens charakterisiert, eine Wahrnehmung des Flüchtigen und leicht Veränderlichen, die sich dem Strukturwandel der Gesellschaft und der neuartigen Tempoerfahrung anpasst. „Zeit" im individuellen Empfinden ist wesentlich *Gegenwart,* damit aber zugleich des immer Neuen, einem Bedürfnis, dem nur Moden nachkommen können. „Mode" wird daher selbst zur Struktureigenschaft der Moderne: Es sei ein Zeichen der *„gestiegenen* Macht der Mode", konstatiert SIMMEL, „dass sie statt ihrer ursprünglichen Domäne: der Ausserlichkeiten des Sich-tragens, mehr und mehr auch den Geschmack, die theoretischen Ueberzeugungen, ja die sittlichen Fundamente des Lebens in ihre Wechselform hinabzieht." (Ebd.)

Die Geltung der Moral aber kann nicht von der Logik des Wechsels her begriffen werden. Moralische Regeln erheben immer einen *unbedingten* Geltungsanspruch, der einen occasionalistischen Gebrauch ausschliessen muss. In eine moderne Sprache übersetzt: Moralische Regeln sind Teil *präskriptiver* Sätze, die nie vollständig sind (GENSLER 1976), aber zugleich auch nie nur partielle Ansprüche erheben. Moralische Argumente oder Sätze können nie alle Fälle beschreiben, die sie beanspruchen, aber die potentielle Geltung wird nicht durch die Sätze selber beschränkt. Die Geltung als *Anspruch* ist weder zeitlich noch räumlich limitiert; man kann nicht eine halbierte Verantwortung reklamieren, „Verantwortung" als Teil eines präskriptiven Satzes gilt ganz, für alle Welten, oder gar nicht. Die Wechsel der Lebenserfahrung sind dagegen kein Einwand, weil auch die ästhetische Subjektivität die Logik von Präskriptionen nicht aufhebt. „Die Bedeutung des Wortes ‚sollte' und anderer moralischer Wörter (ist) derart . . ., dass man sich durch ihren Gebrauch auf eine universelle Regel festlegt" (HARE 1973, S. 45)[33]. Das ist auch dann der Fall, wenn die eigene Festlegung durchbrochen wird, etwa wenn Situationen Tendenzen oder Entschlüsse nahelegen, die der eigenen Moral widersprechen. Gegen den Geltungsanspruch moralischer Regeln ist die Tatsache von Verstössen – nicht einmal deren Häufung – kein Einwand.

Dagegen kann auch eine postmoderne Grundeinsicht nicht ins Feld geführt werden, derzufolge die Welt nur durch Sprache zugänglich ist (VATTIMO 1986, S. 99f.). Daraus folgt, wie schon mehrfach gesagt, kein grenzenloser Relativismus, denn die *Sprache* der Moral widerstreitet der Vorstellung relativer „Lesarten". Das Modell ist nicht eines der unbeschränkt kreativen Texthermeneutik (Ebd., S. 119ff.), aber auch keine „Ontologie des Verfalls", die aus enttäuschter Ursprungserwartung erwächst (Ebd., S. 65ff.)[34]; vielmehr kann dem ästhetischen Wandel der Lebensformen Rechnung getragen werden, ohne auf „Moral" zu verzichten, einfach weil für die Bearbeitung von Erfahrung Präskriptionen unverzichtbar sind. Insofern ist die *Differenz* von „Sein" und „Sollen" auch nicht trivial, sondern notwendig, um überhaupt *zwischen* den pluralen Lebensformen moralische Ansprüche universell begründen zu können. Das „Sollen" ist nur der sprachliche Nachdruck der Verpflichtung auf universelle Regeln, keine dämonische „Pflicht".

Das soziale Grundmodell für die Theorie moralischer Argumentationen ist die kritische Oeffentlichkeit, die KANT in den Rang der raisonierenden Publizität hob. Von seiner Vernunft *öffentlichen Gebrauch* zu machen (HÖLSCHER 1979, S. 99), ist die Forderung, die sich mit dem kategorischen Imperativ vereinbaren lässt und zugleich dem privaten *sentiment* widerstreitet. Auch BALZAC hat ja von einer öffentlichen Gestaltung der Gefühle gesprochen, nur eben von keiner argumentativen, sondern einer ästhetischen. Beide widersprechen einander nicht, nur sind die Medien grundverschieden. Die kritische Oeffentlichkeit ist nicht das „entretien" für die *vie élégante* (BALZAC O.D. XX/S. 508), die umgekehrt noch das beste Argument ästhetisch behandeln muss. Aber Gefallen oder Nichtgefallen beschreibt *nur* hier die Struktur der Reaktion; soll ein moralisches Argument *ethisch* reflektiert werden, kommen einfach andere Bedingungen ins Spiel, die die ästhetische Subjektivität nicht erfüllen kann.

Das gibt KIERKEGAARD insofern recht, als zwei Welten unterschieden werden müssen, nur nicht geordnet nach Subjektmodellen. Der Preis der Typisierung ist die Ausschliesslichkeit, aber „Don Juan" war doch nur eine literarische Stilisierung, zumeist eine solche, die zur Moralerziehung eingesetzt und dann um die zentrale Pointe betrogen wurde. Die Aesthetik der Situation ist eine existentielle Lebenserfahrung der modernen Gesellschaft, die keine Moralerziehung aufzuheben vermag; aber das Leben „in" Gegenwarten beseitigt nicht soziale Konflikte und überwindet nicht die Grunderfahrung der Ungerechtigkeit. Moralische Sätze werden also ihre Funktion nicht preisgeben, sondern sie werden in dieser Funktion - der Markierung einer Differenz von Sein und Sollen - bestärkt, je differenter moderne Gesellschaften und ihre Lebensformen werden.

Diese gütliche Klärung kann man freilich mit einem fundamentalistischen Argument aus dem Umkreis der philosophischen Postmoderne bestreiten, die im wesentlichen dem Spätwerk MARTIN HEIDEGGERS verpflichtet ist. Dabei hat GIANNI VATTIMO, und zwar in entschiedener Kritik an „kantianisierenden" Diskurstheorien (VATTIMO 1986, S. 127ff.)[35], die Metapher des *Abgrundes* neu ins Spiel gebracht, nicht als dämonische

Drohung vor der ästhetischen Auflösung der Sittlichkeit, sondern als Bestimmung der nachtheologischen Fragilität der menschlichen „Existenz". Dasein ist, im Sinne Heideggers, „Entwurf", eine „Verkettung von Verweisungen" oder die unendliche Hermeneutik der Welt, die nur im Tod ihre Grenze findet (Ebd., S. 140f.). Auf diese Weise entsteht ein fortlaufender Text oder eine Biographie, „allerdings um den Preis, über einem Abgrund zu schweben, der . . . die Möglichkeit aller Unmöglichkeit, des Todes ist" (Ebd., S. 142). Grundlegend ist daher die „Verknüpfung zwischen hermeneutischer Ganzheit und Sein zum Tode" (Ebd.), eine Anspielung an KIERKEGAARDS „Krankheit zum Tode", mit dem die europäische Existenzphilosophie einsetzt.

Anders als bei KIERKEGAARD gibt es in der Welt HEIDEGGERS, wenigstens so, wie Teile der Postmoderne sie wahrnehmen, keinen Trost, weil jeglicher Grund bestritten wird. „Moral" wie „Religion" hat sich in der abendländischen Philosophie immer ontologisch begründet, das „Sein" war der *Grund* des Denkens; das postmoderne Denken dagegen „gründet" sich „wirklich nur . . ., wenn es sich dem Ruf des *Ab-grundes*, der Abwesenheit des Grundes, gegenüber öffnet" (Ebd.). KIERKEGAARDS Lebensform des *Ethischen* war befreit „von dem Aberglauben an das Zufällige" durch den Aufweis des Allgemeinen (Entweder/Oder II/2, S. 322), ein unverhüllter Gottesterm, der anzeigen soll, dass es *absolute* Verpflichtungen geben muss (Ebd., S. 342), weil die Wahrheit erfahren werden kann (Ebd., S. 354f.). Dagegen ist die Heideggersche Postmoderne absurd, sie löst Wahrheit in Suche auf, die mit dem Tod endet, also nicht endet: „Die Frage nach dem Sinn von Sein lässt sich nur beantworten, wenn man der Verwandlung von ‚Sinn' in ‚Richtung' folgt: Auf der Suche nach dem Sinn von Sein fühlt sich das Dasein in eine Richtung gerufen, die es des Besitzes und des Grundes beraubt und in einen Abgrund ‚springen' lässt, der seine eigene konstitutive Sterblichkeit ist" (VATTIMO 1986, S. 142).

Man könnte die drei postmoralischen Positionen, ungeachtet ihrer hochgradig verschiedenen Begründungskontexte, nebeneinander stellen und hätte dann eine totale Antipädagogik[36]: Das autonome Selbst entwickelt sich, indem die Humanität „aus den angeborenen Tendenzen zur Moralität" *heranreift* (WINNICOTT 1985, S. 72); der „reife Erwachsene" wird dann nicht zufällig *ästhetisch* definiert, nämlich mit Blick auf seine Fähigkeiten zur Identifikation und Distanz gleichermassen, „ohne dadurch das Bewusstsein seiner persönlichen Identität zu verlieren und ohne ein zu grosses Opfer an eigener Spontaneität bringen zu müssen, die die Voraussetzungen für seine schöpferischen Kräfte ist" (Ebd., S. 228). BALZAC hat diese Lebensform als die des Artisten beschrieben: „L'artiste est toujours grand. Il a une élégance et une vie à lui." Die Unterwerfung unter das moralische Gesetz muss vermieden werden, weil diese Fremdbestimmung einer Beschränkung der Kreativität gleichkäme: „Autant d'artistes, autant de vies caractérisées par des idées neuves" (BALZAC O.D. XX/S. 482). Aber das Leben endet, auf der Linie dieser postmoralischen Freisetzung, absurd und ohne verbleibenden Sinn für das pädagogische Problem. Die Pointe ist zu destruktiv; die moralfreie Betrachtung der Welt, HEIDEGGERS „Untergang der Sprache"[37], führt an die „äussersten Grenzen" der Sprache, dorthin, wo sie verstummt und „in Stille untergeht" (VATTIMO 1986, S. 116).

Aber das ist nur KIERKEGAARDS moralische Dämonisierung ästhetisch nachgeahmt, die *Vorstellung* vom Nichts, von einem leeren Raum, in dem der Gottesgesichtspunkt *fehlt,* als sei dies ein Manko (Ebd., S. 116). Die relativistische Konsequenz, „die Bedeutungswucherungen ohne irgendeine Legitimationsinstanz im Referenten" (Ebd.), erklärt sich aus der vorausgesetzten Theologie und ihrer fast bedauernden Negation. Jeder dieser Versuche wird bei dem landen, was HUGO BALL (1946, S. 259ff.) die *Flucht zum Grunde* nannte, die Negation der modernen Welt zugunsten der Erneuerung des Mythos. „Ich begriff", schrieb BALL nach seiner Konversion, „dass die ganze, ringsum ins Nichts zerstäubende Welt als Ergänzung nach der Magie schrie; nach dem Worte als einem Siegel und letzten Kernpunkt des Lebens" (Ebd., S. 269). Das pädagogische Problem der modernen Gesellschaft beginnt *jenseits* dieser Bestimmung, und es ist nicht durch Rückgriff auf ROUSSEAU und auch nicht als *vie élégante* zu bearbeiten. Die ästhetische Selbststilisierung macht das erwachsene Subjekt nicht moralfrei, einfach weil jeder ästhetische Raum *moralisch* definierbar ist, sofern er mit brüchigen Interaktionen zu tun hat, die sich durch Enttäuschungen steuern müssen. Die pädagogische Kommunikation muss sich auch dann darauf einstellen, wenn sie „Erziehung" ablehnt.

3.3 Erziehung als Negotiation

Den Rechtsgrund der öffentlichen Erziehung hatte KANT mit einem Satz veranschaulicht, der unter der Voraussetzung von WINNICOTTS Theorie des „Selbst" skandalös wirken muss: „Das Gefühl urtheilt nicht, es lehrt nichts, es ist nicht communicabel" (Ges.Schr. XV/1, S. 384). Darum ist auch das *Einflussnehmen* auf andere Personen nicht als Kommunikation zweier Gefühlswelten zu beschreiben, wie dies WINNICOTT vorschlägt.[38] „Gefühle" drücken sich für KANT in Dispositionen wie „Ehrlichkeit", „Stoltz", „Bescheidenheit", „Eigenliebe" oder „Hochmuth" aus, nicht *an sich* (Ebd., S. 484ff.). Ein direkter Austausch mit dem „Selbst" ist also nicht möglich, und die Konfrontation mit den individuellen Dispositionen Anderer ist heikel und schwierig, weil nur der soziale Takt für Grenzziehungen sorgen kann und dabei, folgt man BALZAC, das „Wesen" einer Person oder ihr „Selbst" immer von der Darstellung verdeckt wird.

Gleichwohl wird das Bild des Kindes in der öffentlichen Kommunikation weitgehend durch reformpädagogische Vorgaben bestimmt, denen auch WINNICOTT folgt. Der allmähliche Aufbau einer *eigenen inneren Welt* (WINNICOTT 1985, S. 121) wird als „Reifung" oder natürliche Entwicklung betrachtet, die möglichst nicht gestört und ausschliesslich positiv unterstützt werden sollte. Das Kind wächst unaufhörlich in die Wirklichkeit hinein, aber es kommt darauf, dass sie ihm nicht aufgezwungen wird (Ebd., S. 65). Kinder sollen ihre „kostbare Spontaneität und Triebhaftigkeit" bewahren und *selber* auf die Realitäten einstellen können (Ebd., S. 105). Das unbedingte *Ernstnehmen* der Kinder (Ebd.) ist freilich selbst eine moralische Position, die davon ausgeht, dass schon der Säugling als *Person* anerkannt werden müsse (Ebd., S. 42ff.). Der Grundsatz ist eine klare Erziehungsmaxime, freilich an die Erwachsenen gerichtet und nicht an die Kinder: „Mein Kind ist es wert, dass ich es als Person kennenlerne, und zwar so früh wie nur möglich" (Ebd., S. 16).

Eine ausreichende Begründung dafür wird nicht gegeben, vielmehr soll die Maxime für sich selbst sprechen, mit nur der Natur als Basis, auf die die Erwachsenen aber, durch Erziehung, eingestellt werden müssen. Damit jedoch löst sich das Problem nicht auf, wie Kinder in die moralische Welt initiiert werden, die nicht einfach mit ihren natürlichen Bestrebungen überstimmt, schon weil sie Forderungen stellt, gegen die kindlicher Wille opponiert. Erziehung ist tatsächlich *kein* magischer Kanal, auch kein unbewusster, der sich auf den heiklen Austausch von Gefühlen zurückführen lässt. Aber wenn man das reformpädagogische Bild von der sakrosankten Natur übernimmt, dann erscheinen moralische Forderungen illegitim, während auf der anderen Seite die moralische Kommunikation wohl lästig erscheinen kann, aber nicht verschwindet. Die *pädagogische* Begründung der Erziehung wird fraglich, doch das Objekt ist damit nicht aus der Welt. Tatsächlich hat die *psychologische* Kindorientierung die Erziehungstheorie in ein Identitätsdilemma versetzt, denn einerseits definiert sich jede Erziehungstheorie von der beabsichtigten Wirkung her, die andererseits nur dann noch zulässig erscheint, wenn sie die natürliche Entwicklung unterstützt. Der Verlauf dieser Entwicklung ist ein rein psychologischer, darum vom Beobachter nicht oder nur rückblickend zu erkennen. Eine legitime Einwirkung müsste den aktuellen Punkt der Entwicklung treffen, aber eine solche Introspektion ist in einem flüchtigen, zeitlich bedrängten und immer nur partiell einsichtigen Handlungsgeschehen unmöglich. Die Verknüpfung von Einwirkung und Entwicklung ist daher eine Idealisierung für den moralischen Diskurs *über* Erziehung, nicht ein Modell praktischen Handelns. Die Idealisierung unterschlägt den Streueffekt jeder Kommunikation und kann daher auch die psychischen Kausalitäten nicht erfassen. Sie geht zurück auf das öffentliche Bild des Kindes, das rousseauistisch geprägt ist und eine strikte Moral nahelegt, die möglichst rein erscheinen will und schon darum ständig auf organische Metaphern der natürlichen Reifung zurückgreifen muss.

Zweifel an der Erziehung sind die Folge einer zu starken Kindorientierung, die zugleich, als Erwachsenenmoral, „erzieherisch" wirken soll. Sinn und Wert der Erziehung müssen aber auch dann bestimmt werden, wenn man „Einwirkungen" theoretisch ablehnt oder „Moral" mit Blick auf die Natur des Kindes relativiert. Diese Relativierung ist nicht nur reformpädagogisch gestimmt; sie folgt einem soziologischen Pluralismus, der nachträglich mit der Erziehungstheorie verbunden wird. Pädagogische Absichten scheinen in pluralen Lebensformen nicht mehr konsensfähig zu sein, und weil „Erziehung" allein über die Absicht definiert wird, erscheint sie selbst nicht mehr allgemeingültig möglich. Die Absicht, somit jede denkbare Zieldefinition, wird einem Pluralismus der Wertungen ausgesetzt, zwischen denen nicht mehr rational – nach dem Gebot der praktischen Vernunft – entschieden werden kann. Das „Gute" lässt sich vielfach behaupten, soweit und solange es auf feststehende *Meinungen* über Erziehung reduziert wird. Was anderes als „Meinungen" sollen aber pädagogische Absichten bestimmen?

Hinzukommt, dass das Thema der Erziehung, die moralische Kommunikation mit Kindern und Jugendlichen, immer fragwürdiger zu werden scheint, weil es kaum noch plausibel ist, diese Kommunikation als stetige Verbesserung zu erwarten. Offenbar ist Erziehung nicht einfach gleichbedeutend mit der *Steigerung* der Moral, denn dann könnten sich Erwachsene nicht vermehrt ästhetisch und also distant zum moralischen Kosmos begreifen, mit dem, trotz Erziehung, kein rechter Verpflichtungsgehalt mehr verbunden zu sein scheint. Die ästhetische Lebensform bestimmt zunehmend mehr Milieus in fortgeschrittenen Gesellschaften, und für sie ist charakteristisch, dass die *Situation des Erlebens* im Mittelpunkt der Erfahrung steht und Zukunft als Wiederkehr dieser Situation erwartet wird. Konsum ist vor allem ästhetisches Erleben, und die damit verbundene Oekonomie des Verbrauchs reagiert auf immer erneute Anreize, die sich offenbar beliebig variieren können. Absent ist moralische Kontinuität.

Dieses Bild ist aus drei Gründen eine höchst vergröberte und somit falsche Beschreibung der Wirklichkeit: „Erleben" ist nie nur ästhetisch möglich; KIERKEGAARDS Trennung zwischen dem Aesthetischen und dem Ethischen war eine analytische, keine empirische. Zweitens kann moralische Kommunikation und somit Erziehung nicht negiert werden; auch wer nicht erziehen *will,* muss sich in moralischen Entscheidungen äussern, somit an Dritte oder an sich selbst Ansprüche stellen und sich darauf verlassen, dass ein moralischer Kosmos wirksam ist. Man kann also drittens pädagogische Reflexionen ästhetisch leugnen, ohne zugleich das Objekt der Reflexion – Erziehung – tatsächlich aufgeben zu können. Jede Negation der Erziehung kann sich selbst nur *als* Erziehung begründen, nämlich als moralische Kommunikation, die Andere von der Güte ihrer Standards überzeugen will.

Diese zwingende Selbstreferenz begründet Erziehung, selbst wenn die pädagogische Reflexion dagegensteht. Doch der heutigen Erziehungswissenschaft scheint das Thema überhaupt aus dem Blick geraten zu sein. „Erziehung“ ist hier eine *vernachlässigte* Grösse, die durch den Relativismus zerrieben wirkt und darum keine Aufmerksamkeit beansprucht. Das hat Folgen für die Theoriekonstruktion; pädagogische Theorien sind nicht länger „pädagogisch“, also wertend, suggestiv, vereinfachend und engagiert für eine bestimmte Definition des Guten. Heutige Theorien sind empirisch, analytisch, historisch-relativierend, und dabei strengen methodischen Kontrollen ausgesetzt, die die Distanz zur alltäglichen Meinungsbildung vergrössert haben. Die Erziehungswissenschaft stützt nicht mehr einfach die Alltagstheorie, wie dies etwa noch ERICH WENIGER (1929) wie selbstverständlich gefordert hat. WENIGERS höchste Stufe der Reflexion, also die wissenschaftliche Theoriebildung, ist zugleich subtil und vorsichtig geworden, das heisst, sie kann nicht länger als positiver Verstärker des alltäglichen Erziehungsengagements eingesetzt werden. Wo dies geschieht, laufen beide Seiten Gefahr, sich zu desavouieren. Wer die öffentliche Meinung beeinflussen will, ist an bestimmte Formen gebunden, die die wissenschaftliche Reflexion gerade ausschliesst. Was hier eine Tugend ist, nämlich die Vermeidung aller Vereinfachungen, ist dort der zentrale Fehler.

Von der wissenschaftlichen Theorie ist die alltägliche Pädagogik zu unterscheiden; sie *stützt* die Erziehungserfahrung, und zwar gerade *weil* sie idealisiert und die Erwartungen des *Scheiterns* beschneidet. Diese Situation ist für die Erziehungswissenschaft paradox, weil ihre Wirklichkeitsbeschreibungen zunehmend mehr als Risikooptionen verstanden werden müssen, die sich *gegen* die lebensweltliche Naivität der gelingenden Erziehung richten. Die Wissenschaft, kann man schliessen, gefährdet also ihr Objekt, indem sie sich der Idealisierung verweigert, aber nicht bedenkt, dass ein derart riskantes und unabsehbares Feld wie das der Erziehung *mehr* benötigt als nur Risikoszenarien.[39] Wer von den erwartbaren oder tatsächlichen *Wirkungen* der Erziehung in postindustriellen Gesellschaften ausgeht, kann den Schluss kaum vermeiden, dass der Prozess *zu* riskant und die Opfer zu hoch sind. Soll der Prozess gleichwohl begonnen und, wichtiger noch, durchgehalten werden, dann müssen stabile Motive aufgebaut und auch *gegen* Erfahrungen auf Dauer gestellt werden. Nach Lage der Dinge sind das offenbar Funktionen pädagogischer Theorien und der sie begleitenden Aesthetik, die nicht beliebig verletzt werden können, ohne brüchig zu werden. Man kann daher folgende Paradoxie formulieren: Zweifel an der Erziehung sind angesichts der Wirklichkeit unumgänglich und *zugleich* gefährlich. Man kommt an ihnen nicht vorbei und darf sie nicht wirklich ernst nehmen. Die Ignoranz aber kann durch jede negative Erfahrung neu belebt werden, weil man verdrängen muss, was latent immer präsent ist. Zur Aktivierung von Zweifeln reicht ein Blick in die Wirklichkeit.

Auf die fragile Praxis der Erziehung stellt sich die pädagogische Reflexion in der Regel mit Erwartungen ein, die das Handeln *überfordern* und zugleich überhaupt erst *anstrengen.* Auf diese Bedingung muss sich auch eine subtile pädagogische Reflexion einstellen, das heisst sie muss ihre eigene Destruktivität begrenzen und Idealisierungen zulassen. In jeder ästhetischen Präsentation von „Erziehung" ist ein idealisierter Anspruch verborgen, der für die Niveaubildung der Erwartungen unerlässlich ist und der zugleich *nicht* erfüllt werden kann. Ohne hohe Erwartungen würde man sich kaum auf Erziehung einlassen, aber je höher die Erwartungen sind, desto mehr können sie überfordern, und zwar *alle* beteiligten Personen. Die alltägliche Pädagogik stützt daher nicht nur die Erziehungserfahrung, sondern macht sie zugleich durch Ausblenden der Risiken enttäuschungsanfällig.

Erziehungserwartungen artikulieren sich ästhetisch, in kommunikativen Formeln und in expliziten Theorien, nie jedoch ohne eine Utopie des guten Endes, die sich auf die Wahrscheinlichkeit der Wirklichkeit nicht einstellen lässt. Die Utopie stabilisiert die Hoffnung, doch sie begründet auch den Zweifel, dann nämlich, wenn die Erwartung scheitert und sich die Hoffnung zerschlägt. Und die Theorie darf diese Dialektik *nicht* thematisieren, wenn sie erfolgreich sein will. Die Fallhöhe der Theorie darf nicht erkennbar sein, aber die Theorie selbst muss zugleich Möglichkeiten des Handelns aufscheinen lassen. Sie darf die Skepsis nicht befördern und kann also durch Praxis nicht widerlegt, sondern immer nur neu begonnen werden. Anders gesagt, sie erzieht *selbst.*

Wie aber sollte eine Erziehungstheorie aussehen, die auf diese Erfahrungen Rücksicht nimmt, zugleich Distanz zum Alltag hat *und* sich selbst nicht aufgibt? Eine elegante Lösung des Problems, der ich gleichwohl widersprechen werde,[40] hat JEROME BRUNER 1986 in „Actual Minds, Possible Worlds" nahegelegt. BRUNER setzt sich hier mit philosophischen Theorien der *konstruierten* Welten auseinander, vor allem mit NELSON GOODMANS „*Ways* of Worldmaking" (1978) und der daran anschliessenden Beschreibung symbolisch konstruierter Welten in GOODMANS „Of Mind and Other Matters" (GOODMAN 1987). BRUNER führt frühere Studien zur Konstruktion des Wissens weiter (BRUNER 1962) und ergänzt sie um das Konzept des *transactional self* (BRUNER 1986, Kap. 4). Aus diesem Theoriefeld ergibt sich die Idee, Erziehung sei im wesentlichen Aushandlung – *Negotiation* – von Sinn oder Bedeutung, also ausdrücklich nicht moralische Kommunikation mit Verpflichtungsanspruch.

NELSON GOODMANS „Ways of Worldmaking" hat einen kritischen Punkt, der deutlich markiert sein will, um die Radikalität seiner Theorie zu verstehen. Der Plural „Ways of Worldmaking" scheint zunächst harmlos zu sein, denn man könnte ihn als einen blossen Pluralismus von Perspektiven auffassen. Es gibt verschiedene Wahrnehmungen oder Weltanschauungen der einen Welt, die man nicht aufeinander reduzieren kann und die damit für grundlegende Differenzen und zugleich für einen unaufhebbaren Relativismus sorgen. So hat zum Beispiel Wilhelm Dilthey seine Theorie der *Weltanschauungen* begründet, die davon ausgeht, dass jede

Anschauung der Welt von *Weltbildern* bestimmt ist, die sich historisch-objektiv ausgebildet haben und sich auf drei grundlegende Typen zurückführen lassen (Ges.Schr. VIII/S. 86f.). Ihr Widerstreit ist unauflösbar, weil er im Leben selbst begründet ist, also in der Lebenserfahrung und der Stellung zu den Lebensproblemen. „In diesen Stellungen ist die Mannigfaltigkeit der Systeme und zugleich die Möglichkeit in ihnen gewisse *Typen* zu unterscheiden, angelegt" (Ebd., S. 98). Wer also den Menschen als Teil der Natur betrachtet, kann nicht zugleich einer Metaphysik der Freiheit das Wort reden, und wer die Welt rein empirisch ansieht, kann in ihr keinen objektiven Idealismus erkennen (Ebd., S. 100-118). Diese Anschauungen bestehen aber nebeneinander, sind historisch immer wieder erneuert worden und können sich gegenseitig immer nur die Prämissen bestreiten, ohne einen objektiven Beweis der eigenen Ueberlegenheit beizubringen.

GOODMANS Theorie ist ungleich radikaler[41]: Es gibt nicht *eine* Welt und viele Anschauungen, sondern es gibt nur *viele Anschauungen* oder eben „ways of worldmaking". „Anschauung" ist freilich nicht gleichbedeutend mit subjektiver Wahrnehmung, sondern mit symbolisch strukturierter Weltsicht. „Welten" aber sind nicht Wirklichkeiten, sondern Konstruktionen, oder anders: „Wirklichkeiten" gibt es nur als konstruierte Welten. „Alle Merkmale einer Welt (sind) Produkte einer Version", und „die Welt einer wahren Version ist ein Konstrukt; die Merkmale werden nicht unabhängig von der Version auf etwas übertragen, sondern miteinander kombiniert, um die Welt dieser Version zu erzeugen. Die Welt ist nicht die Version selbst; die Version kann Merkmale besitzen – wie in Englisch sein oder aus Wörtern bestehen –, die ihre Welt nicht hat. Aber die Welt hängt von der Version ab" (GOODMAN 1987, S. 57).

Die Konsequenz dieser Theorie hat GOODMAN als *„verschwindende Ontologie"* (Ebd., S. 56) bezeichnet, um den Abstand zur klassischen Philosophie darzulegen. Die fundamentale Annahme der Philosophie bis zum 20. Jahrhundert war immer, wie schon erwähnt, dass die Welt *eine* und ihr Sein *eines* sei. Daher hat die Erziehungstheorie annehmen können, ihre Grundrelation sei das Verhältnis von *Mensch und Welt,* das wohl verzeitlicht wird, denn es geht ja um Veränderungsprozesse in der Zeit, das sich aber *als* Relation nicht ändert. Erziehung schien der Prozess zu sein, in dem und mit dem der Mensch in die Welt hineingeführt wird. Dabei wird die Welt als eine Art Raum betrachtet, in dem eine Person sich verhalten lernt und den es sich auf die Weise der Erziehung, also gelenkt durch andere Personen, erschliesst. Damit, so ist die hauptsächliche Annahme, erschliesst sie sich selbst.

Aber „die" Welt gibt es nicht (Ebd., S. 179). Es gibt eine Raum-Zeit-Ordnung, und es gibt Planeten im Universum, aber der philosophische Ausdruck „Welt" ist nicht gleichbedeutend mit diesen geophysikalischen Grössen. Für GOODMAN sind „Welten" *Versionen,* also symbolisch-ästhetische Deutungskontexte, die sich nicht auf etwas beziehen, was ihnen ge-

genüberliegt und „Wirklichkeit“ heissen könnte. Man kann so auch nicht eine Version an ihrer oder überhaupt nur an einer Wirklichkeit prüfen (Ebd., S. 54f.). Wenn wir uns daher mental bewegen, dann immer nur *in* einem Kontext oder *zwischen* Kontexten, nie wirklich von der Version der Welt hin zur *entsprechenden* Wirklichkeit. Es gibt keine *Näherung* und somit keine Wahrheit, auch keine pädagogische, die sich auf diese Weise begreifen liesse.

Gleichwohl muss gehandelt werden, und GOODMAN hat auch die pragmatische Einstellung zu seinem „irrealistischen Relativismus“ (Ebd., S. 51) beschrieben. In der Beschreibung kommt eine Art Pädagogik zum Ausdruck:

> „Manchmal führt dies (die Theorie; J.O.) zu völliger Resignation, manchmal zu einem unverantwortlichen Relativismus, der alle Aussagen als gleich wahr auffasst. Keine dieser *Haltungen* ist sehr fruchtbar. Brauchbarer ist ein Vorgehen, das im *alltäglichen Leben* üblich ist und von der modernen Wissenschaft auf beeindruckende Weise gutgeheissen wurde, nämlich *wohlüberlegter Wechsel.* Schliesslich verlegen wir Standpunkt und Bezugsrahmen der Bewegung häufig von der Sonne zur Erde, zum Zug, zum Flugzeug und so weiter. Der Physiker flitzt zwischen einer Welt aus Wellen und einer Welt aus Teilchen hin und her, wie es für seinen Zweck passt. Normalerweise arbeiten und denken wir zunächst einmal innerhalb einer Weltversion . . ., aber wir wechseln häufig von einer zur anderen. Wenn wir daran gehen, verschiedene Versionen miteinander in Beziehung zu setzen, führen wir eine Vielzahl von Welten ein. Führt das aber zu Widrigkeiten, dann lassen wir die Welten einstweilen auf sich beruhen und betrachten nur die Versionen. Wir sind Monisten, Pluralisten oder Nihilisten, nicht gerade wie der Wind weht, aber doch wie es zum Kontext passt“ (Ebd., S. 55/56; Hervorhebungen J.O.).

GOODMAN spricht über erwachsene Personen, die sich im „alltäglichen Leben“ irgendwie *Haltungen* angeeignet haben, welche zum Management der pluralen Lebenskontexte befähigen. Die wichtigste Haltung für diese Aufgabe nennt GOODMAN den „wohlüberlegten Wechsel“. Er sagt nichts darüber aus, *wie* diese Haltung erworben wird; es heisst lediglich, sie sei das Resultat von Lebenserfahrung. Kann man daraus nun folgern, der *Erwerb der Haltungen,* also das, was wir gewöhnlich mit *Erziehung* bezeichnen, findet auf die gleiche Weise statt wie die *Ausübung* der einmal erworbenen Kompetenz? Das würde bedeuten, Kinder lernen den wohlüberlegten Wechsel *durch* wohlüberlegte Wechsel, und diese Strategie setzt jenen Kontextrelativismus voraus, den GOODMAN für die Bedingung der Wege der Welterzeugung ansieht. Kinder wären selbst Kontexte des Lernens, eigene Welten, mit denen man wohl verhandeln, aber die man nicht wirklich beeinflussen kann.

Das scheint BRUNER vor Augen zu haben, wenn er Erziehung als *Negotiation* definiert. Er folgt GOODMAN in der Grundannahme, dass es Welt nur im Plural gibt, dass alle Erlebnisse und alle Erfahrungen auf Welten verwiesen sind, die Welten aber immer nur Interpretationen oder Versionen sind. Auch unmittelbare Erfahrungen sind an Deutungen der Ursachen und Wirkungen gebunden, und die Welt, die dabei entsteht, ist für den Interpreten eine *konzeptionelle* Welt (conceptual world) (BRUNER 1986, S. 122). Diese Welt besteht aus symbolischen Zusammenhängen, Begriffen, Metaphern, Verweisungen, die verstanden werden wollen und zugleich das Verstehen bedingen. Physikalische oder soziologische „Realitäten" sind immer nur sprachlich zugänglich, und sie formen nie mehr als einen symbolischen Kontext. Die Kultur selbst, schreibt BRUNER, ist ein mehrdeutiger Text (ambiguous text), der durch die, die in ihn eingebunden sind, ständig neu interpretiert werden muss. Nur die Interpretation schafft Klarheit, und Klarheit gibt es immer nur solange eine bestimmte Interpretation überzeugt. Es gibt aber keine Gesamtdeutung für eine Gesamtkultur, sondern immer nur rivalisierende Versionen, der Deutung wie der Welt.

Erziehung ist eines der Foren dieser permanenten Bemühung um Weltdeutung, also um Sinn. „Sinn" ist aber nicht ein konstantes Dogma, auf das man verpflichtet werden kann, sondern eine notwendig umstrittene Grösse,[42] die sich nicht nur in ihrer Bedeutung, sondern auch in ihrer Gestalt ständig ändert. „Sinn" ist nicht das Gefäss für plurale Meinungen, sondern es gibt „Sinn" nur als *Version* im Sinne GOODMANS. Daher kann „Erziehung" auch nur den Geist des Forums akzeptieren, nämlich selbst einen ständigen Dialog darstellen, in dem über Sinn verhandelt oder immer erneut Bedeutung hergestellt wird (Ebd., S. 123). Erziehung ist nicht Verpflichtung auf einen *bestimmten* Sinn, was nur die Version sein könnte, die die Erwachsenen für richtig halten. Das, so BRUNER, sei eine pädagogische Vorstellung der Vergangenheit, „one that looked at the process of education as a *transmission* of knowledge and values *by* those who knew more to those who knew less and knew it less expertly" (Ebd.).

Diese traditionale Vorstellung bekämpft BRUNER mit GOODMAN als quasi-religiöse Defizitbehauptung, die lediglich eine Variante der Erbsünde darstelle (Ebd., S. 124). Alle diese Vorstellungen, bis hin zur behavioristischen Lerntheorie oder zu KOHLBERGS Stufen der kognitiven Entwicklung, haben eine Gemeinsamkeit, sie wollen etwas „herausziehen" oder „ersetzen" oder „kompensieren", was als falsch oder defizitär angesehen wird. Die daraus resultierende Pädagogik sah Lehren und Unterricht als eine Art operativen Eingriff an (surgery), als Unterdrückung (suppression), Auswechselung (replacement) oder das Ausfüllen von Defiziten (deficit filling), in der Regel als eine moralische Mixtur aus diesen Elementen zusammen (Ebd.). Erst die kindorientierte Pädagogik änderte diesen Zuschnitt der Theorie, weil nunmehr das Kind als „autonomer Lerner" anerkannt wurde. Was aber noch fehlt, so BRUNER, ist die handlungstheoretische Konsequenz aus dieser Einsicht, „a reasoned theory of how the negotiation of meaning . . . is to be interpreted as a pedagogical axiom" (Ebd.).[43]

Der Gegner lässt sich allgemein als *paternalistische* Pädagogik bezeichnen, die Kindern oder überhaupt anderen Personen Werte und Normen *aufzwingen* will, ohne ihre Autonomie zu berücksichtigen. Gibt man den Paternalismus auf, dann wird jede Normgeltung unter einen subjektiven Vorbehalt gestellt, weil das aber eine zu starke Willkür wäre, plädiert BRUNER für das pädagogische Modell des Forums, hierin Diskurstheorien der Ethik vergleichbar, deren Schwäche aber eben darin besteht, dass sie die Entwicklung moralischer Einstellungen entweder nicht oder nach Massgabe teleologischer Modelle berücksichtigen. Die Frage ist aber, wie „Autonomie" entsteht, und ob eine anti-paternalistische Pädagogik nicht einfach nur der alten reformpädagogischen Illusion aufsitzt, dass zwischen Mitteln und Zielen der Erziehung kein Widerspruch herrschen dürfe. „Autonomie" wäre dann kein *Lernziel* der Moralerziehung, sondern eine unbedingte Voraussetzung, die sich selbst nicht korrigieren könnte. Aber die psychologische Beschreibung des autonomen *Lerners* ist nicht dekkungsgleich mit seinen *moralischen* Qualitäten. „Paternalistische Eingriffe" setzen eine überlegene Position voraus und müssen tatsächlich vom Defizit her verstanden werden, aber nicht der Lernfähigkeit, sondern der moralischen Kompetenz.

JOHN RAWLS hat diese Bedingungen der überlegenen Position und „geringeren Freiheit" (RAWLS 1975, S. 280f.) so gerechtfertigt:

> „Paternalistische Eingriffe müssen durch das offenbare Versagen oder Fehlen der Vernunft und des Willens gerechtfertigt sein; und sie müssen geleitet sein von den Grundsätzen der Gerechtigkeit und den Kenntnissen der längerfristigen Bedürfnisse des Betroffenen oder der Theorie der Grundgüter" (Ebd., S. 282).

Damit ist keine Verfügungsgewalt über die innere Welt des Lernenden verbunden: „Paternalistische Grundsätze dienen zum Schutz gegen unsere eigene Unvernunft, sie sind keinerlei Erlaubnis für Angriffe auf jemandes Ueberzeugungen und Charakter, auch wenn die Aussicht auf spätere Zustimmung besteht. Auch Erziehungsmethoden müssen diesen Bedingungen entsprechen" (Ebd.). Aber damit ist zugleich gesagt, dass „Autonomie" nicht einfach eine unbefragte psychologische Voraussetzung sein kann: „Die moralische Erziehung ist ... Erziehung *zur* Autonomie" (Ebd., S. 560; Hervorhebung J.O.), ohne darum eine „kausale Abfolge" zu sein, „die als Endergebnis die moralischen Gesinnungen hervorbringen soll" (Ebd., S. 559). Erziehung verfährt nicht technisch, sondern rational, durch Aufweis von Gründen, zugleich aber auch gestuft, nämlich in Rücksicht auf Lebensalter, Entwicklungsstand und Vorerfahrung. „Jede Stufe lässt in der Lehre und Erklärung so weit wie möglich die Vorstellung vom Rechten und der Gerechtigkeit ahnen, auf die sie hinzielt, und die uns *später* erkennen lässt, dass die uns gelehrten moralischen Grundsätze gerechtfertigt sind" (Ebd.; Hervorhebung J.O.).

Paternalismus ist also *Stellvertretung,* die stärker oder schwächer erscheinen kann, immer aber eine moralische Objektivität voraussetzt, die nicht selbst Gegenstand von *Verhandlungen* sein kann oder darf. Gegen diesen Anspruch wendet sich BRUNER kompromisslos, aber doch nicht sehr überzeugend, auch wenn man RAWLS' Erneuerung des divinatorischen Verstehens skeptisch betrachten sollte. Aber er erkennt den *ethischen* Zusammenhang von Moral und Erziehung, der nicht psychologisch umgangen werden kann. Das Aushandeln der Bedeutung wäre so gerade kein pädagogisches Axiom, wobei die Alternative deutlich als eine Variante des Paternalismus gekennzeichnet werden muss. Kann es Bruners Axiom aber überhaupt geben? Oder anders, was hätte sein Vorschlag für praktische Folgen, wenn man ihn, entgegen der Theorie GOODMANS, für *den einzig richtigen* hielte?

BRUNER erkennt einen Teil des Problems, allerdings nur den kleineren, wenn er zugesteht, dass „right versions" innerhalb ihres Kontextes nicht falsch sein können (Ebd.). Aber GOODMAN sagt mehr: Nicht nur sind Kontexte stets plural und relativ, auch sind sie ausserstande, ein „von allen Versionen unabhängiges Welt-Merkmal zu finden" (GOODMAN 1987, S. 67). Danach aber scheint BRUNER zu suchen, denn der „autonome Lerner" und die Erziehung als Forum für die Verhandlung von Sinn sind nicht etwa Versionen, sondern *unabhängige* Merkmale, auf die andere Versionen verpflichtet werden können oder müssen. Nur deswegen kann er zwischen der alten, autoritären und der neuen, der kindorientierten Pädagogik unterscheiden. Sonst wäre einfach nur die Relativität von Lesarten zu konstatieren, und man könnte gerade *nicht* entscheiden, welche besser oder gar optimal ist. Aber im Kontext von Erziehung ist eine Art Paternalismus auch da zwingend, wo er abgelehnt wird. Sonst könnte ein pädagogisches Argument überhaupt nicht zustandekommen.

BRUNER, der Pädagoge, lässt sich auf GOODMANS ästhetischen Relativismus ein, aber Goodman, als Relativist, sagt nichts über Erziehung aus. Er nimmt implizit an, es gäbe einen magischen Kanal, genannt „Erziehung", durch den die richtige Haltung des „wohlüberlegten Wechsels" aufgebaut werden kann. Das hat trotz der obksuren Stellung der Erziehung eine pädagogische Pointe, denn GOODMAN bezeichnet diese Haltung nicht als Welt, sondern als empirische Fähigkeit, die nicht relativ sein kann. In der einen oder anderen Welt bildet ein- und derselbe Handelnde nicht je verschiedene „Haltungen" aus , zumal nicht solche, die zur Bewältigung der Kontextrelativität notwendig sind. Derartige Haltungen werden auf der anderen Seite auch nicht durch Aushandlung von Sinn aufgebaut, was zugleich die Frage aufwirft, warum BRUNER diese Frage so zentral behandelt sehen möchte. Man kann nämlich „Sinn" auch von den Dispositionen her betrachten und dann LOCKES Gewohnheiten ins Spiel bringen, die es ausschliessen würden, ständig Verhandlungen über Sinn und Bedeutung zu führen. Anders gesagt, BRUNER beschreibt nicht, wie Sinndefinitionen auf Dauer gestellt werden können, wenn ausgeschlossen wird, dass sie bloss als szenische Dialoge Realität finden. „Dauerhaft" wären Verinnerlichungen oder eben Haltungen, die BRUNER aber gerade der autoritären Pädagogik zuschreibt.

„Haltungen" haben nur Personen, die konstant *dieselben* sind, also keine Versionen oder Welten darstellen, die sich teilen lassen. „Personen", worauf DEREK PARFIT (1984, S. 346f.) hingewiesen hat, sind nicht „seperately existing entities", wohl aber *entities,* also biographische Einheiten, die immer nur *einen* Kontext bilden, der sich selbst fortsetzen muss.[44] Diese Fortsetzung ist wohl nur als Interpretation möglich, so dass die Selbstdeutung immer auch Variationen zulassen muss, die mit Zunahme der Zeit und mit wachsendem Abstand zum biographischen bedeutsamen Ereignis wahrscheinlicher werden; aber die ständige Selbstdeutung aufgrund der wechselnden Lebenserfahrung relativiert nicht die biographische Einheit selbst. Sie ist Version und Welt gleichermassen, und sie kann sich nur im Grenzfall des Todes selbst auflösen.

„Haltungen" werden als *dauerhafte* Fähigkeiten oder Einstellungen dieser Einheit zugeschrieben oder von ihr selbst so definiert. Sie sind keine „Welten" im Sinne GOODMAN, sondern pragmatische Konstrukte, die einer Person unmittelbar eigen sind.[45] Keine Zuschreibung kann dies ausschliessen, sondern je nach Erfahrung unterstellen oder nicht unterstellen, ohne dass die Möglichkeit bestünde, „Fähigkeiten" oder „Einstellungen" generell zu negieren. Die Konstanz mag wechseln, obgleich gerade bei biographisch bedeutsamen Kompetenzen die Wahrscheinlichkeit von Neudefinitionen gering ist; aber eine Person *ohne* Eigenschaft ist nicht vorstellbar und wäre verbunden mit einem Abbruch der Kommunikation, denn die Zuschreibung hätte keine Aussichten und die Erfahrung müsste leugnen, was doch Wahrnehmungstatsache ist. Ein Forum der Meinungsbildung, das „Erziehung" genannt wird, muss Personen in diesem Sinne voraussetzen, kann dann aber nicht oder nur zufällig das Medium sein, in dem Fähigkeiten oder Kompetenzen entstehen.

Die Idee übersieht daher, dass jedes Forum Voraussetzungen abverlangt und Anforderungen stellt, die es nicht selbst erzeugt. Auch wenn das Leben eine ständige *Talk-show* wäre, an ihr kann nur teilnehmen, wer in der Lage ist, sich zu artikulieren, wer über das Wissen verfügt, auf Fragen zu antworten, wer sich vor Publikum in Szene setzen kann, usw. Ein öffentliches Forum kann gnadenlos mit Schwächen umgehen, und niemand garantiert, dass Schwächen *schonend* und *fürsorglich*, in diesem Sinne pädagogisch, behandelt werden, wenn die Situation *Stärken* belohnt und Lernen nicht mehr stattfinden kann. Erziehung als Forum, das war schon der Einwand gegen ILLICHS *Modell* des Marktes, setzt einen ständigen Ernstfall voraus, während Erziehung mit guten Gründen als *Schonraum* oder Raum der *Vorbereitung* betrachtet werden sollte. Das aber ist eine ethische Definition, die sich nicht wiederum selbst relativieren kann. Als Praxis kann Erziehung scheitern oder gelingen, aber sie ist immer eine Erfahrung von Wirklichkeit, nicht einfach von Welt.

GOODMANS Theorie ist aus ästhetischen Erfahrungen gewonnen (vgl. GOODMAN 1981), und sie ist *selbst* eine ästhetische Erfahrung, nämlich das Spiel mit Elementen und Kontexten. Was vermieden wird, fast so wie der Teufel das Weihwasser oder die Engel die Geschlechtlichkeit meiden, ist alles, was *verpflichtenden* Gehalt hat, also jede Art unbedingten Anspruchs. Es gibt nur relative Welten, also gibt es auch nur relative Ansprüche. Man kann den einen Anspruch umgehen, wenn man dem anderen folgt. Aber *Schuld* ist keine Frage des Kontextes oder *Verantwortung* kein Problem des Rahmens. Alle diese Metaphern sind irreführend, einfach weil das moralische Thema sich nicht auf die Weise der Relativierung von Welten bearbeiten lässt. „Moral" ist, um es zu wiederholen, keine Lesart, gegenüber der man sich ästhetisch einstellen, mit der man also spielen könnte.

Das aber kann man schliessen, wenn man sich auf die ästhetische Welt des Relativismus von blossen „Welten" einlässt. Eine pädagogische Theorie, die ihren Ausgangspunkt hier suchen würde, verstärkte das Syndrom der Beliebigkeit und zugleich den eigenen Verfall. BRUNERS Metapädagogik trifft nicht das moralische Problem, denn „Moral" ist kein Kontext, den man beliebig betreten oder wieder verlassen kann. Dieser *switch* beschreibt Verhaltensweisen in Konsumgesellschaften und stellt darum auch ein Problem der *Akzeptanz* von Erziehung dar. Aber damit ist nicht zugleich ein Modell für *pädagogische* Theorien gefunden, die nicht umhin können, moralische Ansprüche zu stellen und darum auch Verpflichtungen zu formulieren, die sich nicht durch einen Wechsel in andere Kontexte relativieren lassen. Relativiert wird die Geltung, aber nicht der Anspruch selbst[46] Wenn pädagogische Theorien hier anschliessen, können sie sich weder teilen noch reduzieren. Das gilt auch oder gerade dann, wenn die Uebersetzung der Ansprüche in verschiedene Kontexte als verschieden und offen betrachtet wird (WONG 1984).

Erziehungstheorien können diese Relativität der *Anwendung* in Rechnung stellen, ohne sie zum Axiom der *Begründung* erheben zu müssen. Daher wählt BRUNER einen falschen Ausgangspunkt; aus der Relativität von Welten leitet sich nicht ab, dass Erziehung als ständiger Dialog oder als Forum verstanden werden muss. Wesentlich bei jedem Forum ist die Wahl des Themas, und die Wahl des Erziehungsthemas ist nicht beliebig und verlangt offenbar mehr als nur symmetrische Kommunikationen. Obligationen sind oft autoritär, ohne dass eine Negotiation dies ändern könnte; sie können den *Grad* der Verpflichtung verstärken oder abschwächen, aber nicht diese selbst oder wenigstens ist das eher eine Ausnahme als die Regel.[47] Erziehung kann daher kein ständiger *switch* sein, und die Theorie hat darauf Rücksicht zu nehmen.

Das lässt sich näher darlegen, wenn die Theorie GOODMANS *pädagogisch* analysiert wird. Die „Haltung" des wohlüberlegten Wechsels ist eine pragmatische. Sie sagt über moralische Fragen nichts aus, denn dabei kann nicht bloss ständig changierend verfahren werden. Wie aber Entscheidungen oder Wahlen getroffen werden können, wie Verantwortung getragen oder Gerechtigkeit erreicht werden kann, darüber kann die relativistische Theorie der Weltkonstruktionen keine Auskunft geben. Das lässt sich das an zwei Beispielen deutlich machen. GOODMAN äussert sich an einer Stelle doch über Erziehung, und zwar nicht zufällig über *Kunsterziehung* (GOODMAN 1987, S. 209-238). Er kritisiert hier die blosse Genieästhetik mancher Auffassungen über Kunsterziehung und plädiert für Forschungen, die sich auf zwei Dinge konzentrieren, nämlich „die am Verstehen und Entdecken beteiligten Fertigkeiten zu entwickeln, und darauf, zur Uebung dieser Fertigkeiten zu motivieren und die erforderlichen Bedingungen zu schaffen" (Ebd., S. 212).

Keine Rede also von einem „Forum", auf dem über Sinn und Bedeutung verhandelt werden soll; kein Wort aber auch von Welten und Versionen, mit denen der Relativist spielen kann; vielmehr wird eine ganz traditionale pädagogische Optik angelegt: Personen, hier Kunststudenten, entwickeln Fertigkeiten durch Uebung und unter der Voraussetzung eines geeigneten Rahmens. GOODMAN redet in pädagogischer Hinsicht also anders als in erkenntnistheoretischer oder ästhetischer, einfach weil es nun um Verpflichtungen gehen muss, über die ein Lernender, wenigstens zu Anfang des Prozesses, nicht entscheiden kann. GOODMAN formuliert *Anforderungen,* die sich nicht durch Hinweise auf subjektive Befindlichkeit relativieren lassen, sondern die eine geordnete Objektivität voraussetzen, und zwar sowohl des Wissens als auch des Verfahrens. Anders kann man weder eine Wissenschaft noch eine Kunst lernen. Dieser überraschende Paternalismus wird deutlich ausgesprochen:

> „Der Student, der ein *ernsthaftes* Studium einer Wissenschaft auf sich nimmt, muss in der Lage sein, kundig zu lesen und zu rechnen, über *etwas Erfahrung* mit dem Experimentieren und Schlussfolgern verfügen und *Begeisterung* für das Forschen und Entdecken mitbringen; ebenso muss auch der Student, der *ernsthaft* in einer Kunst zu arbeiten anfängt, *kundig* sehen oder hören können, über *etwas Erfahrung* mit dem erkundenden Wahrnehmen und dem kreativen Vorstellen verfügen und *Begeisterung* für neue Einsichten und Erfindungen in den Künsten mitbringen" (Ebd., S. 214; Hervorhebungen J.O.).

Zunächst ist diese (schlecht übersetzte) Passage aus der typischen Einstellung der pädagogischen Sorge heraus geschrieben; es gibt offenbar Studenten, die die richtigen Einstellungen und Voraussetzungen *nicht* haben. Daher müssen die Bedingungen als Anforderungen formuliert werden, an denen man auch scheitern kann. Keineswegs ist die Grundidee, unabhängig von seinen Fähigkeiten oder unabhängig von seiner Vorbildung könne *jeder* an der Erziehung zur Wissenschaft oder zur Kunst teilnehmen. Diese Erziehung wenigstens ist kein „Forum", sondern verlangt Leistungen, die Selektionen unabweislich machen. Daher formuliert der Lehrer GOODMAN Vorbedingungen: Wer sich *ernsthaft* auf Wissenschaft oder Kunst einlassen will, muss über bestimmte Voraussetzungen schon verfügen oder aber wird keinen Erfolg haben. Und diesen Erfolg definiert nicht der „autonome Lerner“ selbst, sondern die Gebiete, die gelernt werden sollen, sowie deren Repräsentanten, die über die Lernleistungen zu entscheiden haben.

Diese Voraussetzungen aber bestimmt GOODMAN in einer merkwürdig zurückgenommenen Haltung. Das „kundige“ Lesen und Rechnen setzt Schulerfahrungen voraus, die weit mehr sein müssen als die Beherrschung der blossen Kulturtechniken. Wer „kundig“ lesen will, muss über eine grosse Leseerfahrung und eine strukturierte Ordnung des Wissens verfügen, die sich in fast allen Fällen *nicht* autodidaktisch ergibt. Und die Rede davon, dass ein Student über „etwas Erfahrung“ mit bestimmten Techniken der Forschung, der Wahrnehmung oder einfach des Denkens verfügen müsse, bevor an ein ernsthaftes Studium zu denken ist, kann geradezu als Verharmlosung (vielleicht als *understatement*) betrachtet werden. Gemeint ist nicht „ein wenig“ Erfahrung, sondern Kompetenzen, die sich nur über längere Lernzeiten vermitteln lassen, etwa der Umgang mit experimentellen Verfahren der Wissenschaft oder die geschulte Wahrnehmung künstlerischer Produkte. Schliesslich die Idee, man müsse *begeistert* sein für das Forschen oder das Erfinden; diese Idee wird nicht für Beobachter formuliert, sondern für Handelnde, sie verlangt Erfahrungen von Innen, die als Zuschauer der Wissenschaft oder der Kunst nicht gewonnen werden können. Diese Innenerfahrungen sind nicht gleichbedeutend mit einer spontanen Begeisterung, sondern mit gewachsenen Einstellungen, die als dauerhafte Motive herausgebildet werden müssen, damit der Prozess der Initiation in ein bestimmtes Gebiet der Wissenschaft oder der Kunst überhaupt gelingen kann.

Das Lernen tangiert das Verstehen um so mehr, je intensiver die Kontakte mit einem Gebiet sind, ohne dass vorher das Resultat abgesehen werden könnte. Dadurch entsteht keine starre „Identität“, wohl aber verschieben sich die Niveaus, also die Standards, die Toleranzen oder die Differenzerfahrungen, die aus anspruchsvollem Wissen und Können hervorgehen. Wer nur irgendwie „begeistert“ ist, hält die Lernzumutung nicht durch, denn die verlangt Mühe und Disziplin, eine Art Verpflichtung auf die Sache, die die bloss situative Begeisterung rasch auskühlen würde. Wäre nur das verlangt, könnte der Lernprozess tatsächlich ohne Voraussetzung beginnen. Aber gerade GOODMAN hütet sich davor, der Aesthetik des Erlebens zu folgen, wenn es um den Aufbau von Haltungen gehen soll.

BRUNER spricht davon, dass Erziehung als Prozess des Austausches und des Aushandelns (process of exchange and negotiation) zu modellieren sei. Sein zentraler Term *culture creating* (BRUNER 1986, S. 132), das zweite Beispiel, soll diesen Prozess allgemein bezeichnen. Er greift eine Idee von HUGH MEHAN (1979, S. 168ff.) auf, der von learning lessons spricht und dabei eine Art Kulturethnographie im Klassenzimmer vor Augen hat. Bruner fasst diese Idee so: „It is not simply that the individual learner works his solo way through the lesson, but that the lesson itself is an exercise in collectivity, one that depends upon the *attunement* of the teacher to the expressions and intents of members of a class" (BRUNER 1986, S. 132; Hervorhebung J.O.). „Attunement" heisst so viel wie Einstimmung[48], aber die findet in jeder sozialen Organisation, genannt „Klassenzimmer", unaufhörlich statt, nur dass dabei nicht Ziele vertreten werden, die grossflächig „culture creation" heissen, wo es zunächst nur um soziale Systembildung geht. Aber BRUNER spricht wie ein Pädagoge, nicht wie ein Soziologe, und er verwendet die Philosophie des Relativismus, nur um ein neues *Prinzip* der pädagogischen Reform zu begründen, das sich, als Prinzip, mit den in Anspruch genommenen Theorien gar nicht begründen lässt. „Culture creating" wird nicht als schlichter sozialer Formungsvorgang betrachtet, sondern als Erneuerung der Pädagogik (Ebd., S. 133). Das verlangt die Stilisierung zum Prinzip und den Umbau zum Erziehungsziel. Nur so, als Modernisierungsprogramm, kann überhaupt Einfluss genommen werden auf *andere* Ueberzeugungen, von denen angenommen werden muss, sie seien defekt.

Der Schlüsselsatz zur Formulierung des neuen Prinzips lautet: „The language of education is the language of culture creating, not of knowledge consuming or knowledge acquisition alone" (Ebd.). Im Sinne einer Revision von Lehrmethoden oder Lernidealen ist dem zuzustimmen; aber das ist nicht BRUNERS Punkt, denn die neue Sprache der Erziehung soll von dem unaufhörlichen Vorgang der Kulturschöpfung ihren Ausgang nehmen, ohne dass dabei ein wertendes Kriterium ins Spiel gebracht wird. Damit ist dann aber nur soviel gesagt, dass soziale Kontexte sich ständig neu kreieren müssen, was für eine Mafia-Gesellschaft genauso gilt wie für eine Klostergemeinschaft oder einen Freizeitverein. Die pädagogische Qualität der Theorie ist nicht erkennbar und Bruner unterstellt einfach nur, dass sich „culture creation" als Erziehung oder Bildung fassen liesse.

Hinzukommt, dass die Frage nach den Konsequenzen dieser Theorie für den *Prozess* der Erziehung ausgespart wird; der Grundgedanke ist einfach, dass sich Ziel und Mittel nicht widersprechen dürfen, klassisch für die amerikanische *progressive education,* aber doch nie mehr als eine rhetorische Fiktion. Das lässt sich am Konzept des Forums zeigen: Erziehung ist hier schon durch das Medium eine lizensierte Wirklichkeit[49] und nie einfach die Etappe auf ideales Ziel hin, das dann auch „Forum" genannt wird. Aus vielen Dialogerfahrungen ergibt sich, zumal bei grossen Zahlen und langen Zeiten, nie einfach eine Summe „Dialogfähigkeit", die dann zum Beispiel die Bedingung wäre für die letztendliche Verwirklichung der liberalen Demokratie.[50]

Unterstellt wird ein rechts- oder moralfreier Raum, der *nicht* immer schon vorab bestimmt ist, und zwar durch kategorische Prinzipien, welche nicht zur Verhandlung stehen. Ueber die Bedeutung von „Sinn" mag ein Austausch möglich sein, freilich hat auch das Voraussetzungen, die nicht der Dialog selbst schafft, der keine *creatio ex nihilo* sein und darum auch keinen Vollständigkeitsanspruch für die Erziehung erheben kann. Wichtiger aber noch ist der Einwand, dass über bestimmte Rechtsprinzipien oder moralische Obligationen nicht verhandelt werden kann. Sie gelten auch ohne individuelle Zustimmung, versteht man darunter einen auszuhandelnden Sinnvorbehalt. BRUNERS Konzept der Negotiation rechnet nicht mit paternalistischen Ansprüchen, die *berechtigt* sein könnten[51], aber über die Notwendigkeit von Gerechtigkeit lässt sich nicht *verhandeln* und die diversen Theorieprobleme des *Konzepts* können nicht als Hinweis auf lokkere oder plurale Geltungsansprüche verstanden werden. Tatsächlich *exekutiert* ein moralischer Diskurs Obligationen der Gerechtigkeit und stellt sie nicht etwa zur Disposition, und auch ein analytischer Zugriff kann dies nur im Sinne einer semantischen Verunsicherung, nicht einer Auflösung praktischer Geltungsansprüche.

Aber BRUNER fasst die eingangs bezeichnete, starke Theorieströmung, die tatsächlich von sich den Eindruck hat, sie sei Avantgarde, mit den Mitteln der fortgeschrittenen Philosophie zusammen und gibt ihr einen hochsuggestiven Ausdruck. Individuen, Kinder, seien immer schon autonome Lerner, und Erziehung könne nur als partnerschaftliches Aushandeln von Bedeutungen legitim erscheinen. Bei GOODMAN, dem Gewährsmann für die Philosophie des Pluralismus, wird Erziehung aber gerade nicht als Anwendungsfall der Philosophie definiert. Hier herrscht eine traditionelle Auffassung, die BRUNER zurückweist. Doch GOODMAN hat den besseren Instinkt; man kann nicht von der Lernpsychologie auf das Lernen selbst schliessen, was BRUNER immer getan hat. „Lernen" ist ein psychischer, aber auch ein soziologischer oder ein biologischer Vorgang, der sich immer nur unter Verweis auf die Lernumwelt und die Lerninhalte, also nicht an sich, beschreiben lässt. Oder anders, wenn man eine Typisierung wie „entdeckendes Lernen" absondert vom Kontext des Lernens wie der Entdeckung, dann fehlt dem reformpädagogischen Prinzip die Realität und es wird zur Leerformel.

In gewisser Weise ist „Erziehung" *culture creating,* aber nicht einfach als Aushandlung von Sinn. BRUNER reformuliert ein hermeneutisches Prinzip, aber vernachlässigt die Bedingungen, nämlich dass es immer schon einen historischen und somit moralischen Kosmos gibt, in den *hinein* jede nachfolgende Generation „Kultur" entwickeln muss. Kulturentwicklung ist aber nicht gleichbedeutend mit Neuschöpfung; die moralische Kultur wird nachvollzogen, ausgeweitet oder begrenzt, auch umkämpft, aber steht nie ganz zur Disposition. Sie setzt sich nicht einfach als Dialog fort, sondern bestimmt verschiedene Formen der Kommunikation, die nur zum Teil transparent sind. Wirkungen verzögern sich, Intentionen scheitern, Dialoge brechen zusammen – „Erziehung" ist noch in der *Negation* ein kreativer Prozess, aber Misslingen, Irrtum und Enttäuschung sind weder Lernziele noch Themen für pädagogische Foren. Sie sind *nicht* Gegenstand von Negotiationen und „erziehen" gleichwohl; dieser Tatbestand widerspricht der *Sprache* der Erziehung, aber nicht dieser selbst. BRUNER verkennt diesen Zusammenhang und beschreibt noch einmal, was es nicht geben kann, eine paradoxiefreie Erziehungstheorie.

Was durch die Idee der Negotiation ganz stark wird, ist die Reflexion *über* oder eben das dauernde Aushandeln *von;* schwach wird dagegen die Verpflichtung *auf* oder die Verantwortung *für.* Es gibt eigentlich nur eine absolute Verpflichtung, und das ist die des Forums selbst; diese Verpflichtung betrifft das Verfahren und seine Szenerie, nicht die Inhalte der Moral, denn die sind jeweils Gegenstand von Auseinandersetzungen. Das mag im Erwachsenenleben oft der Fall sein, wenngleich nicht unbegrenzt und vor allem nicht beliebig, weil der moralische Kosmos immer vorausgesetzt werden muss, wenn bestimmte Wertkonflikte verhandelt werden sollen. Man muss eine Idee von Gerechtigkeit haben, wenn man über Fälle entscheiden soll, weil die moralische Entscheidung immer nur sein kann, ob ein Konflikt in die eine oder andere Richtung gelöst werden soll. Und „Sinn" wird als Kategorie und als Erfahrungskreis vorausgesetzt, wenn die Verhandlung auf Sinnprobleme zu sprechen kommt. Beides lässt sich aber nicht wiederum *als* Forum vermitteln. Erziehung ist so nicht einfach Negotiation, also dauernde Verhandlung, aber die Theorie, dass sie das und nur das sein solle, verstärkt die Zweifel an der Erziehung, weil sie die Legitimation unter den ständigen Vorbehalt der Zustimmung von Verhandlungsparteien setzt und zugleich auf eine verpflichtende Wirksamkeit verzichtet.

Was aber „ist" dann *Erziehung*? Oder was „erzieht"? Was sind die wirkenden Faktoren? Eine Antwort hat LEO TOLSTOI gegeben, der in seiner 1852 zuerst veröffentlichten „Kindheit" beschreibt, dass und wie es *Konstellationen* sind, die „erziehen", nicht einfach nur Personen, die auf bestimmte Weise agieren. Auch TOLSTOI setzt den „autonomen Lerner" voraus, nämlich das erlebende und seine Umwelt genau registrierende Kind. Kinder sind die Seismographen ihrer Welt, die sich als Einheit beschreiben lässt und keineswegs auf bestimmte Versionen zurückgeführt werden kann oder muss. Die Welt des Kindes besteht aus Räumen und Zeitstrukturen, sie konstituiert sich im Haus und ausser dem Haus, unterscheidet vertraute, weniger vertraute und fremde Bezirke, ordnet Personen nach Beziehungsgefügen und gibt Anreize für das Kind, sich so oder so einzustellen. Diese Welt ist aber nur in einer Hinsicht relativ, sie überdauert die Kindheit nicht. Für das Kind ist die Erziehungswelt eine stabile und verlässliche, zugleich geheimnisvolle und herausfordernde, anregende und langweilige Wirklichkeit, kurz, der Kosmos, in dem die wesentlichen Einstellungen und Haltungen, aber auch alle zentralen Lebensfragen und Rätsel gelernt werden.

Die Personen bilden Beziehungsketten, das Kind lernt nicht einfach Vorbilder, sondern Relationen, Unterscheidungen, die sich aus Abstand und Nähe ergeben. Bei TOLSTOI, also in einem feudalen Landgut Mitte des 19. Jahrhunderts: Der respektierte Hauslehrer steht in einem starken Kontrast zu der gefürchteten Anstandslehrerin, aber auch zum eigenen Vater, der den Lehrer entlässt, obwohl doch die Kinder ihn lieben, die Anstandslehrerin aber hassen. Der Vater hat eine bestimmte Beziehung zur Mutter, aber dies auch nur unter der Voraussetzung der für die Kinder wahrnehmbaren Wirklichkeit. Die Mutter ist die geliebte Person der Kinder, aber in der Aufteilung der Geschwisterreihe und vor dem Hintergrund der gesamten Lebenswelt. Der Erfahrungsraum ist das Landgut mit allen Bediensteten, der eigenen Grossfamilie, ihren komplexen Verwicklungen in einer überschaubaren sozialen und natürlichen Wirklichkeit. Später gehört die Differenz von Stadt und Land zur Konstitution der Erfahrung, und, als die Mutter stirbt, die Differenz von Leben und Tod (TOLSTOI 1991, S. 165ff.). Nirgendwo beschreibt TOLSTOI aber „autonome Lerner" in einem ambitionierten, psychologischen Sinn, nirgendwo „culture creating" als Prinzip der Erziehung, und nirgendwo wirkliche Prozesse des Aushandelns, die ja hochformalisiert sein müssen und informelle Konstellationen möglichst ausschliessen.

Aus der Sicht des Lernenden ist „Erziehung" eine lockere, aber kontinuierliche Folge von Erfahrungen, die teilweise durch Dritte intendiert und gestaltet wird, aber nur vor dem Hintergrund eines Gesamtmilieus möglich sein kann. Die interpersonale Konstellation ist dabei ebenso Bestandteil des Milieus wie die symbolische und historische Ordnung oder die materielle Situation. „Milieu" ist kein Newtonscher Block[52], in den das Kind eingespannt ist, sondern der komplexe Rahmen für einen Transit, in dessen Verlauf Verstehen aufgebaut wird. Die „Wirklichkeit" der Erziehung ist daher ein komplexes Ensemble aus interpersonalen Welten und Umwelten, aus dem heraus sich allmählich, aber nicht „autonom", nämlich *unabhängig,* die erwachsene Person aufbaut. Auch das ist paradox: Der autonome Lerner *muss* sich aufbauen, und er kann dies nur unter der Voraussetzung bedingter Abhängigkeit, die volle Autonomie ausschliesst, schon weil das Lernen nie den gesamten Einflussbereich kontrolliert. Das Kind erfasst in den Welten, in denen es lebt, Anreize und Herausforderungen, aber auch Aufgaben und Pflichten, die oft nicht als „Anreize" wahrgenommen werden und gleichwohl in der Arbeit an der Person wirksam sind. Anders gesagt, das Kind, überhaupt jeder, lernt auch dann, wenn es nicht lernen *will* oder wenn es nicht weiss, *dass* es lernt.

Man könnte im Sinne eines Gedankens von WILFRIED SELLARS[53] sagen, dass die zweite Natur einer Person, die der erworbenen Dispositionen, die erste bedingt, nämlich die der „modes of thinking". Aber das ist nie ein abgeschlossenes Verhältnis, denn das Denken kontrolliert nie völlig das Lernen und jedes Lernen kann auf Denkprozesse auch dann zurückwirken, wenn es sich von *nicht*intendierten Effekten beeinflusst wurde. Eine der Voraussetzungen der klassischen Theorie, der auch BRUNER noch folgt, war die *Transparenz* der Wirkungen aufgrund der vorausgesetzten Beherrschbarkeit der Prozesse. Aber die Komplexität allein der gehirnphysiologischen Verknüpfungen lässt diese Annahme obsolet erscheinen, und die entscheidende Frage wird sein, wie man gleichwohl noch das Thema „Erziehung" bearbeiten kann, *ohne* bei einer Brunerschen Lösung zu enden. Mein Punkt ist, dass dies nur dann möglich erscheint, wenn man die Objektvorstellung von „Erziehung" über die Kommunikation von Moral und die darauf bezogenen Lernprozesse gewinnt, ohne dies in *Aushandeln* aufzulösen. Das könnte auch die Fragen nach dem Design der pädagogischen Theorie entkrampfen; sie kann ihre Funktionen berücksichtigen, ohne sich in Naivität aufzulösen.

Anmerkungen

1 Zum Problem der *Unteilbarkeit* als Grundannahme ethischer Systeme wie moralischer Ueberzeugungen gleichermassen vgl. etwa COTTINGHAM (1983) gegenüber KEKES (1981). Pluralität setzt *Teilbarkeit* voraus.

2 Das gilt auch für HERBART, der psychologisch den Ich-Begriff auflöst, aber pädagogisch das Konzept der unteilbaren Person weiterverwendet.

3 „Mensch" wird wie *Individuum,* „Welt" wie *Universum* gedacht; beides erscheint als nicht teilbar. Entwicklungen betreffen nicht die Grundrelation selbst, die umgekehrt die Richtung (und den Rahmen) jeder Dynamik festlegt.

4 Die gesellschaftlichen Formen konnten in ihrer Geltung (und Gutartigkeit) vorausgesetzt oder, wie durch ROUSSEAU, bestritten werden, ohne dynamische Entwicklungen in Rechnung zu stellen, die die Einheit der Welt durch steigende Differenzierung ersetzt. Allein die Zunahme des Tempos der Entwicklung in allen Lebensbereichen macht die alteuropäische Realitätserfahrung der *einen* Welt zu einer kontingenten Grösse.

5 Ich erwähne nur BERNARD DE FONTENELLES „Entretiens sur la pluralité des mondes" von 1686, ein cartesischer Diskurs, der sich gegen die christliche Gleichsetzung der Schöpfung mit dem Planeten Erde richtet und stattdessen eine Vielzahl möglicher Welten behauptet. Derartige Ansätze sind im 17. Jahrhundert durchaus nicht selten, aber sie dringen nicht in die Philosophie ein und werden vergessen. Ausserdem haben sie andere (nämlich astronomische) Erfahrungen zur Voraussetzung als die Philosophie des *Fin de Siècle,* zu der neben ERNST MACH und LUDWIG WITTGENSTEIN auch der Pragmatismus von WILLIAM JAMES zu rechnen ist. In allen drei Ansätzen wird die Einheit der Welt bestritten, wenngleich mit anderen Gründen als im 17. Jahrhundert.

6 Das widerstreitet *dingförmigen* Gesellschaftsbegriffen, die höhere Subjekte konstruierten und sie mit menschlichen Handlungsfähigkeiten versahen. Entsprechend anthropomorph waren die Erwartungen an die Veränderungsfähigkeit „der" Gesellschaft, als könnte sie sich gemäss dem kategorischen Imperativ verhalten.

7 Ich verzichte hier, wie an anderen Stellen, um der besseren Lesbarkeit willen, auf die Bereinigung der sprachlichen Paradoxien. *Eine* „plurale Moral" verweist auf das Problem, aber in einer paradoxen Form.

8 Die grundlegende Unterscheidung von Handelnden und Zuschauer geht auf BECK (1978) zurück. Das „unmittelbare" Beteiligtsein der Handelnden bezieht sich auf Aktivitäten und ist eine Selbstbeschreibung und eine Zuschauerzuschreibung gleichermassen.

9 Das gilt für bewusste und lernfähige „Lesarten", also Deutungen, die immer erneuten Erfahrungen ausgesetzt werden und sich dagegen stabilisieren oder damit verändern müssen. „Unbewusste" Lesarten wären noch einmal anders zu behandeln.

10 Nur das ästhetische Urteil KANTS, und wiederum nur das *Erhabene,* kann eine Verbindung zum Absoluten herstellen (LYOTARD 1991,S. 178f.), eben weil es nicht begrifflich oder kognitiv operiert. Das Erhabene selbst ist Urteil, nicht Objekt oder Handlung. Das ist im übrigen eine interessante Erneuerung der Frage HERBARTS, nur dass LYOTARD keinen „pädagogischen Takt" in Anspruch nimmt, also die Analyse des Sublimen nicht erzieherisch instrumentiert.

11 In der deutschen Pädagogik hat sich vor allem NORBERT MEDER (1987) mit dem postmodernen Pluralismusproblem auseinandergesetzt. Seine Kritik der Letztbegründung (Ebd., S. 139ff.) berührt freilich nicht schon Fragen der pädagogischen Ethik, deren Universalitätsanspruch keiner der Erkenntnistheorie oder der Axiomatik eines Systems ist.

12 Das erklärt den Widerstand der pädagogischen Theorie gegen die bedingungslose Anerkennung von *Zufall* als Lernprinzip. Zufälle sind lebenssteuernd, aber ethische Prinzipien finden nur dann Glaubwürdigkeit, wenn sie nicht selbst dem Zufall ausgesetzt werden. „Gerechtigkeit" ist eine kontingenzlöschende Obligation, was auch dann angenommen werden muss, wenn soziale Wirklichkeit lediglich aus Zufällen bestehen (und damit nicht bestehen) würde.

13 Das ist paradox, denn die Handlungstheorien werden aus der Zuschauerperspektive geschrieben.

14 KANT differenziert bekanntlich zwischen drei Klassen von Imperativen, nämlich technischen, pragmatischen und moralischen; nur die dritte Klasse ist kategorisch, die anderen hypothetisch (Kr.d.pr.V., S. 43ff., 46). Die hypothetischen Imperative hat zuerst wohl JOHN HARSANYI (1958) als Grundlage der Ethik behauptet, aber unbedingte moralische Ansprüche können so nicht formuliert werden (MCDOWELL 1978), während sich auf der anderen Seite kategorische Imperative durchaus verteidigen lassen (NESBITT 1977). Das gilt auch dann, wenn sie keine empirische Geltung finden (das war KANT natürlich bewusst: Kr.d.pr.V., S. 49).

15 Die These von HÖFFE ist gegen LUHMANNS „Paradigm Lost" (LUHMANN 1990a) gesagt; LUHMANN hat ein gutes Argument für sich, nämlich dass sich die Ethik nicht einfach von der *guten* (und *nur* der guten) Seite der Moral entwerfen darf, vielmehr differenztheoretisch begriffen werden muss (Ebd., S. 42ff.). Ethik muss vor der Moral warnen können (Ebd., S. 41), aber ihre Gefährlichkeit ist nicht das Ganze der Moral, und Warnungen heben ihre Funktion nicht auf. Die Differenzforderung findet sich im übrigen schon in HERBARTS „Allgemeiner Pädagogik": Päd. Schr., Bd. II/S. 107f.

16 Der Trend ist nicht auf die deutsche Pädagogik beschränkt, wie etwa die Studie von GREGORY ULMER (1985) zeigt; auf der anderen Seite ist im angelsächsischen Raum die Belastung einer moralphilosophischen Erziehungstheorie weit geringer, was mit den Brüchen der deutschen Geschichte im 20. Jahrhundert zu tun haben mag.

17 Das erklärt die an sich erstaunliche Präferenz für dramatische Sätze, die durch semantische Blockaden Einverständnis auslösen sollen, etwa der Satz, dass die „Erzieher" *erzogen* seien und darum einer *Kraft* unterliegen, die ihre Zurechnungsfähigkeit beschränkt. Dieser Satz (immerhin Teil der dritten Feuerbachthese von MARX) erhält seine Wirkung *nur* durch die Vorstellung einer anonymen und irgendwie verhängnisvollen „Kraft".

18 Ich folge LUHMANNS These, das Kind sei als *Medium* zu begreifen (LUHMANN 1991), wenngleich diese neue Monadentheorie kein Einwand gegen „Erziehung" darstellt, vorausgesetzt, man gibt die beiden Metaphern der „Einwirkung" und der „Entwicklung" auf und eröffnet das Theoriefeld neu.

19 Die substantivische Form *Erziehung* wird spätestens seit dem Pietismus als Abstraktum verwendet, das moralisch geladen wird und Erwartungen der allgemeinen Verbesserungen trägt, was aber nur dann plausibel erscheinen kann, wenn das Abstraktum mit technischen Referenzannahmen operiert. „Erziehung" wird vorgestellt, als sei das Wort direkt mit einer dinghaften Grösse oder eben einer wirksamen Ursache verbunden. Nur unter dieser Voraussetzung kann der Begriff so zentral werden.

20 Das bekannte Beispiel „Gehirne im Tank" (PUTNAM 1982, S. 21ff.), mit dem die Fiktion des „Gottesgesichtspunktes" widerlegt werden soll, operiert mit einer Referenztheorie. Gehirne in einer Nährlösung, deren Weltwahrnehmung von einem Supercomputer gesteuert werden, haben *andere* Bezugnahmen als die, die menschlicher Erfahrung möglich sind (Ebd., S. 24). Daraus muss man schliessen, dass kein Gott menschliche Erfahrung steuert, sonst wäre sie ununterscheidbar von den „Gehirnen im Tank".

21 LEIBNIZ Monadenlehre verwendet *nicht* den späteren Gedanken der romantischen Seele, sondern beschreibt Monaden als das letzte Unteilbare und somit nicht räumlich, sondern punktuell. Hier liegt vor allem der Streit mit LOCKE begründet; eine punktuelle Monade ist nicht erziehbar, Erziehbarkeit setzt zeitlich gestreckte Räume für Einwirkungen voraus.

22 Die Diskussion wird prägnant fortgeführt von SHOEMAKER/SWINBURNE (1984), wo auch die Unverträglichkeit beider Sichtweisen klar zum Ausdruck kommt.

23 Dieser Zusammenhang wird in der Regel *personal* gesehen; die lernende Person verinnerlicht Regeln und folgt diesen selbstverantwortlich. Aber es gibt auch eine Verknüpfung der moralischen Daten in der Erfahrung selbst (PARFIT 1973, S. 157f.), nicht von einer starren Person oder ihrer Seele her gedacht, sondern vom Erfahrungsfeld oder eben von der Kommunikation aus. Ich versuche, diese zweite Position stark zu machen, vor allem um die naiven Annahmen der ersten Position zu charakterisieren und Abstand zu gewinnen von der rein personenbezogenen Pädagogik, die ihre Grundkategorie nur setzen, aber nicht wirklich entfalten kann.

24 Gemeint ist die unbedingte, aus der somatischen Reproduktion spontan entstehende Reaktion des Säuglings und deren innere Repräsentation.

25 Der „Primärprozess" ist Teil der „Halte-Phase". „In dieser Phase wechselt das Ich von einem unintegrierten Zustand zur strukturierten Integration über" (WINNICOTT 1984, S. 56f.). Tatsächlich geht WINNICOTT von der „dem Soma innewohnenden Psyche" aus (Ebd., S. 57).

26 GEORG RUDER (1989) hat dies am Beispiel von ALICE MILLER gezeigt, die WINNICOTTS Grundunterscheidung des „wahren" und des „falschen" Selbst popularisiert hat.

27 An anderer Stelle ist von der „angeborenen Moral des Kindes" die Rede (WINNICOTT 1985, S. 69ff.). WINNICOTT unterscheidet zwei Methoden des Umgangs mit Säuglingen, das „Erziehen" oder das „Reifen"; Erziehen ist *Einimpfen,* Reifen dagegen die *Entwicklung* „der im Kinde selbst liegenden moralischen Gefühle" (Ebd., S. 72). „Kleine Kinder sind hochmoralisch", und es ist die Aufgabe der Eltern, zumal der Mütter, „diese primitive Moralität allmählich zu dämpfen und sie in die Humanität des reifen Verstehens zu verwandeln" (Ebd., S. 74). Irgendwie muss dann aber doch auf den magischen Kanal der *richtigen Einwirkung* vertraut werden.

28 Das ist eine starke Idealisierung, die alle anderen Einflussfaktoren ausschliesst oder minimiert. Das hängt mit einer Prämisse zusammen, die als *Zweitweltentheorie* formuliert wird: Die eine Welt ist die Fähigkeit des Säuglings zu „Spontaneität und zur Sozialisierung", die andere Welt ist die der Mutter, die dem Kind die „Forderungen" der Realität näherbringt (WINNICOTT 1985, S. 72). Andere Repräsentanten gibt es nicht.

29 Dass *nur* Erwachsene ein rein ästhetisches Selbstverständnis herausbilden können, spricht für die These, dass Erziehung unvermeidlich ist. Die ästhetische Distanz von moralischen Ansprüchen kann immer nur unter der Voraussetzung erfolgen, dass moralisches Lernen stattgefunden hat. *Diese* Distanz ist Kindern nicht möglich.

30 Die Sammlung „Entweder/Oder" erscheint 1843 in Kopenhagen, unter dem Pseudonym „Victor Eremita" (Entweder/Oder I/1, S. 1). Das Pseudonym drückt den autobiographischen Bezug aus, KIERKEGAARDS Trennung von Regine nach deren Betrug. Die „ästhetische Lebensform" im 19. Jahrhundert ist der *dandysme;* „Don Juan" ist eine seiner Varianten (OELKERS 1991, S. 97ff.).

31 Die anderen beiden Stadien werden ebenfalls mit MOZART-Opern in Verbindung gebracht, die melancholische Sinnlichkeit mit der Figur des Pagen in „Figaros Hochzeit" und die erwachende Sinnlichkeit mit Papageno aus der „Zauberflöte" (Entweder/Oder I/1, S. 79ff. 83ff.).

32 Der letzte Satz im Libretto lautet: „E de' perfidi la morte//Alla vita è sempre ugual!" (zit. nach dem Booklet der CD „Don Giovanni" (interpretiert durch KARL BÖHM) Deutsche Grammophon Nr. 429 870-2 (Gesamtaufnahme von 1967).

33 HARES These hat seit „The Language of Morals" (1952) nachhaltige Kritik erfahren, die HARE teilweise in späteren Versionen berücksichtigt. Der harte Kern der These aber, die *universellen* Ansprüche von Präskriptionen (HARE 1981, S. 107ff.), aber scheint trotz der Einwände haltbar, wenn man tatsächlich die Geltungs*ansprüche,* die Sprache der Moral, im Auge hat und davon strikt die Geltungspraxis unterscheidet. Dies ist eine kantische Position, die die alltägliche Erfahrung für sich hat.

34 VATTIMO (1986, S. 69) folgt HEIDEGGERS Preisgabe des „Seins als Grund", also einer Grundvorstellung der abendländischen Philosophie. Damit wird das Ursprungsdenken fraglich, ein Theologoumenon, das freilich schon KANT überwunden oder in der Dimension beschränkt hatte. Ein Grossteil der Postmoderne ist so enttäuschte Theologie, wie sich nicht zuletzt an HEIDEGGER selbst zeigen liesse (OTT 1990).

35 Die Gegner sind HABERMAS und APEL, denen vorgeworfen wird, sie versuchten die (kantianische) „Metaphysik" zurückzuholen, die HEIDEGGER überwunden habe (VATTIMO 1986, S. 143). Aber überwunden wohin? Jenseits der Sprache ist Mystik, nicht Moral, und es war WITTGENSTEINS *Fehler,* die Ethik jenseits dieser Grenze anzusiedeln.

36 Die in der Pädagogik rezipierte „Antipädagogik“ ist eine *beschränkte;* sie folgt im wesentlichen den Vorgaben von WINNICOTT und so der Psychologie des „wahren“ und des „falschen“ *Selbst* (OELKERS/LEHMANN 1990).

37 Die Anspielung bezieht sich auf HEIDEGGERS späte Aufsatzsammlung „Unterwegs zur Sprache“, die – entgegen dem Titel – tatsächlich so etwas wie eine *fin de langue* beschreibt.

38 Die Mutter-Kind-Beziehung ist idealiter charakterisiert durch das „gemeinsame Spiel“, „eher *stille* Erlebnisse“, eine „feinfühlige Anpassung“, „besondere Kontakte“ zwischen zwei Gefühls- und Körperwelten (WINNICOTT 1985, S. 46ff.). Das Problem ist, aus dieser frühen Interaktionserfahrung ein allgemeines Beziehungsmodell abzuleiten (Ebd., S. 63ff. u.pass.)

39 Das ist die andere Seite der Utopiekritik (vgl. OELKERS 1990a), die ihre eigenen Risiken nicht unterschätzen sollte.

40 Ich verdanke Anregungen einem Gespräch sowie einer Tagung mit JACQUES CARPAY.

41 Radikaler auch als WILLIAM JAMES, der *zusammengesetzte* Wirklichkeiten sieht, die sich nicht auf ein letztes (einfaches) „Sein“ zurückführen lassen; JAMES leugnet aber nicht die Idee des *Universums,* also die Gesamtheit aller Verbindungen zusammengesetzter Wirklichkeiten (JAMES 1914, S. 210ff.).

42 Die Idee der *essentially contested concepts* stammt von W.B. GALLIE; ich folge der Deutung von STEUTEL (1991).

43 Das ist historisch nicht ganz zutreffend, weil die kindzentrierte Pädagogik von *psychologischen* Wachstumsmetaphern ausging und keineswegs Sinn *aushandeln* wollte. Ein „bargaining“-Konzept gibt es weder bei MARIA MONTESSORI noch bei JOHN DEWEY, um nur die beiden extremen Gegensätze der „Pädagogik vom Kinde aus“ zu nennen.

44 Die Einheit ist nicht die des konstanten „Selbst“, sondern einfach nur die Einheit des psychischen Systems, das sich ständig selbst fortsetzen, also innere und äussere Ereignisse verarbeiten muss, ohne die eigenen Grenzen zu gefährden. Auch die Grenzen sind nicht starr, sondern mit der Erfahrung selbst beweglich. Immer aber sind Grenzen vorhanden und damit die Einheit des Systems, auch wenn „Person“ eine Zuschreibung ist und nicht das psychophysische Geschehen wiedergibt.

45 Das ist kein *simple view* im Sinne PARFITS, denn ich behaupte nicht, dass „Personen“ wie physikalische Ereignisse direkt „gegeben“ sind. Wir sind *anderes,* als wir glauben (PARFIT 1984, S. 219ff.), aber die Idee einer *seriellen* Person (Ebd., S. 290ff.) setzt immer noch voraus, dass eine psychische Verbundenheit oder eine Kontinuität der Einheit selbst angenommen wird (Ebd., S. 292). Zentral ist bei dem Argument, dass der Ausdruck „Person“ keine *unabhängige* Einheit beschreibt, keine Einheit, die unterscheidbar wäre von Gehirnvorgängen, physiologischen Reaktionen und Erfahrungen (Ebd., S. 293). In diesem Sinne gibt es keine „personal identity“ oder nur eine Leerformel, wohl aber eine kontinuierlich operierende Einheit, die sich als Person *bezeichnen* lässt und sich selbst so bezeichnet.

46 Prinzipien wie *Gerechtigkeit* mögen zunächst partikular gewesen und aus historischen Gründen universalisiert worden sein (WONG 1986), aber dieser Geltungsanspruch bestimmt jede Verwendung in heutigen Deutungsrealitäten.

47 Die Verpflichtung zur Hilfe in Notfällen kann je nach Situation oder je nach Motivation abgeschwächt oder verstärkt werden, aber das Prinzip wäre nur

um den Preis der Gesellschaft selbst aufzulösen. Eine Erziehungstheorie muss die *Verpflichtung* zum Thema machen und darf Relativierungen des Prinzips nicht zulassen.

48 BRUNER beschreibt auch die Initiation des kleinen Kindes in die kulturelle Welt der Familie als *attunement* (BRUNER 1986, S. 113ff.; Bezugsautor ist STERN 1985), ohne dass der Term dadurch klarer werden würde. Es scheint aber um eine allgemeine Sozialisationsbedingung zu gehen, die nicht schon ein pädagogisches Prinzip impliziert. Das Problem ist, dass nicht klar zwischen Sein und Sollen getrennt wird.

49 Das widerspricht scheinbar meinem Befund, denn „Lizenzen“ sind *moralische* Grenzziehungen, so dass ein Forum der Negotiation nur als „moralische Kommmunikation“ vorgestellt werden kann. Der Widerspruch löst sich auf, wenn man Medium und Axiom der Erziehung unterscheidet. Foren sind *Medien* der Erziehung, wie viele andere Formen der Kommunikation auch, aber sie sind keine Axiome.

50 Dialoge sind nicht nur selbst beschränkt, zum Beispiel durch ihr Zeitlimit, sie können auch nur beschränkte Themen bearbeiten (vgl. ACKERMAN 1989, S. 19). Sie lassen sich allein dadurch *nicht* als universelles Erziehungsmedium betrachten.

51 J.C. WOLF (1990) unterscheidet zwischen einem starken (unbedingt zwingenden) und einem schwachen (schützenden) Paternalismus, nicht ohne vor den Gefahren eines pädagogischen (elterlichen) Paternalismus zu warnen (Ebd., S. 57f.). Aber eine Art Stellvertretung ist gerade im moralischen Feld unumgänglich, nicht nur und vermutlich nicht hauptsächlich als Schutz vor sich selbst (Ebd., S. 49), sondern als Selektion von Lernchancen. (Ich danke JEAN-CLAUDE WOLF für die Ueberlassung dieses Artikels, von dem ich profitiert habe.)

52 Kein Universum, das unabhängig vom Subjekt und in diesem Sinne gesetzmässig seine Bewegungen kontrolliert; das „Milieu“ der Erziehung ist immer *auch* eine Lern- und Verstehensleistung der Personen, die es in einem sehr buchstäblichen Sinne tragen.

53 „Persons acquire natures – in the literal sense, dispositions. But their *first* nature is not that of a system of causal properties – dispositions in the metaphorical sense – but rather that of a system of capacities pertaining to the various modes of thinking“ (SELLARS 1974, S. 239).

4. Neubegründungen des Problems

„Pluralismus" ist von mir zurückgewiesen *und* zugestanden worden. Zugleich habe ich eine starke Zurückweisung des Pluralismus, die kindorientierte Pädagogik, *nicht* akzeptiert. Die scheinbar widersprüchliche Behandlung des Themas lässt sich so auflösen: Das Zugestehen des Pluralismus folgte WILLIAM JAMES' Kritik des metaphysischen „Blockuniversums", einer vorempirischen Einheit der Welt, die die ontologische Grundannahme auch für jede Ethik darstellen sollte. Aus dieser Annahme resultierte das pädagogische Verhältnis von „Mensch" und „Welt", das sich ohne Ontologie – letztlich: Schöpfungsidee – nicht aufrechterhalten lässt. „Welt" lässt sich nur plural fassen; im Sinne GOODMANS können symbolische Kontexte nur verschieden sein. GOODMANS Theorie der Welten bestätigte LYOTARDS Konzept der Lesarten, aber es sind beides ästhetische und keine ethischen Ansätze. Das Merkwürdige ethischer Theorien besteht darin, dass sie sich wohl verschieden formulieren lassen, aber jede Theorie immer universelle Geltungsansprüche behaupten muss. Das Objekt der Theorie ist offenbar nicht in gleicher Weise plural wie diese selbst, und es wird nicht durch verschiedene Prämissen selbst verschieden. Moralische Sätze formulieren immer Obligationen und transzendieren den eigenen Kontext.

Das scheint sich genau mit der Strategie der kindorientierten Pädagogik zu decken; sie relativiert nicht die eigene Objektbeschreibung, aber sie transzendiert sie auch nicht, sondern betrachtet sie wie eine ontologische Prämisse. „Kinder" sind keine pluralen Welten, sondern *einzige* und *einheitliche* Personen, die sich in Erfahrungsräumen entwerfen und aufbauen, aber dabei ihr eigenes Kontinuum immer voraussetzen müssen. Dieser Idee folge ich, aber *nicht* in der Umschrift der Reformpädagogik, von der auch das „wahre Selbst" der Antipädagogik noch bestimmt ist. „Kinder" sind keine mythischen Grössen, sondern Lernmedien, die ihre Erfahrungen nur paradox, nämlich zugleich autonom und abhängig, verarbeiten können. Der reformpädagogische Gegensatz von Autonomie *oder* Determination verkennt das Problem und vereinfacht das Grundmodell auf absurde Weise, darin ROUSSEAU folgend, wonach die Natur des Kindes nur für sich selbst lernen soll, als sei das möglich.

Alles Lernen bezieht sich in einem sehr trivialen Sinne auf die eigene Person, aber diese Person ist immer nur eine mental konstruierte Einheit. Sie ist einer langwierigen Selbstkonstruktion ausgesetzt, die nicht nach den Metaphern von Reifungsprozessen vorgestellt werden kann, weil sie unabschliessbar und immer erneut Lernen unterworfen ist. Die psychische Einheit ist wohl eine operative, insofern „geschlossene“[1], aber die Grenzen sind porös, sonst wäre lernende Erfahrung nicht möglich. Das Grundmodell der Erziehung muss aber nicht nur zwischen *Innen* und *Aussen* oder zwischen „System“ und „Umwelt“ unterscheiden, sondern gleichermassen zwischen *Handelnden* und *Beobachtern,* die sich in unterschiedlichen *Welten* oder Raum-Zeit-Kontinua bewegen und deren Erfahrungen sich immer von Aussen- *und* Innenstandpunkten her verknüpfen. Nur so kann von Transit oder Initiation die Rede sein, nicht „des“ Menschen in „die“ Welt, sondern von Personen, unterschieden nach Lebensaltern und Lebenssituationen, *in* und *durch* Welten, wie sie GOODMAN beschrieben hat, aber nicht einfach als „Dialog“ und nicht ohne Resultate, die sich nicht wiederum *als* „Welten“ fassen lassen.

Diese Komplexität der Objektannahmen wird in der traditionellen Pädagogik unterschätzt. Sie verhält sich wie Moral *in actu* und hat daher keine Distanz zu ihrem Thema. Das Geschehen wird auf einfache Gegensätze oder Relationen verkürzt, aber das ist für ein theoretisches Begreifen nicht mehr ausreichend. Dieser Befund ist auch dann zwingend, wenn die Folgen dieser Differenzierung nicht absehbar sind und allein dadurch eine Distanz zur öffentlichen Erziehungsmoral auftritt.

Wie auch immer, die drei Destruktionen der klassischen Pädagogik – Pluralismus, Subjektivität, Antipaternalismus – sind hilfreich für Neubegründungen des Problem. Sie stellen Hürden dar, die man für eine aussichtsreiche „pädagogische Ethik“ zugleich in Rechnung stellen und überwinden muss, ohne die klassischen Positionen einfach beerben zu können. Sie waren auf naive Weise ontologisch, vertrauten auf ein obsoletes „Mensch“: „Welt“-Schema und formulierten starke paternalistische Ansprüche, die *ohne* das Objekt, die lernende Erfahrung von Kindern und Jugendlichen, gedacht waren. Zugleich haben sie einen Problemzusammenhang vorgegeben, der für jede Art „Neubegründung“ ein Probierstein sein muss, nämlich das Design einer *pädagogischen Ethik,* die das Verhältnis von Moral und Erziehung zu beschreiben hat und nicht bloss die Selbstentwicklung des Kindes oder die Probleme der Erwachsenengesellschaft, soweit sie sich nicht in den pädagogischen Termen von Lernen und Erfahrung behandeln lassen.

„Neubegründung“ ist freilich eine sehr plakative Formel; worum es im Folgenden nur zu tun sein kann, ist eine Skizze von drei Dimensionen für den Problemkorpus einer „pädagogischen Ethik“, die sich heute formulieren lassen. Zunächst soll die Funktion und Bedeutung moralischer Erfahrung für die Konstitution der *Subjektivität* dargelegt werden, ohne auf die Position einer *moralischen* Selbstorganisation zurückzugreifen, die in die Spekulation über das „wahre Selbst“ zurückführen würde (4.1.). Im Anschluss daran sollen die bisherigen Andeutungen über *ethische Objektivität* argumentativ stringenter gefasst und mit dem pädagogischen Problem in Beziehung gesetzt werden (4.2.). Und abschliessend soll dann die Objektbeschreibung der *Erziehung* präzisiert und die Intuition einer „pädagogischen Ethik“ wenigstens in einem denkbaren Umriss näher beschrieben werden (4.3.).

4.1 Moralische Erfahrung und Lernen

„Subjektivität“ oder „Selbst“ sind psychologische und ästhetische Chiffren für eine autonome, selbstorganisierte „innere Welt“, die losgelöst ist von moralischen Obligationen oder wenigstens die sittlichen Verpflichtungen mit einem Vorbehalt betrachtet. Das Motiv ist zunächst ein literarisches und wird erst am Ende des 19. Jahrhunderts auch philosophisch beachtet. „Why should I be moral?“ fragte 1876 der englische Philosoph F.H. BRADLEY, und die Antwort ist verglichen mit der praktischen Vernunft KANTS ebenso ungewöhnlich wie zeitgemäss, denn sie bezieht den Zweck der Moralität auf *„self-realization“* (BRADLEY 1927, S. 64). „Let us . . . dismiss the moral consciousness, and not trouble ourselves about what we think we *ought* to do; let us try to show that what we do, is, perfectly or imperfectly, to realize ourselves, and that we can not possibly do anything else; that all we can realize is . . . our ends, or the objects we desire; and that all we can desire is, in a word, *self*“ (Ebd., S. 66).

Alle Doktrinen der heutigen Psychologie des „Selbst“ – Ganzheit, Unendlichkeit, innerer Fortschritt, sozialer Organismus (Ebd., S. 73ff.) – sind in BRADLEYS Argumentation bereits präsent, ebenso der Abstand zu KANTS Sittengesetz und der abstrakten Pflicht (Ebd., S.78ff., 81). Dagegen wird die „konkrete Universalität“ und die „reale Totalität“ des Selbst gesetzt, das die Moral *aus sich* gewinnt.

BRADLEYS Frage ist auch über die souveräne Antizipation der Psychologie des unbedingten Selbst hinaus von Interesse, weil sie auf den Rechtsgrund moralischer Verpflichtungen verweist und diesen Grund der Beweispflicht aussetzt. Das ist nach H.A. PRICHARD (1912) der zentrale *Fehler* der Moralphilosophie, „supposing the possibility of proving what can only be apprehended directly by an act of moral thinking“ (PRICHARD 1949, S. 16). Es gibt keinen unabhängigen Beweis für Obligationen, das Bedürfnis nach einem Beweis moralischer Verpflichtung ist daher illegitim, wenngleich unvermeidlich, bis der Reflexionsprozess soweit vorangetrieben worden ist, dass die Selbstevidenz der Verpflichtungen, nämlich die Unmittelbarkeit ihrer Erfassung, sichtbar werden kann. Daraus (und *nur* daraus) erwachse positives Wissen, das nicht nur die Bedingung der Möglichkeit jeder Ethik (moral philosophy) ausmache, sondern zugleich geeignet sei, Zweifel an der moralischen Lebensführung zu beschwichtigen (Ebd.).

Das „Selbst" wäre damit eine Funktion der moralischen Evidenz, über die es nicht „autonom" verfügen kann. „Moral" ist kein freier Entschluss, auch keine Eigenschaft, die „Teil" des Selbst wäre, sondern Erfassung einer Obligation, die nicht „im" Selbst erzeugt wird. Ein zentraler Fehler der Theorien des „autonomen Selbst" ist die *ausschliessliche* Betrachtung „innerer" Räume, die sich nur als Projektionen abbilden lassen und dann „Selbstbewusstsein" oder „Personenidentität" genannt werden (WILLIAMS 1978, S. 29f.). Schon die Kontinuität des Leibes ist eine zentrale Voraussetzung für jede Form von psychischer oder mentaler Identität (Ebd., S. 37ff.), und keine „Identität" kann sich unabhängig von öffentlichen Räumen (Ebd., S. 29) entwerfen oder stabilisieren, in denen moralische Kriterien wie Gleichheit oder Altruismus (Ebd., S. 366ff., 398ff.) immer schon präsent sind. Sie sind darum nicht bereits Teil der inneren Welt, aber es könnte keine moralische Subjektivität geben, wenn sie sich nicht unter dieser Voraussetzung konstituieren würde. Im Sinne einer Modellannahme „ist" Moral Innen und Aussen gleichermassen, ohne dass es eine radikale Distanz geben könnte. Ein subjektiver Vorbehalt gegenüber „Moral" kann selbst nur *moralisch* sein.

Unter dieser Voraussetzung sind Obligationen nicht so etwas wie Fremdkörper im moralischen Gewebe des „Selbst". PRICHARD diskutiert die Frage, wie eine moralische Verpflichtung zustandekommt, ausdrücklich als Erziehungsthema (PRICHARD 1949, S. 89ff.), freilich nicht als „Einwirkung" auf ein fremdes Selbst, sondern als Frage nach der Logik von pädagogischen Behauptungen. Die Schwierigkeit ist hier, dass eine Verpflichtung zur Erziehung immer als *moralische* Verpflichtung aufgefasst werden muss und es kein externes Kriterium geben kann. Das „sollte" (ought) der Verpflichtung ist nur *als* Verpflichtung formulierbar (Ebd., S. 92), und zwar eine, die realen Gehalt hat und nicht als transzendentale Bedingung aufgefasst werden kann. Wenn wir sagen, „*X* sollte *Y* erziehen" („X *ought* to be educating *Y*"), dann müssen wir „X" ein bestimmtes Attribut zuerkennen und davon ausgehen, dass die Existenz dieses Attributes gleichbedeutend sei mit einer Verpflichtung zum Handeln (Ebd., S. 94). Es wäre sinnlos oder gefährlich zu sagen, „X" sollte „Y" erziehen, wenn wir *nicht* voraussetzen können, dass „X" dazu auch imstande ist und das ist gleichbedeutend mit einer starken Kompetenzvermutung und einer ebenso starken Zuschreibung von Verantwortung.

Was sichert diese Zuschreibung? PRICHARD vermutet wie KANT die Einzigartigkeit der moralischen Welt und damit der moralischen Verpflichtung, die sich als „Sollensforderung" weder plural noch relativ formulieren lässt (Ebd., S. 94/95), ohne in der Analogie zum *Gesetz* richtig begriffen zu sein. Die Sollensforderung muss „real" sein und erwächst nicht aus der vorempirischen „praktischen Vernunft". Daher schlägt PRICHARD am Ende eine Art aristotelischer Lösung vor, die wiederum paradox formuliert wird: „There could be no such thing as an obligation to do some action, until the act is already done, whereas from its very nature there can only be an obligation to do an action so long as it is not done" (Ebd., S. 163).

Moralität aber besteht nicht nur aus Einzelentscheidungen, die sich auf Handlungen beziehen; Obligationen werden mit Pflichten verbunden, die als *dauerhaft* erscheinen und erwartet werden, als gäbe es eine *ebenso* stabile innere Respondenz, eine Instanz, die die klassische Sittenlehre als Gewissen bezeichnet hat. Das Problem sieht auch PRICHARD, denn jede Obligation hat eine Zeitbedingung und referiert auf Zukunft (Ebd., S. 182f.), ohne dass sich Verpflichtungen durch bestimmte Handlungen ein-für-alle-Mal erfüllen liessen. Das religiöse Konzept des Gewissens sah eine möglichst unmittelbare Beziehung zwischen Obligation und Befolgung vor, aber auch das ist eine kontextbedingte *starre* Annahme, die sich nicht mit einer universellen Erwartung verbinden lässt, weil das *absolute* Sollen nur der Voraussetzung eines höchsten Gutes formuliert werden kann und auch dann nicht die Kontingenz von Handlungssituationen überwindet.

PRICHARDS Beispiel ist die Frage, ob und wann man ein Versprechen halten muss (Ebd., S. 169ff.). Wer ein Versprechen gibt oder sich auf das *Versprechen* eines Anderen einlässt, erwartet, dass es umstandslos befolgt wird. „Keeping a promise . . . is a deontological duty" (LARMORE 1987, S. 143). Aber mit der moralischen Obligation ist nicht auch schon die Einhaltung garantiert. Es kann gute Gründe geben, ein Versprechen *nicht* einzuhalten, und man kann sogar das Thema aus dem moralischen Zusammenhang herausnehmen (MCNEILLY 1972); das ändert aber nichts daran, dass die Verpflichtung besteht, wenn ein Versprechen zwischen zwei Seiten gegeben wurde. Die Verpflichtung besteht, solange nicht die Gegenseitigkeit der *Erwartung* verändert worden ist. Die Erwartung ist eine allgemeine, die sich nicht subjektiv verändern lässt. „Versprechen" *sollen* immer gehalten werden, sonst würde sich niemand auf sie einlassen; und die Bedingung des „Sollens" muss als reale formuliert werden, denn das Versprechen impliziert die Möglichkeit, nicht nur die Notwendigkeit, seiner Erfüllung.

Nichtwillkürliche Obligationen setzen daher, von welcher Theorie auch immer beschrieben, einen objektiven Vorbehalt; ein Handelnder kann Gründe vorbringen, sich den Verpflichtungen eines moralischen Satzes zu entziehen oder er kann sich ihnen auch grundlos verweigern und bestimmten Impulsen seiner inneren Welt folgen, doch das hebt den objektiven Vorbehalt nicht auf. Ein individueller Wille oder gar das Selbst kann die *Logik* des Versprechens nicht aufheben, sondern ihr nur folgen oder nicht folgen. Darin liegt Freiheit, aber nicht eine Verfügungshoheit über die Bedingung der Möglichkeit moralischer Sätze[2]. Genau das aber scheint das Skandalon zu sein, denn eine Theorie des aus sich selbst heraus gewachsenen Selbst müsste damit ausgeschlossen werden. Doch die Differenzen sind entscheidend, das psychologische „Selbst“ oder das *psychische System* beschreibt keine moralfreie Dimension, keine „innere Welt“, die zu irgendeinem Zeitpunkt ihrer Lerngeschichte unberührt vom moralischen Kosmos existiert hat. Nur wenn „Autonomie“ *so* definiert wird, als natürliches Selbst im *Gegensatz* zur Moral, entsteht die scharfe Antinomie, die man dann tatsächlich nur noch, aber als Folge der eigenen Konstruktion, antipädagogisch auflösen kann.

„Subjektivität“ freilich muss *auch* für sich beschrieben und von der im Ansatz differenzlosen Rede der „Intersubjektivität“ abgegrenzt werden, die das Lernen von Personen mehr oder weniger als Anpassung an soziale Verhältnisse begreift. Aber Subjektivität ist nicht einfach *Resultat* oder Produkt[3] eines Anpassungsprozesses (FRANK 1991, S. 473f.), sondern unablässige Selbstkonstruktion (GLASERSFELD 1987, S. 148ff.), ein autonomes System, das sich im ständigen Lernprozess selbst erhält. Die Deutungsflächen sind symbolisch konfiguriert, und das psychische System hat allein dadurch eine nicht determinierbare Fülle von Möglichkeiten zur Verfügung, von der Kreativität jeder einzelnen Interpretation ganz zu schweigen (FRANK 1991, S. 474f.). Aber aus diesem Befund der lernenden Kontingenzbewältigung[4] kann kein Gegensatz zur Erziehung oder zur moralischen Obligation abgeleitet werden, denn die Selbstkonstruktion des Subjekts ist nie eine *strikt* monadische, die autark wäre. Vielmehr muss ihre Lernbewegung stets vor dem Hintergrund ihrer porösen Grenzen zur Umwelt gesehen werden. „Subjektivität“ existiert für sich, aber nur unter der Bedingung symbolischer Welten und damit moralischer Ansprüche, deren Kommunikation unausweichlich ist.

Zwar können universelle Ansprüche nur über subjektive Deutungen „bewegt“ werden (Ebd., S. 476), doch das setzt zugleich voraus, dass die moralischen Welten gelernt worden sind. „Lernen“ ist aber nicht umstandsloses Verinnerlichen, sondern Deutungsarbeit, nicht Abrichtung, sondern Kompetenzeröffnung, und die ist von Anfang an *individuell* in dem Sinne, dass es für die Geltungs*ansprüche* moralischer Sätze keine eigenen Medien ausserhalb der Kommunikation – keine „epistemologischen Paradigmen“ (Ebd., S. 477) – gibt, die das Sittengesetz exekutieren würden. *Alles* Lernen findet unter der Voraussetzung einer operativen Subjektivität statt, die sich auf diese Weise fortsetzt, aber nur in Austauschprozessen mit der Umwelt, also kommunikativ. Dazu ist ein magischer Kanal nicht erforderlich; die Vorstellung einer ständigen Informationsverarbeitung ist zureichend, den „Austausch“ näher zu beschreiben (GLASERSFELD 1987, S. 173ff.).

Man könnte diesen Tatbestand die „ursprüngliche Freiheit von Individuen“ nennen (Frank 1991, S. 475), wenn man *nicht* an die genetische Konstruktion der inneren Welt denkt, sondern Kants Kausalität der Freiheit vor Augen hat. Dies ist, wie gezeigt, eine Erwachsenenkonstruktion, die nur ihre transzendentale Pointe für sich hat. Kinder ober überhaupt Novizen werden ständig konfrontiert mit Welten, die sie in ihrem Symbolgehalt und ihren Anspruchsniveaus, in der Verschiedenheit der Standards, lernen müssen, nicht um selbst „Resultat" zu sein, sondern um ihr Verstehen oder ihre Deutungsspielräume differenzieren und verbessern zu können. Das rechtfertigt den erwähnten schwachen Paternalismus (vgl. SARTORIUS 1983) im pädagogischen Feld, sofern der Anspruch Kontrollen des Gelingens ausgesetzt wird. Das kleine Kind ist nicht *an sich* „moralisch", sondern wird auch hier inauguriert, aber als Subjekt des Lernens. Insofern ist für eine Theorie der Erziehung beides in Rechnung zu stellen, der subjektive *und* der objektive Vorbehalt.

Die Psychologie des unbedingten Selbst ist von dieser Vorstellung weit entfernt, weil sie das Subjektivitätsproblem wohl auch genetisch auflöst, aber im Gegensatz zum moralisch Allgemeinen setzt, ohne zu bedenken, dass „Individuen" nicht die *Widersacher* des Allgemeinen sein können (FRANK 1991, S. 476), aber auch ohne Gedanken daran, dass alle semantischen Codes des Individuums , also auch die Moral, aufgebaut werden müssen, was ohne pädagogische Umwelt nicht oder in einer nicht wünschenswerten Weise möglich ist.[5] Die Theorie des „wahren Selbst" ist daher zu stark formuliert, weil sie mit einer therapeutischen Authentizitätsbedingung verknüpft ist, auf das *sich selbst* erlebende Subjekt bezogen wird und abstinent erscheint gegenüber moralischen Obligationen. Diese drei Kriterien gelten aber nur in der Rousseauschen Fiktion uneingeschränkt; andererseits *ist* „Subjektivität" eine fortgesetzte Eigenaktivität, die sich sogar selbst noch modellieren muss. Es gibt für die sich selbst denkende und empfindende Subjektivität kein Aussenkriterium der eigenen Existenz.

Daraus lässt sich aber weder eine rein ästhetische Lebensform noch eine erziehungsfreie Erfahrung ableiten. Gerade die Gefühlswelt des „sakralen Selbst" bildet sich in Auseinandersetzung mit *moralischen Kontroversen* (MANDELBAUM 1969, S. 218ff.), und es ist nicht allein so, dass aus Gefühlen Urteile erwachsen, sondern auch umgekehrt, dass Urteile der Anfang oder die Ursache von Gefühlen sind (Ebd., S. 221)[6]. Wenn Gefühle eine wichtige Rolle beim Festlegen von Wertpräferenzen spielen (Ebd., S. 223), dann nur, weil sie in Verknüpfung mit moralischen Urteilen gelernt werden. Nicht das reine Gefühl entscheidet, sondern das je aktuelle Ensemble aus emotiven und kognitiven Verstehensstandards, die sich das lernende Kind oder jeder Novize von Innen heraus erschliessen muss. Deren Uebernahme[7] verändert zugleich die immer schon vorhandenen Niveaus und Strukturen. Indem sie die laufende Erfahrung aufzeichnen, können die Seismographen sich selbst umgestalten, aber nicht in Analogie zu „Anlagen" oder organischen Entwicklungen.

Wie aber geht diese Selbstkonstruktion vor sich?[8] Ueber das b reits gesagte hinaus nehme ich an, dass „psychische Systeme" als Vorstellungseinheit und Bewusstseinsstrom *existieren,* nicht unabhängig von Körperfunktionen und Gehirntätigkeit, aber darauf auch nicht zu reduzieren. Das schliesst nicht aus, dass die mentalen Ereignisse und Strukturierungen simulierbar und in bestimmten Leistungen überbietbar sind. Aber bezogen auf die psychophysische Existenzform einer menschlichen Person kann die Selbstfortsetzung des psychischen Systems als Prämisse gelten. JOHN SEARLE hat gegen den Reduktionismus dargelegt, dass entscheidende Fähigkeiten des menschlichen Gehirns seine „causal properties" seien, „its ability to produce intentional states" (SEARLE 1980, S. 421). Und das Unterscheidende der intentionalen Zustände gegenüber Computerprogrammen sei die Bindung an Inhalte: „They are defined in terms of their content, not their form" (Ebd., S. 423).

SEARLE plädiert *nicht* für einen neocartesischen Dualismus, mentale Ereignisse und Zustände sind Folgen von Gehirnoperationen (Ebd.). „Geist" und „Körper" interagieren, „sie sind aber nicht zwei verschiedene Dinge, denn geistige Phänomene sind einfach Eigenschaften des Hirns" (SEARLE 1986, S. 26). Genauer: „Geistige Vorgänge sind vom Verhalten der Bestandteile des Hirns verursacht. Zugleich sind sie in der Struktur realisiert, die aus diesen Bestandteilen besteht" (Ebd., S. 27). Was aber „Geist" (mind) genannt wird, ist kein Programm, denn die Bedingung seiner Möglichkeit ist nicht einfach eine *Syntax,* sondern eine *Semantik* (Ebd., S. 30). Mentale Strukturen sind auf Bedeutungen verwiesen, in diesem Sinne auf Inhalte; erst so wird *Verstehen* möglich: „Eine Sprache verstehen oder überhaupt sich in gewissen Geisteszuständen befinden, dazu gehört mehr als dass man bloss ein paar formale Symbole hat. Dazu gehört, dass diese Symbole eine Interpretation (oder eine Bedeutung) haben" (Ebd., S. 32). Nur so wird der innere Raum – selbst eine Interpretation – überwunden und die mentalen Ereignisse an die öffentlichen Symbolräume angeschlossen. Pädagogisch ist daran entscheidend, dass sie sich *nur so* selbst formen können.

Verstehen ist keine opake Grösse, sondern einfach kognitive Differenzierung und mentale Strukturbildung, die begleitet wird von „‚enveloping' sentiments" (MANDELBAUM 1969, S. 220)[9] . Ein Verstehenshorizont[10] ist immer schon vorhanden, so dass hermeneutische Operationen und Zugänge nach Innen wie nach Aussen nie, auch im frühesten Kindesalter nicht, ausgeschlossen werden können. Der punktuelle Anfang der individuellen Psyche ist unbestimmbar, aber das Wachstum des Gehirns ermöglicht schon pränatal „Verstehenshorizonte", also selbstreferentielle Operationen, die für physische Reaktionen sorgen und in gewisser Weise schon „Intentionen" sind. Geistige „Entwicklung" ist auch aus diesem Grunde nicht die Entfaltung von Potentialen, weil das eigene Anfänge – „Anlagen" – voraussetzen würde, während mentale Ereignisse und Zustände aus Sinneswahrnehmung und Gehirntätigkeit entstehen und sich dann aber zu Geschichten des eigenen Bewusstseins und Denkens verdichten, die sich selbst fortsetzen müssen.

Aus der somatischen Reproduktion heraus entsteht ein zunächst ganz schwach differenzierter Verstehenshorizont, der verbunden bleibt mit den Körperfunktionen und zurückgebunden ist an die Gehirntätigkeit. Ein *substantieller* Dualismus von „Körper" und „Geist" muss daher ausgeschlossen werden, damit zugleich die christliche „Seele", wenn sie mehr bedeuten soll als eine Metapher des schwer Vorstellbaren. Unter „Verstehenshorizont" ist aber auch keine dinghafte Grösse vorzustellen, kein „Gefäss", das allmählich angefüllt wird. Säuglinge verstehen perfekt ihre Umwelt; ihr akutes Verstehen bräuchte nicht verbessert zu werden, würden sich nicht wachstumsbedingt die Verstehensaufgaben ändern und würden nicht zugleich die Verstehenszumutungen der symbolischen Umwelt allmählich deutlicher für den Lernenden. Die emotionalen und kognitiven Niveaus steigen gleichermassen, aber mit ungleichen Uebergängen und so, dass der Verlauf einzelner Phasen *vage,* also mit ausgefransten Rändern, vorgestellt werden muss. Die Abstimmung mit den umgebenden Milieus ist nie kongruent, es gibt keine Idealpassung zwischen den Aufgaben und Leistungen des Lernens, sondern immer nur einen Hiatus, der je nachdem, wie – in welcher Qualität und in welcher Zeit – die Verknüpfung des Neuen mit dem Alten vollzogen wird, unterschiedlich eng oder weit sein kann.

Damit ist eine grundlegende Frage, wie konzeptioneller *Wechsel* möglich ist, denn die Verstehensdifferenzierungen sind nicht einfach Verfeinerungen des mentalen Horizontes, sondern können immer auch Umstrukturierungen zur Folge haben. Die Veränderung des Verstehens setzt voraus, was DONALD DAVIDSON (1984, S. 183ff.) *conceptual relativism* genannt, wenngleich nicht auf pädagogische Probleme bezogen hat. Aber „Lernen" unter der Voraussetzung von Verstehenshorizonten ist massgeblich auch konzeptioneller Wechsel, im wesentlichen ein solcher von oder in Sprachen. DAVIDSON versteht „Sprache" nicht als äussere Eigenschaft, von der man sich bei Gelegenheit trennen könnte, sondern als semantischen Lebensraum, in den das Verstehen eingebunden ist. Gegenüber der gesprochenen Sprache ist daher kein Beobachterstandpunkt möglich (Ebd., S. 185). Es gibt aber *Uebersetzungen* von einer Sprache in eine andere, und *neues* Verstehen ergibt sich dann nicht nur als psychische Assimiliation, sondern auch und vielleicht stärker als Uebersetzungsleistung. „Neu" ist ein Verstehen dann, wenn es nicht ein altes einfach und äquivalent ersetzt (Ebd., S. 188), sondern zusätzliche und fremde Dimensionen erschliesst; es ist dann eine Veränderung des Verstehenshorizontes selbst (Ebd.).

DAVIDSON nennt als Bedingung für seine Version des konzeptionellen Relativismus, dass eine Grundvorstellung des Positivismus aufgegeben werden müsse, „the concept of an uninterpreted reality, something outside all schemes and science" (Ebd., S. 198). In der Konsequenz entsteht aus dieser Annahme eine radikale Hermeneutik[11], die noch SEARLES These von der Interaktion zwischen Geist und Gehirn treffen würde. Ausserhalb der begrifflichen Beschreibung ist auch diese Realität nicht zugänglich.

DAVIDSONS *radical interpretation* (DAVIDSON 1984, S. 125ff.) lässt sich freilich selbstbezüglich verwenden. Auch wenn psychische Wechsel nicht „an sich" erkannt werden, sondern nur unter der Voraussetzung des Verstehenskonzepts[12], so erlaubt dieses Konzept doch eine Vorstellung der eigenen Differenzierung. Und die beschreibt DAVIDSON unter der Voraussetzung eines Horizontes, den es immer schon „gibt" und der sich immer nur graduell verändert: „Just as we cannot intelligibly assign a length to any object unless a comprehensive theory holds of objects of that sort, we cannot intelligibly attribute any propositional attitude to an agent except within the framework of a viable theory of his beliefs, desires, intentions, and decisions" (DAVIDSON 1980, S. 221). Ein Aenderungszwang ergibt sich aus der Irrtumsfähigkeit, die jedem Handelnden und so jedem Lerner unterstellt werden muss. Die Möglichkeit, sich irren zu können und Fehler zu machen, schliesst grenzenlose Nachsicht (charity) aus. Vielmehr sind Korrekturen unumgänglich, damit Kontrollen und Defizitannahmen, also die Basiselemente von „Erziehung". Ein *sakrales* Selbst, das unantastbar wäre, muss ausgeschlossen werden.

Erziehung ist freilich nie total möglich, sondern immer nur graduell, wie auch Irrtümer nie das gesamte Wissen oder die gesamte Lernerfahrung betreffen. Das Neue ist auch negativ, als Irrtum, ein begrenztes Konzept. Weil es aber Irrtümer immer geben kann, sind Wahrheitsbehauptungen unumgänglich (nicht umgekehrt!)[13] und damit Korrekturbemühungen. Sie sind kein Widerspruch zu der moralischen (und logischen) Leitannahme, dass Personen zu einem hohen Grad als *konsistent* (identisch) angenommen[14] werden müssen:

> „Crediting people with a large degree of consistency cannot be counted mere charity: it is *unavoidable* if we are to be in a position to accuse them meaningfully of error and *some degree* of irrationality. *Global* confusion, like *universal* mistake, is unthinkable, not because imagination boggles, but because too much confusion leaves nothing to be confused about and massive error erodes the background of true beliefs against which alone failure can be construed" (Ebd.; Hervorhebungen J.O.).

Auch SEARLE hatte darauf verwiesen, dass mentale Ereignisse und Zustände mit „real beliefs" gleichgesetzt werden müssten, die sich zu Lerngeschichte und Gehirntätigkeit gleichermassen passend verhalten müssten (SEARLE 1980, S. 420). Wäre das anders, könnte der Geist *überall* sein[15], während er als menschliche Qualität gebunden ist an „actual physical-chemical properties of actual human brains" (Ebd., S. 423). Einen „Sitz" der Seele gibt es nicht, ohne dadurch zu einem Materialismus gezwungen zu werden, der mentale Bedeutungen auf biochemische Vorgänge *zurückführt*[16] und ihnen die Eigenständigkeit bestreitet. Eine solche Reduktion müsste die Irrtumsfähigkeit des Menschen, damit Lernen im Sinne psychischer Veränderungen, bestreiten. Und mehr noch, „Geist" ist nicht einfach eine Gehirneigenschaft, sondern eine öffentliche Grösse, die Konzepte wie „Rationalität" oder „Vernunft" so verwendet, dass ihnen allseitige Triftigkeit zukommen (overall cogency) (DAVIDSON 1980, S. 223). Daher kann man wohl mit SEARLE die kausale Verknüpfung von Gehirn und Geist zugeben, zugleich aber auch, mit DAVIDSON, von der „nomological irreducibility of the mental“ (Ebd., S. 222), sprechen, ohne in einen Widerspruch zu geraten. SEARLE beschreibt die individuelle Produktion des Mentalen, DAVIDSON die öffentliche Sprache des Geistes. Der Witz ist, dass – sonst gäbe es keinen „Gehalt“ – sich das individuelle Verstehen *über* seine Initiation in die öffentlichen Sprachen schult. Der symbolische Zusammenhang der Semantik ist die Bedingung für jede Bedeutung; „Bedeutungen“ erschliessen sich hermeneutisch durch die Einführung in die Sprachen, also Welten, die sie konstituieren. Mit der ersten Sprache kann man alle anderen lernen, aber Lernen ist immer gebunden an die Möglichkeit des Irrtums wie überhaupt Verstehen immer eine Relation zu Missverstehen hat.

Diese Position lässt sich, mit JOHN DEWEY (1922), als *realism without monism or dualism* bezeichnen.[17] Der pädagogische Transfer des Problems ist hier deutlich markiert: „Meanings are the characteristic things in intellectual experience . . . A meaning is not necessarily such that it can be called an idea or thought. But a meaning may be adopted hypothetically, as a basis for instituting inquiries, or as a point of departure in connection with other meaning for reasoning, an experiment in combining meanings together to see what develops“ (DEWEY 1922, S. 358). Nur dann, wenn eine soziale oder mentale Situation *nicht* problematisch ist, sind Bedeutungen feste Grössen der Interpretation. In allen Problemsituationen ist nur möglich, was DEWEY „a tentative acceptance of meanings“ nennt. Und daraus folgt immer nur weiteres Lernen, das einmal gewonnene Standpunkte einzig der nachfolgenden Erfahrung aussetzen kann: „Inquiry proceeds by taking a stand, as it were, upon the meaning and using it as a base for new observations and reasonings“ (Ebd., S. 359).

Diese Grunderfahrung der modernen Wissenschaft gilt auch für die moralische Konstitution der Subjektivität, die sich über ihr eigenes Verstehen entwerfen und fortsetzen muss, ohne die symbolischen Welten der Moral anders als lernend betrachten zu können. Aber *Lernen* ist eben nicht einfach „Aneignung“ oder „Uebernahme“ der moralischen Codes, was in der Ethikdiskussion oft übersehen wird (so etwa BRANDT 1979, S. 174ff.). Moralische *Codes*[18] sind binäre Oppositionen, die Emotionen befestigen und mit kognitiven Gehalten versehen; von Codes sind moralische *Urteile* zu unterscheiden, die eine persönliche Normativität (Ebd., S. 170) ebenso transzendieren wie soziale Rollenerwartungen (Ebd., S. 176ff.). Das hängt auch mit einer Lernbedingung zusammen; moralische Codes referieren nicht auf eine konstante Person, die das „Produkt“ der richtigen Erziehung wäre. Das setzt eine gleichsam dinghafte Identität voraus, die im Sinne der alten „Kern“-Metapher die zeitlichen Veränderungen unberührt lassen. Aber aufgrund der Lernbedingung ist die psychologische Kontinuität *transitiv* (PARFIT 1971, S. 20ff.). Und daraus ergibt sich eine weitreichende

Konsequenz: „For having past and future selves is, what we needed, a way of continuing to exist which does not imply identity through time" (Ebd., S. 22).

Die „Konstitution" der moralischen Subjektivität ist keine abschliessende, die sich wie auf einer Zeitreihe mit der festen Identität einer Person verbinden lassen würde. Alle „Verinnerlichungen" sind labil, moralische Gewohnheiten fragil, Ueberzeugen immer erneut Lernen ausgesetzt, und der gesamte persönliche Code steht stets unter einem Irrtumsvorbehalt, weil es keine „objektive" Moral gibt, aber jede Moralbehauptung sprachlich so bezeichnet werden muss und in vielen Fällen auch so empfunden wird. Vor diesem Tatbestand schützt keine platonische Idee und auch kein cartesischer Dualismus, während auf der anderen Seite dem moralischen Lernen auch keine natürliche Teleologie innewohnt, die gleichsam im Subjekt die „höchsten Güter" vermutet. „Gerechtigkeit" ist daher auch keine „innere" Disposition, sondern eine öffentliche Forderung, mit der sich höchst unterschiedliches Lernen verbinden kann und muss. Der Lernende erreicht keine abschliessenden „Stufen" der Gerechtigkeit, sondern ist unablässig mit einem Postulat konfrontiert, das er abschliessend nicht erfüllen kann. „Moral" ist aus diesem Grunde immer *Sollen* und nicht wirklich *Sein.* Sollenssätze erheben absolute Ansprüche, aber gleichzeitig konfligieren sie, ohne dass es einen ultimativen Gegensatz gäbe, der sich auf der Ebene von Prinzipien entscheiden liesse, etwa der Gegensatz von Nutzen (utility) und Gerechtigkeit (justice) (HAMPSHIRE 1983, S. 165). Konflikte zwischen universellen Moralansprüchen und spezifischen Loyalitäten der lebensweltlichen Praxis sind unvermeidlich, und es gibt kein „overriding criterion", weder Nutzen noch Gerechtigkeit, mit dem diese Grundspannung aus der Welt geschafft werden könnte, ebensowenig wie es Methoden der Konfliktbearbeitung gibt, die konstant Konflikte beseitigen könnten. „Moral considerations are an open set", denn die moralischen Auseinandersetzungen, auch oder gerade um die höchsten Prinzipien, sind immer unterdeterminiert durch rein rationale Ueberlegungen (Ebd.).

Das hängt mit der Natur des *Absoluten* in moralischen Forderungen zusammen, das immer ausschliesslich, als „höchstes Gut", formuliert wird und gleichwohl mit anderen konfligieren kann, weil es kein abschliessendes System der Ethik gibt, ausgenommen unter Rückgriff auf einen Gottesterm, der die höchste Stelle mit *einem* und *nur* einem Begriff besetzen könnte, aber alle anderen ausschliessen müsste. Nutzen und Gerechtigkeit sind *relationale* Ansprüche, man kann den einen gegen den anderen ausspielen, aber nicht die Ansprüche des ausgespielten aus der Welt schaffen (Ebd., S. 115f.). Handlungen können sich auf Nutzen hin entwerfen, ohne dass der Effekt mit Forderungen der Gerechtigkeit zu vereinbaren wäre, doch das ist eine rein empirische Frage, weil das Gegenteil auch immer möglich sein kann. Es gibt Passungen von Nutzen *und* Gerechtigkeit, aber auch Erfahrungen einer tiefgreifenden Kluft, ohne dass die eine

Praxis die andere ausschliessen könnte. *Ruthlessness in Public Life* (NAGEL 1979, S. 75-90) ist in komplexen, intransparenten Gesellschaften unvermeidlich, wenngleich moralisch nicht zulässig; aber die Moral verfügt immer nur partikular über Bewusstsein und Handlungskontexte, während auf der anderen Seite ihre *Forderungen* darüber hinausgehen.

Kinder lernen daher nicht nur einen persönlichen Moralcode, sondern immer auch einen Anti-Code, Strategien zur *Umgehung, Vernachlässigung* oder *Umdefinition* moralischer Ansprüche. Sie lernen nicht nur die moralischen Unterscheidungen, sondern auch Anwendungen, die die absoluten Ansprüche relativieren, eben weil Konflikte zwischen partikularen Interessen, Gruppenloyalitäten und absoluten Prinzipien nicht aufhebbar sind, ohne vom Prinzip selbst, vom „höchsten Gut", entschieden werden zu können. Gleichzeitig lernen Kinder *auch* den öffentlichen Gebrauch der Moral, nämlich Bedeutungen, die universelle Ansprüche erheben und sich nicht nach Loyalitäten relativieren lassen, ohne sich in starre Gewissensinstanzen umzuformen. Die innere Bearbeitung moralischer Ansprüche führt nicht zu einem mentalen Block, der auf Abruf reagieren würde. Eher bilden sich graduelle Loyalitäten, die nur im Grenzfall für eine totale Gefolgschaft sorgen können. „Gewissen" ist die Bezeichnung für moralische Skrupel, die auf emotionale Reaktionen zurückgehen, aber die Bedeutungen werden immer zugleich als öffentliche und universelle Forderungen verwendet, welche sich nicht notwendig mit den inneren Codes verbinden müssen. Aber auch hier sind Konflikte unumgänglich, denn alle obersten Prinzipien sind ebenso absolut wie vieldeutig, weil die Sprache der Moral nicht nur imperative Urteile artikuliert, sondern zugleich hochsuggestiv die moralischen Gefühle bindet, ohne zugleich Kontextpersistenz zu entwickeln.[19]

Das hängt nicht nur mit der Vagheit der Umgangssprache zusammen, die ein Kind zu nutzen lernt, sondern auch mit der Tatsache, dass der Begriff des „Guten" kein exaktes emotionales Aequivalent hat (STEVENSON 1969, S. 82). Der Begriff selbst kann deskriptiv und normativ verwendet werden; ein normativer Begriffsgebrauch ist immer emotiv, er soll für Zustimmung sorgen, ohne sich mit einer bestimmten Gefühlsdisposition verknüpfen zu lassen (Ebd., S. 83ff.). Auf der anderen Seite hat „das Gute" als Term keinen präzisen Sinn und wird vage gebraucht, wenigstens in den roh definierten Kontexten des Alltagslebens (Ebd., S. 86). Die damit verbundenen Regeln sind keine Ableitungen aus dem „höchsten Gut", sondern Ergebnisse von Lernprozessen, die zugleich mit den Problemen *vagen* Gebrauchs bekanntmachen. Dass viele Regeln und Begriffe *nicht* genau festgelegt oder ausser Streit gestellt (stipulate) sind (Ebd.), macht eine wesentliche Freiheit des Lernens aus. *Vage Termini* enthalten nicht in sich „ihre" Bedeutung, die man wie einen *fait accompli* behandeln könnte; „rather the meaning is in the course of *becoming* what the analyst makes of it" (Ebd., S. 86/87). Kinder, folgt daraus, sind die Analytiker ihrer eigenen Bedeutungen.

Aus dem Umgang mit der moralischen Sprache heraus lernen Kinder *auch* den Gebrauch ethischer Generalisierungen, jedoch nicht nur in einem strategischen Sinne, nämlich als suggestive Terme für Zustimmungen oder Ablehnungen (Ebd., S. 94ff.), sondern zugleich und grundlegend als Teil des Lebensentwurfes, der sich nicht nur Loyalitätskonflikten ausgesetzt sieht, sondern zugleich hohen moralischen Erwartungen, die aus kulturell verankerten, ethischen Generalisierungen hervorgehen. Diesem Lernprozess ist jedes Kind auch dann unterworfen, wenn die Erziehungspersonen eine minimalistische Moralität anstreben.[20] Aber moralische Konzepte transferieren sich nicht einfach durch Elternwillen; vielmehr ist beim Aufbau der moralischen Codes, der Anticodes und der ethischen Generalisierungen stets der gesamte kulturelle Zusammenhang beteiligt, in den die Erziehung die Kinder einführt. Die Kinder haben die Freiheit, sich bestimmten Zumutungen zu verweigern, sie haben auch die Freiheit zu Subversionen, aber sie können nicht unabhängig vom symbolisch-semantischen Milieu, in dem sich ihr Verstehenshorizont bildet, Moralität lernen und persönliche Lebensentwürfe finden.

Moralische Erfahrung ist also nicht so vorzustellen, dass das *ursprüngliche* Selbst allmählich in die Kultur hineinwächst und sich darin, gemäss den eigenen Potentialen, entfaltet. Das würde Kontingenzfaktoren ausschliessen, die jedem Lernprozess eine grundlegend neue Richtung geben können. *Ueberraschende* Chancen oder Scheitern aus *Zufall* heraus sind in keiner Anlagetheorie als Faktoren radikaler Veränderung der Lernrichtung unterzubringen, aber jede Lernbiographie zeigt, dass die Konstellation bestimmter Erfahrungsphasen nicht nur selbst kontingent ist, sondern zugleich durch Kontingenzen immer neu gestaltet werden kann. Konstellationen sind *temporäre* Ensembles, die in allen Raumdimensionen, vom Zentraum oder der Peripherie her, und zu jedem Zeitpunkt anders werden können. Die Kontingenzbedingung darf freilich nicht als plötzlicher Wandel der *gesamten* Faktoren und so des Lernrahmens *überhaupt* vorgestellt werden; Zufälle ändern als Ereignisse nie sofort den ganzen Erfahrungsraum, aber sie können Folgen haben, die dauerhafte Veränderungen bewirken, an deren Ende der Ausgangspunkt tatsächlich radikal verändert erscheint. Der Vorgang selber ist Lernen, und oft ein solches, das im Vollzug in seinen Konsequenzen *nicht* abgesehen werden kann.

Von dieser subjektiven Bearbeitung von Kontingenz muss die Präsentation moralischer Ansprüche unterschieden werden, die, wie gesagt, sich nicht selbst relativieren oder ihre Geltung dem Zufall aussetzen können, obwohl dies faktisch der Fall ist, wenn man eine *genetische* Perspektive ansetzt, also dem Umbau moralischer Kontexte im Lernzusammenhang eines Lebens betrachtet. Hier entstehen ständig neue Obligationen, andere Loyalitäten oder differente Grade der Verpflichtung, deren Problem es ist, mit je stabilen Ansprüchen umgehen zu müssen. Die Lernwelten sind nicht in gleicher Weise stabil. Nur scheinbar leben Kinder in starren Milieus moralischer Zuschreibungen und Ansprüche, während auf der anderen Seite die *Erfahrung* der Stabilität von Konstellationen grundlegend ist für den Aufbau der inneren Welt.

Tatsächlich ist moralisches Lernen unaufhörlich, wenngleich nicht ständig, mit dem Umbau der Kontexte verbunden, gerade bei Kindern, die alle symbolisch-semantischen Anforderungen *erstmalig* lernen und darum Kontexte als Transits benutzen müssen, weil ihr Entwicklungsgang irreversibel ist. Sie folgen nicht einem verborgenen *Telos,* aber sie überwinden vergangene Verstehens- und Reaktionsniveaus, indem sie die engeren Formen preisgeben und weitere zulassen, was nur mit radikalen Umbauprozessen möglich ist. Der moralische Kontext eines Vierjährigen unterscheidet sich sehr weitgehend von dem eines Achtjährigen, auch wenn natürlich ein biographischer Zusammenhang der Erinnerung (auch der emotiven Erinnerung) gewahrt bleibt. Aber ohne radikales Abstossen der früheren Stufen wären differenziertere Formen der Subjektivität nicht möglich. In diesem Sinne ist jede Subjektivität bedingt, durch sich selbst nämlich auf früheren Stufen und in anderen Welten. Nur so kann es moralische Selbstevidenz im Sinne PRICHARDS geben.

Obligationen sind daher tatsächlich in die Moralität eingewoben, freilich allein im Sinne einer Lernerfahrung. „Moral" stellt für jeden Lerner, nicht bloss für Kinder, eine argumentative und symbolische Umwelt dar, die über besondere Repräsentanten erschlossen wird. Die Repräsentanten sind nicht nur Personen, auch nicht nur die Autoritäten der Moral, sondern gleichermassen Zeichen, Darstellungen, öffentliche Argumentationen, alles, was in einer kulturellen Welt moralische Ansprüche artikulieren kann. Kinder sind Novizen, die sich diese Milieus und ihre Dynamik erst allmählich eröffnen können. Jeder Schritt weiter in die moralischen Räume hinein eröffnet neue Verstehenschancen, aber verschliesst zugleich auch Vergangenheiten. Und die Bewegung ist eine, die immer mit Obligationen und Graden Verpflichtung zu tun hat. Dabei wächst nicht etwa automatisch die Freiheit oder steigt die Verantwortung; radikal frei ist vermutlich nur ein sehr kleines Kind, das „Moral" schwach und bloss selbstbezüglich generalisieren kann. Der Erwerb differenzierter Verstehenshorizonte erweitert wohl die argumentative Freiheit, aber damit wird zugleich das innerlich ungebundene Verhalten des kleinen Kindes beschnitten. Mit dem erweiterten Verstehen wächst freilich zugleich die Kompetenz, Obligationen zu *umgehen,* und zwar auch dann, wenn sie einsichtig sind. Die Artikulation des Eigeninteresses ist erst so in raffinierter Form möglich, mit der die *Vermeidung* der Moral gleichsam unsichtbar gemacht werden kann (eine ständige Erscheinung im Erwachsenenleben; vgl. BOK 1986).

Ein weiteres Problem ist mit der Frage verbunden, wie moralisches Wissen Subjektivität erreicht oder anders: wie Lernende, zumal Novizen, ihre Erfahrung mit generalisiertem Wissen verbinden, das in jeder Lebenswelt für moralische Güter und ihre Konflikte bereitsteht. Eine Voraussetzung, die sich nichttrivial formulieren lässt, ist *Nicht*wissen (DUCKWORTH 1987, S. 64ff.), also der Umgang mit Neuem ausserhalb der gegebenen Verstehenshorizonte. Damit sind Ueberraschungen verbunden, Rätsel, Aufregung, Geduld, Behutsamkeit, ehrliche Versuche (Ebd., S. 69), also ein experimentelles Lernen, wie Dewey es beschrieben hat. „Moral" wird nicht anders gelernt, nur lässt sich hier Wissen nicht in *Kongruenz* mit der Lernsituation aneignen. Kinder lernen moralische Regeln und die Standards eines bestimmten Milieus zunächst sehr distant von Erklärungen, also einem generalisierten Wissen. Die *sensuelle* Erfahrung von Geboten oder Verboten, auch von Gründen[21], sorgt wohl für Dispositionen der Zustimmung und Ablehnung, aber die Wissensevidenzen erweitern sich sehr allmählich und nicht linear. Bestimmte moralische Erklärungen werden vielfach erst mit grossen Zeitverzögerungen angenommen, während andere, die ein Kind akzeptiert hat, später verworfen werden, weil sie einem anderen Selbst angehörten. Auch hier gibt es keine Kontinuität *auf der Linie,* sondern immer nur Deutungen und Aspekterweiterungen oder -verengungen. Was dagegen in der Differenzierungsfähigkeit und in der Deutungsintensität zunimmt, ist das Verstehen selbst, ohne dass darin die richtige Moral wie eine Steuerung eingebaut wäre. Eine solche Verinnerlichung gibt es nicht.[22]

Das Problem der Subjektivität ist auf der anderen Seite aber, pädagogisch gesehen, auch nicht auf die *ästhetische Bildung* zu reduzieren, etwa weil sich daraus Imaginationen entwickeln, mit denen die Lebenswelt eines Lerners transzendiert werden kann (HEPBURN 1990, S. 196). Als innere Welt ist „Subjektivität" zugleich Bild und Argument, ohne im Vollzug der Erfahrung das eine vom anderen trennen zu können. Transits vollziehen sich über Bildketten und begleitende Argumente gleichermassen, freilich ohne Kongruenz und nicht einmal gleichzeitig. Moralische Sätze können nicht ohne ästhetische Vorstellungen gebraucht werden, schon weil die Sprache der Moral Metaphern appliziert, ohne die keine Obligation anschaulich gemacht werden könnte. Umgekehrt können moralische Sätze aus Bildern entstehen, ohne dass es eine Verknüpfung im Bild selbst geben muss. Aber die Vieldeutigkeit von Bildern wird oft moralisch vereinheitlicht, nicht nur als Illustration bestimmter Urteile, sondern als Verstehen des Bildes, das ansonsten keine Aussage hätte. Kinder wenigstens lernen ihre innere Welt als dynamischen und eigentümlichen Verstehenshorizont, der KIERKEGAARDS Trennung des Aesthetischen und des Ethischen gerade nicht nachvollzieht. „Subjektivität" ist beides zugleich, nicht teilbar in eine ethische und eine ästhetische Hälfte.

Nur so kann erklärt werden, warum Obligationen das Spiel mit ihnen nicht ausschliessen, der Code *und* der Anti-Code gelernt und unablässig agiert werden, ohne dass sich die Objektivitätsforderungen der Moral davon beeinflussen liessen. „Subjektivität" heisst gerade die Nichtkongruenz zu jeder, zumal der moralischen „Objektivität", aber daraus folgt keine Relativierbarkeit der Ansprüche, die in Konflikt stehen, aber darum nicht schon partikular sind. Der Witz ist, dass sich das Subjektive und das Objektive nicht widersprechen, solange man kein „Blockuniversum“ vor Augen hat, sondern Lerngeschichten auf der einen, moralische Welten auf der anderen Seite, die allein durch ihre Sprache oder ihre Symbolwelt gar nicht anders können, als ihre Prinzipien zu unbedingten Verpflichtungen zu erklären, mit denen jedes Lernen konfrontiert wird. Diese Verpflichtungsansprüche werden immer zugleich auch relativiert, weil zwischen Anspruch und Geltung keine höhere Macht vermittelt und keine Moral das gesamte Lernfeld kontrolliert.[23] Das hebt aber weder Moral noch Erziehung auf, versteht man darunter die Kommunikation von Geltungsansprüchen, die ständig neu gelernt werden müssen, ohne darum blosse Konsensformeln zu sein. Die *Folgenhaftigkeit* der Moral, der Erfüllung wie der Ueberschreitung der Ansprüche, begrenzt jede blosse Diskurspädagogik. Beeinflussungen sind unvermeidlich, und es kommt nur darauf an, wer sie kontrolliert. *Pädagogische* Kontrollen stehen unter dem doppelten Vorbehalt der Subjektivität und der Moral; ihre Funktion ist es, zwischen beiden zu vermitteln, also nicht die eine gegen die andere Seite auszuspielen. Sozialhistorisch gesehen gibt es dafür keine Aequivalente.

4.2 Ethischer Anspruch und Geltung

Die Basisannahmen pädagogischer Theorien sind Einstellungen verpflichtet, die Pessimismus ausschliessen. „Erziehung“ wird optimistisch betrachtet, vom *Gelingen* her und unter der Voraussetzung des moralisch Guten. „Moral“ aber, folgen wir STUART HAMPSHIRE, hat zu tun mit einer pessimistischen Anthropologie, die nicht damit rechnet, dass es, in Einsicht der Geschichte, moralische Verbesserungen geben kann (HAMPSHIRE 1983, S. 95ff.). „Moral progress, in the proper sense of the increasing dominance of gentleness and of reason, is not to be expected within very narrow limits“ (Ebd., S. 100). Erziehung hätte so nur ein negatives Ziel, die *Beschränkung* der menschlichen Natur oder den Aufbau einer moralischen Lebensform (ways of life), die Verbote kultiviert. Dabei wären Idealisierungen Anreize für die Selbstverpflichtung: „A morality, with its ordering of virtues and prohibitions, provides a particular ideal of humanity in an ideal way of life“ (Ebd., S. 98).[24]

Es ist freilich unzulässig, aus der historischen Erfahrung global auf eine pessimistische Anthropologie zu schliessen, so sehr sich dieser Gedanke auch zur Vorsicht gerade gegenüber Erziehungserwartungen nutzen lässt. Aber „Pessimismus“ kann mindestens dreierlei heissen, (i) eine Variante der Erbsünde, gemäss der die *Natur* des Menschen unverbesserlich ist, egal welche Massnahmen unternommen werden, (ii) eine negative Version der Evolutionstheorie, die mit dem Ende der *Welt* rechnet, und darum den Sinn der Erziehung fraglich erscheinen lässt, sowie (iii) ein antimoralisches Konzept, das überhaupt jede Möglichkeit des Guten bestreitet. Keine dieser Optionen sind pädagogisch zulässig[25], aber keine ist auch irgendwie empirisch plausibel: Eine pessimistische Anthropologie widerstreitet moralischem Fortschritt, der sich doch zivilisationsgeschichtlich kaum leugnen lässt[26]; eine pessimistische Evolutionstheorie spekuliert über Endzeiten, die sich nicht absehen lassen; und eine pessimistische Moral ist in sich absurd, weil „Moral" sich nur in *Relationen* des Guten und des Bösen formulieren lässt.

Darum kann Moral nicht lediglich notwendige Beschränkung angesichts einer unverbesserlichen Natur sein. Der Mythos der philosophischen Anthropologie ist die *einheitliche* Natur „des" Menschen, die sich in den Zuschreibungen dann immer nur bestätigen kann. Davon zu unterscheiden ist die Konstitution und die Logik moralischer Sätze und Lebensformen; sie sind *nicht* die Ableitung aus Anthropologien, die sich lediglich als Legitimationsinstanzen verwenden lassen. Moralische Codes können nicht umhin, *Idealisierungen* zu verwenden, und damit bieten sie immer auch Chancen zur *Erweiterung,* nämlich Lernmöglichkeiten, aus dem Gegenbild heraus Lebensformen zu verändern, ohne dass die Moral das Gelingen garantieren könnte. Man muss daher unterscheiden zwischen der Kontingenz der Praxis und den Motiven der Handelnden: Moralische Intentionen sind immer und notwendig mit Idealisierungen verbunden, die mehr darstellen als Bilder des maximalen Nutzens und der optimalen Gegenseitigkeit[27]; sie formulieren aus Prinzipien heraus unbedingte Geltungsansprüche, die sich nicht partikular handhaben lassen, ohne dass sich die daran anschliessende Handlungswirklichkeit in *gleicher* Idealität einrichten liesse.

Das kann man eine vierte Version des Pessimismus nennen, einen Verzicht auf spekulative Wirkungserwartungen, die nur scheitern können. Diese Version kann pädagogisch akzeptiert werden; sie ist nicht ruinös für Moral und Erziehung, denn nur weil die Wirkungen offen gehalten werden, kann überhaupt pädagogische Kontinuität entstehen. „Erziehung" wäre absurd, hätte die pessimistische Anthropologie recht, aber sie wäre noch schlimmer dran, wäre sie ein *abschliessbares* und kontrollierbares Geschäft, das sich auf bestimmte Ziele ausrichten liesse und irrtumsfrei operieren könnte. Diese Idealisierung muss ausgeschlossen werden, und sie widerspricht auch dem moralischen Code, der von der Unerreichbarkeit der eigenen Prinzipien ausgeht. Sie sind nicht „Ziele" in sozialen Räumen, denen man sich über Generationen hinweg nähern kann, sondern Paradigmen der Kritik, mit denen immer erneut der Zustand einer Sozietät beurteilt wird. In diesem Sinne sind sie pädagogisch relevant, sie sind die Themen der moralischen Kommunikation, aber sie sind nicht, über einen metaphorischen Sprachgebrauch hinaus, *erreichbare Ziele.*

Die Achtung des menschlichen Lebens (Ebd., S. 96) ist eine starke Idealisierung, die als *unbedingte* gebraucht wird. Sie kann nicht allein von den möglichen Konsequenzen her abgeschätzt werden, weil sie eine Teilung nach positiven oder negativen Effekten nicht zulässt. Das würde summarische Abschätzungen verlangen, etwa derart, *wieviel* Achtung des Lebens anderen schadet oder ihnen nützt. Diese Quantifizierung ist absurd, und zugleich fehlt eine Vergleichsgrösse, mit der konzeptionelle Relativierungen möglich wären. Es gibt nur die *Negation,* Missachtung des Lebens, kein rivalisierendes Prinzip. Die Negation, „Missachtung", ist selber nur im Blick auf das Prinzip zu verwenden; ihre moralisch zulässige Formulierung als eigenständiges und positives Prinzip ist nicht möglich. Ausnahme von der unbedingten Geltung müssen rigide beschränkt werden, wenn das Prinzip nicht beschädigt werden soll, und noch diese Ausnahme – Tötungserlaubnis bei einer Selbstbedrohung, die alle anderen Alternativen ausschliesst – zeigt, wie geltungsträchtig das Prinzip ist.

Die Formel von der unbedingten Achtung des menschlichen Lebens ist freilich nicht nur das Zentrum einer ethischen Theorie, sondern zugleich die Formulierung eines existentiellen Gefühls. Verletzungen des Prinzips sind immer möglich, aber wer gegen das Prinzip verstösst, zeigt nicht nur moralische Willkür, sondern verletzt zugleich eine sozioemotive Grundbedingung sozialer Sicherheit, die Erwartung gegenseitiger Unverletzlichkeit, die sich *partikular* weder formulieren noch erleben lässt. Die Tatsache, dass das Prinzip der Achtung des menschlichen Lebens ausser Geltung gesetzt werden kann, bedeutet aber nicht, dass der Geltungs*anspruch* relativ ist. Der Anspruch *kann* nicht reduziert werden, denn das Prinzip lässt sich immer nur ganz und universell formulieren, und die Praxis ist dagegen kein Einwand. Sie hat vielleicht motivationale Bedeutung, weil häufige Verstösse die Geltungserwartungen minimieren und pessimistische Einstellungen nahelegen können; aber die Summe der schlechten Beispiele ist nie absolut, und selbst wenn dies so wäre, würde das den Geltungsanspruch des Prinzips nicht minimieren. Missbrauch ist kein argumentativer Einwand.

Politische Gewalt und Folter etwa sind überhaupt nur so, unter der Annahme der Geltungs*unbedingtheit,* zu bekämpfen. Das gilt generell, auch in einem theoretischen Sinne: Die Frage nach dem rationalen Prinzip einer moralischen Obligation ist durch die Beschreibung möglicher guter oder schlechter Konsequenzen einer Handlung nicht auszuschalten (SCHEFFLER 1982, S. 120ff.). „The salient features of *all* moral conceptions stand in need of principled motivation" (Ebd., S. 121). Privilegien wie Restriktionen müssen danach eingeschätzt werden, ob sie rationalen Prinzipien folgen oder nicht; sie können nicht einfach danach beurteilt werden, dass sie Besseres befördert oder Schlimmeres verhütet haben (Ebd.). Prinzipien abverlangen ist mehr als nur „to promote the best overall state of affairs" (Ebd., S. 123), denn sie können sich mit guten Gründen auch *gegen* diese utilitäre Rechtfertigung von Handlungen richten. Es gibt Werte, die es einem Handelnden *verbieten,* das zu tun, was „the best outcome overall" (Ebd., S. 127) befördert, etwa in der Verweigerung legitimen Tötens unter

Berufung auf das Prinzip der unbedingten Achtung vor dem Leben, ohne dass dies irrational wäre.

Die Frage nach den rationalen Prinzipien für Privilegien und Restriktionen ist grundlegend für öffentliche moralische Kommunikation und damit für Erziehung. Die möglichst optimale Konsequenz einer Handlung beantwortet nicht die Frage nach dem vorausgesetzten Guten und seiner Rationalität, und die utilitaristische Wirkungssumme, noch in neueren Konzepten vertreten (Ebd., S. 124), lässt sich nur als Fiktion verstehen, die eine prinzipielle Begründung nicht leistet. Sie motiviert ein *Verfahren* – „a rational way of regulating what happens in the world“ (Ebd.) –, das aber eine Moral als Lebensform voraussetzt und nicht selbst schafft. Rationale Prinzipien können überhaupt nur dann öffentlich kommuniziert werden, wenn moralische Institutionen symbolisch definiert und kulturell verankert sind. Das setzt jeder blossen Diskurstheorie Grenzen, weil die Auseinandersetzung um Normen und Entscheidungen kulturelle Erfahrungshorizonte annehmen muss, die das gesamte Verstehen bedingen, das nicht *in* Diskursen erzeugt wird. Die Folgewirkung moralischer Verhandlungen ist nie total und immer äusserst elastisch; wäre der Diskurs mehr als das Medium der Verhandlung, dann wäre Erziehung tatsächlich reduzierbar auf Negotiationen. Sie wäre deckungsgleich mit dem, was verhandelt wird.

Aber Verhandlungen erzeugen nicht moralische Bedeutungen, deren Signifikanz von der Ueberlieferung in den Symbolwelten des Alltags und so vom kollektiven Gedächtnis abhängt[28], das durch die unaufhörliche Folge von Ereignissen wohl einem ständigen Lernprozess ausgesetzt ist, sich aber nicht *mit* jedem neuen Ereignis ändert. Die moralischen Erfahrungen werden durch Ueberlieferungen und zeremonielle Tradierungen gespeichert, und *diese* Bedeutungsschicht setzt jede Darlegung rationaler Prinzipien voraus, ohne dass sich der Rationalitätsanspruch *allein* durch Hinweis auf diese hermeneutische Bedingung bearbeiten liesse. Aber Moralität ist auch nicht einfach eine Frage, wie Propositionen am besten geordnet werden können (HAMPSHIRE 1983, S. 97).

In historischen Lebenswelten sind Definitionen des Guten unumgänglich, und dass sie notorisch umstritten sind, hängt mit der trivialen Tatsache zusammen, dass jedes Prinzip interpretationsabhängig ist und nicht einfach aus sich heraus Geltung findet. Aber die *sprachliche* Relativität des Guten (also die Vielfalt der semantischen Kontexte und der Deutungsmöglichkeiten) ändert an der praktischen Obligation, dem Anspruch unbedingter Geltung, nichts. Mit dieser Obligation sind Prinzipien verbunden, wie die Achtung vor dem Leben oder die Achtung vor der Würde des Menschen, die *für sich* gelten. Man kann sie nicht mit Rangskalen von anderen Prinzipien unterscheiden.[29] „Gerechtigkeit“ ist nicht höher einzuschätzen als „Menschenwürde“, was zugleich auch heisst, dass es nicht *ein* höchstes Gut geben kann. Derartige Prinzipien stehen je für sich und entwickeln ihre obligatorischen Ansprüche nicht relativ zu anderen. Sie können nur durch Dritte in Gegensatz gebracht werden. Darum lassen sich utilitäre Wirkungssummen auch nicht in und mit diesen Prinzipien rechtfertigen oder kritisieren; ein Verhalten oder eine Handlung ist nicht in einem bestimmten Grade „gerecht" oder „verantwortungsvoll", sondern die entsprechende Praxis wird im Lichte derartiger Prinzipien entworfen und beurteilt, ohne dabei Quantifizierungen vornehmen zu können. Verantwortung oder Gerechtigkeit bemisst sich nicht nach Prozenten.

Die pädagogische Bedeutung dieses Befundes lässt sich unter Rückgriff auf eine Variante der ersten ausgeschlossenen Version des Pessimismus zeigen, nämlich die utilitaristische Anthropologie der egoistischen (insofern nicht guten) Menschennatur, die selbst nicht als verbesserungsfähig gilt und in dieser Hinsicht mit dem Pessimismus der Erbsünde zu tun hat. Sofern Erziehung *den Menschen* verbessern will, wäre sie vergeblich. Aber sie kann sich auch nicht einfach auf ein universelles (christliches) Brüderlichkeitsideal einstellen und ihre Moral aus dem Prinzip der unbedingten Selbstlosigkeit ableiten (MACKIE 1981, S. 218f.). Diese Moral wäre überhaupt nur Anspruch, und zwar ein ausschliesslich maximalisierender, der unmittelbar mit emotiven Mobilisierungen rückgeschlossen wird.

Zur Vermeidung der *reinen* Gesinnungsmoral könnte die Erziehung auf eine Moralauffassung bezogen werden, die *Selbstliebe* und *beschränkten Grossmut* anerkennt und somit Konflikt, Konkurrenz und rationalen Interessenausgleich zur notwendigen Maxime erhebt (Ebd., S. 218). Eine solche Ethik, die Konkurrenz und Konflikt *erwartet* (Ebd., S. 220), ist aber in der Pädagogik nicht zufällig schwer zu etablieren. Sie würde in einem elementaren Sinne die Verbesserungsfähigkeit des Menschen durch die richtige Erziehung bestreiten, ein Schritt, der dem Grundanspruch der modernen Pädagogik in starker Weise widersprechen würde. Sie optiert *für* moralische Kultivierung (so etwa noch GUTMANN 1987, S. 39ff.), was dezidiertes Engagement und eine optimistische Anthropologie voraussetzt.

JOHN MACKIES Maximen einer *beschränkten* Moral gehen auf DAVID HUMES Version der utilitaristischen Ethik zurück. HUME hat diese Ethik anthropologisch abzusichern versucht und dabei *selfishness* und *limited generosity* als Konstanten menschlichen Verhaltens beschrieben. Die Ethik wäre so das Korrelat einer pessimistischen Anthropologie, aber eine solche Relation muss bestritten werden, und zwar nach beiden Seiten hin. Auch die optimistische Vision einer *allgemeinen* und unbeschränkten Verbesserungsfähigkeit des Menschen sitzt einem identischen Fehlschluss von der Anthroplogie auf die Ethik auf. KANTS entscheidende Leistung ist der Aufweis einer praktischen Vernunft, die sich selbst reguliert. Ethische Prinzipien können nicht, folgt man KANT, wie Ableitungen aus „Menschenbildern" betrachtet werden.

Anthropologische Spekulationen sind daher kein Rechtsgrund für moralisches Handeln, das sich nicht deswegen „pessimistisch" ausrichten kann, weil die vorausgesetzte Anthropologie pessimistisch (oder optimistisch) ist. Handlungen rechtfertigen sich mit Gründen, und Gründe operieren in irgendeiner Form mit Prinzipien oder Maximen; sie werden in einer Sprache formuliert, die nicht durch historische Beispiele (für Pessimismus oder Optimismus) bestätigt oder widerlegt werden kann. *Das* begründet eine argumentative Ethik und bestreitet die Gesinnungsmoral, denn man kann nie sicher sein, in Uebereinstimmung mit den Prinzipien zu handeln. Der Hiatus zwischen Intention und Wirkung macht argumentativen Austausch notwendig und unvermeidbar. Argumente signalisieren Lernbereitschaft und die Fähigkeit, mit Irrtümern konstruktiv umzugehen. „Rationale Prinzipien" als Kern moralischer Argumente sind der Versuch einer lernenden Fehlerkontrolle, die die moralische Welt gleichermassen voraussetzt *und* sie verbessert. Die Kommunikation ist auf Gelingen wie auf Scheitern angewiesen, wobei eine hohe Sensitivität für moralische Irrtümer die Artikulation von Prinzipien wesentlich mitbestimmt. „Gerechtigkeit" als Topos der Lernarbeit erfordert Erfahrung mit *Ungerechtigkeit,* aber keine pessimistische oder optimistische Anthropologie.

HUME hatte die „idle fiction" der christlichen Brüderlichkeitsmoral mit folgendem Argument zurückgewiesen:

> „Justice takes its rise from human conventions; ... these are intended as a remedy to some inconveniences, which proceed from the concurrence of certain *qualities* of the human mind with the *situation* of external objects. The qualities of the mind are *selfishness* and *limited generosity:* And the situation of external objects is their *easy change,* join'd to their *scarcity* in comparison of the wants and desires of men" (HUME 1888, S. 494).

„Gerechtigkeit" ist kein Argument, das selbst an der Erfahrung lernt, sondern entsteht aus Konventionen, die notwendig sind, weil es ständig und unaufhebbar eine Diskrepanz zwischen den Motiven und den Situationen des Handelns gibt. Motive sind zurückführbar auf die beiden Grundqualitäten der Selbstliebe und des beschränkten Grossmutes, die mit Objekten umgehen müssen, welche ständig zu knapp sind verglichen mit den Wünschen und Bedürfnissen, und die sich selbst ständig ändern. „Gerechtigkeit" entsteht aus dieser Struktur heraus, weil sie den Sinn für *Ungerechtigkeit* schärft, die in der Konkurrenz verschiedener Handelnder entstehen muss und die Voraussetzung ist für beschränkende und ausgleichende Konventionen. Unbegrenzter Grossmut und perfekter Ueberfluss würde die Idee der Gerechtigkeit selbst zerstören, weil sie unter diesen Umständen nutzlos wäre (Ebd., S. 496).

Eine solche Moral kann *nur* beschränken, auch wenn HUME, wie LOCKE oder HOBBES, davon ausgeht, dass sich die Unterwerfung unter die moralischen Regeln durch Einsicht vollzieht (Ebd., S. 499). Die Regeln selbst werden nicht auf Argumente oder rationale Prinzipien bezogen, sondern begründen sich durch die vorausgesetzte Anthropologie: „*Self-interest is the original motive to the* establishment *of justice*“ (Ebd.). Alle utilitaristischen Positionen gehen auf diese Konzeption eines rationalen Egoisten zurück, der sein Selbstinteresse kalkulierbar halten muss, weil die grundlegende Voraussetzung für jede seiner Handlungen das Selbstinteresse *Anderer* ist. Nun entspricht es der Grundsituation menschlichen Handelns, dass Selbstinteresse und der moralische Standpunkt bei Gelegenheit konfligieren (SELLARS 1980, S. 95), aber Moral kann nicht *aus* dem Selbstinteresse im Sinne seiner konventionellen Beschränkung abgeleitet werden. „Selbstinteressen“ sind *Intentionen,* die sich von einem unabhängigen Standpunkt aus moralisch qualifizieren lassen müssen (Ebd., S. 99); moralische Intentionen entstehen nicht aus sich selbst, aber sind auch nicht dann qualifiziert, wenn sie mit Konventionen in Verbindung gebracht werden. *Etwas anderes* muss noch vernünftig (reasonable) sein (Ebd., S. 100), eine allgemeine Definition des Guten, die nicht empirisch statthaben muss, aber die logisch gefordert ist, wenn von einem moralischen Standpunkt überhaupt die Rede sein soll (Ebd., S. 101).

Das wird noch schärfer sichtbar, wenn man die pädagogische Frage enger führt und sie mit RICHARD HARE (1981, S. 194ff.) so stellt, ob man einen Egoisten erziehen sollte. HUMES „selfishness“ wurde anthropologisch, also ohne pädagogischen Vorbehalt, formuliert[30], aber es ist darum eben sowohl dämonisch als auch leer. Eine empirische Generalisierung ist nur schwach möglich, zumal Komplizierungen unumgänglich sind, wenn „selfishness“ nicht einfach als Arteigenschaft erscheinen soll, die keine Kontextbedingungen hat. Ansonsten wäre „selfishness“ als Motiv mit graduell sehr unterschiedlicher Festigkeit zu beschreiben, nach Loyalitäten innerhalb und ausserhalb von Gruppenbeziehungen zu unterscheiden und schliesslich als kulturspezifische Mentalität zu betrachten, so dass allein aufgrund dieser Differenzierungen weder eine universelle Eigenschaft noch eine globale Wirksamkeit angenommen werden kann. Aber wichtiger noch ist die Konsequenz aus HARES Frage: Wenn „Selfishness“ kein Erziehungsziel sein kann, wie entsteht dann HUMES anthropologische Disposition? Wäre sie Lernprozessen ausgesetzt, so kann nicht eine zeitunabhängige Konstante als Eigenschaft „des“ Menschen angenommen werden. Aber HUME reflektiert nicht auf kontingente Prozesse, sondern behauptet „selfishness“ einfach *als* philosophische Generalisierung, die mit einem „Realismus“ verbunden ist, der sich nicht, wie der DEWEYS, als Theorie experimentellen Lernens verstehen lässt.

HARES Gründe, warum es (moralisch, nicht empirisch) ausgeschlossen ist, einen Egoisten zu erziehen, beziehen sich im wesentlichen auf die Interessen des *Kindes,* die in der Erziehung antizipiert werden müssen, obgleich oder weil der Verlauf des Lebens im Einzelnen unabsehbar ist. Das verlangt eine Reduktion auf „the best principles“, die es dem Kind ermöglichen, sein Leben selbst einzurichten (Ebd., S. 195). Die besten Prinzipien sind aber *moralische,* und zwar aus drei Gründen heraus, (i) ein „successful immoral egoist" verlangt Fähigkeiten, die kein Mensch wirklich erfüllen kann, weil sich niemand unabhängig von moralischen Forderungen selbst definiert, (ii) eine durchkriminalisierte Gesellschaft – „successful crime" for everyone – ist undenkbar, weil moralische Instanzen in der Gesellschaft selbst für stabile Abgrenzungen sorgen, die nur an den Rändern ausfransen, und (iii) es ist unmöglich, ein Kind *ohne* moralische Prinzipien zu erziehen, wenn man in seinem Interesse handeln will (Ebd., S. 195ff.). Das Interesse des Kindes ist nicht einfach psychologisch zu bestimmen, sondern verlangt eine pädagogische Stellvertretung, rationale Prinzipien, von denen nur der Erwachsene weiss, dass sie eine moralische Lebensführung ermöglichen.

Aber das ist nicht einfach als „Einpflanzung" denkbar, so dass HARE eine Verlegenheit ausdrückt und keine Erziehungstheorie formuliert, wenn er schreibt: „My guess is that the safest and best way of bringing up our children is to *implant* in them, if one can, a good set of moral principles plus the feelings that go with them, the feeling being strong enough to secure observance of the principles in all ordinary cases, but not, of course, neurotically strong, or stronger than is needed for their purpose" (Ebd., S. 198; Hervorhebung J.O.). Aber die moralischen Obligationen müssen *ohne* psychische Passung gedacht werden, denn sie gelten auch dann, wenn sie nicht oder nicht perfekt mit inneren Dispositionen korrelieren, ganz abgesehen von der Frage, wann diese Korrelation je der Fall gewesen wäre. HARE vermag nicht zu denken, dass jeder Moralcode von einem Anticode begleitet ist und es keine optimale Verinnerlichung der Moral geben kann. Das kann man auch so darlegen: Selbst wenn es legitim wäre, einen erfolgreichen und unmoralischen Egoisten zu erziehen[31], die Kontingenz der Erziehungswirklichkeit liesse keine Prognose zu.

Daraus ergibt sich auch ein Einwand gegen die These, dass ein Kind mit und durch Prinzipien erzogen werden sollte, „which are the most likely on the whole to conduce to his own well-being" (Ebd., S. 196), was wiederum ein divinatorisches Verstehen voraussetzt oder aber einfach die Bedingungen der moralischen Welt mit dem guten Leben gleichsetzt. HARE erkennt zwar, dass Erziehung als moralische Kommunikation sich nicht einfach nur auf allgemeine Standards, wie Ehrlichkeit oder Wahrhaftigkeit, denen jeder beipflichtet, richten kann, sondern auch andere Ebenen in Rechnung stellen muss, auf denen die „personal but fairly general principles" erworben werden (Ebd., S. 200), aber die pädagogische Frage, wie Erziehung gedacht werden muss, die nicht einfach als Instrument zur Ethik erscheint, kommt nicht in den Blick. Nur dann aber lässt sich die These bearbeiten, es sei im Interesse des Kindes, dass es moralische Persönlichkeit werden kann. „If we were bringing up a child, we should try to inculcate into him some prima facie moral principles, with the attendant moral feelings" (Ebd., S. 203). Die Frage ist nicht nur, dass die Moral als „second nature" des Menschen in bestimmten Situationen sich *gegen* die Bedürfnisse richten kann (Ebd., S. 204), sondern wie sie überhaupt „zweite Natur“ werden kann.

Man kann das Paradox des Egoisten aber auch eleganter lösen: Im *Eigen*interesse des Kindes ist es, *nicht*-egoistische Motive herauszubilden, aber das ist kein Argument für „Egoismus“ (HARMAN 1977, S. 150). Motive können egoistisch und nicht-egoistisch sein, und sie können mit egoistischen und nicht-egoistischen Interessen verbunden werden; aber eine moralische Einstellung entsteht erst, wenn das Eigeninteresse zurückgestellt wird: „To act for reasons of morality is to act, not out of self-interest, but out of an intrinsic concern and respect for people as ‚ends in themselves‘“ (Ebd., S. 151). Man muss hinzufügen, diese Einstellung liegt durch das moralische Argument selbst nahe, nicht einfach durch Konventionen (Ebd.), und sie ist daher nicht die Folge einer Implementation. Nicht eine pädagogische Operation sorgt für die „Ueberwindung“ des Egoismus, sondern die moralische Welt, und Erziehung ist das, was in sie hineinführt und ihre Postulate präsent hält. Nicht etwa entsteht daraus eine Art unbedingter Selbstlosigkeit, ein Erziehungsprogramm, das mit der Wirklichkeit nicht zurechtkäme, und schlimmer noch dem eigenen Anspruch widerstreiten würde. Es müsste nämlich andere Personen gerade nicht als Selbstzweck betrachten, sondern sie nach seinen Zwecken beeinflussen.

Bricht man mit dem Verinnerlichungsschema, dann lassen sich Obligationen nicht in eine Idealpassung zu Dispositionen setzen. Wenigstens gibt es dafür keine ominöse Kraft, genannt Erziehung; vielmehr lernen, um es zu wiederholen, Novizen den Umgang mit der moralischen Welt, die *unausgesetzt* als Problem erscheint und ständig Bearbeitung verlangt. Aus Novizen werden Erwachsene, denen „Moral“ Leiderfahrung und Lebensgrundlage gleichermassen ist, ohne dass es einen abschliessend sicheren Ort der perfekten Verinnerlichung gäbe. „Moral“ ist nicht so vorzustellen, dass zwischen Aussen und Innen eine randlose Kongruenz bestünde, wie dies in der alten Mikrokosmosidee angenommen werden konnte. Eher veranlasst „Moral“ immer erneut zum Glauben an sie, *weil* ihre Transits ständig zu Brüchen führen, die nur durch Selbstversicherungen dahingehend zu schliessen sind, dass es immer noch die gleichen Prinzipien sind, die Geltung finden sollen. „Moral“ definiert sich selbst als je geschlossener Kontext oder als Kosmos; die Prinzipien sind nicht beliebig veränderbar und können nicht ständig neu erzeugt werden. Daher muss, im Falle der Enttäuschung, immer wieder neu der Glaube gefunden werden. In diesem Sinne hat HARE recht, wenngleich er die pädagogische Pointe seiner Formel nicht bemerkt: „We *have,* if morality is to be a viable enterprise, *to believe* that if we adopt moral purposes and principles we stand a reasonable chance of carrying them out and not perishing uselessly in the process“ (HARE 1981, S. 205; Hervorhebungen J.O.).

Geltung ist aber nicht „Einpflanzung“ und Verinnerlichung von *„firm dispositions of character“* (Ebd., S. 197), aber auch nicht einfach Zustimmung zu einer *dinghaften* moralischen „Objektivität". Objektiv ist der Geltungs*anspruch* moralischer Sätze und darin einliegend ethischer Prinzipien und dies auf mindestens dreifache Weise, (i) er lässt keine Ausnahme zu und betrifft jedermann ohne Rücksicht auf soziale oder biographische Kontexte, (ii) er ist zeitlich nicht limitiert und (iii) er schliesst Eigenrelativierungen aus. Man kann eine Forderung der Gerechtigkeit nicht in sich selbst zurücknehmen oder einschränken, man kann sie nicht für eine bestimmte Zeitdauer beanspruchen und man kann niemanden davon ausnehmen. Das bedeutet aber wie gesagt nicht, dass mit dem Anspruch auf Geltung die Geltung selbst gewährleistet wird. Sie ist fragil und kommt vielfach nur unter Inkaufnahme von Paradoxien zustande, wie eben die pädagogische Stellvertretung, die absehen muss, was sie nicht absehen kann, ohne darum überflüssig zu werden.

Nun gibt es gewichtige Einwände gegen die These vom unbedingten Geltungs*anspruch,* die nicht mit Hinweis auf die Kontingenz des Geschehens bearbeitet werden können und insofern die klassische Möglichkeit verschliessen, durch Verweis auf den Zufall die Notwendigkeit moralischer Prinzipien zu verstärken. Wenn diese Prinzipien *selber* in Zweifel gezogen werden, dann verflüchtigt sich das Geltungsproblem, weil sich der Geltungsanspruch auflöst.

Das Problem einer öffentlichen Erörterung moralischer Prinzipien stellt sich nur dann, wenn das „Projekt der rationalen Rechtfertigung der Moral" gesellschaftlich anerkannt wird. ALASDAIR MACINTYRE hat dieses Projekt zu Recht als das Projekt der *Aufklärung* angesehen, aber den Schluss gezogen, dass es gescheitert sei, weil der von ihm beanspruchten Rationalität die Grundlage fehle. Es gäbe in der modernen Gesellschaft keine *gemeinsame* Rechtfertigung moralischer Prinzipien, so dass – erneut wird LYOTARDS Lesartenmetapher sichtbar – die Prinzipien selbst immer nur relativ zu bestimmten Deutungskontexten formuliert werden können (MACINTYRE 1987, S. 74). Daher zeichne den „eigentlich modernen Standpunkt" nicht praktische Vernunft, sondern relativistische „Willkür" aus, die jedem unbedingten Geltungsanspruch spottet: Die moralische Debatte der Moderne wird „als Auseinandersetzung zwischen unvereinbaren und nicht vergleichbaren moralischen Prämissen begriffen . . . und moralische Verpflichtung als Ausdruck einer kriterienlosen Wahl zwischen solchen Prämissen, eine Wahl, die rational nicht gerechtfertigt werden kann" (Ebd., S. 61).

MACINTYRE hat im amerikanischen Original den Titel *After virtue* gewählt, um den Verlust einer allgemeinverbindlichen Tugend in der diskursiven Moderne anzuzeigen. Seine These endet mit einem Rückgriff auf die aristotelische Philosophie der Tugend (Ebd., S. 243ff.), die die *Einheit* des Lebens zur Bedingung hat (Ebd., S. 268ff., 273ff.)[32]. Tugenden stehen nicht zur Wahl und sind auch nicht occasionell zu verwenden, vielmehr setzen sie eine Teleologie voraus (Ebd., S. 270) und sind Teil einer gemeinschaftlichen Praxis. „Ich bin nie imstande, nur in meiner Eigenschaft als Individuum das Gute zu suchen oder die Tugenden auszuüben" (Ebd., S. 293). Vielmehr ist das „gute Leben" abhängig von moralischen Ueberlieferungen und symbolisch-rituellen Traditionen. „Sie konstituieren das Gegebene meines Lebens, meinen moralischen Ausgangspunkt. Dies verleiht meinem Leben einen Teil seiner moralischen Besonderheit" (Ebd., S. 294).

Die rationale Klärung ethischer Prinzipien ist demgegenüber gleichbedeutend mit der „Suche nach einem Hirngespinst", denn die Heteronomie der Begriffe und Konzepte lässt sich nicht dann auflösen, wenn das Medium, der öffentliche Diskurs, sie gerade voraussetzt. Bei „rivalisierenden" und hochgradig unterschiedlichen Begriffen der Gerechtigkeit kann nicht geklärt werden, was „Gerechtigkeit" *ist* und ob sie gelten soll oder nicht (Ebd., S. 336). Das gilt generell: Eine Gesellschaft, die so verfährt, kann nicht darauf hoffen, „moralische Uebereinstimmung zu erreichen" (Ebd.). Nur eine solche Uebereinstimmung sichert aber die Legitimität der politischen (und auch pädagogischen) Institutionen: „In jeder Gesellschaft, in der der Staat nicht die moralische Gemeinschaft der Bürger ausdrückt oder verkörpert, sondern eine Reihe institutioneller Vereinbarungen darstellt, um der Gesellschaft eine bürokratisierte Einheit aufzuzwingen, der ein wahrer moralischer Konsens fehlt, wird das Wesen politischer Verpflichtung systematisch unklar" (Ebd., S. 338).

Tugend ist ohne sichernde Traditionen undenkbar, und die Traditionen sind solche der Lebensformen und der sozialen Milieus, nicht einfach der Gesellschaft. Aber es besteht kein Grund anzunehmen, dass diese Bedingung permanent *nicht* erfüllt wird und damit die Tugend selbst gefährdet wäre. MACINTYRE kritisiert eine *philosophische* Moderne, die nichts über moralische Erziehung in lebensweltlichen Milieus und auch nichts über deren sozialhistorische Bewegung aussagt. „Tugend" als persönliche Eigenschaft (Ebd., S. 255ff.) wird von jeder denkbaren sozialen Praxis vorausgesetzt, schon weil sonst keine moralische Kommunikation möglich wäre, deren Appellationen einer Instanz zurechenbar sein müssen, die sich nur als Person bezeichnen lässt. Aber Tugenden machen nicht Moral aus, und der Bezug von Individuum und Praxis erschöpft das Thema auch dann nicht, wenn es tatsächlich „eine übergreifende Vorstellung vom Telos eines ganzen, als Einheit begriffenen Menschenlebens" gäbe (Ebd., S. 270). Gerade der Verweis auf „Praxis" aber verlangt eine plurale Differenzierung, die Einheitsvorstellungen widerstreitet, so dass schon ein Gottesbegriff nötig wäre, doch noch und gegen die historische Erfahrung Verbindlichkeiten zu formulieren, die sich *nicht* aus der Moral selbst ergeben.

Man kann nicht von der Moraltheorie der Aufklärung auf die Reproduktion der Moral selbst schliessen, um so weniger wenn die Aufklärung, wie bei MACINTYRE, auf *Individualismus* reduziert wird und der Vernunftanspruch erscheint, als sei er *nicht* vor allem ein politischer, sondern ein kontingentes Lernereignis. Alle Gegner MACINTYRES, HUME und LOCKE oder KANT und KIERKEGAARD[33], haben die Moral der einzelnen Person immer an politische Bedingungen gebunden, die sich aus der Idee der bürgerlichen Gesellschaft ableiten, für die tatsächlich Vernunft und nicht Tugend oder Tugend als Respondenz der Vernunft den Problemmittelpunkt definiert hat. „Vernunft" hat *Oeffentlichkeit* zur Bedingung, eben weil sie sich nicht mehr über Tugend artikulieren kann, sondern eine argumentative Ethik verlangt. Das ist aber kein Widerspruch zur sozialen und kommunikativen Forderung der Tugend, die auch unter den Bedingungen pluraler Verhältnisse eingelöst werden muss, wenngleich unter Verzicht auf Echtheitsforderungen.

„Tugend" ist zunächst immer nur moralische Behauptung, die sich in konkreten Handlungen manifestiert oder auch nicht, ohne dass ein einzelnes Ereignis abschliessend über die Qualität einer Tugend entscheiden könnte. Tugenden, die MACINTYRE nennt, also Gerechtigkeit, Tapferkeit oder Ehrlichkeit (Ebd., S. 256), sind nie feste Dispositionen, sondern emotivkognitive Verstehenshintergründe für Entscheidungen, in denen sie nicht unter Beweis gestellt werden, wie in der aristotelischen Ethik, sondern in denen komplexe Interpretationen und Zuschreibungen interner und externer Art für ein gutes oder ein schlechtes Bild sorgen, das dann als „Eigenschaft" bezeichnet wird. Wäre Gerechtigkeit eine Tugend, dann wäre sie persönliche Eigenschaft, die erworben und auf Dauer gestellt werden kann. Genau das zeichnet Situationen der Entscheidung über Gerechtigkeit aber *nicht* aus; Entscheidungen gehen nicht auf innere Programme zurück, sondern sind der Abbruch einer konstanten Deutungsarbeit, die ihre Reichweite immer nur selbst herstellen kann, ohne durch innere Institutionen gesichert zu sein. Das würde zudem bedeuten, „Gerechtigkeit" oder „Tapferkeit" oder „Wahrheitsliebe" (Ebd., S. 260) sind in jeder inneren Welt *gleich* verankert; gibt man ihre *individuelle* Formung zu, dann können von derartigen Dispositionen keine einheitlichen Wirkungen erwartet werden, wie MACINTYRE etwa im Blick auf korrumpierte Machtverhältnisse unterstellt (Ebd.).

Der politische Kampf gegen den Missbrauch der Macht kann nicht davon abhängig gemacht werden, dass jeder Bürger die gleiche Wahrheitsliebe empfindet oder die gleichen Dispositionen der Gerechtigkeit besitzt, und durch Divinationen die Verhältnisse durchschaut und sich wehrt. Politische Moral korrespondiert natürlich mit Tugenden, aber die sind keine abrufbaren Eigenschaften, sondern diffuse oder vage Potentiale, die erst *in* Entscheidungssituationen artikuliert und agiert werden. In diesem Sinne ist das Ethische tatsächlich eine Wahl, was MACINTYRE gegenüber KIERKEGAARD bestreitet (Ebd., S. 61ff.), aber mit Gründen, die auf eine Konzeption von Erziehung vertrauen, die empirisch und logisch nicht mehr möglich ist. Es kann keinen „Besitz von Tugenden" (Ebd., S. 262) geben, als seien dies verfügbare Eigenschaften, die ihren festen Platz im Gewissen haben und jederzeit mobilisiert werden können. Eher sind Tugenden sprachliche und psychologische Idealisierungen, die *selten* mit Entscheidungssituationen konfrontiert werden und so den Test mit der Alltäglichkeit auch kaum bestehen müssen. *In* Entscheidungssituationen aber hat man tatsächlich die Wahl zwischen einer moralischen und einer nichtmoralischen Idealisierung, wobei beide gleich riskant sind, wenngleich das Risiko verschieden aussieht.

Man kann nicht einfach „gerecht" sein wollen, wenn damit mehr gemeint ist als eine Alltagsidealisierung; die gehobene Intention der Gerechtigkeit ist mit einer Vorstellung des „guten Lebens" (Ebd., S. 250) verbunden, als dessen Repräsentant sich der Handelnde darstellen müsste, wenn Erziehung tatsächlich ein Prozess der Verinnerlichung von Tugenden wäre, die diesem einheitlichen Entwurf des „guten Lebens" entstammten. Aber das „gute Leben" ist selbst alles andere als einheitlich und kann wenn, dann nur komplex und mit anderen pädagogischen Konsequenzen beschrieben werden. JOHN RAWLS hat, in Erläuterungen seiner Theorie der Gerechtigkeit, fünf Versionen der Idee des Guten unterschieden, die in dem zentralen Gedanken der Gerechtigkeit als Fairness enthalten seien: „(1) the idea of goodness as rationality, (2) the idea of primary goods,[34] (3) the idea of permissible comprehensive conceptions of the good, (4) the idea of political virtues, and (5) the idea of the good of a well-ordered (political) society" (RAWLS 1988, S. 251).

Diese Liste begründet einen politischen Liberalismus und das, was RAWLS „civic humanism" nennt (Ebd., S. 272). Das dazu gehörige Erziehungskonzept wird deutlich benannt, nämlich nicht die Implantation von Tugenden oder moralischen Dispositionen, sondern die Eröffnung öffentlichen Verstehens und die Einführung in die bürgerliche Gesellschaft (Ebd., S. 267). Das *verlangt* moralische Einstellungen, aber nicht unabhängig von den Rationalitätsansprüchen der liberalen Oeffentlichkeit, also unter der Voraussetzung anspruchsvollen Wissens und so von Bildung. Es geht für die Lernenden wesentlich um „their acquiring the capacity to understand the public culture" (Ebd., S. 268), nicht um die abschliessend richtige Moral, die sich in festen Tugenden ausdrückt.

MACINTYRE minimiert den Status der Oeffentlichkeit, und er bestreitet den Sinn öffentlicher Bildung (MACINTYRE 1992), sofern damit eine Reduktion moralischer Verbindlichkeit zugunsten willkürlicher und letztlich entscheidungsunfähiger Diskurse verbunden wäre. Aber in keiner denkbaren Moralerziehung kann auf Tugenden verzichtet werden, wenn damit ein bestimmter Anspruch und eine zugeordnete Sanktion gemeint ist, die sich nicht aus Diskursen ergeben. Ueber „Freundschaft" kann nicht verhandelt werden, schon weil die symbolische Kultur für klare moralische Präferenzen sorgt. Aber es gibt unter den Bedingungen der ästhetischen Moderne keine einheitlichen Musterbilder mehr und keine Entwicklungen zur Tugend hin, die mit Teleologien verbunden wären. Oeffentlichkeit ist dafür kein Ersatz; sie entsteht vielmehr unter der historischen Voraussetzung, dass die einheitlichen Lebensformen sich auflösen und die Themen der Moral zu umstrittenen Grössen werden, über die nicht gewaltsam entschieden werden soll. Damit *verstärkt* sich in gewisser Weise die moralische Kommunikation, denn nur in geschlossenen Welten sind Wirkungskontrollen möglich, die Eindeutigkeit herstellen können. Die Moderne ist so nicht gebaut, so dass ein Rückgriff auf antike Konzepte der Tugend nur mit einer Verzerrung der Optik plausibel erscheinen.[35]

Es ist nicht zwingend, dass „eine Ethik der Tugenden als Gegenstück eine Vorstellung vom moralischen Gesetz braucht" (Ebd., S. 268), wenn damit dreierlei ausgeschlossen werden soll, Vielfalt der Sprache, Pluralität der Geltung und Veränderung durch Lernen. Prinzipien des *Sollens* können nicht einheitlich formuliert werden, finden unterschiedlich Geltung und können Veränderung durch Lernen nicht ausschliessen. Moralische Kommunikationen müssen die Geltung von Gesetzen oder unbedingten Ansprüchen darlegen und die Sanktionen unter Beweis stellen, aber weder die alltägliche Praxis noch die herausgehobene Erziehungserwartung können Tugenden und Gesetze *verkoppeln.* Es gehört zur menschlichen Freiheit, dass Verstehen und persönliche Umformung der moralischen Prinzipien nicht vereinheitlicht werden können. Wenigstens ist die Erziehung in offenen Gesellschaften dafür nicht das geeignete Mittel.

PETER SINGER hat dargelegt, dass ein entscheidendes Problem sowohl der Tugendethik, wie sie MACINTYRE vertritt, als auch einer präskriptiven Moral, wie sie etwa RICHARD HARE entwickelt hat, nicht lösbar ist, nämlich „how statements of fact are connected with reasons for acting" (SINGER 1973, S. 54). MACINTYRE bindet die moralische Verpflichtung an verinnerlichte Tugenden, aber eben schon die Idee der „Verinnerlichung" ist irreführend, weil damit immer eine Subjektivität verbunden ist, die der Pflicht widerstreiten kann. Gerade wer Tugenden präferiert, macht Obligationen zu prekären Grössen, denn sie wären mit inneren Automatismen verbunden und also leicht zu erschüttern, wenn die Kontexte wechseln oder sich der Grad der Verführbarkeit erhöht. Auf der anderen Seite behaupten präskriptive Theorien die Universalität moralischer Prinzipien ohne Rücksicht auf die faktische Situation; die Argumente sind gut, aber sie überbrücken nicht die Kluft zwischen den Begründungen und den Handlungen (Ebd., S. 56).

Eine argumentative Moral beansprucht präskriptive Theorien, aber eben auch nur für die Begründung und deren lockere Beziehung zur Handlung, auch wenn gerade präskriptive Theorien oft lineare Verknüpfungen zwischen Intentionen und Wirkungen behaupten. Doch eine argumentative Moral ist nicht mehr als der Versuch, den Geltungs*anspruch* darzulegen, während über die Geltung selbst die Handlungswirklichkeit mit ihren unabsehbaren Folgen entscheidet. Der universelle Anspruch eines moralischen Prinzips *ist* unbedingt präskriptiv, aber schon die Medien der

Kommunikation können diesen Anspruch nur unter Rücksicht auf die faktische Welt formulieren, sofern sie in Handlungen übersetzt und in diesem konsequenten Sinne „gelten“ sollen.[36] Man kann also sehr wohl von unbedingten Prinzipien sprechen, wenn man auf der anderen Seite die Oeffentlichkeit als Medium der Kommunikation präferiert. Es muss keine faktische und globale (ausschliessliche) Verbindung von Fakten und Gründen geben, weil beide immer erneut und immer prekär verknüpft werden müssen. Jede starre Beziehung befördert Lernunfähigkeit, und die kann immer unter Hinweis auf „Tugenden“ verdeckt werden.

Aber was unterscheidet diese Position von BRUNERS „education as negotiation“? Ich sehe mindestens drei starke Abgrenzungen, (i) Erziehung als moralische Kommunikation ist nicht *identisch* mit liberaler Oeffentlichkeit, (ii) moralische Kommunikation muss Novizen und Initiierte unterscheiden, aber in beiden Fällen auf Selektionen etwa nach Kompetenzen verzichten, wie sie für jeden Diskurs grundlegend sind, und (iii) moralische Kommunikation ist nicht *Verhandlung* über Sinn, was gleichwertige und gleichberechtigte Partner voraussetzt, sondern eine Auseinandersetzung, die immer mit Asymmetrien und Defiziten beginnt. Das gilt natürlich auch unabhängig von Lebensaltern oder sozialen Rollen; Novizen sind auch Erwachsene sehr oft, Kinder freilich in einem elementaren Sinne erstmalig.

Die Abgrenzung lässt sich so erläutern: (i) Erziehung ist als moralische Kommunikation Initiation in die sozialen Räume ethischer Prinzipien und Argumentformen, nicht einfach eine tolerante Form des Umgangs. Die „liberale Oeffentlichkeit“ als Diskursform operiert über das Medium der Kritik und hat Kompetenzen zur Voraussetzung, die ungleich verteilt sind. Erziehung dagegen steht in *dieser* Hinsicht unter einem Gleichheitsgebot: Sie kann, als moralische Kommunikation, verschiedene Personen nicht verschieden behandeln. Darum ist auch nicht „Sinn“ die Bezugskategorie, eine hochindividuelle Grösse, sondern *Moral.* Moral bezieht sich freilich immer auf den *Raum* der Oeffentlichkeit, jedoch nicht lediglich als Lernziel. (ii) Es gibt keine Vorabselektion; moralische Initiationen können nicht geteilt werden nach Sozialstatus oder Biographiedifferenzen. Sie betreffen jeden ohne Unterschied, so verschieden die Kommunikation selbst auch erfolgen mag. Aber „Gerechtigkeit“ ist ein vorschwebendes Ideal *jeder* denkbaren Erziehung, die sich selbst ohne Ausnahme definieren muss. (iii) Die Initiation wäre sinnlos, wenn am Anfang des Prozesss nicht Ungleichheit stünde; Asymmetrie ist die Bedingung, um überhaupt moralische Kommunikationen beginnen zu können, sonst hätten die pädagogischen Formen keinen Sinn. Appelle wie Belehrungen, Begründungen wie auch Schutz vor Zumutungen wären gleichermassen sinnlos. Wenn sich „Partner“ begegnen, kann der eine den anderen nicht „erziehen“, sondern er kann nur die Gleichheit der Verhältnisse bestätigen. Erziehung aber beginnt mit Ungleichheit, und es gibt nie einen Zustand, wo

Gleichheit als total realisiert angesehen werden könnte. Das wäre tatsächlich das Ende der Erziehung.

„Erziehung" ist aber auf der anderen Seite auch nicht mit der Vermittlung von *Tugenden* gleichzusetzen. Der Unterschied zu den antiken Konzeptionen ergibt sich aus der modernen Hochwertung öffentlicher Begründungen. „Morality is, most centrally and importantly, not just about actions but about *reasons* for acting" (RESCHER 1989, S. 24). Das schliesst aber keineswegs aus, was NICHOLAS RESCHER *moral absolutes* genannt hat, die nur nicht mit Konventionen gleichgesetzt werden dürfen (Ebd., S. 25). Der Pluralismus von Konventionen ist unvermeidlich, die moralischen Codes können oder müssen sich unterscheiden. Aber daraus folgt nicht ein indifferenter Relativismus, demzufolge alles möglich sei, weil Moralität letztlich nur eine Angelegenheit lokaler Milieus sei (Ebd., S. 41). *Prinzipien* kontrollieren diese Milieus in dem Sinne, dass sie festlegen, wie die Basis der allgemeinen Moral formuliert werden muss. „The controlling role of higher-level Principles inherent in the very idea of what ‚morality' is all about saves morality from a destructive fission that engenders indifferentism" (Ebd.).

RESCHER spricht von der „moral domain" oder dem Raum der Moral, der unterschiedlich symbolisiert werden kann, aber nur dann unterscheidbar ist, wenn er zentrale Desiderata der Moral selbst, also jedes denkbaren Raumes, beschreiben kann. Wer diese Desiderate negiert, negiert Moral überhaupt und wechselt das Thema der Diskussion. Desiderate formulieren Rechte und Ansprüche, und wenn diese in einer bestimmten Kultur gebrochen oder abgeschafft werden, dann muss diese Kultur oder Gesellschaft ihr moralisches Scheitern verkünden. „There is no ‚room for negotiation' here" (Ebd., S. 42). Diese These *absoluter* moralischer Werte wird mit Hilfe von vier allgemeingültigen (overarching) Prinzipien begründet:

„– the value of the human person, grounding its rights of safety and security
– the dignity and respect of the individual
– liberty, individual freedom
– people's rights to consultation in matters affecting their well being and interests" (Ebd., S. 41/42).

Die kritische Frage ist nicht, ob Rescher die liberale Moral der bürgerlichen Gesellschaft *abschliessend* beschreibt, sondern wie er sich gegen den naheliegenden Einwand des *historischen* Relativismus verteidigt. Das Argument gesteht zu, dass es kulturanthropologische Beschreibungen grundlegend verschiedener sozialer Gebräuche gibt, dass daraus aber nicht folgt, dass auch die *Moral* relativ sein muss. Eher folgt daraus, dass Stammeskulturen eine elaborierte Moralität überhaupt noch nicht entwikkelt haben. Religiös motivierte Menschenopfer widerstreiten *jeder* heute formulierbaren Ethik und lassen sich auch nicht durch Verweis auf den Mythos rechtfertigen. Was ins Spiel gebracht werden kann, ist der Hinweis auf mangelndes Wissen, aber eben das rechtfertigt *keinen* Relativismus, denn man würde Unvergleichliches gleichsetzen (Ebd., S. 43).

Das Argument ist freilich missverständlich, weil es die Moral von Stammeskulturen mit *heute* anstössigen Praktiken gleichsetzt und einen Eurozentrismus der Ethik befördert, denn tatsächlich definiert RESCHER seine *moral absolutes* vor dem Hintergrund der in Europa entwickelten Konzeption der „bürgerlichen Gesellschaft". Eleganter wäre ein anderes Argument: Stammeskulturen lassen sich mit den ethischen Prinzipien der bürgerlichen Gesellschaft nicht beurteilen, aber sind selbst auch kein Rechtsgrund für eine moralische Relativierung dieser Gesellschaft. Dafür lassen sich mindestens drei Gründe anführen: (i) Die bürgerliche Gesellschaft ersetzt als Rechtsform und als politisches System alle ihre Vorläufer *restlos.* Ihr Rationalisierungsschub betrifft besonders die mythischen Legitimationen öffentlichen Verhaltens, also die gesamte Rechtspraxis, die Oekonomie und nicht zuletzt die Bildung. Mit deren Komplexität und Wandlungsfähigkeit sind Stammeskulturen unvergleichlich. (ii) Die liberalen Rechte und Moralansprüche sind dieser Gesellschaftsform angepasst, sie können nicht durch Hinweis auf ganz andere Rituale und Konventionen in Frage gestellt werden, schon weil die Stammeskulturen nicht über die Freiheiten der Reflexion verfügen, den Unterschied überhaupt wahrzunehmen. (iii) Historische Relativierungen der modernen Gesellschaft benötigen *Idealisierungen,* die aber dem geschichtlichen Tatbestand nicht standhalten. Empirische Stammeskulturen widerstreiten daher aus sich heraus dem Versuch, mit ihrer Hilfe für Entlarvungen der Moderne zu sorgen. Die andere Kultur ist hier nur dann attraktiv, wenn sie die bessere ist, aber dafür sind Stammeskulturen ungeeignet.

Moral absolutes mögen daher auf die bürgerliche Gesellschaft beschränkt sein, aber das ist kein Einwand gegen ihren Geltungsanspruch, der nicht mit dem Verweis auf Stammeskulturen (oder soziale Utopien) ausser Kraft gesetzt werden kann. Wenigstens ist nicht absehbar, dass Gesellschaften, die die bürgerlichen Rechte etabliert haben, sie freiwillig preisgeben würden. In diesem Sinne kann man von „objektiven" Prinzipien sprechen, die den Aufbau moralischer Kognitionen und Emotionen bestimmen, ohne nun aber „Erziehung" noch im stammesgeschichtlichen Sinne begreifen zu können. Erziehung ist nicht Abrichtung zur Moral, sondern Kommunikation über und mit Prinzipien, die zu unterschiedlichen persönlichen Codes führt, aber auch daraus nicht ihre eigene Relativität ableiten kann. Spätestens der Notfall belehrt über den Sinn absoluter Prinzipien.

4.3 Eröffnung und Initiation

„The very *raison d'être* of a morality is to yield reasons which overrule the reasons of self-interest in those cases when everyone's following self-interest would be harmful to everyone. Hence moral reasons are superior to all others" (BAIER 1958, S. 309). Nach dieser Definition wäre eine argumentative Ethik nicht nur eine ständige Auseinandersetzung mit Begründungen, sondern zugleich ein Kampf mit dem Eigeninteresse, das alle Erziehung nicht abschaffen kann, auch dann nicht, wenn andere als liberale Verhältnisse vorausgesetzt werden müssen. „Moral" wäre das kommunikative Feld, auf dem der Austausch und die Beschränkung des Eigeninteresses stattfände. DAVID GAUTHIER hat dies als *kooperative Ethik* beschrieben und dabei ausdrücklich den Aspekt der notwendigen Restriktion betont: „Cooperation is more than mere coordination; the cooperator selects a course of action promoting mutual benefit and adheres to it against the temptation of individuality advantageous defection. Thus cooperation requires a real mesure of constraint" (GAUTHIER 1990, S. 269).

Moralität wäre nicht das Ergebnis ständiger Beratungen, sondern wäre selbst kooperatives Aushandeln, bei dem das Eigeninteresse zugunsten des grösstmöglichen gemeinsamen Gewinns zurücktreten muss (Ebd., S. 272). Die Auswahl moralischer Prinzipien ist gleichgestaltig dem Problem des Aushandelns: „Moral principles (are to be considered) as the outcome of rational bargaining" (GAUTHIER 1990, S. 272; grundlegend hierfür ist NASH 1950). Das betrifft nicht Sinnfragen, auch nicht Fragen der allgemeinen Bedeutung von Moral, sondern die Auswahl von Prinzipien, nach denen gehandelt werden soll. „Moral" ist nicht zu reduzieren auf die *Fähigkeiten* des Aushandelns, aber auch nicht auf die je spezifische *Situation* des Aushandelns, wie manche Diskursethiken suggerieren. Moralische Prinzipien sind soziale Standards, die immer schon vorhanden sein müssen, bevor ein kooperatives Aushandeln sie benutzen kann, und sie verlangen eine starke Idealisierung der Handelnden, die oft empirisch nicht eingelöst werden können. „Moral principles are those to which our rational selves would agree, *ex ante,* for the regulation of our cooperative interactions" (GAUTHIER 1990, S. 272).

Wesentlich an diesem Konzept ist nicht, ob es die Frage der Moral erschöpfend behandelt, sondern dass es Kooperationen (statt singulärer Handlungen) als Feld der Auseinandersetzung begreift. „Moral" ist freilich mehr als nur Entscheidung; von einer *argumentativen* Ethik könnte keine Rede sein, ginge es nur um die Aufeinanderfolge kooperativer Schritte. GAUTHIERS „morality of conditional cooperation" (Ebd., S. 273) ist spieltheoretisch gedacht, also vom Prinzip der Wahl und ihrer Folgen für alle Mitspieler her. Spiele lassen sich nicht egoistisch realisieren und verlangen gerade durch die Bedingung der Kooperation Beschränkungen des Eigeninteresses. Das lässt zwei Fragen offen, wie Entscheidungen begründet werden und welche Voraussetzungen sie verlangen. Beide Fragen sind in pädagogischer Hinsicht von besonderer Relevanz: Begründungen auf dem Niveau einer kritischen Oeffentlichkeit verlangen Argumentkulturen, die erst durch Initiationen erworben werden. „Erworben" bezeichnet den Aufbau persönlicher Fähigkeiten, die bei allen Kooperationsprozessen vorausgesetzt werden müssen. Wichtiger aber noch als dieser Hinweis ist die Tatsache, dass moralische Kommunikationen auch dann weitergeführt werden müssen, wenn es zu *keinen* Kooperationen kommt. Kritik setzt sehr oft keine direkte Kooperation voraus und ist auf der anderen Seite ein zentraler Erziehungsfaktor. Was GAUTHIER „a free and equal moral person" nennt (Ebd.), kann pädagogisch nicht vorausgesetzt werden. Die damit verbundenen Kompetenzen sind lernabhängig, und das heisst, sie können auch *nicht* gebildet werden. Andererseits: Wer Moralität an Kooperation bindet, kann zumindest diese Fähigkeit nicht einem *freien* Lernen überlassen, ohne auf der anderen Seite einem Erziehungsbegriff vertrauen zu können, der einer solchen Moralität *widerspricht.*

GAUTHIER diskutiert das Problem nicht zufällig am Scheitern *Emiles,* der trotz seiner idealen Erziehung unfähig war, glücklich und frei in der bürgerlichen Welt zu leben (Ebd., S. 106). Ohne seinen Tutor konnte Emile nicht unter den Menschen leben, wie sie waren; die Freiheit als Ziel und wenigstens scheinbares Mittel der Erziehung (Ebd., S. 99ff.) führte ihn nur, wie ROUSSEAU selbst, in die Einsamkeit oder in stoische Resignation (Ebd., S. 108). Der Fehler lag in der Annahme einer politischen Wiedergeburt, nämlich einer radikal alternativen Erziehung, die die Gesellschaft selbst befreien würde (Ebd., S. 109). Was aber wäre dann „Erziehung"? Man könnte gerade die kooperative Ethik GAUTHIERS benutzen, um zu einer radikalen Negation jeglichen Paternalismus in der Erziehung und somit zur Auflösung der klassischen Pädagogik zu gelangen (vgl. AVIRAM 1990). Kinder wären unbeschränkt gleichberechtigte und gleichwertige Partner rationaler Aushandlungen, die keinerlei Sonderbedingungen mehr unterworfen sind. Letztlich kämen ihnen die gleichen Rechte zu wie allen Erwachsenen (Ebd., S. 229ff.), Rechte, die ihnen nur aus traditionellen Befürchtungen heraus und unter dem fortwirkenden Eindruck der konventionellen Erziehung verweigert werden.[37] Kinder wären juristisch den Erwachsenen gleichgestellt, die auch pädagogisch jede paternale Autorität verlören.

Die Blockaden gegenüber diesem Vorschlag bezeichnet AHARON AVIRAM mit einer psychologischen Metapher: Es seien vier Dämone in den Köpfen der Beteiligten, die die wahre, nämlich radikale Befreiung der Kinder behinderten, der Machtanspruch und das Dominanzstreben der Erwachsenen, die Flucht vor der Freiheit bei den Kindern, die allgemeine Furcht vor Veränderungen sowie schliesslich die Verpflichtung auf die vorherrschenden Konzepte der Kindheit (Ebd., S. 231). Interessant ist, dass bei diesem Plädoyer für radikale Gleichheit der Kinder paternale Erziehung ausschliesslich negativ und nicht-paternale Erziehung ausschliesslich positiv beschrieben wird.[38] Das hat eine radikale Distanz zum Moralproblem zur Voraussetzung und verlangt einen Rückgriff auf das freie Selbst, das sich aus sich selbst heraus entwickelt. Schon kleine Kinder seien „rational“, wird angenommen (Ebd., S. 219), es gäbe keine substantielle Unterscheidung in den Fähigkeiten von Kindern und Erwachsenen (Ebd., S. 223), und die üblichen Behauptungen der Elternliebe seien Verschleierungen ganz anderer Tendenzen (Ebd., S. 226). Diese und ähnliche Argumente sehen keine Notwendigkeit einer „pädagogischen Ethik“, einfach weil als Grundannahme die Beziehung zwischen zwei *unabhängigen* Personen angenommen wird (Ebd., S. 228).

Diese Beziehung ist eine *moralische* und zudem hochsuggestive Idealisierung, die einhergeht mit der Unterstellung der *schlechtesten* Motive bei denen, die nicht mit dieser Idealisierung übereinstimmen. Aber wichtiger als die argumentative Taktik einer solchen Antipädagogik ist die systematische Vernachlässigung moralischer Probleme, die sich nur in der starken paternalistischen Vision einer *Einpflanzung* von Dispositionen rechtfertigen lässt. Wenn Moralerziehung mit illegitimer Elternmacht oder psychologischer Dominanz gleichgesetzt wird, die die Kinder ausnahmslos nur unterdrückt, wäre der antipädagogische Schritt vielleicht plausibel, obwohl offenbleibt, welche empirischen Kontexte gemeint sind und ob deren Wirkungen tatsächlich mit den Abstraktionen übereinstimmen, die die Antipädagogik vorschlägt. Jedoch ist ein empirisches Verhältnis nur im Extremfall als totale Macht einer Seite vorzustellen; GAUTHIERS spieltheoretische Widerlegung des Egoisten gilt auch für AVIRAMS Karikatur der egoistischen Elternmacht.[39] Mit der radikalen Verweigerung der Elternmacht ist für das Moralproblem ebensowenig etwas gewonnen wie mit der totalen Emanzipation der Kinder. Im Gegenteil, alle diese Argumente sind selbst moralischer Natur und nicht zufällig Grund von Erziehungsstrategien. Ueberwunden werden sollen, durch moralische Kommunikation, „our unworthy fears, wrong desires and faulty conceptions“ gegenüber Kindern und ihrer Erziehung (Ebd., S. 231).

Das Erziehungsproblem liegt tiefer, als es die Rede von der Befreiung der Kinder erscheinen lässt, denn was geändert werden soll, die Einstellung gegenüber der Erziehung, verlangt selbst einen Erziehungsprozess, wobei hinzugefügt werden muss, dass die Emanzipation der Kinder praktisch nur als *Experiment* vorgestellt werden kann[40], das auch scheitern können muss. Nur eine Ideologie der Emanzipation kann starr auf Gelingen fixiert sein, eine Behauptung, die zur Plausibilitätsgewinnung notwendig ist, zur Erziehung der Andersdenkenden, aber die nicht schon eine Beschreibung denkbarer und möglicher Wirkungen impliziert. Was AVIRAM als positive Tendenz vermerkt (Ebd., S. 213ff.), nämlich die historische und mediale Auflösung der Kindheit[41], lässt sich angesichts zunehmender Gewalt und Schutzlosigkeit von Kindern auch oder gerade negativ beschreiben. Allerdings verlangt dieses Argument allein keine besondere „pädagogische“ Ethik, denn vor Gewalt muss jeder gleich, Erwachsene wie Kinder, ge-

schützt werden oder sich schützen können. Aber es ist eine besondere *moralische* Intuition und Verpflichtung, den Kindern einen Karenzraum zuzubilligen, in denen sie noch nicht voll verantwortlich sind. Wer diese Intuition negiert und ihre kulturelle Verankerung preisgibt, muss etwas extrem Unwahrscheinliches behaupten, nämlich dass sich Kinder und Erwachsene *nicht* substantiell unterscheiden.
Dabei ist nicht die Vorstellung einer *langen* Entwicklung entscheidend, die teleologisch gesteuert wird und in Stufen höherer Reife endet (Ebd., S. 229); vielmehr begründet sich der Unterschied durch *Verstehensdifferenzen,* die sich allmählich, doch nicht kontinuierlich verändern und dies unter der Voraussetzung ständiger moralischer Kommunikation. Der Erwerb neuer Verstehensstandards ist mit Brüchen verbunden, auch einfach mit Weiterungen und nicht zuletzt mit Verlusten. Aber es gibt keinen *romantischen* Verlust, denn damit wäre Naivität von höherem Wert als Kritik. Man kann das naive Kind vielleicht als autark beschreiben, autark auch im Blick auf das Verstehen, aber es ist darum nicht schon autonom, wenn man mit STEUTEL (1991a, S. 66) „Autonomie" als die Fähigkeit bezeichnet, *kritisch* über den Wert oder die Geltung moralischer Regeln zu befinden. Diese Fähigkeit wird als Verstehensdifferenzierung herausgebildet, und sie kann Kindern nur unter der Verwendung einer extrem empiriefernen Idealisierung zugeschrieben werden.

Was sich aus der Metapher des romantischen Verlustes freilich ergibt, ist eine Dämonisierung des Erwachsenen, der sich gegenüber dem Kind ständig zurückbildet, vielleicht die paradoxeste Wirkung der öffentlichen Erziehung überhaupt, die ihr Ziel rückwärts bestimmt, auch wenn Ziele für jeden Handelnden nur *vor* ihm liegen können. Der magische Kanal dreht sich um, wie ein rückwärtiger Zeitverlauf, der gleichwohl immer noch pädagogisch gehandhabt wird, denn auch wer *zum Kinde reifen soll* (MONTAGUE 1984), wird nicht rückwärts zu dem Kind, das er selbst einmal gewesen ist. Das bestätigt die pädagogische Denkform und widerspricht ihr keineswegs, denn die sehr häufige Verwendung der Reifemetapher in der Sprache der Erziehung erlaubt nur die Annahme von Zuwächsen, nicht etwa von Verlusten. Wirklich romantisch ist die Pädagogik eben nicht.

Freilich ergeben sich aus diesem Befund eine Reihe von Schwierigkeiten, die verhindern, die klassische *instrumentelle* Verbindung von Erziehung und Moral weiterzuverwenden: (i) Wenn man „Erziehung" unter dem Gesichtspunkt von *Rechten* betrachtet, dann gerät jeder starke Paternalismus in ernste Verlegenheit, weil alle juristischen Differenzen sich moralisch bestreiten lassen und dies in zumindest einer Reihe von Fällen auch erhärtet werden kann. Irgendwie ist es unbefriedigend, Rechte nach der Differenz von Kindern und Erwachsenen unterschiedlich zu verteilen, und man kann immer fragen, warum Kindern keine Bankvollmacht übertragen werden soll, wenn Erwachsene dieses Recht sehr oft missbrauchen oder warum Kinder nicht wählen dürfen, wenn viele Erwachsene dieses Recht nicht ausüben oder nicht imstande sind, ihre Wahlentscheidungen vernünftig zu begründen. Die Legitimationslücken werden Avantgardepositionen zu nutzen wissen, aber es ist eine unzulässige Verkürzung, Erziehung allein oder primär von den Rechten der Kinder her zu betrachten (vgl. WRINGE 1981).

(ii) Wenn man „Erziehung“ unter dem Gesichtspunkt von *Rechten und Pflichten* betrachtet, taucht das Problem auf, dass beide Seiten nicht korrelativ, also eng oder strikt verbunden sind (LYONS 1970). Man kann nicht zum Ausgleich für die Pflicht auf die Rechte verweisen, ohne in Widersprüche zu geraten, und die Verinnerlichung von Pflicht*gefühlen* (DUFF 1980, S. 230f.; BARON 1984) lässt sich nur in subjektiver Diffusion vorstellen. Es gibt, um es zu wiederholen, keine Idealbalance zwischen einer Disposition und einer Pflicht, sofern diese als intersubjektive Erwartung kommuniziert wird. Aber Erziehung ist nicht einfach dasselbe wie eine Pflichterwartung, ebensowenig wie eine blosse Zuschreibung von Rechten.

(iii) Wenn man schliesslich „Erziehung“ unter dem Gesichtspunkt von *Tugenden* betrachtet, dann ergibt sich sofort die Frage, wer wem welche Tugenden „vermitteln“ darf. Eine solche Frage lässt sich nur unter Zuhilfenahme einer starken Version der Einwirkungsmetapher überhaupt kommunizieren, weil Tugenden als Eigenschaften gedacht werden, die einer anderen Person infiltriert werden müssen. Diese klassische Vorstellung ist dann als Indoktrination zu bezeichnen, wenn Einwirkungen das gesamte Lernfeld kontrollieren sollen. „Tugenden“ können aber nicht punktuell oder tentativ vermittelt werden, sondern müssen die Lernmöglichkeiten festlegen. Wer „Freundschaft“ oder „Tapferkeit“ zur Disposition verinnerlicht sehen will, muss das Gegenteil oder normative Indifferenz ausschliessen. Das ist nahe der Indoktrination: „In being indoctrinated, the child is cut off from all but a narrow band of possibilities“ (SIEGEL 1991, S. 37).

Eine *nicht*instrumentelle Version von Erziehung habe ich mit dem Stichwort „moralische Kommunikation“ bezeichnet; damit lässt sich ein schwacher, aber dezidierter (unverhüllter) Paternalismus begründen. Die Initiation in moralische Welten und der Umgang mit moralischen Konflikten sind ständige Lernaufgaben, die sich nur in einer Hinsicht abstufen lassen, nämlich nach Novizen und fortgeschrittenen Lernern. Aber auch von einer Avantgarde wird „Moral“ immer *paternal* präsentiert, von einer Position aus, die sich selbst als überlegen definiert und sich so auf die Prozesse moralischer Kommunikation einlassen muss. In pädagogisch kontrollierter Form[42] ist das immer nur der *Beginn* des Lernprozesses, denn es soll ja darum gehen, das moralische Verstehen oder Problemlösen *Anderer* zu befördern. Das gelingt in einer gewissen Weise nur dann, wenn die paternale Position *riskiert* wird. Sie kann überleben und sogar von Anderen übernommen werden, aber gilt nicht aufgrund einer instrumentellen Form von Erziehung. Eine solche Version übersieht, dass Codes der Moral immer mit Anti-Codes korrelieren, und es tatsächlich darauf ankommt, eine kooperative Moralität herauszubilden, die für die Dauer eines kommunikativen Kontextes Geltung findet, ohne dass die Folgen der Auflösung eines Kontextes zugunsten eines anderen absehbar wären.

Diese allgemeine These gilt unabhängig von Lebensaltern und Geschlechtern. Beide Kriterien erzwingen praktische Differenzen, aber sie beeinträchtigen nicht die Ubiquität der These. „Mädchenerziehung“ ist immer noch *moralische* Kommunikation, ebenso die Erziehung von Säuglingen oder Jugendlichen und natürlich jede Form von Koedukation. Auf der Ebene der allgemeinen Modellannahmen einer pädagogischen Ethik sind Lebensalter und Geschlecht keine unbedingten Prämissen, wie dies etwa von einer anthropologischen Pädagogik sofort angenommen werden müsste. Aber ethische Probleme und die ethische Beschreibung von Erziehung sind unabhängig von anthropologischen oder psychologischen Differenzen, und zwar im Blick auf die Modellannahmen wie auf die Prinzipien gleichermassen. „Gerechtigkeit“ ist für Mädchen *ebenso* wie für Jungen ein Problem, wenngleich die empirischen Unterschiede des *Umgangs* mit diesem Problem nicht gering geachtet werden sollen. Mit der Annahme von primären und sekundären Kriterien einer pädagogischen Ethik soll aber deutlich verhindert werden, dass es Sonderethiken für spezifische Gruppen gibt, die ihre Interessen immer nur unter der Voraussetzung der *Allgemeingültigkeit* von Prinzipien und Modellannahmen überhaupt artikulieren können.

Das schliesst hochgradige Differenzen der Praxis natürlich nicht aus. „Gerechtigkeit“ wird mit Novizen anders kommuniziert als mit Fortgeschrittenen, Mädchen sind andere Novizen und Fortgeschrittene als Jungen, Kinder sind gerade in moralischen Kommunikationen oft fortgeschrittene Lerner, während Erwachsene Novizen sind, deren Lernfortschritte begrenzt sind. Diese *empirischen* Differenzen widersprechen der allgemeinen These aber nicht, weil das moralische *Thema* identisch ist. Die Formen der Kommunikationen sind verschieden, aber – im Sinne SEARLES – entscheidend ist der thematische Gehalt, und der ist, als Prinzip, nicht teilbar. Eine *didaktische* Teilung oder Minimierung der Verstehensstandards setzt die Geltung des ganzen Prinzips voraus, *auf das hin* der Lernprozess immer nur stattfinden kann.

Doch diese These ist selbst zu blockhaft, um nicht weitere Differenzierungen zu erzwingen. Das Verhältnis von Moral und Erziehung ist nicht eindeutig, so dass die einheitliche Formel einer „moralischen Kommunikation“ mehr verdeckt als deutlich macht. Man kann mindestens unterscheiden zwischen:

(i) *Moralerziehung*$_1$*:* den initialen Erwerb moralischer Bedeutungen und damit Unterscheidungen (vergleichbar dem Spracherwerb);
(ii) *Moralerziehung*$_2$*:* das ständige Aushandeln moralischer Prinzipien und ihrer Verpflichtungsgrade;

(iii) *Moralerziehung$_3$:* die öffentliche Kritik anhand universeller moralischer Standards.

Diese Unterscheidungen lassen sich wie folgt erläutern: (i) Der Spracherwerb ist nicht identisch mit dem erstmaligen Erwerb moralischer Bedeutungen, die sich auf grundlegende Differenzen zurückführen lassen. Die Sprachkompetenz *eröffnet* die Notwendigkeit, moralische Bedeutungen zu lernen, aber die Bedeutungen erschliessen sich nur über langwierige Differenzierungen des Verstehens. Sie sind nicht einfach mit der ersten Sprache präsent und können nicht auf einmal gelernt werden. „Initial" bedeutet schon darum nicht einen *Akt* der Einführung, wie in Stammeskulturen, sondern einen *Prozess* der allmählichen Steigerung, der keinen eindeutigen Anfang hat und dessen Ende immer nur im Uebergang bestehen kann. Erziehung ist in diesem Sinne schon *Initiation,* wie MICHAEL OAKESHOTT sie beschrieben hat,[43] aber eine, die kulturelle Bedeutungen in offenen Lernprozessen vermittelt. Erziehung ist nicht die Einführung in *einen* Raum, sondern mit der Novizenerfahrung werden im Prinzip alle moralischen Räume eröffnet, versteht man darunter die Ermöglichung einer Transiterfahrung, die von den *ersten* Kulturen der Kindheit ihren Anfang nehmen muss.

(ii) Das „Aushandeln" moralischer Prinzipien ist mehr als nur eine Kooperation, die aus sich heraus „Moralität" hervorbringt. „Kooperation" ist nicht gleichbedeutend mit *Strategie,* sondern verlangt ständige Deutungsarbeit, nicht nur im Blick auf die prekäre Machtbalance in Interaktionssituationen, sondern mehr bezogen auf die Hermeneutik der Prinzipien, also auf die Flächen und Tiefen oder auch den Stil der *Argumente.* Die binäre Codierung der Moral wird von Novizen ein- für allemal gelernt, aber daraus erwächst nicht selbst eine Obligation; Verpflichtungen sind keine Automatismen, sondern Einsichten und Selbstbindungen, die von der jeweiligen Deutung moralischer Prinzipien abhängen. Diese Deutungen sind nie starr, sondern immer symbolisch offen, damit umstritten und immer erneut einem falliblen Verstehen ausgesetzt. „Aushandeln" ist also nur in bestimmten Fällen *bargaining,* immer jedoch eine hermeneutische Erziehung, der Versuch, Andere von den eigenen Prinzipien zu überzeugen oder die Ueberzeugungen Anderer mit den eigenen kompatibel zu machen. Das Lernen der Moral ist beweglich zwischen diesen beiden Richtungen, was zugleich besagt, dass nur *erste* Novizen prinzipien*frei* lernen. Ansonsten muss immer ein argumentativer Raum vorausgesetzt werden, den das Lernen überwinden kann, ohne ihn, zumal als biographische Erfahrung, negieren zu können.

(iii) Die Verwendung moralischer Standards wird mit zunehmender Verstehensdichte universell, das heisst, die Lerner erwerben allmählich Einsichten in Bedeutungen, die sich nicht mehr auf spezifische Kontexte, etwa solche der Kindheitsmilieus, beschränken lassen. Diese Standards verwenden die Diskurse öffentlicher Kritik, in die die Lernenden allmählich eingeführt werden. Dabei entsteht aber nicht nur die Befähigung, an Diskursen teilzunehmen oder sie zu verstehen, sondern zugleich eine Erziehungsoption. „Oeffentliche Kritik" ist ein besonderer Fall moralischer Kommunikation, denn die Absicht der Kritik geht immer dahin, die Verhaltensweisen und Einstellungen Anderer zu verändern. Die praktische Kritik muss deutlich nicht nur zwischen „wahr" und „falsch", sondern zugleich zwischen „gut" und „böse" unterscheiden,[44] ohne Relativierungen in Rechnung zu stellen. Daher ist auch hier der Ausgangspunkt eine paternale Moral, die selbst dann unumgänglich ist, wenn sie sich *gegen* paternale Moralvorstellungen richtet. Die Erziehungsabsicht ist notwendig mit der Kritik verbunden, die sich auch insofern von politischen Verhandlungen unterscheidet. Sie ist erst dann, wenn sie gegenüber anderen einen Mittelpunkt finden muss, kompromissfähig; aber *als* Kritik gibt es nur die Umsetzung in eine paternale pädagogische Situation.[45]

Daraus ergeben sich bestimmte Schlussfolgerungen *nicht,* etwa eine unbesehene Rechtfertigung des Schulzwanges (vgl. KRIMERMAN 1978, S. 99f.) oder die Beibehaltung der heutigen Rechtsstellung des Kindes. Die Zurücknahme institutioneller Restriktionen liegt in einer offenen Gesellschaft nahe, wenngleich es gute Gründe gibt, dass gerade eine demokratische Schulbildung, die auf „civic virtue" Wert legt, *nicht* neutral sein kann gegenüber dem Lernen eines Kindes. Die radikale Liberalität geht von einer Fiktion aus, einem Kind ohne Kontext, das allein für sich betrachtet wird oder aber harmlose Kontexte voraussetzt, die alle nur „gut" sind. Aber AMY GUTMANN verweist zu Recht darauf, „that the good of children includes not just freedom of choice, but also identification with and participation in the good of their family and the politics of their society" (GUTMANN 1987, S. 43/44). „Demokratisch" wäre die Erziehung dann, wenn die primäre Identifikation mit der sozialen Umwelt allmählich in höhere und kritischere Verstehensformen überführt wird (Ebd., S. 44). Auch hier wird ein begrenzter Paternalismus gerechtfertigt, wobei die Limitierung der Erziehungsautoritäten mit Hilfe zweier Kriterien erreicht werden soll, nämlich *nonrepression* und *nondiscrimination* (Ebd., S. 44ff.). Legitim ist Erziehungsautorität dann, wenn sie nicht zu einer repressiven, sondern zu einer befreienden Erziehung führt (rational deliberation) und keine gesellschaftliche Gruppe davon ausschliesst.[46]

Das Verstehensargument ist grundlegend für jede Form *liberaler* Bildung: „Education, in its liberating sense, is appropriate for persons because only persons act out of their *own understandings* of situations they find themselves in" (BAILEY 1984, S. 107). Das setzt eine Hermeneutik zwischen den Generationen voraus, die Integration aller Nachwachsenden in den je gegebenen Verstehenshorizont einer Kultur, der sich in subjektives Verstehen umformt und selbst umgeformt wird.[47] Damit wird eine pädagogische Zentralität der Kognitionen präferiert (WRINGE 1988, S. 131ff.), insofern die Differenzierung und Intensivierung individuellen Verstehens abhängig ist von öffentlichen Wissensformen und diese nur von Innen heraus erarbeitet werden können. „They cannot be fully understood without engaging in them" (Ebd., S. 134). Freilich sind Verstehenshorizonte von Lernenden nie *nur* kognitiv, und die Initiation in öffentliche Modi der Erfahrung hat Folgen über das kognitive Verstehen hinaus. Anders könnte von *moralischer* Erziehung nicht gesprochen werden, weil Obligationen oder Verpflichtungen auf Prinzipien nicht ausschliesslich propositionelle Akte sind. Das Ziel einer intellektuellen Bildung, „to liberate people from beliefs that are limited or untenable" (Ebd., S. 137), muss auch *empfunden* werden und wäre auf absurde Weise verengt, wenn es nicht mit der Erwartung verbunden wäre, dass Wahrheit auch emotionale Folgen hat.

Aber „Wahrheit", soll sie nicht *bloss* Gefühl bleiben, hat eine starke kognitive Komponente, pädagogisch gesehen mindestens in dem Sinne, dass ein Kind oder überhaupt ein Lernender alle erreichbaren Chancen erhalten muss, *sich selbst* darauf einzulassen. Dieser Lernprozess hat wesentlich mit Wissen zu tun, aber das Wissen darf nicht ideologisch und suggestiv eingesetzt werden. BRUCE ACKERMAN hat das liberale Grundtheorem zu einem moderaten Erziehungsansatz verarbeitet, der nicht von Summenvorstellungen ausgeht, sondern den Prozess der Verstehenserweiterung und somit der zunehmenden Selbständigkeit in den Mittelpunkt stellt. Der Massstab für die Liberalität einer Erziehung ist nicht die Summe von Entscheidungen, die ein Kind treffen oder nicht treffen darf; der einzig zulässige Index ist der Grad und das Ausmass, in denen ein Kind Zugang erhalten hat zu kulturellen Materialien, mit denen es sein *eigenes* Verstehen und seine *Selbstdefinition* hat verbessern können (ACKERMAN 1980, S. 153f.).

Bildung wäre damit Eröffnung von Räumen des Wissens oder im weiteren der Kultur, und es ist charakteristisch für mein Problem, dass selbst diese Bestimmung *nicht ohne* moralische Kommunikation möglich ist. Ein Beispiel beschreibt CHARLES BAILEY im Anschluss an ACKERMAN, der dargelegt hat, dass und wie das Verhältnis von Rechten und Pflichten in der modernen Erziehung auseinandergefallen ist (Ebd., S. 146ff.). Nicht nur können Kinder bestimmte Rechte beanspruchen, die die Eltern für sich definieren, etwa das Recht auf freie Meinungsäusserung, auch können sie Rechte *gegen* die Eltern einsetzen, zum Beispiel ihre Definition des Guten, die mit der der Eltern konfligiert (Ebd., S. 154). BAILEY schlägt stattdessen vor, die andere Seite zu betonen, nämlich die Pflichten der Eltern und der Gemeinschaft gegenüber den Kindern. „Pflichten" sind *pädagogische* Prinzipien, mit denen erzogen werden soll, nämlich Haltungen und Einstellungen der Erwachsenen, damit sie alles tun, was für ihre Kinder – in *deren* Interesse – notwendig ist: „These duties . . . include . . . the moral responsibility of ensuring that all youngsters are helped towards a moral and rational autonomy, because to do anything other is to foreclose on some possibilities of choice and therefore fail to respect youngsters as persons or potential persons" (BAILEY 1984, S. 226).

Die *Idealisierung* ist entscheidend, denn faktisch öffnet *und* verschliesst jede Erziehung Chancen oder Zugänge, ohne dass dies moralisch beliebig wäre. Das ethische Argument darf Relativierungen nicht zulassen, sondern *muss* ideale Zustände unterstellen.[48] Aber das Grundmodell ist auch empirisch verwendbar, denn es geht tatsächlich nicht um eine Summe von Chancen (Privilegien) oder von Restriktionen, sondern um die Eröffnung von Lernräumen, in die das Kind um seiner eigenen Selbständigkeit (Verstehensautonomie) willen initiiert werden muss. Dabei dürfen absehbare Chancen nicht ausgeschlossen und müssen erreichbare realisiert werden. Das gilt auch für den engeren Begriff von Erziehung, nämlich die Aufschliessung moralischer Räume durch Kommunikation, die sich selbst im Niveau befördert, also elementar beginnt und elaboriert endet.

Die Uebergänge des Verstehens sind, wie gesagt, nicht magisch vorzustellen, als sei „Erziehung" eine geheime Kraft jenseits der Erfahrungswirklichkeit. Aber die Dynamik geschieht auch nicht einfach aus sich heraus. Veränderungen in den moralischen Niveaus sind wesentlich davon abhängig, ob und wie die Kommunikation selbst moralisch definiert wird. Und das gelingt nur paradox: Kinder, die *Personen* werden sollen, müssen behandelt werden, als seien sie immer schon „Personen" (PETERS 1966, S. 289). Das Paradox löst sich in gewisser Hinsicht auf, wenn man Erziehung als Prozess allmählicher und gradueller Veränderungen versteht.

> „(Children) learn . . . to be persons by being encouraged to plan their lives and to discover what is worth-while in spheres that are within their experience and competence, under a stable system of rules that guarantees a predictable environment. Gradually their sphere of discretion is widened as their experience and knowledge of right and wrong increases and their competence and control over themselves and their environment in enhanced. They do not learn this either by being conditioned like performing seals or by being allowed simply to do what they want" (Ebd.).

Der Paternalismus ist freilich zu stark; man kann Kinder als Personen ansehen, ohne eine „as-if"-Bedingung verwenden zu müssen, die den moralischen Respekt zugunsten einer pädagogischen Zielsetzung aufweicht. Die Achtung vor dem Kind ist ungeteilt möglich, sofern die Erziehung *nicht* beansprucht, die Persönlichkeit oder den Charakter *hervorzubringen,* also Ursache für deren Endzustände zu sein. In diesem Falle würde die Defizitannahme das Objekt selbst betreffen, und das wäre nicht mehr auflösbar oder verlangt eben Fiktionen. Man kann nicht die Person eines Kindes respektieren und seine Persönlichkeit verändern; eine Erziehung der Persönlichkeit aber wäre eine weitreichende Veränderung, die ein unbedingter Respekt nur behindern würde. Doch „Erziehung" ist weder Einwirkung noch Entwicklung, sondern Kommunikation, die paternale Züge trägt, weil sie mit Zielannahmen geführt wird, über die zu Beginn des Prozesses nur die eine Seite verfügt. Es steht dem Kind *nicht* zur Wahl, sich für oder gegen das Ziel zu entscheiden, Selbstbeschränkung in Kooperation mit Anderen zu entwickeln und der Ueberzeugung zu folgen, dass Menschen für ihre Handlungen verantwortlich sind (Ebd.).

Freilich muss immer betont werden, dass „Erziehung“ keine autonom wirkende Kraft oder Ursache ist. *Erziehung* ist keine dingliche, aber auch keine moralische Kausalität. Die pädagogische Tradition hat beide Bedeutungen nahegelegt, ohne sie je zu explizieren. „Erziehung“ war die umgangssprachliche Bezeichnung für entweder eine dinghaft wirkende Ursache, die als „Kraft“ oder „Mechanik“ verstanden wurde, oder aber „Erziehung“ war eine moralische Appellation, die über „gut“ und „böse“ verfügte. In beiden Fällen handelt es sich um eine Idealisierung, die mit den Ansprüchen zu tun hat, welche seit dem 18. Jahrhundert mit dem gesellschaftlichen Projekt Erziehung verbunden wurden. Der öffentliche Diskurs entwickelte Zielerwartungen, die als real nur dann erscheinen konnten, wenn „Erziehung“ eben als wirksame Kraft kausal definiert und zugleich mit moralischer Exzeptionalität ausgestattet wurde. Die *Implikation* des Diskurses war so gestimmt, ohne dass die Leitkategorie je analytisch betrachtet wurde.

Erziehung kann sich über diesen instrumentellen Gebrauch hinaus noch in zweifacher Hinsicht auf Kausalität beziehen: Der Ausdruck „Erziehung“ wird als Ursachenerklärung verwendet, die eindeutig erscheint und nicht weiter erklärt werden muss. Die Alltagshermeneutik verwendet ständig „Erziehung“ zur Erklärung von Ereignissen und Strukturen biographischer und sozialer Natur. Die Erklärung ist trotz der hohen Allgemeinheit und der vagen Umschreibung von höchster Akzeptanz, nicht nur weil sich damit immer sofort plausible Geschichten oder Fallbeispiele verbinden lassen, sondern weil eine starke pädagogische Gewohnheit diesen Kausalismus sichert. Die Pädagogik selbst betrachtet „Erziehung“, als sei sie eine *erklärende* Grösse, was nur unter der Voraussetzung naiver Wirkungsannahmen möglich ist.

In einem zweiten Sinne beziehen sich Handlungssituationen, zumal solche mit Kindern, notwendig auf Kausalerklärungen, die über den vagen Hinweis auf „Erziehung“ hinausgehen müssen. Man kann sogar von einem Kausalzwang sprechen, denn Kausalerklärungen werden auch dann verwendet, wenn sie mit *keinen* sinnfälligen Indizien oder gar Beweisen versehen werden können. Aber eine Erziehungssituation wäre nachträglich nicht zu bewältigen und anschliessende Situationen nicht zu entwerfen, würde nicht die Möglichkeit genutzt werden, für die diffusen Erfahrungen oder Erlebnisse Erklärungen beizubringen. Die Sicherheit und somit die Kontinuität des Prozesses, soweit diese von den Motiven der Handelnden beeinflusst wird, hängt von den Kausalannahmen ab, die den Filter der Kommunikation mit hohen Plausibilitäten passiert haben. Daraus kann aber nicht geschlossen werden, dass die in Anspruch genommenen psychologischen, biologischen oder sonstigen Parameter der Erklärung auch tatsächlich die wirkenden Ursachen beschreiben. Es ist eher so, dass die *Intransparenz* der realen Ursachen die Kausalitäten der pädagogischen Kommunikation erzwingt.

Davon ist die präskriptive Verwendung moralischer Prinzipien zu unterscheiden, weil mit ihnen nicht Wirkungen auf Ursachen zurückgeführt, sondern Entwürfe für Verpflichtungen kommuniziert werden. Das verlangt einen besonderen *Stil* der Kommunikation, der wiederum selber erzieht. Der Stil ist oft geprägt von einer Rhetorik der Sorge (OELKERS 1991a), mit der Engagement artikuliert werden muss, wenn Glaubwürdigkeit erreicht werden soll. Es geht um Postulate, nicht um Ursachen oder nur dann um Kausalerklärungen, wenn das die moralischen Forderungen stützt. Die Kommunikation ist unabschliessbar, weil ihr Modus von Defizitannahmen ausgeht, die von der Moralität selbst erzeugt werden. „Moral" kann immer nur defizitär dargestellt werden, in dem Sinne, dass die Prinzipien einen leeren Raum der Idealität voraussetzen, der sich nie ganz ausfüllen lässt. Der gegebene grössere und kleinere Rest ist dann jeweils das Objekt der Beanstandung. Historisch wird der *angefüllte* Teil, also der moralisch nicht zu beanstandende, ständig kleiner, was die pädagogische Aspiration wachsen lässt, ohne dass sie auf eine wirkende Ursache „bessere Erziehung" zurückgreifen könnte. Aber wenn weltweit das Kinderelend zunimmt, dann ist darüber nur Erschrecken möglich und in der Folge das Postulat *pädagogischer* Veränderungen.

Die moderne Erziehung ist in ihrem Konzept ein rein moralisches Unternehmen; sie ist nicht mehr in ökonomische Kategorien übersetzbar, kann also nicht als Kosten:Nutzen-Rechnung entworfen oder betrieben werden. Eltern oder Staat und Gesellschaft investieren wohl in Erziehung, materielles wie symbolisches Kapital, aber es gibt keine Intention, die rein vom Aufwand her und im Verhältnis zum Ertrag „berechnet" werden könnte. Das Medium ist einzig die *moralische* Kommunikation, was sich etwa daran zeigt, dass politische oder gesellschaftliche Ziele der Erziehung fast ausschliesslich moralisch diskutiert werden. Man muss das Medium wechseln, also nicht mehr über die Absichten der Erziehung, sondern zum Beispiel über die tatsächlichen Kosten sprechen, um eine Kontrasterfahrung zu erzeugen. Aber keine Kostenberechnung beeinflusst die moralischen Grunderwartungen, und das lässt sich nicht nur mit den Themen der Erziehung erklären, sondern mit ihr selbst. Erziehung im engeren Sinne *ist* moralische Kommunikation, so dass nicht zufällig die Tatsachen, die das moderne Erziehungssystem schafft, anders diskutiert werden müssen als die Absichten und moralischen Vorhaben.

Das Konzept der Initiation oder der Eröffnung von Lernräumen hat den Vorteil, nicht nur als Intention betrachtet werden zu können. Das Modell ist zugleich in einem mindestens dreifachen Sinne empirisch, es beschreibt den historischen Weg der gesellschaftlichen Erziehung, es schliesst an entwicklungspsychologische Befunde an und lässt sich als Basiskriterium für Curricula verwenden. Die soziale Differenzierung des Bildungssystems hat zur Folge, dass Erziehung und Wissen nicht mehr kongruent gehalten werden können. „Wissen" ist nicht länger ein sozialer Kanon, der sich abschliessend vermitteln liesse. Das hat *ständige* Initiationen in immer andere Wissenskontexte, die selbst beweglich sind, zur Folge, und das moralgesteuerte Wissen ist davon nicht ausgenommen.

Im Blick auf das Lebensalter muss freilich die horizontale von der vertikalen Initiation unterschieden werden. Die Phasenidee der Entwicklungspsychologie lässt sich als vertikale Kontextverschiebung betrachten, und diese Initiation verläuft anders als ein Transit durch horizontale Kontexte. Ein Wechsel moralischer Welten gehört zum Alltag von Erwachsenen, die gelernt haben, mit labilen Grenzen zu leben; Kinder dagegen bewegen sich mental in aller Regel zunächst nur in *einer* moralischen Welt, weil sie nur so höhere (differentere) Niveaus erreichen können. Das geschieht aber eben nicht als biologisch motivierte Reifung (SCHEFFLER 1985, S. 78f.), sondern als „chained conditional predictions" (Ebd., S. 111), die jeder Lernende selbst vollzieht, in Rücksicht auf Lebensalter und Milieu, aber nicht von diesen determiniert.[49]

Was AMY GUTMANN (1987, S. 14, 39f.) „*conscious* social reproduction" nennt und mit organisierter Bildung (deliberate instruction) in Verbindung bringt, lässt sich wesentlich als Begründung und Rechtfertigung von Curricula verstehen. Diese Rechtfertigung unterscheidet das didaktisch organisierte vom Alltagswissen aufgrund der Annahme, dass Wissen in lebensweltlichen Kontexten für die Herausbildung höherer Verstehensniveaus allein nicht ausreichend sei. Damit wird das Alltagswissen nicht abgewertet, wohl aber limitiert; es enthält bestimmte Verstehensstandards etwa der Literatur oder der Wissenschaft *nicht,* die anders als in der spezifischen Kreativität der Alltagswelt gelernt werden müssen. Das spricht nicht schon für Schulen, sondern begründet zunächst nur den Sinn von Curricula, didaktischen Systemen von Wissen, die Initiationen erlauben und befördern. Freilich liegt der Verweis auf Schulen nahe, nicht so sehr aus politischen Gründen (Ebd., S. 37ff.)[50], sondern weil spezialisiertes Wissen oberhalb lebensweltlicher Milieus nur unter der Voraussetzung spezialisierter Institutionen vermittelt werden kann.

Moral wird in der gleichen Differenz gelernt, zunächst lebensweltlich und später in Abstand dazu, sofern der soziale Kontext gewechselt werden kann, was aber schon mit jedem Schulbesuch angesagt ist. Die Kognitionen der Moral sind in jedem literarischen oder historischen Curriculum präsent, aber prägen auch naturwissenschaftliche oder ästhetische Lehrpläne, ohne *für sich* thematisiert werden zu müssen. Verstehensstandards verwenden immer moralische Kognitionen und sind zugleich von starken Verpflichtungsansprüchen geprägt, also versuchen ständig. selbst zu erziehen. Die Struktur ist unvermeidlich, und pädagogisch kann es nur darum gehen, die Niveaus zu verbessern.

Damit kann aber nicht immer schon auf Wirkungen geschlossen werden, versteht man darunter die Folgen eines geordneten Entwicklungsganges. „Entwicklung“ ist kein linearer Prozess, den Curricula gar noch steuern könnten, etwa indem sie sich von psychologischen Gesetzen leiten liessen (SCHEFFLER 1985, S. 111). Erziehung im engen wie im weiten Sinne kann daher nicht „planmässig“ erfolgen. Allein der hektische Zeitverbrauch verunmöglicht „geordnete“ Einwirkungen, die ein ruhiges Kontinuum voraussetzen würden, das sich jedenfalls unter den Bedingungen einer Medienkultur nicht mehr herstellen lässt (MEYROWITZ 1985). Das bedeutet auch, dass eine Initiation nur gebrochen und fragmentarisch vor sich gehen kann, zumal im Bereich moralischer Bedeutungsräume. Gerade weil unabsehbare Prozesse und nicht mehr Akte angesprochen sind, ist die Idee nicht so zu verstehen, als sei eine regelmässige Abfolge von Lernsituationen möglich, die aufeinander aufbauen und ohne Verluste auf ein fernes Ziel zusteuern. „Initiation“ kann von Lernenden, von Beobachtern und von Handelnden her gedacht werden. In allen drei Fällen gibt es wohl komplexe Gemengelagen, jedoch keine starre Ordnung, die ihre Eindeutigkeit mit mangelnder Flexibilität bezahlen müsste. „Ordnung“ ist aber keine feste Grösse, keine Schöpfung, die ein für allemal hervorgebracht wird, sondern der Begriff bezieht sich auf bewegliche Strukturen, die zum Rand hin immer beweglicher, da immer dünner oder poröser werden. Das gilt für mentale Ordnungen wie für soziale gleichermassen, nur dass sehr unterschiedliche Verfallszeiten angenommen werden müssen.

Auch die Medien und Kanäle der Erziehung sind zu heteronom und oft einfach opak, um Einheitlichkeit, gar noch der Wirkungen, erkennen zu lassen, denkt man an Verstehenstoleranzen der Handelnden (Eltern etwa) oder der Beobachter, unterschiedliche Eingriffe in kaum vergleichbare Situationen, Faktoren wie die Logik der Geschwisterreihe, die Differenz der Geschlechter, der gelegentliche oder ständige Zusammenprall unterschiedlicher Ordnungsmuster von Kindern und Erwachsenen, die Praxis unbedachter oder bewusster Zuschreibungen, endlich die kommunikative Berührung von Gefühlen mit unabsehbaren Folgen oder die Konstellationen der Milieus und die Logik der narrativen Ordnungen in einer Familie, usw. Weil Erziehung in der Zeit verläuft, ist die Modellvorstellung der Initiation hochgradig plausibel, denn Prozesse durchlaufen Erfahrungsräume und zeitigen Wirkungen, aber nach *allen* Seiten und unter der Voraussetzung breiter und unterschiedlich dichter Streuungen. In gewisser Weise ist moralische Kommunikation, Erziehung im engen Sinne, immer auch der Versuch, *trotz* dieser unübersichtlichen Wirklichkeiten weiterzumachen, Motive zu bilden, Vereinfachungen zu akzeptieren, binäre Codes öffentlicher Rhetorik zu teilen,[51] um das Geschäft der Erziehung fortsetzen zu können. In einem ganz elementaren Sinne ist Erziehung daher selbstreferent, sie erzieht sich ständig selbst.

KENNETH BENNE hat 1951 von einer „education for tragedy“ gesprochen und die literarische Form der *Tragödie* als Metapher für die moderne Erziehung begriffen. Die Problembestimmung BENNES ist stark vom zeitgenössischen Existentialismus geprägt, aber sie enthält einen klaren Sinn für „uncertainties“ (BENNE 1951, S. 282) und die Risiken der modernen Lebenserfahrung. Der Fokus seines pädagogischen Arguments sind Entscheidungen: „We always decide more than we know that we decide“ (Ebd., S. 281). Der Vorschlag geht dahin, „tragic education“, also Erziehung zur Einsicht in die *tragische* Grundsituation des Lebens, auf die Unsicherheit von Entscheidungen und Werturteilen zu begründen (Ebd., S. 282), wobei BENNE nicht bemerkt, wie paradox dieses Argument ist. Man kann nicht – *methodisch,* wie ausdrücklich vermerkt wird (Ebd., S. 282/283) – zur Einsicht in die Unsicherheit des Lebens erziehen und die Erziehung davon ausnehmen. Aber gerade für pädagogische Entscheidungen gilt, dass ihr Skopus immer mehr umfasst als das Wissen absehen kann. Entscheidungen können daher nur selbst als Lernvorgänge begriffen werden, während sie auf der anderen Seite mit Folgen verbunden sind, die die Erziehung nicht korrigieren kann, obwohl sie als Ursache angesehen wird. Darin liegt tatsächlich eine Art Tragik, und *sie,* nicht die Eitelkeit oder besser die Unsicherheit von Professionen, legt die besondere Moralität pädagogischer Reflexionen nahe. Ihre Höhe reagiert auf das mögliche Scheitern; die Idealität schützt vor dem Abbruch der Kommunikation und so vor dem Ende der Erziehung, ein Motiv, das jede Erfahrung des Scheiterns nahelegt und das zugleich immer nur eine starke Phantasie ist.

Die *Motive* von Erziehern, das hat schon BENNE deutlich gesehen (Ebd., S. 282f.), sind nicht einfach psychologisch zu begreifen, sondern müssen vor dem Hintergrund kultureller Milieus agiert und verstanden werden. Die *Moral* der Erziehung ist immer eine öffentliche, so dass Motive auch immer eine öffentliche Dimension haben. Die individuelle Erfahrung von Tragik beeinträchtigt in aller Regel die öffentliche Verwendung pädagogischer Topoi oder Programmformeln nicht, einmal wegen der erwähnten Kausalitätszuschreibungen, dann aber auch weil Oeffentlichkeit der wesentlich Referenzraum *pädagogischer* Moraldefinitionen ist. Auch das ist selbstreferent; der öffentliche Erziehungsanspruch erzieht die Oeffentlichkeit. Und es ist eine Art Offenhaltung; die Idee der Erziehung, verschiedenen traktiert und umstritten, bleibt so ein konstantes Thema der Publizität und der mit ihr verbundenen Diskurse.

Aber auch damit sind Bildungsansprüche verbunden, nicht nur solche der Erziehung. Oeffentliche Diskurse zum Beispiel über Gerechtigkeit können auf der einen Seite nur so geführt werden, dass sich jeder Bürger oder überhaupt jedermann beteiligen kann (RAWLS 1987, S. 6). Oeffentlichkeit impliziert als Grundvoraussetzung die Abwesenheit von Zensur und die Unbeschränktheit des Zugangs. Auf der anderen Seite sind Argumente nie gleich, vom Ansatz her nicht (Ebd.), aber auch im Niveau nicht. Die Akzeptanz bestimmter Argumente setzt inhaltliche Selektionen voraus, die von Standards aus erfolgen, wenn ein Rückgriff auf pure Gesinnungen ausgeschlossen wird (Ebd., S. 5ff.). Standards implizieren Traditionen, die vergleichbare Intuitionen (etwa über politische Gerechtigkeit) auf verschiedenen Niveaus gleich oder ähnlich verankern[52], aber davon sind Argumente in ihrer Qualität nicht voll bestimmt. Sie lassen unterschiedliche Elaborationen zu, die sich, wie die Bildung selbst, nach oben nicht beschränken lassen. Zugleich sind Argumente nicht an Personen gebunden, sondern nehmen Karrieren im öffentlichen Diskurs ein. Personen müssen mit ihnen deutend umgehen, aber immer unter der Voraussetzung eines Mediums, das sich nicht auf ihre individuellen Horizonte beschränken lässt. Auch das ist eine Oeffnung, denn jedes öffentliche Problem lässt nur durch Initiationen nachvollziehen, so unterschiedlich deren Tempo und Reichweite auch sein mögen.

Die Vielfalt allein des Initiationsproblems lässt wiederum jeden Versuch reduktiver Einheit (NAGEL 1979, S. 133) der Erziehung als unmöglich, und mehr noch: als absurd erscheinen. Pädagogische Reflexion hat mit dem zu tun, was GILBERT HARMAN (1976) als *practical reasoning* bezeichnet hat, also mit der Frage, wie sich begonnene Projekte oder einmal gefasste Intentionen[53] mit Hilfe begründeten, aber nicht immer durchsichtigen Handelns fortsetzen lassen. Die praktische Rationalität reagiert aber nicht einfach auf den zu Anfang gefassten Plan, sondern auf den fortlaufenden Prozess, der zu ständigen Modifikationen zwingt, ohne dass dies in der Handlungssituation selbst transparent sein muss (Ebd., S. 442). Dabei verändern sich ständig die Gründe, und es ist sehr schwer, überhaupt noch Kontakt zur ursprünglichen Intention zu halten, wenn zwischenzeitlich immer neue Entscheidungen immer andere Reflexionen verlangen und sich dabei nicht zuletzt die Erklärungen ständig verschieben. „Past acts done for other reasons assume a pattern in the light of ends adopted only now“ (Ebd., S. 462).

Das Design, in welche Räume und Zeiten hinein das pädagogische Handeln erfolgen *soll,* also die Intention der Erziehung, ist nicht nur weitaus komplexer, sondern wird angesichts der grossen Entfernungen auch viel mehr zur Flexibilität gezwungen, als die klassische Pädagogik dies angenommen hatte. Eltern begleiten die Lernerfahrungen ihrer Kinder mit ständigen Anpassungen dessen, was sie als Erziehungsintention bezeichnen würden. Am Ende fällt es schwer, überhaupt noch eine Verbindung zum Ausgangspunkt zu ziehen, die nicht zufällig fast immer als sentimentale Erinnerung, aber nicht als strikte Kausalität, gesucht wird. Allein das macht deutlich, wie sehr die ausschliesslichen und einheitlichen Doktrinen der Erziehung öffentliche Rhetorik sind, aber nicht zureichende Beschreibungen des Geschehens. Auch die von mir präferierte liberale Theorie der Initiation erfasst nicht einmal die eigene Modellvorstellung ganz. Sie kann sich von ihr überraschen lassen, aber sie beansprucht nicht, die Kreativität der Wirkungskette zu „erfassen“.

Das hebt den Handlungszwang nicht auf, die Erziehung kann nicht einfach eingestellt und muss weitergeführt werden, auch wenn es keine fertige, die Erziehung sichernde Ethik gibt.[54] Praktische Urteile aber können gut sein, ohne auf eine totale oder letzte Rechtfertigung zurückzugreifen (NAGEL 1979, S. 134). Das bestätigt JOHN MACKIES (1985, S. 402ff.) Skepsis gegenüber theistischen Konstruktionen: Die Qualität eines praktischen Urteils ist nicht davon abhängig, dass ein höchstes Gut für die Sicherung vor Kontingenz sorgt. Doktrinen des „Letzten" sind immer von Gottesstandpunkten abhängig, so dass sie auch mit anderen Doktrinen gleichen Anspruchsniveaus nicht kompatibel, nicht einmal kompromissfähig sind. Aber praktische Urteile beziehen sich nicht notwendig auf spekulative Doktrinen, die Einsicht und Reichweite beschränken und letzte Bezugspunkte mit Enge der Perspektive erkaufen. In Handlungskontexten sind praktische Urteile immer fragmentarisch oder eklektisch, sie erwachsen aus Wissensbezügen und Verstehenshorizonten sehr unterschiedlicher Bereiche, die unter dem Gesichtspunkt praktischer Probleme verknüpft werden (NAGEL 1979, S. 135/136).[55] Entscheidungen setzen „fragmentation of understanding" (Ebd., S. 136) voraus, und keine Doktrin ist mehr als ein Anhaltspunkt für die Problembestimmung. „There is no general method of arriving at true beliefs" (Ebd.).

Das gilt für pädagogische Entscheidungen in gleicher Weise, aber die Einsicht ist auch für den Prozess der Erziehung von Bedeutung. *Weltbilder* oder „true beliefs" sind zu einfach und zu gefährlich, um der Erfahrung standzuhalten, und es gibt nur eine Lebensphase, wo sich Glauben und Wissen decken, das ist die der frühen Kindheit. Vielleicht ist das der Grund, warum gerade diese Lebensphase einer romantischen Mystifizierung ausgesetzt ist, die bis weit in die Psychologie hinein greift. Aber Erziehung ist nicht *Verlust,* sondern permanente Kommunikation vor dem Hintergrund immer neuer Initiationen. Gerade die Tatsache des ständigen Wechsels macht verständlich, warum „Erziehung" ein *notwendiges* Geschäft ist; anders wäre moralische Kontinuität nicht möglich und könnte Zukunft nicht entworfen werden. Utopien, auch die der Antipädagogik, sind immer vor dem Hintergrund von Erziehungsprogrammen entworfen, und die moderne Schwierigkeit besteht darin, diesen Tatbestand zu durchschauen und den naiven Glauben zu schwächen, ohne ihn wirklich aufgeben zu können. Theistische Konstruktionen sind immer *möglich.*

Anmerkungen

1 Das ist die Grundannahme von MATURANAS biologischer Erkenntnistheorie; ich greife das Bild auf, ohne die Theorie und das Transferproblem auf *menschliches* Erkennen hin näher zu bearbeiten. Ich vernachlässige an dieser Stelle

auch das Problem der Geschlechtsdifferenz, das quer liegt zu diesen Beschreibungen (eine Einschätzung findet sich im Abschnitt 4.3.).

2 Freiheit der *Wahl* und Alternativen des *Verhaltens* sind gemeint, nicht eine Idealisierung des freien Willens (vgl. zur Kritik der verschiedenen Varianten dieses Konzepts: DOUBLE 1991). Eine aussersprachliche Realität des „Freien Willens" lässt sich nicht halten (Ebd., S. 223); aber die Schlussfolgerung ist auch nicht ein unbegrenzter Determinismus, der sich mit Fatalismus verbinden würde (Ebd., S. 228). RICHARD DOUBLES psychologische (etiologische) Lösung des Problems überzeugt freilich gerade aus pädagogischer Sicht nicht, weil er allzu sehr auf Charakterformung vertraut und unbefangen von „Dispositionen" spricht, als seien diese zugänglich (Ebd., S. 228/229).

3 „Prozess": „Produkt"-Analysen sind in der pädagogischen Theorie versucht worden, aber schon WOLFGANG BREZINKA (1974, S. 52ff.) hat darauf verwiesen, dass die *Lern*bedingung der Vorstellung abschliessender „Produkte" widerstreitet. ISRAEL SCHEFFLER (1991, S. 30-41) hat eine Lernbeziehung zwischen Prozess und Produkt gerechtfertigt, dabei voraussetzend, dass „Prozesse" nicht als lineare *„generative* procedures" (Ebd., S. 37) betrachtet werden können, „Produkte" aber wenigstens teilweise von Prozessen konstituiert werden (Ebd., S. 39f.). Das rechtfertigt eine schwache Teleologie auf der Seite des pädagogisch Handelnden; er *muss* unterstellen, dass er etwas bewirkt. Was freilich tatsächlich bewirkt wird, liegt nur begrenzt in seiner Kontrolle.

4 Strukturbildung setzt *Kontingenz* voraus, nicht im Sinne der physiologischen Rahmenbedingungen, wohl aber bezogen auf die mentalen Ketten und die mit ihnen verbundenen Erinnerungsspuren. Stabilität gewinnen geistige Strukturen nur unter der Voraussetzung symbolischer Räume und der in ihnen möglichen Kommunikationen. Das Innere operiert für sich, aber nur in der Orientierung ausser sich.

5 Einen Nachweis liefert DONALD WINNICOTT selbst, der die „intakte Familie" als Bedingung für die Reifung des Selbst ansieht (WINNICOTT 1985, S. 221ff., 224), wenngleich auf eine logisch wie empirisch sehr unklare Weise.

6 Man kann, mit ISRAEL SCHEFFLER (1991, S. 3-17), von *cognitive emotions* sprechen, um diesen Zusammenhang zu bezeichnen. SCHEFFLER hat bestimmte Gefühle, wie die Freude der Verifikation oder die Signifikanz der Ueberraschung vor Augen, die in besonderer Weise mit dem Aufbau von Kognitionen verbunden sind (Ebd., S. 9ff.).

7 „Uebernahme" ist nicht *Verinnerlichung,* versteht man darunter eine Art Einszu-Eins-Abbildung von äusseren in innere Symbolwelten. „Selbstbewusstsein" ist „kein Endglied einer Inferenz" (FRANK 1991, S. 392), weil es nicht gegenständlich sein (Ebd., S. 409), darum aber auch nicht wie ein Gegenstand behandelt werden kann. Die populäre Idee der „Verinnerlichung" ist eine Verdinglichung ohne subjektiven Vorbehalt.

8 Die folgende Skizze ist roh und unvollkommen; ich nehme diese Beschränkung in Kauf und beabsichtige nur, mit einigen Stichproben aus der umfangreichen und unübersichtlichen Literatur das *pädagogische* Problem neu zu beschreiben.

9 „Every sentiment tends to be ‚enveloping', to extend beyond the point of its original reference and to include all that is connected to this referent" (MANDELBAUM 1969, S. 220).

10 „Verstehen" begreife ich *nicht* als einheitliches Konzept; vielmehr referiert der Begriff auf verschiedene emotionale und kognitive Operationen, die sich

nicht in einer einzigen Theorie beschreiben lassen (OELKERS 1986). Der Ausdruck „Verstehens*horizont*" soll dagegen an die hermeneutische Erfahrung erinnern, dass in *jedem* Verfahren, das „Verstehen" genannt wird, ein Verhältnis von Erschliessen und bereits Erschlossenem vorausgesetzt werden muss. Diese Eigentümlichkeit soll der Ausdruck bezeichnen, wobei die Metapher des „Horizonts" *beweglich* verstanden werden muss.

11 Die Grundidee ist zwischen KANT und SCHLEIERMACHER präsent, nämlich dass es kein begriffsfreies Erkennen und kein sprachfreies (sprachunabhängiges) Verstehen gibt.

12 Die Umgangssprache hat freilich immer naturalistische Implikationen; naive Referenzen von Begriff und Realität lassen sich also, auch bei DAVIDSON, nicht vermeiden. Nur im Grenzfall schliesst umgangssprachliches Verstehen Relativismus (der Relationen) *ein.* Einsicht und sprachliche Fassung sind daher nicht deckungsgleich, solange die Umgangssprache Hermeneutik, aber nicht präzise Beziehungslogik erlaubt.

13 Das gilt unabhängig von DAVIDSONS Wahrheitstheorie (Davidson 1984, S. 17-36), obwohl gerade DAVIDSON starke antipositivistische Argumente liefert (Ebd., S. 37ff.) und Wahrheit auf Sprechanlässe (occasions of speech) relativiert sowie für eine starke Kategorie der Uebersetzung plädiert (Ebd., S. 53). Wahrheit aber muss mehr sein, nämlich auch eine semantische wie psychische Herausforderung, wie sie Irrtümer bereitstellen.

14 Die Annahme oder Zuschreibung verwendet zwingend eine Realitätsimplikation, aber sie ist keine Realitätsbeschreibung. Man muss (als Beobachter) *andere* Personen als konsistent annehmen, man muss auch sich selbst so sehen, aber das ist keine Aussage über die Realität einer Person, die biographisch keineswegs so identisch ist, wie die Beobachtung unterstellen muss.

15 Die These hat schon WARREN MCCULLOCH vertreten: Wegen der besonderen (kreativen) Qualität des menschlichen Gehirns kann der Geist nur im Kopf sein (MCCULLOCH 1988, S. 86f.).

16 „Zurückführen" heisst, die Eigenständigkeit zu bestreiten, also mentale Aktivitäten *wie* biochemische Vorgänge betrachten. Das gleiche gilt für kybernetische Erklärungen, wenn sie mehr sein sollen als Metaphern.

17 „Realismus", schon der Term HERBARTS, ist nicht äquivalent mit „Materialismus"; ich gehe auf die expandierende neue „Materialismus"-Diskussion nicht näher ein, vermute aber, dass es extreme Schwierigkeiten bereitet, gehirnphysiologische Theorien in solche der Pädagogik und Psychologie zu transferieren. Ich behaupte nicht, dass derartige Ansätze eine „unvulnerable theoretical integrity" haben (SMITH-CHURCHLAND 1986, S. 361), sondern nur, dass es bislang keine Uebersetzungen gegeben hat und dass nicht absehbar ist, wie ein solcher Transfer beschrieben und durchgeführt werden könnte. „Realismus" heisst dann einfach nur, von experimentellen Erfahrungen auszugehen und physiologische Rahmenbedingungen nicht zu leugnen.

18 RICHARD BRANDT liefert eine brauchbare Beschreibung, was unter einem moralischen Code vorzustellen sei (BRANDT 1979, S. 164ff.) und verwendet dabei sechs Kriterien, nämlich (i) *intrinsic motivation,* (ii) *guilt-feelings and disapproval,* (iii) *believed importance,* (iv) *admiration or esteem,* (v) *special terminology* und (vi) *believed justification.* Das Ensemble dieser Kriterien macht den persönlichen Moralcode eines Individuums aus (Ebd., S. 169/170) und beschreibt zugleich das Gegenteil.

19 Sprache und psychische Dispositionen sind konvertierbar, wenngleich nicht beliebig und graduell sehr unterschiedlich, etwa im Blick auf soziale Milieus, Geschlechter oder Lebensalter. Beharrlichkeit ist aber keine *unbedingt* erwartbare Grösse.

20 Ich folge JOHN WHITE (1990, S. 36ff.), wonach die maximalistische Moralforderung das ganze Leben eines Menschen unbedingten Obligationen aussetzt, während die minimalistische Position verlangt, dass „basic moral responsibilities" erfüllt werden (Ebd., S. 43). Das zentrale Interesse der Minimalisten ist das *eigene* Wohlergehen, wozu der Respekt vor den Rechten *Anderer* gehört, ohne moralische Forderungen zu vertreten, die unteilbar und universell jeden gleich betreffen sollen (Ebd., S. 43/44). Die *sprachlichen* Formulierungen minimalistischer Moralansprüche sind freilich immer maximalistisch; ein Minimalist kann die *eigene* Theorie nicht wiederum minimal formulieren, auch nicht teilbar und partiell.

21 „Gründe" teilen sich in Form von Argumenten mit, aber wenn Argumente nicht voll oder nur bedingt verstanden werden, wie in der Kommunikation mit Kindern, dann ist die Erfahrung weniger kognitiv als sensuell, wenngleich der *unverstandene* Rest die Kognitionen bewegt und nicht die Sinne.

22 Das Wissen gelangt nicht wie eine „vorgefertigte Ganzheit in einen Organismus"; es muss vielmehr im Organismus aus „proximalen Daten", also Daten, die „innerhalb der Grenzen des Organismus zugänglich" sind, aufgebaut werden (GLASERSFELD 1987, S. 184).

23 Die empirische Relativierung der *Geltung* moralischer Sätze muss von der Rechtfertigung eines „moralischen Relativismus" unterschieden werden (HARMAN 1975). In vielen Begründungen wird diese Differenz verwirrt, also von der empirischen Relativierung auf die Relativität der Ansprüche geschlossen. Man kann Ansprüche *vergleichend* relativieren, aber deren je eigene Absolutheitsansprüche nicht auf die gleiche Weise als relativ erweisen.

24 STUART HAMPSHIRE folgt SPINOZA in der Anthropologie, um der utilitaristischen Handlungsrationalität die Spitze zu nehmen. „Moralität" ist stets mehr als nur der Kalkul von Nutzen, andererseits ist die Fortschrittserwartung der Utilitaristen naiv, weil sie die moralische Sicherung des menschlichen Lebens voraussetzt, zugleich aber durch blosse Nutzenkalküle gefährdet (HAMPSHIRE 1983, S. 98f.).

25 Im Anschluss an ROUSSEAU hat die Pädagogik im wesentlichen der „guten" Natur vertraut und den Dialog mit dem Pessimismus vermieden (OELKERS 1991, S. 114ff.). *Beide* Optionen sind aber fraglich, der unbeschränkte Optimismus und der unbeschränkte Pessimismus; man kann nicht mit solchen globalen Weltsichten Erziehung begründen oder bestreiten.

26 Die pessimistische Anthropologie erhält ihre Plausibilität durch den Blickwinkel: Wer lediglich das Verhalten einzelner Personen betrachtet und die Betrachtung historisch indifferent hält, kann immer nur über den Fortschritt der Moral pessimistisch sein. Aber er sieht dann auch nicht den Progress der Rechtsinstitutionen, die moralische Stabilität von Versorgungseinrichtungen (wie etwa von Schulen) oder die weitreichenden Veränderungen der Strafpraxis seit dem ausgehenden Mittelalter.

27 Beide Kriterien sind in Verfahren der Zustimmung oder Ablehnung notwendig (GAUTIER 1986, S. 223ff.), aber sie bestimmen nicht hinreichend moralische Argumente.

28 Ich folge den Beschreibungen von PAUL CONNERTON (1989). Er unterscheidet verschiedene Gedächtnistypen, darunter das *habit-memory* (Ebd.,

S. 25ff.). Gemeint sind rituelle Formen des Verhaltens, Zeremonien, symbolische Ueberlieferungen, die als *kollektive* Grössen erinnert oder vergessen werden.

29 Die Achtung vor dem Kind, eine Hauptgrösse der gegenwärtigen Erziehungsmoral, ist so eine Folge des unbedingten Anspruches von *Achtung* und nicht die Folge einer sentimentalen Psychologie. Das „wahre Selbst" verlangt sakrale Achtung, aber mit der Konsequenz, dass es unerziehbar erscheinen muss; dem *lernenden* Selbst fehlt die heilige Mitte, aber es ist darum auch keiner antipädagogischen Sonderethik unterworfen, sondern muss betrachtet werden vor dem Hintergrund der ungeteilten Achtung vor dem menschlichen Leben.

30 HUMES eigene Ideen zur Erziehung *widersprechen* dem anthropologischen Befund, weil HUME hier mit einer Moralisierung rechnet, die er anthroplogisch gerade ausschliessen müsste (z.B. HUME 1888, S. 500f.).

31 Eine spieltheoretische Widerlegung des „incompleat egoist" beschreibt DAVID GAUTHIER (1990, S. 234-273). Die Pointe ist, dass die (moralfreie) Erziehung des Egoisten diesem *selbst* schaden würde: „Morality . . . provides an *internal* constraint on the straight forward attempt to do as well for onseself as possible" (Ebd., S. 267).

32 CHARLES LARMORE (1987, S. 22-39) hat in seiner Kritik an MACINTYRES „master argument" darauf verwiesen, dass der Gegensatz nicht der von Aristotelischer Ethik und Aufklärung, sondern der von Aufklärung und bestimmter Traditionen christlicher Moral ist (Ebd., S. 30f.). MACINTYRE wendet sich gegen säkularisierte Formen des „guten Lebens", aber ARISTOTELES darf nicht durch die christlichen Traditionen hindurch gelesen werden, zumal nicht so, als würde das Prinzip des guten Lebens die *Einheit* der Praxis voraussetzen. „The exercise of virtue (is) what the good life *consists in*" (Ebd.). Man muss hinzufügen, dass die Aufklärung Verhältnisse gesellschaftlichen Lernens ermöglicht, die Differenzierungen befördern, welche sich nicht *ethisch* zurücknehmen lassen (OELKERS 1992b, Einl.).

33 HUME, so MACINTYRE (1987, S. 73f.), begründet Moral auf Leidenschaften, KANT auf Vernunft und KIERKEGAARD auf unbedingte Wahl; alle drei Vorschläge lassen sich gegeneinander ausspielen, so dass letztlich keiner Recht behält. Aber das ist verkürzt: HUME (1888, S. 541ff.) bezieht Moral sehr wohl auf Gesellschaft, KANT die praktische Vernunft auf Politik und Oeffentlichkeit und KIERKEGAARD die Wahl des ethischen Lebens auf eine gemeinesame Praxis, die Institutionen voraussetzt.

34 Gemeint sind die liberalen Grundrechte, eine ökonomische Grundausstattung, moralische Bindung der Institutionen sowie „the social bases of self-respect" (RAWLS 1988, S. 257).

35 MACINTYRE (1987, S. 269f.) geht davon aus, dass das „moderne Selbst" zwischen rivalisierenden, moralischen Angeboten wählen muss und dafür ein Kriterium benötigt, das nicht selbst durch Wahlen zustandekommt. Wer diese Denkfigur benutzt, kann nur theologische Antworten akzeptieren, letztlich den Hinweis auf den unbewegten Beweger, der die Einheit der Welt im Höchsten sichert.

36 „Geltung" wird oft als *punktuelle* Realität gedacht; sie beginnt irgendwie mit *einer* Einsicht oder einer Wirkung, deren Folge wie eine Linie des gleichen Punktes vorgestellt wird. Aber „Geltung" kann vieles sein, Zustimmung, Uebernahme, freiwillige oder unfreiwillige Verpflichtung, bewusste oder unbewusste Befolgung, graduell unterschiedliche Handlungsdisposition oder

auch einfach nur Vortäuschung und Behauptung ohne kontrollierende Instanz.

37 AVIRAM (1990, S. 230) unterscheidet „option rights" und „participation rights", nämlich im ersten Bereich das Recht auf volle Bewegungsfreiheit (to travel freely), das Recht auf unbeschränkte Geschäftsfähigkeit und das Recht, staatliche oder private Unterstützungen nach persönlichen Entscheidungen zu verwenden, und im zweiten Bereich das aktive und passive Wahlrecht sowie das Recht, zu regieren oder an Regierungen teilzunehmen. Alle diese Rechte sollten Kindern im Prinzip zugebilligt werden. AVIRAM bezieht sich auf die neuere amerikanische Diskussion über Kinderemanzipation (vgl. O'NEILL/RUDDICK 1979: AIKEN/LAFOLETTE 1980), die sehr viel stärker als frühere, eher pädagogische Bewegungen die *Rechtsgleichheit* in den Mittelpunkt stellt. Das Problem ist, warum dem Kind als Person Rechte vorenthalten werden sollten, die Erwachsenen sich selbst (ohne Kinder fragen zu müssen) zubilligen.

38 Daneben werden alle negativen Folgen als blosse Furcht vor der Freiheit bezeichnet, wird eine klare Mittelstands- und Erstweltposition bezogen und die Praxis der Erziehung einfach nur negiert, ganz so als würde sie einzig negative Wirkungen hervorbringen. Der Ausschluss von Paradoxien aus dem eigenen Argument ist vom Bemühen um möglichst starke Suggestion gekennzeichnet, eine typische Haltung in der öffentlichen Erziehung.

39 „The egoist fails satisfactorily to resolve strategy-payoff conflicts" (GAUTHIER 1990, S. 269). Das gilt um so mehr für „Elternmacht", die nicht nur aus normativen Gründen nicht egoistisch sein kann, wenn sie sich nicht selbst schaden will. Insofern gilt eine schwache Variante der alten pädagogischen Idee der Selbstlosigkeit; die Elternmacht muss sich beschränken, wenn sie mit Kindern in Kooperation treten und erfolgreich sein will. Der Erfolg bemisst sich auch hier nicht am Eigeninteresse.

40 Und unter demokratischen Bedingungen: Findet sich dafür eine Mehrheit, kann das Experiment realisiert werden, findet sich keine, dann bleibt es Utopie. Die Beeinflussung der öffentlichen Meinung aber ist selbst „Erziehung".

41 Das geschieht ohne Rücksicht auf den heutigen Stand der Diskussion, also der historischen Kritik an ARIÈS und der empirischen Kritik an POSTMAN.

42 Darunter verstehe ich Arrangements, die Lernen argumentativ und symbolisch so beeinflussen, dass es eine bestimmte Richtung einschlagen soll. Typischerweise wird der Beginn weit stärker beeinflusst als das Ende.

43 OAKESHOTT setzt *modes of experience* voraus, symbolische und argumentative Kontexte öffentlicher Erfahrung, wie zum Beispiel Kunst und Wissenschaft, in die hinein die Initiationen erfolgten (OAKESHOTT 1989, S. 92ff.). RICHARD PETERS hat die Idee später elaboriert und zu einem festen Terminus gemacht (vgl. OELKERS 1985, S. 79ff.)

44 Genau das unterscheidet praktische Diskurse von wissenschaftlichen, die wohl eine Wahrheitsverpflichtung haben, aber gegenüber praktischen Fragen neutral bleiben können.

45 Das Kinderelend der „Dritten Welt" ist moralisch nur *unbedingt* zu verurteilen, ebenso die steigende Gewalt gegenüber Kindern in den Metropolen Westeuropas und Amerikas oder die Verwahrlosungstendenzen in Wohlstandsquartieren. Gegenüber den Verantwortlichen dieser oder vergleichbarer Situationen *kann nur* eine paternale Haltung eingenommen werden, oder aber die Kritik nimmt ihren eigenen Obligationsanspruch nicht ernst.

46 Das liberale Plädoyer für die Zurücknahme der Erziehungsautorität, also die Kritik paternaler *Dominanz* (WHITE 1983), darf nicht gegen überhaupt jede Erziehung (Bildung) ausgespielt werden, weil die Erweiterung des Verstehens, gelingt sie, keine Indoktrination ist und nur eine *indoktrinierende* Dominanz pädagogisch kritisiert werden kann. Wenn die Dominanz sich zeitlich begrenzt *und* erfolgreich das Verstehen des Lernenden unterstützt, dann ist sie gerechtfertigt (OELKERS 1991d), auch wenn der Lernende selbst dies erst später zugesteht.

47 Die Modellannahme ist schon in der geisteswissenschaftlichen Pädagogik präsent (LITT 1981), wenngleich sie nicht sehr weit elaboriert worden ist.

48 „The ideal liberal education is one that permits the child to move from his initial resistances to an ability to define his own objectives in the light of the universal culture defined by all human kind“ (ACKERMAN 1980, S. 160).

49 SCHEFFLERS Theorie beschreibt Modellvorstellungen von „Entwicklung“, die über Wachstumsmetaphern hinausgehen und auch nicht auf *psychische* Entwicklungen beschränkt werden. Grundlegend ist dabei die Idee, „Entwicklung“ könne als „conditional predictions“ für die Aneignung verschiedener Chrakteristika (features) beschrieben werden, die sich in der pädagogischen Reflexion immer mit Verkettungsannahmen (chained sequential predictions) verbinden (SCHEFFLER 1985, S. 56). „We must not imagine a unique line of development emanating from any initial state, but rather picture and number of such lines radiating in all directions from the starting state toward end-points both desirable and not“ (Ebd., S. 57).

50 Weil der moralische Dissens in der Gesellschaft nicht überwunden werden könne, optiert GUTMANN (1987, S. 39) für eine *politische* Verpflichtung, die aus dem gemeinsamen Interesse an der Rekreation der Gesellschaft selbst erwächst. Gegenüber diesem Interesse sei Neutralität nicht möglich (Ebd.) aber das Interesse lässt sich auch nur als moralisches Prinzip formulieren und öffentlich ins Spiel bringen.

51 Also genau das, was AMY GUTMANN gegen MACINTYRE und andere (1985, S. 316ff.) als die „tyranny of dualism“ beschrieben hat.

52 Das ist RAWLS Idee des *overlapping consensus*: „Society's main institutions, together with the accepted forms of their interpretation, are seen as a fund of implicitly shared fundamental ideas and principles“ (RAWLS 1987, S. 6). Dieser Rückgriff auf Traditionen soll Doktrinen jeder Art vermeiden, auch solche des Liberalismus, und er kommt dem sehr nahe, was OAKESHOTT als *modes of experience* beschrieben hat. Es sei nur am Rande erwähnt, dass damit zugleich die hermeneutische Grundannahme der Lebensbasis jedes Verstehens bestätigt wird.

53 „Practical Reasoning“ ist nicht zu verstehen als Deduktion von Gründen aus Prinzipien, sondern als fortlaufende Bestimmung von Intentionen unter Handlungsdruck und aus Erfahrungssituationen heraus. Das hebt auch die klassische Trennung von Theorie und Praxis auf: „The thesis that intention involves belief . . . associates practical reasoning about means and ends with theoretical reasoning“ (HARMAN 1976, S. 435).

54 Das Problem diskutiert bekanntlich schon SCHLEIERMACHER: Wie kann mit der Erziehung begonnen werden, wenn „keine allgemeingültige ethische Wissenschaft“ vorhanden ist? (SCHLEIERMACHER 1902, S. 30). Die Lösung ist freilich eine allgemeingültige Ethik, die Schleiermachersche Sittenlehre, nach der die Erziehung zum *Guten* gedacht wird.

55 Im pädagogischen Feld hat zuerst wohl J.J. SCHWAB das Konzept *eklektischer* Verknüpfungen fruchtbar gemacht, nicht zuletzt um überzogene Wirkungserwartungen zurückzunehmen (vgl. OELKERS 1984).

5. Über den verbleibenden Anspruch der Erziehung

Eine Grundidee der pädagogischen Moral ist, Erziehung könne keinen Schaden anrichten. Das setzt ein starkes Kriterium *richtigen* Handelns voraus, einen Schluss von der moralischen Intention auf die Beherrschbarkeit der Praxis, der durch allgemeine Glaubenssätze zugleich gesichert und behindert ist. Kein solcher Schluss kann Scheitern verhindern und auf der anderen Seite ist das Gelingen nicht wirklich von einer linearen Verknüpfung der pädagogischen Intention mit dazu passenden Handlungen abhängig (LUHMANN/SCHORR 1992). „Gelingen" oder „Scheitern" der Erziehung ist eine Frage der Beurteilung von Erfahrungsprozessen, die antizipiert oder rekonstruiert werden müssen, ohne dass damit die tatsächlichen Wirkungen erfasst wären. „Schäden" wie „Erfolge" können lange Zeit unbemerkt bleiben, ursprüngliche Urteile können sich im Lichte neuer Erfahrungen verändern und Zuschreibungen von Erfolg oder Misserfolg können übersehen oder einfach nicht angeeignet werden. Das alles sind empirische Möglichkeiten, die sich gegen einen linearen und stark übertriebenen Erziehungsanspruch ins Feld führen lassen. Der hätte tatsächlich einen Archimedischen Punkt zur Voraussetzung, den es im Blick auf reale Handlungssituationen, die durch Unsicherheitsfaktoren wie Zeitdruck und limitiertes Wissen gekennzeichnet sind (GAUTHIER 1986, S. 14), nicht geben kann.[1]

Trotzdem werden unaufhörliche weitreichend pädagogische Ansprüche vertreten, die oft nicht weniger als die Verbesserung von Mensch und Welt betreffen, aber offenbar nicht allein dadurch falsch oder irreführend sind. Moralische Ansprüche, die ethische Prinzipien verwenden, können sich selbst nicht limitieren. Das gilt zumal für pädagogische Konzepte; ihre Kriterien können *nur* mit universellen Geltungsansprüchen formuliert werden. Ich wähle als Beispiel HARVEY SIEGELS Rechtfertigung des Erziehungsideals kritischen Denkens (SIEGEL 1988). In der Mitte seines Arguments stehen vier Kriterien, mit denen das Ideal umfassend beschrieben werden soll[2], nämlich (i) Respekt vor den Lernenden als *Personen,* (ii) Selbständigkeit (self-sufficiency) und die Vorbereitung auf das Erwachsenenleben, (iii) Initiation in rationale Traditionen und (iv) kritisches Denken und demokratische Praxis (Ebd., S. 55ff.). *Gegen* diese Kriterien lässt sich mancherlei einwenden, etwa von einem strikt-antipaternalistischen Standpunkt aus oder von skeptischen Positionen, aber Einwände, die *eigene* Kriterien ins Spiel bringen, können dies nur mit gleichem Anspruchsniveau, nämlich als Behauptung *universeller* und *nicht teilbarer* Prinzipien. Was immer eine Erziehung zum kritischen Denken praktisch sein mag, von dem Anspruch, sofern er legitim erscheint, kann niemand ausgenommen werden. „Kritisches Denken" als Erziehungsziel lässt sich nicht partiell begründen und insofern nicht limitieren.

Erziehungsansprüche sind Geltungsansprüche, aber nicht einfach im Blick auf Handelnde in Situationen, sondern bezogen auf die Zukunft von Lernenden. Das schafft die genannten *empirischen* Wirkungs- oder Transferprobleme[3], die aber den prinzipiellen Ansprüchen offenbar nichts anhaben können. Sie werden unabhängig von ihrer empirischen Fragmentierung dargelegt; obwohl sie immer mit Wirkungshypothesen verbunden werden (OELKERS 1992), sind gegenläufige Realitätsbeschreibungen offenbar kein hinreichender Widerlegungsgrund. Das hängt mit der erwähnten Tendenz zusammen, die moralische Kommunikation immer nur fortsetzen zu können. Ein Abbruch ist nicht möglich, weil ständig Rechtfertigungsnotwendigkeiten und somit Reflexionsanlässe gegeben sind, das Erziehungsproblem grundsätzlich zu stellen. In diesem Sinne ist auch *Neutralität* gegenüber den Wirklichkeiten der Erziehung in der Handlungsrolle und in der Beobachterposition nicht möglich. Selbst eine prinzipielle Gleichgültigkeit versagt in bestimmten Fällen, und es ist typisch für das Problem, dass radikale Indifferenz der Erziehung gegenüber öffentlich nicht formuliert wird.[4] Der moralische Anspruch sitzt kulturell zu tief, um ihn auch nur nachlässig – mit beschränkter Aufmerksamkeit – behandeln zu können.

Aber ist er, über die Selbstbeschreibungen von Pädagogen hinaus, *gerechtfertigt*? Die klassischen Moraltheorien und die ihnen angeschlossenen Pädagogiken sind leicht zu erschüttern, denn die einfache Vorstellung einer substantiellen Idee (PLATO) und der unbedingte Verpflichtungsgehalt eines Gesetzes (KANT) lassen sich empirisch immer bestreiten (GAUTHIER 1990, S. 269) und halten auch dem philosophischen Pluralismus nicht stand, weil sie auf eine letzte vorempirische Einheit referieren. SIEGEL (1988, S. 62ff., 78ff.) verteidigt seine Kriterien wie überhaupt die Notwendigkeit pädagogischer Idealisierungen überzeugend gegen den Ideologieverdacht und gegen den Indoktrinationsvorwurf[5], aber er scheint immer noch einen Archimedischen Punkt zu benötigen, um *kritisches Denken* als irgendwie herausgehobenes oder vorrangiges Erziehungsziel darstellen zu können. Doch es geht auch ohne Gottesstandpunkt; SIEGEL verwendet ein transzendentales, an PETERS geschultes Argument[6], das den *pädagogischen* Geltungsanspruch formuliert:

> „Why should critical thinking be the *ultimate,* if not the only, educational ideal? Consider a case in which that ideal conflicts with some legitimate other. In such

a case, one might argue that the other should override critical thinking in this instance. And perhaps so it should. But it requires *rational argument,* and *appeal to reason,* in order to make the case for the preferability of the rival ideal to that of critical thinking. And such appeal is, of course, an appeal to, and an honoring of, the latter ideal itself. Consequently, an overriding of critical thinking by a rival educational ideal at one level requires acknowledgment of the reign of critical thinking at the next higher level. In this way critical thinking must preside over and authorize the force of its rival" (Ebd., S. 137; Hervorhebungen J.O.).

Wer die Entwicklung des „wahren Selbst" zum höchsten Ziel der Erziehung erheben will, kann dies nur unter Inanspruchnahme kritischen Denkens (also eines Vorrangs von Argumenten gegenüber dem „Selbst"); die Kriterien kritischen Denkens müssen also erfüllt sein, bevor überhaupt eine Begründung anderer Erziehungsziele möglich ist; insofern hat das Erziehungsideal „kritisches Denken" logischen und empirischen Vorrang gegenüber anderen. Aber folgt daraus, dass *jeder* „kritisch denken" können muss? Ein *Obligatorium* „kritisches Denken" wäre eine interessante Paradoxie, andererseits ist mit dem Ziel ein allgemeiner Anspruch verbunden, der in gewisser Weise zwingend ist. Erziehungsziele sind weder hypothetische noch kategorische Imperative im Sinne KANTS und formulieren gleichwohl allgemeine Geltungsansprüche, die unter der Voraussetzung einer moralischen Oeffentlichkeit nur schwer abzulehnen sind.

„Kritisches Denken" liegt freilich anders als etwa „Gerechtigkeit"; beide Konzepte lassen sich als Erziehungsziele verwenden, aber während mit dem einen, Gerechtigkeit, eine persönliche Verpflichtung aus Einsicht verbunden ist (RAWLS 1975, S. 559f.)[7], bildet sich mit dem anderen, kritisches Denken, der individuelle Verstehenshorizont, um überhaupt Einsichten formulieren zu können. In beiden Fällen ist moralische Kommunikation das Lernmedium, aber die Erziehung zur Gerechtigkeit zielt auf eine unbedingte Obligation ab, was beim kritischen Denken auf eine Selbstparodie hinauslaufen würde. Zum kritischen Denken kann man nicht verpflichtet werden, aber wer dieses Niveau erreicht, kann nicht wieder zurück. Es gibt in der Bildung einen *point of no return;* wer die Grenzen überschreitet, lässt etwas hinter sich, das verschlossen bleibt. Das gilt für die Ueberwindung der Kindheit ebenso wie für die Ueberwindung der Ignoranz, unter der Voraussetzung von Wertsystemen und Institutionen, die diesen Weg honorieren und ihn zu einer Angelegenheit machen, die das Private übersteigt. Insofern hat SIEGEL recht, es besteht eine öffentliche Verpflichtung zum kritischen Denken selbst oder gerade dann, wenn man das gleichlautende Erziehungsziel ablehnt.

Diese Verpflichtung gilt nicht im Sinne eines moralischen Zwangs, wenngleich Erziehungsziele oft so formuliert werden. Aber kritisches Denken verpflichtet sich selbst aufgrund der erreichten Standards von Bildung und Verstehen, während Gerechtigkeit unabhängig davon obligatorisch ist, auch dann, wenn keine oder nur schwache Einsichten damit verbunden werden. Gerechtigkeit ist *mehr* als nur Erziehungsziel, während kritisches

Denken tatsächlich *nur* als Erziehungsziel Verwendung finden kann.[8] Daraus ergeben sich ganz unterschiedliche pädagogische Ansprüche: Gerechtigkeit setzt moralische Gleichheit voraus, und die pädagogische Bedingung, Fairness sei zur moralischen Urteilsnorm zu entwickeln (Ebd., S. 559f.), kann die Geltungsansprüche des Prinzips weder beeinträchtigen noch erweitern. Das Prinzip gilt auch dann, wenn die Erziehung scheitert, und es kann nicht pädagogisch autonom formuliert werden. Es ist nur *als* Prinzip „Erziehungsziel“ und nur darum unbedingt. Das ist im Falle kritischen Denkens anders: Die Norm ist eine reine Erziehungsnorm, die weder aus der sozialen noch aus der moralischen Reproduktion abgeleitet werden kann. Freilich formuliert auch die Erziehungsnorm einen *nicht* teilbaren Anspruch, nur eben ohne Verpflichtungszwang. Niemand muss, etwa gegen seinen erklärten Willen, kritisch denken lernen; aber wer sich diesem Prozess aussetzt, transferiert sich selbst auf irreversible Weise.

Das lässt sich auch für ethische Prinzipien sagen, soweit sie in Erziehungsprozessen zum Tragen kommen, nur *mit* einem Verpflichtungszwang, der durch Nichtwissen oder Einsichtsverweigerung nicht ausser Kraft gesetzt wird. Das schafft eine recht komfortable Situation für die Rechtfertigung von Erziehung und somit für die Lösung des Grundproblems einer „pädagogischen Ethik“: Sie kann und muss auf Prinzipien zurückgreifen, die ihr vorausliegen, wie Gerechtigkeit oder Gleichheit, sie verwendet aber auch eigene Normen, wie „kritisches Denken“, oder Begriffe anderer Bereiche, wie den Rechtsbegriff „Emanzipation“, die eine typische Umformung erfahren und zu Erziehungszielen werden. Die drei Transformationen sind unterschiedlich in ihrer Qualität und in ihrem Verpflichtungsgrad, auch definieren sie nicht ein einheitliches Feld „Moralerziehung“, in jedem Fall aber stellen sie *Erziehungsansprüche* dar, die sich nicht durch Hinweis auf „Wirklichkeit“ relativieren lassen. Das gilt für Gelingen wie Scheitern gleichermassen: Derartige Ansprüche sind im Positiven wie im Negativen unerfüllbar; sie können nicht endgültig gelingen, aber auch nicht abschliessend scheitern. Die öffentliche Kommunikation setzt sie, in wechselnden Formeln, ständig fort, unabhängig von einzelnen Wirklichkeitsbeschreibungen. In diesem Sinne sind die kommunikativen Ansprüche mit Bildern der Zukunft verbunden, die immer erneut beginnen muss und insofern pädagogische Antizipationen notwendig verlangt. Man kann das Zeitkontinuum nicht einfach unterbrechen.

Genau das schafft aber ein kardinales Problem, das mit dem Stichwort „Prognose“ eher schwach bezeichnet ist. Erziehung im engen wie im weiten Sinne setzt die *Realität* der Zukunft (SMART 1981) voraus, in dem Sinne, dass in Zukunft Ereignisse eintreten und Strukturen gebildet werden; beides liesse sich nur unter Preisgabe des Lebens selbst vermeiden. Aber die Realität der Zukunft ist nicht positiv zugänglich, sondern von der Gegenwart aus gesehen nur mit Entwürfen oder ästhetischen Optionen zu veranschaulichen, ohne damit die zukünftigen Realitäten tatsächlich zu antizipieren. Es ist keine Frage, *dass* – ausserhalb simulierter Universen –

Zukunft eintreten und künftige Gegenwart werden wird, aber *ihre* Realität bringt nicht die jetzige Gegenwart hervor. Das aber, eine lineare Verkettung von Gegenwart und Zukunft, ist die Grundannahme pädagogischer Theorien. Erziehungsansprüche werden unter dieser Voraussetzung, einer Beherrschbarkeit von Zukunft, formuliert. Das vor allem macht die Realitätsimplikation pädagogischer Theorien aus (vgl. HEYD 1988, S. 163ff.).

Die Unabsehbarkeit der Zukunft sollte nicht dämonisiert werden, eine pädagogische Theorie der Zeit wenigstens sollte die Kontingenz nicht übertrieben stark machen. Es ist nicht so, dass „Zukunft" *überhaupt nicht* absehbar ist, sonst wäre eine biographische Existenz ebensowenig möglich wie soziale Reproduktion. Bestimmte Zukunftsentwürfe liegen sehr wohl in Erfahrungsreichweite, und auch wenn die tatsächlichen Ereignisse und Strukturbildungen bestimmter Zukünfte nicht vorhersehbar sind, so betrifft, im Sinne DAVIDSONS, deren Kontingenz nie das gesamte Lernfeld auf einmal. Die Elemente eines Erfahrungsraumes bewegen sich in unterschiedlichen Kombinationen und in verschiedenen Tempi, was allein vor der Totalität des Zufalls schützt. Aber das erklärt auch, warum die Erziehungsziele oft zu stark behauptet werden. Je länger der Zeitraum ist, den sie in Anspruch nehmen, desto unwahrscheinlicher wird ihr Effekt; Erziehungsziele werden aber in aller Regel so vage formuliert, dass der tatsächliche Zeitverbrauch, der nötig wäre, sie zu erfüllen, sich gar nicht abschätzen lässt; sie beziehen sich so global auf Zukunft, dass sie Realität verlieren. Sie lassen sich immer nur *als* Ziele fortsetzen.

Diese Paradoxie habe ich als Grösse der öffentlichen Kommunikation verteidigt; anders lassen sich Erziehungsansprüche nicht auf Dauer stellen. Freilich ist das zugleich eine Verlegenheit mit absurden Dimensionen, denn wie kann sich die blosse Fortsetzung der immer gleichen Postulate rechtfertigen, wenn keine *Erfolge* damit verbunden sind? Die Absurditätsvermutung liegt in gewisser Weise nahe, wenn man die Semantik der Pädagogik untersucht und Konjunkturen beschreiben kann, die mindestens unter der Bedingung der modernen Erziehungsgesellschaft sehr ähnliche Argumente und Formeln präferieren und auf Dauer stellen. Das geschieht tatsächlich unabhängig von den historischen Veränderungen *durch* Erziehung, die darum aber nicht zu leugnen sind. Der Absurditätsverdacht ist also wiederum zu stark, weil historische Rekonstruktionen Veränderungen nicht nur im Bildungsbereich der modernen Gesellschaften, sondern auch in den Mentalitäten und Moralstandards beschreiben können, die ohne Rückgriff auf pädagogische Faktoren nicht zu erklären wären. Interessant ist lediglich, dass die Erziehungskritik dem nicht oder nur schwach Rechnung tragen kann, wenn sie ihre eigenen Ansprüche nicht gefährden will. Und diese Paradoxie ist kaum aufzuheben, denn die Kritik *muss* Defizite behaupten, die sich durch historische Erfolge nicht relativieren lassen dürfen, sollen die Erziehungsansprüche der Zukunft nicht gefährdet werden. Dieser Zwang, den die Erziehungsreflexion selbst setzt, kann keine Erziehung aufheben, es sei denn, sie soll oder will sich selbst vernichten.

Dass dies *nicht* möglich ist, lässt sich als Sicherheit begreifen, die das Kommunikationssystem selbst schafft. „Moral“ ist als öffentliches Thema nicht dispensabel, aber Erziehung ist es auch nicht, selbst wenn sie in Distanz zu unmittelbaren moralischen Verpflichtungen gesetzt wird. Alle Erziehungsansprüche sind *moralische* Ansprüche, die oft nur paradox dargestellt werden können, aber darum weder illegitim noch überflüssig sind. Sie gehören zu den Selbstansprüchen moderner Gesellschaften, die Moral „kommunikativ verflüssigen“ (HABERMAS 1974) und darum eben zu einem dauerhaften pädagogischen Thema stilisieren müssen. Das Niveau und die Toleranz öffentlicher Diskurse hängt von dieser Bedingung ab, auch dann, wenn die Erziehungstheorie verzagt oder ihr Objekt verliert, weil sie zu einfach angesetzt ist und auf Reduktionen vertraut, die sich ohne Verlust an Einsichten nicht mehr formulieren lassen.

Die Rechtfertigung von Erziehungsansprüchen als Themen öffentlicher Kommunikation ist nur möglich, wenn lineare Erwartungen der Vermittlung zwischen „Theorie“ und „Praxis“ aufgegeben oder als Bestandteil lediglich der Thematisierung von Erziehung selbst begriffen werden. Aber „Erziehung“ verfügt nicht wirklich über „Moral“, versteht man darunter die persönliche Verpflichtungsbereitschaft von Handelnden. Hätte die Erziehung hierüber Verfügungsgewalt, dann könnte weder von Freiheit noch Verantwortung die Rede sein, weil Handelnde sich begreifen müssten, als seien *sie* durch die Kraft der Erziehung verursacht worden.[9] Diese Annahme habe ich mit Hinweis auf die nichtmateriale Gestalt der Erziehung widerlegt; „Erziehung“ lässt sich weder biologisch noch physikalisch begreifen, sondern nur als Kommunikation. Es gibt aber noch einen zweiten, handlungstheoretischen Einwand, der gleichsam von der anderen Seite her formuliert wird, nicht vom Kausalitätsproblem der Erziehung, sondern von ihrem Zielobjekt, also Personen, die situativ agieren und entscheiden müssen.

Ein zentrales Kriterium, über die moralische Qualität einer Handlung zu befinden, hat G.E. MOORE begründet: Der Wert einer Handlung bemesse sich nicht allein nach ihrem bestmöglichen Effekt, sondern jede Wertzuschreibung setze zugleich einen Vergleich mit anderen Möglichkeiten des Handelns voraus. „The question whether an action is right or wrong does always depend upon a comparison of its consequences with those of all the other actions which the agent *could* have done instead“ (MOORE 1966, S. 102/103). Das Argument MOORES ist zum Erweis des Indeterminismus menschlicher Handlungen verwandt worden (CHISHOLM 1978; dagegen DENNETT 1984), aber es hat vor allem eine ethische Pointe, denn der moralische Effekt einer Handlung – *right or wrong* – lässt sich nicht einfach als Konsequenz einer guten Intention begreifen, sondern verlangt einen Vergleich mit anderen, möglichen Handlungen, die im Erfahrungskreis einer

Person *auch* hätten gewählt werden können. „Wherever a voluntary action is right or wrong . . ., it is true that the agent *could*, in a sense, have done something else instead" (MOORE 1966, S. 103).

Handlungen beruhen auf Entscheidungen, Entscheidungen sind aber nie ohne Selektionen möglich, das heisst sie setzen immer einen Set von Alternativen voraus. Das gilt wenigstens als starke Häufigkeitsannahme, schliesst Grenzfälle nicht aus[10], aber bewertet sie als peripher. In der Regel gibt es immer Alternativen, zumal im Erziehungsbereich, wo die Unsicherheit des Richtigen notorisch ist und zugleich definitive Entscheidungen getroffen werden müssen. Allein die Unumkehrbarkeit der Erziehungs*zeit* verlangt Entscheidungen, die sich nicht korrigieren lassen. Man kann nicht *verschiedene* Moralsysteme parallel oder nacheinander zur Grundlage pädagogischer Entscheidungen machen oder *ständig* die Schule wechseln oder *je nach Situation* die Erziehungspersonen austauschen. Die Entscheidung schliesst die Alternativen aus, aber *in* der Entscheidungssituation sind immer auch andere Möglichkeiten vorhanden. Selbst die Entscheidung, Kinder haben zu wollen, muss zunächst das Gegenteil ausschliessen, bevor sie Wirklichkeit werden kann.

MOORES Theorie beleuchtet also pädagogische Situationen, aber sie selbst ist nicht pädagogisierbar. Man kann auf die Tatsache, dass *immer auch anders* hätte gehandelt werden können, nicht mit Erziehung reagieren, weder im Sinne einer Veränderung dieser strukturellen Gegebenheit noch im Sinne einer Vorbereitung der individuell Handelnden. Das gilt gerade dann, wenn man MOORES Einschränkung mit bedenkt: „Our theory . . . has not been maintaining . . . that right and wrong depend upon what the agent absolutely *can* do, but only on what he can do, *if* he chooses" (Ebd.). Die Entscheidung ist zugleich notwendig, wenn die Handlung stattfinden soll, und frei, insofern immer aus verschiedenen Möglichkeiten gewählt werden kann; beides ist unabhängig von Erziehungsprozessen, die sich nicht instrumentell so verwenden lassen, dass die Struktur und die Logik moralischer Entscheidungen verändert wird. Man kann nicht *moral absolutes* im Sinne RESCHERS gleichsam „einsetzen", um die Entscheidungssituation zu sichern; das war nur in philosophischen Kontexten denkbar, die mit dem höchsten Gut operieren konnten.

Die Funktion von unbedingten Prinzipien ist eine andere: „Their implementation cannot be provisorial, revocable at a moment's notice, just because of what others happen to prefer or decide" (LARMORE 1987, S. 141). „Implementation" ist freilich nicht dem Topos der sensualistischen Einpflanzung gleichzusetzen, der technischen Konstruktion mentaler Dispositionen, sondern lässt sich als Thema moralischer Kommunikationen verstehen, das nicht oder nur um den Preis der Kommunikation selbst ausser Kraft gesetzt werden kann. Wenn die moralische Kommunikation aufhört, unbedingte Prinzipien zu dauerhaften Themen zu machen, denen Dringlichkeit zukommt (Ebd., S. 142f.), dann gibt sie sich selbst auf.

Aber man kann von der Kommunikation nicht auf die psychische Wirkung schliessen, wie die pädagogische Theorie fast immer angenommen hat. Ihre Nähe zu instrumentellen Formen der Beeinflussung erklärt sich aus diesem Fehlschluss; sie verwechselt Themen der Kommunikation mit psychischen Reaktionen, die aber in direkter Beobachtung gar nicht abzusehen sind und auch indirekt nur schwer, nämlich durch unsichere Retrospektionen, beschrieben werden können.

Das ermöglicht aber einen versöhnlichen Schluss: Alle *Themen* der Kommunikation sind in der pädgogischen Tradition präsent, so dass auch die heutigen Theoriekontroversen angeschlossen werden können. Das gilt zunächst und vor allem für die Präzisierung eines Themen*kerns,* den die Tradition im Verhältnis von Erziehung und Moral sieht. Dieses Zentrum lässt sich nicht postmoralisch auflösen, wenngleich sich die naiven Erfolgserwartungen verflüchtigen. Aber auch heute lässt sich Erziehung im engsten Ring ihrer Bedeutungen als *moralische* Kommunikation nachweisen, und zwar gerade dann, wenn man den Erziehungsbegriff variabel hält. Er ist *nicht* beliebig weit vom moralischen Kern zu entfernen, und das vor allem lässt sich als Botschaft der Tradition in heutige Diskussionen übersetzen.

Die Präsenz der Tradition reicht aber durchaus noch weiter. Es geht im weiteren Spektrum der Themen immer noch um das Verhältnis von Natur und Sittlichkeit, wie an WINNICOTTS „wahrem Selbst" oder an MACINTYRES Konzept der „Tugend" gezeigt werden konnte; es geht aber nach wie vor auch um den Zusammenhang von Vernunft und Nutzen, wie etwa in RESCHERS unbedingter Moralität im Vergleich zu GAUTHIERS spieltheoretischer Fassung des Utilitarismus darzulegen war; und schliesslich sind Fragen nach dem höchsten Gut oder nach den sittlichen Ideen heute unter den Stichworten von „Pluralismus" und/oder „Relativismus" diskussionspräsent. Die *grosse* Problemlage der ethischen Theorie lässt sich vermutlich auch kaum verändern, weil das eine andere als die bürgerliche Gesellschaft voraussetzen würde. *In* ihr sind die Themenführungen der Moralphilosophie nicht beliebig, weil sie (i) auf *praktische* (im Unterschied zu spekulativen) Probleme verwiesen ist, (ii) das prekäre Verhältnis von Freiheit und Zwang auch dann zum Thema hat, wenn es als Problem nicht mehr akzeptiert wird, und (iii) die eigene Problembearbeitung von einer Form der Gesellschaft, nämlich der kritischen Oeffentlichkeit, abhängig macht.

Neue Problembestimmungen gibt es ungeachtet dieser Traditionen aber mindestens in dreifacher Hinsicht, bezogen auf die Grundannahmen (zu unterscheiden von den Themen) der ethischen Theorie, im Blick auf den Erziehungsbegriff sowie schliesslich im Verhältnis von Erziehung und Moral oder von pädagogischer Reflexion und Ethik. In allen drei Fällen sind die Lösungen der Tradition zu verwerfen: (i) Die ethische Theorie gibt den platonischen Begründungsstrang der Idee der Guten auf (nicht die Idee selbst) und distanziert sich von KANTS Begriff des Sittengesetzes, soweit hier NEWTONS Physik der Theorieerwartungen bestimmt hat. Ein Restplatonismus bleibt erhalten, weil die Idee des Guten weder in utilitaristischen Ansätzen noch in rivalisierenden Konzepten verschwindet[11], ohne aber die antike Ideenlehre weiter als Basis philosophischer Spekulation zu verwenden.[12] KANTS Vorgaben sind dagegen weit stärker präsent, einfach weil sie wesentliche Begründungen der bürgerlichen Gesellschaft darstellen, die sich mindestens als Reibungsflächen für heutige Problemakzeptanzen verwenden lassen. Meistens aber ist KANTS Theorie der praktischen Vernunft viel intensiver im Spiel, wenngleich eben selten in Rechnung gestellt wird, wie stark der Geltungsanspruch des Sittengesetzes vom Vorbild der Physik geprägt war. Die Schwierigkeit besteht eher darin, vergleichbare Geltungsansprüche zu vertreten, ohne mit vergleichbaren Sicherungen aufwarten zu können. Ein Ausweg ist der, einfach von der Pragmatik der Geltungsbehauptungen auszugehen, und pädagogisch dann moralische Kommunikationen als Medium der Erziehung anzusehen. Hier werden nicht *externe* Letztbegründungen verlangt, sondern der *interne* Anspruch von moralischen Prinzipien lässt sich einfach nicht anders als absolut formulieren.

(ii) Das schliesst zwei traditionelle Erziehungsbegriffe aus, nämlich die sensualistische *Einwirkung* und die biologische *Entwicklung*. In beiden Modellannahmen der Tradition wird Erziehung unterbestimmt, nämlich einmal als instrumenteller Vorgang, der seine moralische Qualität nicht selbst bestimmen kann, und zum anderen als organisches Wachstum, bei dem nicht zu sehen ist, was Erziehung über die Natur hinaus bewirken kann. Freilich sind die *kausalen* Verwendungsweisungen des Wortes „Erziehung“ nicht aufzuheben, solange die Umgangssprache starke Erwartungen an Erziehung formuliert und zugleich das Konzept selbst reduktiv behandelt. Aber damit ist der Prozess selbst nicht auch schon kausal, versteht man darunter Geschehnisse, die einer bestimmen Ursache entstammen und darauf zurückgeführt werden können. Von diesem Kausalismus ist die Modellbehauptung, Erziehung sei moralische Kommunikation, frei; sie ist *nicht* gedacht als lineare Verknüpfung oder kausale Bewegung, die Erziehung als reale (physikalische oder psychologische) Ursache annimmt.

(iii) Ethik und Erziehung sind von der philosophischen Tradition als sehr simples Ableitungsverhältnis begriffen worden: Die Erziehung verwirklicht oder übersetzt in pädagogische Wirklichkeiten, was die Ethik als allgemeine Prinzipien begründet. „Erziehung“ wäre damit ausschliesslich instrumentell begriffen, was sich allein schon aufgrund der handlungstheoretischen Einsicht in die streuenden Wirkungen komplexer Erziehungssituationen nicht halten lässt. „Die“ Erziehung vermittelt nicht „die“ Moral, wie aber bis heute angenommen wird, zumeist ohne die Folgen zu bedenken. Eine solche Erziehung wäre gegen den Indoktrinationsverdacht nicht zu verteidigen, weil sie um den Preis der Moral selbst das gesamte Lernfeld kontrollieren müsste. Auf der anderen Seite können allgemeine Prinzipien nicht linear in spezifische Situationen übersetzt werden. Es wäre ein unwahrscheinlicher Grenzfall, wenn wirklich einmal eine Handlungssituation, die sich auf Erziehungskommunikation beruft, das Besondere zum Allgemeinen wäre, wie die Tradition von LOCKE bis HERBART stillschweigend oder explizit vorausgesetzt hat. Das Verhältnis verlangt also mehr als lineare Verbindungen in *einer* und *nur* einer Dimension, nämlich die Unterscheidung von Niveaus und Arten der Beziehung. Allein die Analyse von Erziehungsansprüchen hat drei verschiedene Beziehungen dargelegt, die Verknüpfung pädagogischer Forderungen mit allgemeinen ethischen Prinzipien, die dann aber sofort anders erscheinen, nämlich als Erziehungsziele und nicht einfach als Prinzipien, eigene normative Konstruktionen sowie pädagogische Umformungen etwa von Rechtsbegriffen. In allen Fällen ist die logische Relation *nicht* die des Besonderen zu *seinem* Allgemeinen.

Nur so konnte angenommen werden, Moralität sei *gleich* zu verteilen, also alle Kinder würden identische Tugenden ausbilden und sich nicht allein schon durch die unterschiedliche Präferenz der Tugenden selbst unterscheiden. Moralität ist immer *ungleich,* nicht nur in der Verteilung, sondern auch in der Befolgung, aber das Schlüsselproblem einer pädagogischen Ethik ist auch nicht die Ubiquität der Sittlichkeit, das würde jede Reflexion überfordern und unlösbare moralische Probleme aufwerfen; vielmehr wären die Erziehungsansprüche als moralische Kommunikation zu betrachten, die noch mit den eigenen Paradoxien produktiv umgehen kann, weil sie dadurch nicht gefährdet ist. Sie kann sich nicht selbst auflösen, aber auch nicht aufgelöst werden, eben weil sie die Ansprüche der *richtigen* Moral ständig, aber ständig *neu* artikulieren muss. Das Humanum hängt davon ab, aber auch das Gegenteil, ohne dass die Moral selbst sich relativieren liesse.

Erziehung *kann* Schaden anrichten, das ergibt sich aus der These, die Wirkungen von Handlungen seien unverfügbar; Erziehung kann aber *auch* die Moralität befördern, und historisch wenigstens ist das der häufigere Fall, auch wenn die öffentliche Kritik mit dem Erfolg der Erziehung ebenfalls gewachsen ist. Doch das ist Teil des Themas; keine Kritik an der Erziehung, genauer: an den Schäden, die ihr zugeschrieben werden, kann umhin, selber Erziehungsprogramme zu vermitteln. Denn dass Schaden *vermieden* werden soll, zumal Schaden an Leib und Seele, gehört zu den Grundannahmen nicht nur der bürgerlichen Gesellschaft, sondern zugleich ihrer moralischen Traditionen. Nur kann von der guten Intention nicht auf die gute Wirkung geschlossen werden.

Anmerkungen

1 Man kann freilich Archimedische Punkte spieltheoretisch darstellen, als idealen Handelnden, der von diesem Punkt aus Entscheidungen (Wahlen) trifft (GAUTHIER 1986, S. 244ff.).

2 Der Anspruch geht nicht dahin, alle denkbaren, wohl aber zentrale, in anderen Versionen nicht zu umgehende Kriterien beschrieben zu haben (SIEGEL 1988, S. 61).

3 Genauer hat PATRY (1991) diese Probleme beschrieben, und zwar ausgehend von den Theorie:Praxis-Erwartungen der Pädagogik. Seine Lösung einer *transsituationalen Konsistenz* hebt den grundlegenden Hiatus zwischen „Intention" und „Wirkung" aber nicht auf.

4 Indifferenz heisst nicht Ablehnung der Erziehung; antipädagogische Positionen sind zum Beispiel in der modernen Literatur weit verbreitet, aber damit ist nie Indifferenz verbunden. Schon Behauptungen wie, „Erziehung" sei überflüssig, lassen sich nicht indifferent formulieren, solange eine Realität Erziehung vorausgesetzt wird; dass Erziehung „überflüssig" sei, lässt sich aber nur unter dieser Voraussetzung überhaupt sagen.

5 Kritisches Denken ist nicht selbst „Ideologie", sondern die einzige Möglichkeit, ideologische Systeme zu durchschauen, und es schliesst auf der anderen Seite geschlossene Glaubenssysteme aus, die die Basis sind für Indoktrinationen.

6 Ein Lernender kann nicht beurteilen, ob sein Erziehungsprozess zu *worthwhile-activities* führt, wenn er sich nicht auf den Prozess einlässt. Die Beurteilung ist nur von Innen heraus und mit Kompetenz möglich. Wer Mathematik und Bingo vergleicht (PETERS 1966, S. 144ff.), muss beide kennen, und das können Lernende nicht vor dem Vollzug des Lernens selbst. Wenn aber verglichen wird, dann muss über den Vorrang des einen gegenüber dem Anderen mit Kriterien entschieden werden, die Ueber- und Unterlegenheit zulassen. Ueberlegen sind solche Aktivitäten, die kognitiver Natur sind, sich ernsthaft verwenden lassen und schliesslich über den eigenen Bereich hinausweisen (Ebd., S. 158ff.).

7 RAWLS Theorie der Gerechtigkeit enthält eine explizite Erziehungstheorie, die an KANT und PIAGET anschliesst. Im Kern ist moralische Erziehung, entwicklungsgestützt, Erziehung zu autonomer Urteilskraft. „Im Laufe der Zeit sieht jeder ein, warum er die Gerechtigkeitsgrundsätze anerkennen würde, und wie sich aus den Bedingungen ergeben, die ihn als Gleichen in einer Gesellschaft moralischer Subjekte kennzeichnen" (RAWLS 1975, S. 560). AMY GUTMANN hat RAWLS Vorstellungen über Entwicklung und moralische Gemeinschaft (Ebd., S. 514ff., 547 ff.) unter dem Gesichtspunkt ihrer *Lehrbarkeit* kritisiert (GUTMANN 1987, S. 59ff.).

8 Gemeint ist nicht die alltägliche Fähigkeit, Diskrepanzen zwischen Erwartung und Erfahrung darzulegen und in diesem Sinne *kritisch* zu verfahren. „Kritisches Denken" bindet diese Fähigkeit an Bildungsvoraussetzungen, die die Alltäglichkeit übersteigen und in denen die Artikulation von Diskrepanz kognitiv wie emotiv erweitert und umgeformt wird.

9 „Handelnde" sind *Personen,* die sich selbst genetisch erklären müssen und denen genetische Erwartungen zugeschrieben werden. Die Differenz von Kind-

heit und Erwachsensein zwingt zu Entwicklungsannahmen, die sich entweder als Determination der Natur oder der Erziehung deuten lassen. In beiden Fällen ist der je gegenwärtige Zustand einer Person nicht durch sie selbst hervorgebracht, sondern durch externe oder die Person selbst steuernde Kräfte verursacht worden. Die Annahme des „freien Willens" wäre nicht einmal als argumentative Fiktion möglich, und zwar weil die *pädagogische* Erklärung ihr widerstreiten würde.

10 Grenzfälle sind binäre Sets, die nur *zwei* Alternativen zulassen; moralische Entscheidungen in Krisensituationen stilisieren sehr oft binäre Wahlen, aber das bedeutet nicht, mehr Möglichkeiten wären nicht in Reichweite. Wer zwischen zwei Personen wählen muss, kann sich immer gegen *beide* entscheiden, lässt man die Logik des Gefühls einmal beiseite und betrachtet nur die denkbaren Spielzüge.

11 Das „Gute" kann in ethischen Theorien als Vermeidung von Schmerz und Befriedigung von Bedürfnissen betrachtet werden, lässt sich aber auch auf bestimmte Präferenzen beziehen, die darüber hinausgehen, zum Beispiel solche der sozialen Moralität, und die sich nach ihrem Zeitrahmen unterscheiden lassen. Kurzfristige Projekte sind anders zu bearbeiten als langfristige (LARMORE 1987, S. 139f.), aber nie ohne Behauptung, mit ihnen sei eine Idee des Guten verbunden.

12 PLATOS paideia ist an eine Theorie des *Sehens* gekoppelt, die es schwer macht, „Bildung" nach Massgabe der Ideenlehre zu verstehen (vgl. LINDBERG 1987, S. 22ff.). Die antike Konzeption wird typischerweise ohne Rücksicht auf diese Bedingung rezipiert, so dass die grundlegende Differenz zur Moderne nicht erscheint und doch präsent ist.

Literatur

Ackerman, Bruce A.: Social Justice in a Liberal State. New Haven/London: Yale University Press 1980.

Ackerman, Bruce A.: Why Dialoge? In: The Journal of Philosophy vol. 86, no. 1 (January 1989), S. 5-22.

Aiken, William/La Follette, Hugh (Eds.): Whose Child? Children's Rights, Parental Authority, and State Power. Totowa/New Jersey: Rowman and Littlefield 1980.

Aviram, Aharon: The Subjection of Children. In: Journal of Philosophy of Education vol. 24, no. 2 (1990), S. 213-234.

Baier, Kurt: The Moral Point of View: A Rational Basis for Ethics. Ithaca/N.Y.: Cornell University Press 1958. (deutsche Uebersetzung 1974)

Bailey, Charles: Beyond the Present and the Particular: A Theory of Liberal Education. London/Boston/Melbourne/Henley: Routledge & Kegan Paul 1984.(= International Library of the Philosophy of Education, ed. R.S.Peters)

Ball, Hugo: Die Flucht aus der Zeit. Luzern 1946.

Balzac, Honoré de: Traité de la vie élégante. (1830) In: Honoré de Balzac: Oeuvres diverses t. XX: Première Partie: Contes et Nouvelles; deuxième partie: Essais analytiques. Paris: Michel Lévy Frères, Editeurs 1870, S. 477-52.(zit. als „O.D." mit Bandangabe und Seitenzahl)

Baron, Marcia: The Alleged Moral Repugnance of Acting from Duty. In: The Journal of Philosophy 81 (1984), S. 197-220.

Bayle, Pierre: Pensées Diverses sur la comète. Edition critique avec une introduction et des notes publ. par A. Prat. Nouvelles Edition mise à jour . . . par Pierre Rétat. T. I/II. Paris: Librairie Lizet 1984.

Beck, Lewis White: Akteur und Betrachter. Zur Grundlegung der Handlungstheorie. Uebers. v. Karl-Heinz Ilting. Freiburg/München 1976. (amerik. Orig. 1975)

Benne, Kenneth D.: Education for Tragedy. In: Educational Theory 1 (1951), S. 199-210/217; 274-283.

Benner, Dietrich: Die Pädagogik Herbarts. Eine problemgeschichtliche Einführung in die Systematik neuzeitlicher Pädagogik. Weinheim/München 1986.

Benner, Dietrich: Hauptströmungen der Erziehungswissenschaft. 3., erg. Aufl. Weinheim 1991.

Bentham, Jeremy: An Introduction to the Principles of Morals and Legislation. Ed. and intr. by Laurence J. Laufleur. New York: Hafner Press 1948. (engl. Orig. 1780/1789)

Bentham, Jeremy: A Fragment on Government. Ed. by J.H. Burns/H.L.A. Hart; intr. by Ross Harrison. Cambridge et.al.: Cambridge University Press 1988. (= Cambridge Texts in the History of Political Thought, ed. Raymond Geuss et.al.). (Orig. 1776)

Bernstein, Richard J.: Beyond Objectivism and Relativism: Science, Hermeneutics, and Praxis. Oxford: Basil Blackwell 1984. (repr.1989)

Birkner, Hans-Joachim: Schleiermachers christliche Sittenlehre im Zusammenhang seines philosophisch-theologischen Systems. Berlin 1964.

Bok, Sissela: Lying. Moral Choice in Public and Private Life. New York: Vintage Books 1979.

BOK, SISSELA: Secrets. On the Ethics of Concealment and Revelation. Oxford/Melbourne: Oxford University Press 1986.
BRADLEY, F.H.: Why should I be Moral? In: F.H. BRADLEY: Ethical Studies. 2nd Ed., rev. with add. notes. Oxford: Clarendon Press 1927, S. 58-84. (Erste Aufl. 1876)
BRANDT, RICHARD B.: The Theory of the Good and the Right. Oxford: Clarendon Press 1979.
BREZINKA, WOLFGANG: Grundbegriffe der Erziehungswissenschaft. Analyse, Kritik, Vorschläge. München/Basel 1974.
BREZINKA, WOLFGANG: Erziehung in einer wertunsicheren Gesellschaft. Beiträge zur Praktischen Pädagogik. München/Basel 1986.
BRUNER, JEROME: On Knowing: Essays for the Left Hand. Cambridge/Mass.: Harvard University Press 1962.
BRUNER, JEROME: Actual Minds, Possible Worlds. Cambridge/Mass., London: Harvard University Press 1986.
BUFFON, G.L.L.: De l'homme. Présentation et notes de M. DUCHET. Paris: François Maspero 1971.
BURKE, KENNETH: The Rhetoric of Religion. Studies in Logology. (1961) Berkeley/Los Angeles/London: University of California Press 1970.
CHISHOLM, RODERICK M.: „Er hätte etwas anderes tun können." In: HANS LENK (Hrsg.): Handlungstheorien interdisziplinär, Bd. II: Handlungserklärungen und philosophische Handlungsinterpretationen. Erster Halbband. München 1978, S. 391-398.
CLAPARÈDE, Ed.: J.-J. Rousseau et la conception fonctionelle de l'enfance. In: Revue de Metaphysique et Morale 20 (1912), S. 391-416.
CONDILLAC, ETIENNE BONNOT, ABBÉ DE: Traité des sensations. Traité des animaux. Paris: Librairie Arthème Fayard 1984. (Orig. 1754, 1755)
CONNERTON, PAUL: How Societes Remember. Cambridge et.al.: Cambridge University Press 1989.
COTTINGHAM, JOHN: Ethics and Impartiality. In: Philosophical Studies 43 (1983), S. 83-99.
DAVIDSON, DONALD: Handlungen, Gründe und Ursachen. (1963) In: ULRICH POTHAST (Hrsg.): Seminar: Freies Handeln und Determinismus. Frankfurt 1978, S. 356-378.
DAVIDSON, DONALD: Essays on Actions and Events. Oxford: Clarendon Press 1980.
DAVIDSON, DONALD: Inquiries into Truth and Interpretation. Oxford: Clarendon Press 1984.
DENNETT, D.: I Could Not Have Done Otherwise – So What? In: Journal of Philosophy 91 (1984), S. 553-565.
DEWEY, JOHN: RealismWithout Monism or Dualism – I/II. In: The Journal of Philosophy XIX (1922), S. 309-317; 351-361.
DILTHEY, WILHELM: Gesammelte Schriften, Bd. VIII: Weltanschauungslehre. Abhandlungen zur Philosophie der Philosophie. Hrsg. v. BERNHARD GROETHUYSEN. Leipzig/Berlin 1931. (zitiert als „Ges. Schr." mit Bandangabe und Seitenzahl)
DOUBLE, RICHARD: The Non-Reality of Free Will. New York/Oxford: Oxford University Press 1991.
DUCKWORTH, ELEANOR: „The Having of Wonderful Ideas" & Other Essays on Teaching & Learning. New York/London: Teachers College Press 1987.

DUFF, ANTONY: Desire, Duty, and Moral Absolutes. In: Philosophy 55 (1980), S. 223-280.
EHRARD, JEAN: L'idée de nature en France dans la première moitié du XVIIIe siècle. Thèse pour le doctorat ès-lettres. t. I/II. Paris: Imprimeries Réunies Chambéry 1963.
ELIADE, MIRCEA: Das Heilige und das Profane. Vom Wesen des Religiösen. Uebers. v. EVA MOLDENHAUER. Frankfurt/M. 1984. (urspr. deutsch 1957; frz. Fassung 1965)
FISCHER, WOLFGANG: Ueber den Mangel an Skepsis in der Pädagogik. In: Zeitschrift für Pädagogik 36 (1990), S. 729-743.
FLITNER, WILHELM: Neue Wege der Erziehung und Volksbildung. In: Dr. ERASMUS (Hrsg.): Geist der Gegenwart. Formen, Kräfte und Werte einer neuen deutschen Kultur. Stuttgart 1928, S. 55-112.
FLITNER, WILHELM: Theorie des pädagogischen Weges. 8. Aufl. Weinheim/Berlin 1968. (Erste Aufl. 1950)
FONTENELLE, B.v.: Dialoge über die Mehrheit der Welten. Hrsg. u. übers. v. J.E. Böde. Berlin 1780. (Repr. Nachdr. Weinheim 1983) (frz. Orig. 1686)
FRANÇON, MARCEL: La condemnation de „L'Emile". In: Annales de la Société Jean-Jacques Rousseau XXXI (1946-49), S. 209-245.
FRANK, MANFRED: Selbstbewusstsein und Selbsterkenntnis. Essays zur analytischen Philosophie der Subjektivität. Stuttgart 1991.
GAMM, HANS-JOCHEN: Pädagogische Ethik. Versuche zur Analyse der erzieherischen Verhältnisse. Weinheim 1988.
GAUTHIER, DAVID: Morals by Agreement. Oxford: Clarendon Press 1986.
GAUTHIER, DAVID: Moral Dealing. Contract, Ethics, and Reason. Ithaca: Cornell University Press 1990.
GENSLER, HARRY J.: The Prescriptivism Incompleteness Theorem. In: Mind 85 (1976), S. 589-596.
GEYER, OTTO: Friedrich Schleiermachers Psychologie, nach den Quellen dargestellt und beurteilt. Leipzig 1895.
GIDDENS, ANTHONY: Structuralism, Post-Structuralism and the Production of Culture. In: ANTHONY GIDDENS: Social Theory and Modern Sociology. Cambridge/Oxford: Polity Press 1987, S. 73-108.
GLASERSFELD, ERNST VON: Wissen, Sprache und Wirklichkeit. Arbeiten zum radikalen Konstruktivismus. Uebers. v. WOLFRAM K. KÖCK. Braunschweig/Wiesbaden 1987. (= Wissenschaftstheorie, Wissenschaft und Philosophie, hrsg. v. SIEGFRIED J. SCHMIDT/PETER FINKE, Bd. 24)
GONNARD, R.: La légende du bon sauvage. Contribution à l'étude des origines du Socialisme. Paris: Librairies de Médicis (1946).
GOODMAN, NELSON: Ways of Worldmaking. Hassocks/Sussex: The Harvester Press 1978.
GOODMAN, NELSON: Languages of Art. An Approach to a Theory of Symbols. Brighton/Sussex: The Harvester Press 1981. (Erste Ausgabe 1968)
GOODMAN, NELSON: Vom Denken und anderen Dingen. Uebers. v. BERND PHILIPPI. Frankfurt/M. 1987. (amerik. Orig. 1984).
GÜNZLER, CLAUS u.a.: Ethik und Erziehung. Stuttgart/Berlin/Köln/Mainz 1988.
GUSDORF, GEORGES: Dieu, la nature, l'homme au siècle des lumières. Paris: Payot 1972.
GUTMANN, AMY: Communitarian Critics of Liberalism. In: Philosophy and Public Affairs vol. 14, no. 5 (Summer 1985), S. 308-322.

GUTMANN, AMY: Democratic Education. Princeton/N.J.: Princeton University Press 1987.
HABERMAS, JÜRGEN: Können komplexe Gesellschaften eine vernünftige Identität ausbilden? In: JÜRGEN HABERMAS/DIETER HENRICH: Zwei Reden. Frankfurt/M. 1974, S. 23-84.
HAMPSHIRE, STUART: Morality and Conflict. Oxford: Basil Blackwell 1983.
HARE, R.M.: Freiheit und Vernunft. Uebers. v. GEORG MEGGLE. Düsseldorf 1973. (engl. Orig. 1963)
HARE, R.M.: Moral Thinking. Its Levels, Method, and Point. Oxford: Clarendon Press 1981.
HARMAN, GILBERT: Practical Reasoning. In: Review of Metaphysics XXIX (1976), S. 431-463.
HARMAN, GILBERT: The Nature of Morality. Oxford University Press 1977.
HARSANYI, JOHN C.: Ethics in Terms of Hypothetical Imperatives. In: Mind 67 (1958), S. 305-316.
HAVENS, G.-R.: La théorie de la bonté naturelle de l'homme chez J.-J. Rousseau. In: Revue d'histoire littéraire de la France 31 (1924), S. 629-642; 32 (1925), 212-225.
HEPBURN, RONALD W.: Art, Truth and the Education of Subjectivity. In: Journal of Philosophy of Education vol.24, no. 2 (1990), S. 185-198.
HERBART, JOHANN FRIEDRICH: Kurze Encyklopädie der Philosophie. (1831) In: JOHANN FRIEDRICH HERBART: Sämtliche Werke, hrsg. v. KARL KEHRBACH/ OTTO FLÜGEL, Bd. 9. Aalen 1964, S. 17-338. (zit. als „S.W." mit Bandangabe in arabischer Zählung und Seitenzahl)
HERBART, JOHANN FRIEDRICH: Sämmtliche Werke, hrsg. v. G. HARTENSTEIN, Bd. XIII: Nachträge und Ergänzungen zu Johann Friedrich Herbart's Sämmtlichen Werken. Hamburg/Leipzig 1893. (zit. als „S.W." mit Bandangabe in römischer Zählung und Seitenzahl)
HERBART JOHANN FRIEDRICH: Allgemeine Praktische Philosophie. Neue Ausgabe. Leipzig 1873.
HERBART, JOHANN FRIEDRICH: Pädagogische Schriften, hrsg. v. FR. BARTHOLOMÄI, Bd. 2. 7. Aufl., neu bearb. u.m.erl. Anm. vers. v. E. VON SALLWÜRK. Langensalza 1906. (= Bibliothek Pädagogischer Klassiker, hrsg. v. FRIEDRICH MANN) (zit. als „P.S." mit Bandangabe und Seitenzahl)
HERBART, JOHANN FRIEDRICH: Pädagogische Schriften, hrsg. v. WALTER ASMUS, Bd. II: Pädagogische Grundschriften. Düsseldorf/München 1965. (zit. als „Päd.Schr." mit Bandangabe und Seitenzahl)
HERBART, JOHANN FRIEDRICH: Pädagogische Schriften, hrsg. v. WALTER ASMUS, Bd. III: Pädagogisch-didaktische Schriften. Düssendorf/München 1965. (zit. als „Päd.Schr." mit Bandangabe und Seitenzahl)
HERBART, JOHANN FRIEDRICH: Zwei Vorlesungen über Pädagogik. (1802) In: BIJAN ADL-AMINI/JÜRGEN OELKERS/DIETER NEUMANN (Hrsg.): Pädagogische Theorie und erzieherische Praxis.Grundlegung und Auswirkungen von Herbarts Theorie der Pädagogik und Didaktik. Bern/Stuttgart 1979, S. 106-113.
HEYD, D.: Procreation and Value. Can Ethics Deal with Futurity Problems? In: Philosophica 18 (1988), S. 151-170.
HIRSCH, GERTRUDE: „Sophie" – Experimentum Crucis der „éducation naturelle". In: Zeitschrift für Pädagogik 38 (1992), S. 27–46

HÖFFE, OTFRIED: Kategorische Rechtsprinzipien. Ein Kontrapunkt der Moderne. Frankfurt/M. 1990.

HÖLSCHER, LUCIAN: Oeffentlichkeit und Geheimnis. Eine begriffsgeschichtliche Untersuchung zur Entstehung der Oeffentlichkeit in der frühen Neuzeit. Stuttgart 1979. (= Sprache und Geschichte, hrsg. v. REINHARD KOSELLECK/KARLHEINZ STIERLE, Bd. 4)

HUME, DAVID: A Treatise of Human Nature. Ed. by L.A. SELBY-BIGGE. Oxford: At the Clarendon Press 1888. (repr.1975) (Orig. 1749-1750)

HUME, D.: Enquiries Concerning Human Understanding and Concerning the Principles of Morals.Third Edition with Text Revised and Notes by P.H. NIDDITCH. Oxford: Clarendon Press 1975. (Tenth impr. 1989) (Erstausg. 1777)

HUME, DAVID: Die Naturgeschichte der Religion. Ueber Aberglaube und Schwärmerei. Ueber die Unsterblichkeit der Seele. Ueber Selbstmord. Uebers. u. hrsg. v. LOTHAR KRIMENDAHL. Hamburg 1984. (engl. Orig. 1757)

JAMES, WILLIAM: Das pluralistische Universum. Hibbert-Vorlesungen am Manchester College über die gegenwärtige Lage der Philosophie. Uebers. v. JULIUS GOLDSTEIN. Leipzig 1914.(= Philosophisch-soziologische Bücherei, Bd. XXXIII) (amerik. Orig. 1909)

JAMES, WILLIAM: The Meaning of Truth. A Sequel to Pragmatism. (1909) New Intr. by Ralph Boss. Ann Arbor: The University of Michigan Press 1970.

JAMES, WILLIAM: Die Vielfalt religiöser Erfahrung. Eine Studie über die menschliche Natur. Uebers. u. hrsg. v. EILERT HERMS. Olten 1979. (amerik. Orig. 1902)

JENCKS, CHARLES: Die Sprache der postmodernen Architektur. Die Entstehung einer alternativen Tradition. Uebers. v. NORA VON MÜHLENDAHL-KREHL. 2., erw. Aufl. Stuttgart 1980. (amerik. Orig.1977)

JIMACK, PETER D.: Les influences de Condillac, Buffon, Helvétius dans l'„Emile". In: Annales de la Société Jean-Jacques Rousseau t. XXXIV (1956-58), S. 107-138.

KANT, IMMANUEL: Gesammelte Schriften, hrsg. v.d. Königlich Preussischen Akademie der Wissenschaften. I. Abt./Bd. VII: Der Streit der Fakultäten. Anthropologie in pragmatischer Absicht. Hrsg. v. KARL VORLÄNDER/OSWALD KÜLPE. Berlin 1917. (zit. als „Ges.Schr." mit Bandangabe und Seitenzahl)

KANT, IMMANUEL: Gesammelte Schriften, hrsg. v.d.Königlich Preussischen Akademie der Wissenschaften. III. Abt./Bd. XV/1,2: Anthropologie. Erste und Zweite Hälfte. Hrsg. v. ERICH ADICKES. Berlin/Leipzig 1923. (Nachdr. 1969) (zit. als „Ges.Schr." mit Bandangabe und Seitenzahl)

KANT, IMMANUEL: Werke, hrsg. v. WILHELM WEISCHEDEL, Bd. VIII: Schriften zur Ethik und Religionsphilosophie 2. Frankfurt 1968. (zit. als „Werke" mit Bandangabe und Seitenzahl)

KANT, IMMANUEL: Werke, hrsg. v. WILHELM WEISCHEDEL, Bd. XII: Schriften zur Anthropologie, Geschichtsphilosophie, Politik und Pädagogik 2. Frankfurt/M. 1968. (zit als „Werke" mit Bandangabe und Seitenzahl)

KANT, IMMANUEL: Kritik der reinen Vernunft. Hrsg. v. WILHELM WEISCHEDEL. Frankfurt 1974. (zit. als „Kr.d.r.V.")

KANT, IMMANUEL: Kritik der praktischen Vernunft. Grundlegung zur Metaphysik der Sitten. Hrsg. v. WILHELM WEISCHEDEL. Frankfurt 1974. (zit. als „Kr.d.pr.V.")

KEKES, JOHN: Morality and Impartiality. In: American Philosophical Quarterly 18 (1981), S. 295-303.

KIERKEGAARD, SÖREN: Entweder/Oder. Uebers. v. EMANUEL HIRSCH. Erster Teil, Bd. 1/2; zweiter Teil, Bd. 1/2. Gütersloh 1979/1980. (dän. Orig. 1843)

KRIMERMAN, LEONARD I.: Compulsory Education: A Moral Critique. In: KENNETH A. STRIKE/KIERAN EGAN (Eds.): Ethics and Educational Policy. Boston/London/Henley: Routledge & Kegan Paul 1978, S. 79-102. (=International Library of the Philosophy of Education, ed. R.S. PETERS)

KRIPKE, SAUL A.: Name und Notwendigkeit. Uebers. v. URSULA WOLF. Frankfurt/M. 1981. (amerik. Orig. 1972/1980)

LARMORE, CHARLES E.: Patterns of Moral Complexity. Cambridge et.al.: Cambridge University Press 1987.

LEDUC-FAYETTE, DENISE: Jean-Jacques Rousseau et le mythe de l'antiquité. Paris: Librairie philosophique J. Vrin 1974.

LEIBNIZ, GOTTFRIED WILHELM: Philosophische Schriften, Bd. II/1: Die Theodizee. Von der Güte Gottes, der Freiheit des Menschen und dem Ursprung des Uebels. Vorwort, Abhandlung, Erster und Zweiter Teil. Bd. II/2: Dritter Teil. Abriss der Streitfrage. Die Sache Gottes. Französisch/deutsche Ausgabe. Hrsg. u. übers. v. HERBERT HERRING. Darmstadt 1985. (zit. als „Phil.Schr." mit Bandangabe und Seitenzahl)

LENOBLE, R.: L'évolution de l'idée de „nature" du XVe au XVIIIe siècle. In: Revue de Métaphysique et de Morale 58, no. 1-2 (Janvier-juin 1953), S. 108-129.

LENZEN, DIETER: Mythos, Metapher und Simulation. Zu den Aussichten Systematischer Pädagogik in der Postmoderne. In: Zeitschrift für Pädagogik 33 (1987), S. 41-60.

LINDBERG, DAVID C.: Auge und Licht im Mittelalter. Die Entwicklung der Optik von Alkindi bis Kepler. Uebers. v. MATTHIAS ALTHOFF. Frankfurt 1987. (amerik. Orig. 1976)

LITT, THEODOR: Pädagogik. (1921) In: JÜRGEN OELKERS/BIJAN ADL-AMINI (Hrsg.): Pädagogik, Bildung und Wissenschaft. Zur Grundlegung der geisteswissenschaftlichen Pädagogik. Bern/Stuttgart 1981, S. 149-177.

LOCKE, JOHN: An Essay Concerning Human Understanding. Ed. by PETER H. NIDDITCH. Oxford: Clarendon Press 1975. (Orig. 1689)

LOCKE, JOHN: Some Thoughts Concerning Education. Ed. by JOHN W. YOLTON/JEAN S. YOLTON. Oxford: Clarendon Press 1989. (Orig. 1693)

LUHMANN, NIKLAS: Systeme verstehen Systeme. In: NIKLAS LUHMANN/KARL EBERHARD SCHORR (Hrsg.): Zwischen Intransparenz und Verstehen. Fragen an die Pädagogik. Frankfurt/M. 1986, S. 72-117.

LUHMANN, NIKLAS: Paradigm lost: Ueber die ethische Reflexion der Moral. Frankfurt 1990.

LUHMANN, NIKLAS: Das Kind als Medium der Erziehung. In: Zeitschrift für Pädagogik 37 (1991), S. 19-40.

LUHMANN, NIKLAS/SCHORR, KARL EBERHARD (Hrsg.): Zwischen Intention und Wirkung. Fragen an die Pädagogik. Frankfurt/M. 1992.

LYONS, DAVID: The Correlativity of Rights and Duties. In: Noûs 4 (1970), S. 45-55.

LYOTARD, JEAN-FRANÇOIS: Das postmoderne Wissen. Ein Bericht. Uebers. v. OTTO PFERSMANN. Graz/Wien 1986. (frz. Orig. 1979)

LYOTARD, JEAN-FRANÇOIS: Der Widerstreit. Uebers. v. JOSEPH VOGEL. München 1987. (= Supplemente, hrsg. v. HANS-HORST HENSCHEN, Bd. 6) (frz. Orig. 1983)

LYOTARD, JEAN-FRANÇOIS: Leçons sur l'Analytique du sublime. (Kant, Critique des la faculté de juger, Paragraphen 23-29) Paris: Editions Galilée 1991.

MACINTYRE, ALASDAIR: Der Verlust der Tugend. Zur moralischen Krise der Gegenwart. Uebers. v. WOLFGANG RIEHL. Frankfurt/New York 1987. (amerik. Orig. 1981)

MACINTYRE, ALASDAIR: Die Idee der öffentlichen Bildung. In: JÜRGEN OELKERS (Hrsg.): Aufklärung, Oeffentlichkeit und Bildung. Weinheim/Basel 1992, S. 25-44. (=Beiheft 28 der Zeitschrift für Pädagogik)

MACKIE, J.L.: Ethik. Auf der Suche nach dem Richtigen und Falschen. Uebers. v. RUDOLF GINTERS. Stuttgart 1981. (engl. Orig.1977)

MACKIE, J.L.: Das Wunder des Theismus. Argumente für und gegen die Existenz Gottes. Uebers. v. RUDOLF GINTERS. Stuttgart 1985. (engl. Orig. 1982)

MACHA, HILDEGARD: Pädagogisch-anthropologische Theorie des Ich. Bad Heilbrunn (Obb.) 1989.

MANDELBAUM, MAURICE: The Phenomenology of Moral Experience. (1955) Baltimore/London: The John Hopkins Press 1969.

MANN, W.-E.: Robinson Crusoé en France. Etude sur l'influence de cette oeuvre dans la littérature française. Thèse pour le doctorat d'Université. Présentée à la Facultè des Lettres de l'Université de Paris. Paris: Typographie A. Davy 1916.

MASSCHELEIN, JAN: Kommunikatives Handeln und pädagogisches Handeln. Die Bedeutung der Habermasschen kommunikationstheoretischen Wende für die Pädagogik. Uebers. v. PETER WELCHERING/MICHAEL ASTROH. Weinheim/Leuven: Deutscher Studien Verlag/Leuven University Press 1991. (Schriften zur Bildungs- und Erziehungsphilosophie, Bd. 1)

MAUPERTIUS, M. de: Essai de philosophie morale. Leide: De l'impr. d'Elie Luzac, Fils 1751.

MCCULLOCH, WARREN S.: Why the Mind is in the Head. (1951) In: WARREN S. MCCULLOCH: Embodiments of Mind. Intr. by SEYMOUR PAPERT; new foreword by JEROME Y. LETTWIN. Cambridge/Mass., London: The MIT Press 1988, S. 72-87.

MCDOWELL, JOHN: Are Moral Requirements Hypothetical Imperatives? In: Proc. Arist. Soc., Suppl., vol. 52 (1978), S. 13-29.

MCNEILLY, F.S.: Promises De-Moralized. In: Philosophical Review 81 (1972), S. 63-81.

MEDER, NORBERT: Der Sprachspieler. Der postmoderne Mensch oder das Bildungsideal im Zeitalter der neuen Technologien. Köln 1987.

MEHAN, HUGH: Learning Lessons: Social Organization in the Classroom. Cambridge/Mass.: Harvard University Press 1979.

MELZER, ARTHUR M.: The Natural Goodness of Man. On the System of Rousseau's Thought. Chicago/London: The University of Chicago Press 1990.

MERCIER, ROGER: La réhabilitation de la nature humaine (1700-1750). Thèse pour le doctorat ès-lettres présentée à la Faculté des lettres et sciences humaines de l'Université de Paris. Villemomble (Seine): Editions La Balance 1960.

MERCIER, ROGER: L'enfant dans la société du XVIIIe siècle (Avant l'Emile). Thèse complémentaire pour le doctorat ès-lettres. Présentée à la Faculté des lettres de l'Université de Paris. Paris 1961.

MEYROWITZ, JOSHUA: No Sense of Place. The Impact of Electronic Media on Social Behavior. New York/Oxford: Oxford University Press 1985.

MONTAGUE, A.: Zum Kind reifen. Uebers. v. ULRIKE STOPFEL. Stuttgart 1984. (amerik. Orig. 1981)

MONTESSORI, MARIA: Der Frieden und die Erziehung. (1932) In: MARIA MONTESSORI: Texte und Gegenwartsdiskussion. Hrsg. v. WINFRIED BÖHM. 3., neu bearb. Aufl. Bad Heilbrunn (Obb). 1985, S. 87-101.

MOORE, G.E.: Ethics. London et.al.: Oxford University Press 1966. (Erstausg. 1912)
MORTIER, ROLAND: L'Idée de décadence littéraire au XVIIIe siècle. In: Studies on Voltaire and the Eighteenth Century. Ed. by THEODORE BESTERMAN, Vol. LVII. Genève: Institut et Musée Voltaire; Les Delices 1967, S. 1013-1029. (= Transactions of the Second International Congress on the Enlightenment, vol. III)
NAGEL, THOMAS: Mortal Questions. Cambridge et.al.: Cambridge University Press 1979.
NASH, JR., JOHN F.: The Bargaining Problem. In: Econometric 18 (1950), S. 155-162.
NESBITT, WINSTON: Categorical Imperatives: A Defense. In: Philosophical Review 86 (1977), S. 217-225.
NICKLIS, WERNER S.: Der Lehrer zwischen *Legalität* und *Moralität*. Umriss einer pädagogischen Ethik. In: Vierteljahrsschrift für wissenschaftliche Pädagogik 67, 2 (1991), S. 165-191.
NOURRISSON, P.: Jean-Jacques Rousseau et Robinson Crusoé. Paris: Editions Spes 1931.
OAKESHOTT, MICHAEL: The Voice of Liberal Learning. Ed. by TIMOTHY FULLER. New Haven/London: Yale University Press 1989.
OELKERS, JÜRGEN: Theorie *und* Praxis? Eine Analyse grundlegender Modellvorstellungen pädagogischer Wirksamkeit. In: Neue Sammlung 24 (1984), S. 19-39.
OELKERS, JÜRGEN: Erziehen und Unterrichten. Grundbegriffe der Pädagogik in analytischer Sicht. Darmstadt 1985.
OELKERS, JÜRGEN: Verstehen als Bildungsziel. In: NIKLAS LUHMANN/KARL EBERNARD SCHORR (Hrsg.): Zwischen Verstehen und Intransparenz. Fragen an die Pädagogik. Frankfurt/M. 1986, S. 167-218.
OELKERS, JÜRGEN: Wie kann der Mensch erzogen werden? Pestalozzis „Nachforschungen" als ein Hauptstück der modernen Pädagogik. In: JOHANNES GRUNTZ-STOLL (Hrsg.): Pestalozzis Erbe – Verteidigung gegen seine Verehrer. Bad Heilbrunn (Obb.). 1987, S. 27-40.
OELKERS, JÜRGEN: Oeffentlichkeit und Bildung: Ein künftiges Missverhältnis? In: Zeitschrift für Pädagogik 34 (1988), S. 579-599.
OELKERS, JÜRGEN: Die grosse Aspiration. Zur Herausbildung der Erziehungswissenschaft im 19. Jahrhundert. Darmstadt 1989.
OELKERS, JÜRGEN: *Vollendung:* Theologische Spuren im pädagogischen Denken. In: NIKLAS LUHMANN/KARL EBERHARD SCHORR (Hrsg.): Zwischen Anfang und Ende. Fragen an die Pädagogik. Frankfurt 1990, S. 24-72.
OELKERS, JÜRGEN: Utopie und Wirklichkeit. Ein Essay über Pädagogik und Erziehungswissenschaft. In: Zeitschrift für Pädagogik 36 (1990a), S. 1-13.
OELKERS, JÜRGEN: Der Pädagoge als Reformer: Pestalozzi in Deutschland 1800 bis 1830. Ms. Bern 1990b.
OELKERS, JÜRGEN: Erziehung als Paradoxie der Moderne. Aufsätze zur Kulturpädagogik. Weinheim 1991.
OELKERS, JÜRGEN: Topoi der Sorge. Beobachtungen zur öffentlichen Verwendung pädagogischen Wissens. In: JÜRGEN OELKERS/HEINZ-ELMAR TENORTH (Hrsg.): Pädagogisches Wissen. Weinheim/Berlin 1991a, S. 213-231. (= Beiheft 27 der Zeitschrift für Pädagogik)
OELKERS, JÜRGEN: „Einwirkung" und „Entwicklung": Zwei Paradigmen der europäischen Erziehungstheorie und die Krise der Schule. Ms. Bern 1991b.

OELKERS, JÜRGEN: Metapher und Wirklichkeit. Die Sprache der Pädagogik als Problem. In: JÜRGEN OELKERS/KLAUS WEGENAST (Hrsg.): Symbol – Brücke des Verstehens. Stuttgart u.a. 1991c, S. 111-124.

OELKERS, JÜRGEN: Freedom and Learning: Some Thoughts on Liberal and Progressive Education. In: BEN SPIECKER/ROGER STRAUGHAN (Eds.): Freedom and Indoctrination in Education. International Perspectives. London: Cassell Educational Limited 1991d, S. 70-83.

OELKERS, JÜRGEN: Was ist „Erziehung"? Analytische Bemerkungen zum Zentralbegriff der Pädagogik. Ms. Bern 1992.

OELKERS, JÜRGEN: Seele und Demiurg. Zur historischen Genesis pädagogischer Wirkungsannahmen. In: NIKLAS LUHMANN/KARL EBERHARD SCHORR (Hrsg.): Zwischen Intention und Wirkung. Fragen an die Pädagogik. Frankfurt 1992a. (im Druck)

OELKERS, JÜRGEN (Hrsg.): Aufklärung, Bildung und Oeffentlichkeit. Pädagogische Beiträge zur Moderne. Weinheim/Basel 1992b. (im Druck) (Beiheft 28 der Zeitschrift für Pädagogik)

OELKERS, JÜRGEN/LEHMANN, THOMAS: Antipädagogik – Herausforderung und Kritik. 2., erw. Aufl. Weinheim/Basel 1990.

O'NEILL, ONORA/RUDDICK, WILLIAM (Eds.): Having Children. Philosophical and Legal Reflections on Parenthood. New York: Oxford University Press 1979.

OSTERWALDER, FRITZ: Zur Vorgeschichte der pädagogischen Konzepte Pestalozzis. In: Paedagogica Historica, N.S., XXVII (1990), S. 35-66.

OTT, HUGO: Biographische Gründe für Heideggers „Mentalität der Zerrissenheit". In: PETER KEMPER (Hrsg.): Martin Heidegger – Faszination und Erschrekken. Die politische Dimension einer Philosophie. Frankfurt/New York 1990, S. 13-29.

PARFIT, DEREK: Personal Identity. In: The Philosophical Review XLLL (January 1971), S. 3-27.

PARFIT, DEREK: Later Selves and Moral Principles. In: ALAN MONTEFIORE (Ed.): Philosophy and Personal Relations. An Anglo-French Study, Montreal: McGill-Queen's University Press 1973, S. 137-169.

PARFIT, DEREK: Reasons and Persons. Oxford: Clarendon Press 1984. (repr. 1989)

PASCHEN, HARM: Theorien der Erziehungswissenschaft. Düsseldorf 1978.

PATRY, JEAN-LUC: Transsituationale Konsistenz des Verhaltens und Handelns in der Erziehung. Bern u.a. 1991. (=Explorationen: Studien zur Erziehungswissenschaft, Bd. 1, hrsg. v. JÜRGEN OELKERS).

PESTALOZZI, JOHANN HEINRICH: Sämtliche Briefe, Bd. 4: Briefe aus den Jahren 1798 bis Mitte 1805. Hrsg. v. EMANUEL DEJUNG u.a. Zürich 1961. (zit. als „Br." mit Bandangabe und Seitenzahl)

PESTALOZZI, JOHANN HEINRICH: Meine Nachforschungen über den Gang der Natur in der Entwiklung des Menschengeschlechts. (1797) In: JOHANN HEINRICH PESTALOZZI: Sämtliche Werke, Bd. 12: Schriften aus der Zeit von 1797-1799. Hrsg. v. HERBERT SCHÖNEBAUM u.a. Berlin/Zürich 1938, S. 1-166. (repr. Nachdr. 1978) (zit. als „K.A." mit Bandangabe und Seitenzahl)

PESTALOZZI, JOHANN HEINRICH: Sämtliche Werke Kritische Ausgabe, hrsg. v. ARTUR BUCHENAU u.a., Bd. 24A: An die Unschuld, 1815 (Text). Hrsg. v. EMANUEL DEJUNG. Zürich 1977. (zit. als „K.A." mit Bandangabe und Seitenzahl)

PETERS, RICHARD S.: Ethics and Education. London: George Allen & Unwin Ltd. 1966.

PIRE, G.: Du bon plutarque au citoyen de Genève. In: Revue de Littérature Comparée 32, no. 4 (oct.-déc. 1958), S. 510-547.
PLEINES, JÜRGEN-ECKARDT: Zur Lage der Ethik. Versuch einer vergleichenden Interpretation. In: Vierteljahrsschrift für wissenschaftliche Pädagogik 67, 2 (1991), S. 136-164.
PRANGE, KLAUS: Intention als Argument. Ms. Tübingen 1991.
PRICHARD, H.A.: Moral Obligation. Essays and Lectures. Oxford: At the Clarendon Press 1949. (repr. 1971)
PUFENDORF, SAMUEL: Le droit de la nature et des gens, ou systeme general Des Principes les plus importans de la morale, de la jurisprudence, et de la politique. Trad. par JEAN BARBEYRAC. Avec des Notes du Traducteur; & une Préface, qui sert d'Introduction à tout l'Ouvrage. Cinquième Edition, revûe de nouveau, & fort augmentée. t. I/II. Amsterdam: Chez la Veuve de Pierre de Coup 1734. (lat. Orig. 1672)
PUTNAM, HILARY: Vernunft, Wahrheit und Geschichte. Uebers. v. JOACHIM SCHULTE. Frankfurt 1982. (amerik. Orig. 1981)
PUTNAM, HILARY: Representation and Reality. Cambridge/Mass. London: The MIT Press 1988.
RAWLS, JOHN: Eine Theorie der Gerechtigkeit. Uebers. v. HERMANN VETTER. Frankfurt 1975. (amerik. Orig. 1971)
RAWLS, JOHN: The Idea of an Overlapping Consensus. In: Oxford Journal of Legal Studies vol. 7, no. 1 (1987), S. 1-25.
RAWLS, JOHN: The Priority of Right and Ideas of Good. In: Philosophy and Public Affairs 17 (1988), S. 251-276.
REBOUL, OLIVIER: Le Language de l'éducation. Analyse du discours pédagogique. Paris: Presses Universitaires de France 1984.
RESCHER, NICHOLAS: Moral Absolutes. An Essay on the Nature and Rationale of Morality. New York/Bern/Frankfurt am Main/Paris: Peter Lang 1989. (= Studies in Moral Philosophy, ed. by JOHN KEKES, vol. 2)
ROSE, MARGARET A.: The post-modern and the post-industrial. A critical analysis. Cambridge et.al.: Cambridge University Press 1991.
ROSS, W.D.: The Right and the Good. Oxford: Clarendon Press 1930.
ROUSSEAU, J.-J.: Correspondance Complète, éd. R.A. LEIGH, t. XI: juin-juillet 1762; t. XII: juillet-août 1762; t. XVI: novembre-décembre 1762. Genève/Madison: Institut et Musée Voltaire, The University of Madison Press 1970. Genève: Institut et Musée Voltaire Les Délices 1971.
ROUSSEAU, JEAN-JACQUES: Oeuvres Complètes, éd. par BERNARD GAGNEBIN/MARCEL RAYMOND, t. III: Du Contrat Social. Ecrits politiques. Paris: Editions Gallimard 1964. (zit. als „O.C." mit Bandangabe und Seitenzahl)
ROUSSEAU, JEAN-JACQUES: Oeuvres Complètes, éd. par BERNARD GAGNEBIN/MARCEL RAYMOND, t. IV: Emile. Education – Morale – Botanique. Paris: Editions Gallimard 1969. (zit. als „O.C." mit Bandangabe und Seitenzahl)
ROUSSEAU, JEAN-JACQUES: Werke Bd. III: Emile *oder* Von der Erziehung. Emile und Sophie *oder* Die Einsamen. Uebers. v. SIEGFRIED SCHMITZ u.a. München 1979.(zit. als „WW" mit Bandangabe und Seitenzahl)
ROUSSEAU, JEAN-JACQUES: Schriften, hrsg. v. HENNING RITTER, Bd. I. München/Wien 1978. (zit. als „Schr." mit Bandangabe und Seitenzahl)
ROUSSEAU, JEAN-JACQUES: Diskurs über die Ungleichheit. Discours sur l'inégalité. Kritische Ausgabe des integralen Textes. Hrsg. v. HEINRICH MEIER. Paderborn/München/Wien/Zürich 1984.

RUDER, GEORG: Der Wunsch vom Ende der Erziehung und der Mythos vom Paradies. Zum Rousseauismus in der Begründung radikaler Erziehungskritik. In: Zeitschrift für Pädagogik 35 (1989), S. 575-594.

RYLE, GILBERT: Can Virtue be Taught? In: R.F. DEARDEN/P.H. HIRST/R.S. PETERS (Eds.): Education and Reason. Part 3 of Education and the Development of Reason. London/Boston: Routledge & Kegan Paul 1975, S. 44-57. (=International Libary of the Philosophy of Education, ed. by R.S. PETERS)

SARTORIUS, ROLF (Ed): Paternalism. Minneapolis: University of Minneapolis Press 1983.

SCHEFFLER, ISRAEL: Of Human Potential. An Essay in the Philosophy of Education. Boston/London/Melbourne/Henley: Routledge & Kegan Paul 1985.

SCHEFFLER, ISRAEL: In Praise of Cognitive Emotions and Other Essays in the Philosophy of Education. New York/London: Routledge 1991.

SCHEFFLER, SAMUEL: The Rejection of Consequentialism. A Philosophical Investigation of the Considerations Underlying Rival Moral Conceptions. Oxford: Clarendon Press 1982. (repr. 1988)

SCHLEIERMACHER, FRIEDRICH: Grundlinien einer Kritik der bisherigen Sittenlehre. Zweite Ausgabe. Berlin 1834.

SCHLEIERMACHER FRIEDRICH: Sämmtliche Werke. III. Abt./Bd. 5: Entwurf eines Systems der Sittenlehre. Hrsg. v. ALEX, SCHWEIZER. Berlin 1835.

SCHLEIERMACHER, FRIEDRICH: Pädagogische Schriften. M.e.Darstellung s. Lebens hrsg. v. C. PLATZ. 3. Aufl. Langensalza 1902. (= Bibliothek Pädagogischer Klassiker, hrsg. v. FRIEDRICH MANN)

SCHLEIERMACHER, FRIEDRICH: Hermeneutik und Kritik. Mit einem Anhang sprachphilosophischer Texte Schleiermachers. Hrsg. v. MANFRED FRANK. Frankfurt/M. 1977.

SCHLEIERMACHER, FRIEDRICH: Brouillon zur Ethik (1805/06). Neu hrsg. v. HANS-JOACHIM BIRKNER. Hamburg 1981.

SCHLEIERMACHER, FRIEDRICH: Ethik (1812/13) mit späteren Fassungen der Einleitung, Güterlehre und Pflichtenlehre. Neu hrsg. v. HANS-JOACHIM BIRKNER. Hamburg 1981a.

SCHLEIERMACHER, FRIEDRICH: Christliche Sittenlehre. Einleitung. (Wintersemester 1826/27) Nach grösstenteils unveröffentlichten Hörernachschriften hrsg. u. eingel. v. HERMANN PEITER; m.e. Nachw. v. MARTIN HONECKER. Stuttgart/Berlin/Köln/Mainz 1983.

SCHLEIERMACHER FRIEDRICH: Ueber den Begriff des höchsten Gutes. Erste und zweite Abhandlung. In: FRIEDRICH DANIEL ERNST SCHLEIERMACHER: Philosophische Schriften. Hrsg. v. JAN RACHOLD. Berlin 1984, S. 320-362.

SCHOLTZ, G.: Schleiermacher und die platonische Ideenlehre. In: K.-V. SELGE (Hrsg.): Internationaler Schleiermacher-Kongress Berlin 1984. Teilband 2. Berlin/New York 1985, S. 849-871.

SEARLE, JOHN: Minds, brains, and programs. In: The Behavioral and Brain Sciences vol. 3 (1980), S. 417-424.

SEARLE, JOHN: Geist, Hirn und Wissenschaft. Die Reith Lectures 1984. Uebers. v. HARVEY P. GAVAGAI. Frankfurt 1986. (engl. Orig. 1984)

SELLARS, WILFRID: Metaphysics and the Concept of a Person (1969). In: WILFRIED SELLARS: Essays in Philosophy and its History. Dordrecht/Boston: D. REIDEL Publ. 1974, S. 214-241.

SELLARS, WILFRID: On Reasoning About Values. In: American Philosophical Quarterly vol. 17, no. 2 (April 1980), S. 81-101.

SHOEMAKER, SYDNEY/SWINBURNE, RICHARD: Personal Identity. Oxford: Basil Blackwell 1984.
SIEGEL, HARVEY: Educating Reason. Rationality, Critical Thinking, and Education. New York/London: Routledge 1988.
SIEGEL, HARVEY: Indoctrination and Education. In: BEN SPIECKER/ROGER STRAUGHAN (Eds.): Freedom and Indoctrination. International Perspectives. London: Cassell Educational Limited 1991, S. 30-41.
SIMMEL, GEORG: Philosophie der Mode. Berlin (1905).
SINGER, PETER: The Triviality of the Debate over „Is-Ought" and the Definition of „Moral". In: American Philosophical Quarterly 10 (1973), S. 51-56.
SMART, J.J.C.: The Reality of the Future. In: Philosophia 10 (1981), S. 141-150.
SMART, J.J.C.: Ethics, Persuasion and Truth. London/Boston/Melbourne/Henley: Routledge & Kegan Paul 1984. (= International Library of Philosophy, ed. by TED HONDERICH)
SMITH-CHURCHLAND, PATRICIA: Neurophilosophy. Toward a Unified Science of the Mind/Brain. Cambridge/Mass., London: The MIT Press 1986.
STAROBINSKI, JEAN: Rousseau. Eine Welt von Widerständen. Uebers. v. ULRICH RAULFF. München/Wien 1988. (frz. Orig. 1971)
STERN, D.: The Interpersonal World of the Infant. New York: Basic Books 1985.
STEUTEL, JAN: Konzepte und Konzeptionen. Zum Problem einer analytischen Erziehungsphilosophie. In: Zeitschrift für Pädagogik 37 (1991), S. 81-96.
STEUTEL, JAN: Discipline, Internalization and Freedom: A Conceptual Analysis. In: BEN SPIECKER/ROGER STRAUGHAN (Eds.): Freedom and Indoctrination. International Perspectives. London: Cassell Educational Limited 1991a, S. 58-69.
STEVENSON, CHARLES L.: Ethics and Language. New Haven/London: Yale University Press 1969. (Erste Aufl. 1944)
TAYLOR, CHARLES: Sources of the Self: The Making of the Modern Identity. Cambridge: Cambridge University Press 1989.
TERRASSE, JEAN: Jean-Jacques Rousseau et la quête de l'âge d'or. Bruxelles: Palais des Académies 1970.
THOMAS, J.-F.: Le pélagianisme de J.-J. Rousseau. Paris: Librairie Nizet 1956.
TOCANNE, BERNARD: L'idée de nature en France dans la seconde moitié du XVIIe siècle. Contribution à l'histoire de la pensée classique. Paris: Klincksieck 1978. (= Bibliothèque française et romane, éd. par GEORGES STRAKA, série C/t. 67)
TOLSTOI, LEO: Kindheit. Uebers. v. HERMANN RÖHL; hrsg. v. GISELA DROHLA. Frankfurt/M., Leipzig 1991. (russ. Orig. 1852)
TORRANCE, STEPHEN B.: Prescriptivism and Incompleteness. In: Mind 90 (1981), S. 580-585.
TRAPP, ERNST CHRISTIAN: Versuch einer Pädagogik. Berlin 1780. (repr. Nachdr. hrsg. v. ULRICH HERRMANN, 1977)
TROUSSON, RAYMOND: J.-J. Rousseau et son oeuvre dans la presse périodique allemande de 1750 à 1800. In: Dix-Huitième Siècle I (1969), S. 289-310; II (1970), S. 227-264.
ULMER, G.: Applied Grammatology: Post(e)-Pedagogy from Jacques Derrida to Joseph Beuys. Baltimore/London: The Hopkins University Press 1985.
VATTIMO, GIANNI: Jenseits vom Subjekt. Nietzsche, Heidegger und die Hermeneutik. Uebers. v. SONJA PUNTSCHER RIEKMANN. Graz/Wien 1986.
WEISSKOPF, TRAUGOTT: Immanuel Kant und die Pädagogik. Beiträge zu einer Monographie. Basel 1970.

WENIGER, ERICH: Theorie und Praxis in der Erziehung (1929). In: ERICH WENIGER: Ausgewählte Schriften zur geisteswissenschaftlichen Pädagogik. Mit einer Bibliographie von BERNHARD SCHWENK/HELGA SCHWENK. Hrsg. v. BRUNO SCHONIG. Weinheim/Basel 1975, S. 29-44.
WHITE, JOHN: Education and the Good Life. Beyond the National Curriculum. London: Kogan Page Ltd. 1990.
WHITE, PATRICIA: Beyond Domination. An Essay in the Political Philosophy of Education. London/Boston/Melbourne/Henley: Routledge & Kegan Paul 1983. (= International Library of the Philosophy of Education, ed. R.S. PETERS)
WHITEHEAD, ALFRED NORTH: Prozess und Realität. Entwurf einer Kosmologie. Uebers. v. HANS GÜNTER HOLL. 2., überarb. Aufl. Frankfurt/M. 1984. (engl. Orig. 1929)
WIGGER, LOTHAR: Die praktische Irrelevanz pädagogischer Ethik. Einige Reflexionen über Grenzen, Defizite und Paradoxien pädagogischer Ethik und Moral. In: Zeitschrft für Pädagogik 36 (1990), S. 309-330.
WILLIAMS, BERNARD: Probleme des Selbst. Philosophische Aufsätze 1956-1972. Uebers. v. JOACHIM SCHULTE. Stuttgart 1978. (engl. Orig. 1972)
WILLIAMS, BERNARD: Kritik des Utilitarismus. Uebers. v.W.R. KÖHLER. Frankfurt/M.: 1979. (engl. Orig. 1973)
WILLIAMS, BERNARD: Moralischer Zufall. Philosophische Aufsätze 1973-1980. Uebers. v. ANDRÉ LINDEN. Königstein/Ts. 1984. (= Analyse und Grundlegung, Bd. 9) (engl. Orig. 1981)
WILLIAMS, BERNARD: Ethics and the Limits of Philosophy. London: Fontana Press/Collins 1985.
WINNICOTT, D.W.: Reifungsprozesse und fördernde Umwelt. Studien zur Theorie der emotionalen Entwicklung. Uebers. v. G. THEUSNER-STAMPA; Vorwort v. M. MASUD R. KHAN. Frankfurt 1984. (engl. Orig. 1965)
WINNICOTT, D.W.: Familie und individuelle Entwicklung. Hrsg. v. JOCHEN STORK; Uebers. v. G. THEUSNER-STAMPA. Frankfurt 1984a. (engl. Orig. 1965)
WINNICOTT, D.W.: Kind, Familie und Umwelt. Uebers. v. U. SEEMANN. 3. Aufl. München/Basel 1985.
WITTGENSTEIN, LUDWIG: Werke, Bd. 1: Tractatus logico-philosophicus. Tagebücher 1914-1916. Philosophische Untersuchungen. Hrsg. v. JOACHIM SCHULTE. Frankfurt/M. 1984. (zit. als „Werke“ mit Bandangabe und Seitenzahl)
WITTGENSTEIN, LUDWIG: Vortrag über Ethik und andere kleine Schriften. Hrsg. u. übers. v. JOACHIM SCHULTE. Frankfurt/M. 1989.
WOLF, JEAN-CLAUDE: Paternalismus. In: Studia Philosophica 49 (1990), S. 49-59.
WOLF, SUSAN: Asymmetrical Freedom (1980). In: JOHN MARTIN FISCHER (Ed): Moral Responsibility. Ithaca/London: Cornell University Press 1986, S. 225-240.
WONG, D.: Moral Relativity. Berkeley: University of California Press 1984.
WONG, D.: On Moral Realism Without Foundations. In: The Southern Journal of Philosophy XXIV (1986), Suppl., S. 95-113.
WRINGE, C.A.: Children's Rights. London: Routledge & Kegan Paul 1981.
WRINGE, C.A.: Understanding Educational Aims. London: Unwin Hyman 1988.
WÜNSCHE, KONRAD: Die Bemühungen um einen anthropomorphen Menschen. In: GUNTER GEBAUER u.a.: Historische Anthropologie. Zum Problem der Humanwissenschaften heute oder Versuche einer Neubegründung. Reinbek b. Hamburg 1989, S. 171-216.